개정판 Real Estate Finance

부동산 투자론

권호근 저

형설출판사
www.hyungseul.co.kr

개정판 서문

지난 달 버스에 타고 한남대교를 지나던 중 한강 북쪽에 자리잡은 낡은 단독 주택과 빌라들이 눈에 들어왔다. 눈에 들어온 지역은 지난 20년 간 재개발 사업을 추진하였으나 진척사항이 늦어져 아직도 건물 철거가 이루어지지 않은 한남동 재개발구역이었다. 들리는 소식으로는 한남3구역의 경우 가장 사업속도가 빨라 금년 중으로 건물이 철거가 된다고 한다.

2017년 5월 출범한 문재인 정부는 부동산가격을 안정시킨다는 명분하에 공급확대보다는 수요억제 정책을 실시하였다. 여기에는 전매제한이나 일부 지역에 대한 투기과열지구의 지정 등 거래 규제, 주택구입을 위한 은행권의 대출 억제, 양도소득세를 비롯한 부동산 관련 조세인상 등이 있다. 여기에다가 서울을 비롯한 수도권 일부 지역에서 추진되던 재개발과 재건축 사업들에 대한 과도한 규제로 주택 공급이 위축되었다. 그 결과로 서울의 아파트 평균 매매가격이 2017년 5억 원대 후반에서 2021년에는 10억 원 가량으로 집권 초기에 비해 명목가격이 거의 2배로 상승하는 참담한 상황이 나타났다.

의 · 식 · 주로 대표되는 기본적인 욕구가 충족되어야 사람들은 정상적인 생활을 할 수 있다. 우리들은 소득이 높아질수록 주위 환경이 쾌적하고 교통이 편리하며 좀 더 넓은 공간이 있는 주택에 거주하기를 희망한다. 문재인 정부의 주택에 대한 수요억제정책은 이러한 인간의 기본적인 욕망을 무시하는 반(反)시장적이며 특정 이념에 사로잡힌 것들이어서 부동산 가격의 폭등을 야기시켰다.

앞에서 예를 든 한남동 재개발사업의 경우, 사업의 진척 속도가 정상적으로 진행되었으면 강남을 대체하는 특급 주거지역에 대규모의 아파트 공급이 이루어져 주택 가격 안정에 상당히 도움이 되었을 것이다. 재개발과 재건축 관련 규제를 완화하거나 폐지하면 초기에는 부동산투기가 발생하여 주택가격이 상승할 수 있으나, 이 시기를 넘기면 공급물량의 확대로 주택 가격이 안정화 된다. 새로 출범한 윤석열 정부는 지난 정부의 잘못된 정책을 반면교사로 삼아 시장

친화적이며 국민들의 주거 안정에 도움이 되는 부동산 정책을 집행해 주기를 기대해 본다.

부동산투자론은 2010년 초판이 발행된 이후 2차례 개정을 거쳐 지금에 이르고 있다. 『알기 쉬운 부동산투자론』으로 시작하여 어려운 출판업계의 사정에도 불구하고 10년이 넘는 세월동안 버텨온 것은 독자들의 염려와 사랑 때문이라고 생각한다. 이번 개정판에서는 그동안 진행되어온 부동산 업계상황의 변화를 반영하였다. 제11장 부동산투자의 법적 · 제도적 환경 분석에 문재인 정부의 부동산 정책 내용을 첨가하였으며, 제12장 부동산개발 및 토지투자이론 중 재개발과 재건축사업과 관련되어 변화된 내용을 대폭 반영하여 이 부분에 대해 관심있는 독자들의 욕구를 충족시켰다. 그리고 "부동산 경매와 공매투자이론"을 새롭게 하나의 장으로 추가하였다. 앞으로도 시대의 변화에 따라 추가되거나 변경되는 사항이 있으면 이를 적극 반영할 예정이다. 마지막으로 본서를 출판하기까지 많은 도움을 준 형설출판사의 임직원 여러분들과 한국부동산학회, 한국부동산경영학회, 한국부동산법학회, 한국부동산경매학회에서 끊임없이 토론과 학습을 통해 필자에게 지적 자극을 하여준 교수님들과 회원분들에게도 감사의 말씀을 드린다.

2023년 8월 3일
권호근

서문

길거리를 걷다 보니 거리에 낙엽이 쌓이고 벌써 눈이 내리는 소식도 들려오는 것을 보니 올해도 저물어 가는 것을 느낀다. 젊은 시절에는 가을을 참 좋아했다. 무엇인가를 마무리하는 것이 보람 있었고 또 차분해지는 느낌도 들고 해서 그랬던 것 같다. 그런데 세월의 흐름에 따라 나이가 들다 보니 육체적으로 추위를 견디는 힘이 약해지고 가을이 마치 인생의 석양을 의미하는 것 같아 지금은 무엇인가 서글퍼지는 느낌이 많이 든다. 요즈음 100세 시대라는 말을 많이 한다. 과거에 비해 의료기술이 발달하고 경제사정이 좋아져 사람들의 수명이 길어진 것은 사실이다. 100세 시대라면 지금 나의 위치는 인생의 반환점을 막 돌았기 때문에 앞으로도 지금 살아온 만큼의 시간은 남아 있다. 그러나 생물학적 수명은 길어졌을지 모르지만 느낌으로는 그렇지 않다. 현재 우리의 삶의 형태는 70세에서 80세 정도 살았던 시절에 맞추어져 있기 때문에 이 나이에 새로운 일을 시작하는 것은 무리고 삶을 잘 마무리하는 것이 순리가 아닐까 생각한다.

지금 현재 우리나라의 경제는 필자가 생각하기로 계속 추락하여 마치 늦가을의 석양을 연상하게 한다. 30대 중반 IMF 외환위기를 겪었다. 이전 고도경제성장 시대를 살아온 나로서는 한국경제는 곧 회복되고 과거의 활기찬 시절로 회귀할 것이라고 생각했다. 그러나 바람과는 달리 이후 한국경제는 성숙형 경제의 모습을 보였으며 지금은 아예 나락으로 떨어지고 있다. 헌정 사상 초유의 대통령 탄핵으로 정권이 교체되자 이런 양상이 더욱 두드러지는 것 같다.

현재 시점에서 무엇인가 투자를 하는 것은 무모한 일이 아닐까 생각된다. 그 대상이 부동산이든 주식이든 마찬가지이다. 미국과 중국의 무역분쟁으로 세계경제 상황도 우리에게 우호적이지 않다. 현 시점에서 무모한 투자는 삼가하고 보수적인 자산운영을 권고하는 바이다.

이번 개정판은 사실 개정이라기 하기는 어렵다. 출간 1년 만에 개정하다 보니 기존의 틀을 유지하고 문맥을 가다듬고 오자나 탈자를 교정하는 수준에 그쳤다. 향후 시대의 변화에 따라 새롭게 추가되거나 변경되는 사항이 있으면 이를 적극 반영할 예정이다. 마지막으로 본서를 출판하기까지 많은 분들의 도움을 받았다. 우선 이창석 교수님에게 감사의 말씀을 드린다. 그리고 형설출판사의 황승주 상무와 최수환 팀장에게도 감사의 말씀을 드리며 출판업계의 경영이 어려운 사정에 있음에도 불구하고 출판을 허락해 준 경영진에게도 감사의 말씀을 드린다.

2018년 11월 30일

권호근

목 차

제1편 투자의 기초이론 / 16

제5편 부록 / 310

제 1 편

투자의 기초이론

제1장 투자의 의의

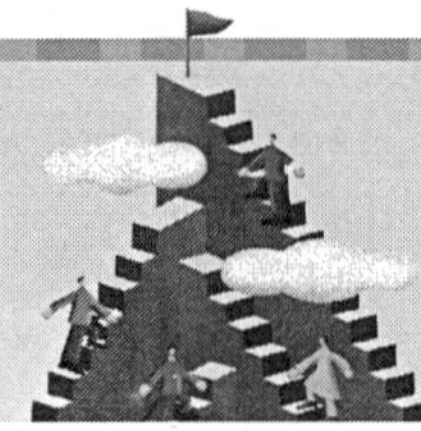

제1절 고전적 개념

1 투자의 개념

투자의 고전적 개념이란 경제학에서 말하는 투자의 개념에 기초하고 있다. 경제학에서 말하는 투자란 '일정기간 동안 증가된 자본축적량'으로 정의된다. 경제학에서는 직접적인 생산 활동을 위한 지출, 즉 자본재의 증가나 유지를 위한 지출을 투자라 하며, 직접적으로 생산 활동이 수반되지 않는 소유권의 이전이나 이전지출 등은 투자라고 부르지 않는다. 따라서 기존 주택이나 건물을 구입하거나 증권이나 채권 등 각종 금융상품들을 매입하는 행위들은 투자라고 하지 않는다.

경제학에서 투자를 이렇게 정의하는 배경에는 시대적인 요인과 학문적인 요인 등 두 가지 면에서 비롯된다고 볼 수 있다.

첫째, 시대적인 요인은 투자의 개념 자체를 현재 시대로 보지 않고, 19세기에 바탕을 두고 있기 때문으로 생각된다. 19세기는 금융과 금융시장이 본격적으로 도래하지 않았고, 따라서 미래의 자본이득을 획득하기 위해 주식이나 채권 등의 금융상품을 구입할 수가 없었다. 그러므로 어떤 개인이 미래의 주식가격이 상승할 것을 예상하여 현재의 가격으로 주식을 구매하는 것은 그 당시로서는 상상하기가 곤란하였으므로 투자로 인정하지 않았다. 사실상 미시경제학의 토대를 완성한 고전학파 경제학자들 대부분은 19세기에 활동하였다는 사실이 이를 뒷받침한다.

둘째, 학문적인 요인은 경제학에서 투자를 미시경제학에서 다루지 않고 거시경제학에서 취급한다는 것이다. 미시경제학은 개별경제주체의 최적화 행위를 분석하는 학문이고 거시경제학은 개별이 아닌 전체로서의 경제상태의 균형을 다루는 학문이다. 예를 들면, 사과라는 개별재화의 시장균형을 연구하는 것이 미시경제학이라면, 사과·배·라디오 등 경제 내에 거래되는 모든 재화의 총합을 가지고 시장의 균형을 분석하는 것이 거시경제학이다. 거시경제학에서는 '국민소득'이라는 거시경제변수를 주된 연구대상으로 삼고 있다. 국민소득은 GDP(Gross Domestic Products), 즉 국내총생산 국민소득을 대개 의미한다고 간주한다. GDP는 '일정기간 동안 한 나라 안에서 생산된 최종생산물의 시장가치의 합계'로 정의된다. 그러면 GDP, 즉 국민소득을 증가시키기 위해서는 개별재화들의 생산량을 증가시켜야 되는데 그렇게 하기 위해서는 노동과 자본의 투입량을 늘려야 한다.

거시경제학의 개념을 자세하게 설명한 이유는 경제학에서 금융자본의 증가를 투자로 간주할 수 없는 원인을 설명하고자 함이다. 어떤 회사가 자동차산업에 신규로 진출한다고 가정하자. 이 회사는 자동차산업에 신규로 진출하기 위해서 기존의 자동차회사를 인수할 수도 있고 신규로 법인을 설립하여 공장을 신축할 수도 있다. 그런데 전자의 경우는 경제학에서 투자로 보지 않고 후자의 경우만 투자로 간주한다. 이 회사가 기존의 자동차회사를 인수하기 위해서는 자동차회사의 주식을 취득해야 한다. 이런 방식으로 자동차산업에 신규로 진입하더라도 우리나라 전체의 자동차생산량은 불변이고, 따라서 한국의 GDP도 변하지 않기 때문에 전자의 경우를 투자로 보지 않는다. 반면, 후자의 경우에는 자동차공장을 새로 신축하였으므로 우리나라의 자동차생산량은 증가하고, GDP도 증대시킨다. 그러므로 후자를 투자로 간주하는 것이다.

2 투자의 성격

고전적 개념, 즉 경제학의 관점에서 바라본 투자의 개념에 입각하여 투자의 성격을 규정하면 다음과 같다.[1)]

첫째, 투자는 총수요에서 차지하는 비중은 미미하나, 그 변동성이 크기 때문에 경기변동을 일으키는 가장 중요한 요인이다.

둘째, 투자는 유효수요의 구성요인으로 투자의 증가는 승수효과를 통해 총수요 측면의 국민소득을 증가시킬 뿐만 아니라, 자본형성을 통하여 총공급 측면의 국민

1) 권호근, 「기초경제학원론」, 도서출판 배움, 2008, p. 349.

소득을 증가시키는데, 이를 '투자의 이중성'이라 한다.

셋째, 투자는 일정기간 동안의 실물자산증가를 의미하는 유량변수이고, 자본량은 일정시점에서 측정되어지는 저량변수이다.

3 투자의 종류

투자는 그 성격에 따라 여러 가지로 나누어진다. 아래에서는 투자의 종류와 그 개념에 대해 살펴보기로 한다.

1) 신투자와 재투자

신투자는 실물자본을 증가시키기 위한 투자로 공장 설비를 신규로 증설하거나 기계투입량을 증가시키는 것을 말하며, 총 자본량을 증가시키는 것을 말한다. 재투자는 기존의 생산시설을 유지하거나 대체하기 위하여 지출하는 투자를 말한다.

재투자는 감가상각되어 마모된 부분을 보충하는 투자이므로 총 자본량을 증가시키지는 못한다. 신투자와 재투자를 합하여 총투자라 한다.

따라서, 총투자=신투자+재투자이다.

2) 사전적 투자와 사후적 투자

사전적 투자는 사전적으로 의도된 투자이며, 사후적 투자는 사후적으로 실현된 투자를 말한다. 사후적 투자는 사전적 투자와 재고의 합으로 구성된다. 재고는 소비가 아닌 투자로 간주되며, 따라서 재고투자라고 한다.

3) 고정투자와 재고투자

고정투자는 건설회사가 주택을 건설하기 위해 행하는 주택투자, 주택 이외의 빌딩이나 철도, 도로 등을 건설하는 비주택건설물투자와 기업 등이 생산을 위해 기계설비나 운수설비를 구입하는 생산자내구재투자로 나누어진다. 재고투자는 앞에서 이야기한 바와 같이 사후적 투자와 사전적 투자의 차이를 말한다.

4) 투자함수

투자함수란 투자에 영향을 주는 독립변수와 종속변수인 투자와의 관계를 나타내며, 일정기간 동안 측정되는 유량개념이다.

투자의 독립변수에는 투자비용을 의미하는 이자율(r)과 국민소득(Y) 두 가지를 대표적으로 나타낸다. 이자율이 상승하면 투자는 감소하고, 국민소득이 증가하면 투자는 증가한다. 즉 투자는 이자율과 역(-)함수의 관계를, 국민소득과는 정(+)함수의 관계를 가진다.

$$투자(I)=f(이자율(r), 국민소득(Y))$$
$$1=aY-br$$

제2절 현대적 개념

20세기 이후, 현대적인 관점에서 투자의 개념은 앞에서 이야기한 고전적 개념과는 차이점을 보인다. 현대에는 미래의 수익을 획득하기 위해서 실물자산만 획득하는 것이 아니라 금융자산의 구입에 의해서도 가능해지게 되었다. 그리고 요즈음에는 실물자산을 구입하는 것보다 금융자산을 획득함으로써 더 큰 수익이 창출되는 시대가 되었으며, 실물자산, 즉 부동산이나 골동품 등의 매매에 있어 유동성이 떨어지는 단점을 보완하기 위해 이들 자산들을 금융상품화하여 거래하는 '자산의 유동화 현상'도 나타나고 있다. 그러므로 투자대상의 범위를 금융자산까지 확대시킬 필요가 있다.

과거에는 투자를 담당하는 경제주체가 주로 기업이었고, 기업은 대개 하나의 조직체를 구성하므로 투자를 하는 경제주체를 개인으로 보기보다는 거대한 조직, 나아가서는 국가적인 관점으로 파악하는 경향이 있었다. 그러나 최근에는 개인들도 본인의 미래의 자산가치를 증대시키기 위해 투자에 적극 참여하고 있으므로 이제는 투자의 개념을 거시적 관점보다는 미시적 관점으로 수정할 필요가 있다.

이상의 논의를 종합하여 투자의 개념을 정의하면 다음과 같다.

투자란 개인이나 단체가 미래의 수익을 획득할 목적으로 실물자산이나 금융자산을 구입하기 위해 현재의 소비를 희생하는 것으로 정의된다.

투자의 개념에 입각하여 그 의미를 상술하면 다음과 같다.

첫째, 투자를 하는 주체가 회사나 단체 외에 개인으로 그 범위를 확장할 수 있다는 것이다.

둘째, 투자의 대상이 과거에는 실물자산(real assets)에 국한하였으나 최근에는 금융자산(financial assets)까지 그 범위를 확대시켰다. 실물자산은 회사가 공장건물이나 기계 등에 시설투자를 하거나 원자재를 확보하는 것 외에 개인이 부동산이나 골동품 등을 구입하는 것도 포함한다. 그리고 금융자산에는 예금, 주식, 채권 등을 들 수 있다.

셋째, 투자는 현재보다는 미래수익의 확보에 더 큰 관심을 두고 있다. 예를 들어 어떤 개인이 현재 1억 원을 소비하기보다는 부동산이나 주식 등을 구입하여 1년 후에 되팔았을 경우 1억 2천만 원을 받는다고 가정하면, 현재소비를 희생하여 이들 자산들을 구입하기 때문이다. 투자는 그 속성상 현재보다는 미래가치에 더 큰 관심을 두므로 불확실성에 따르는 위험을 수반한다. 왜냐하면 현재의 가치는 확실하나 미래의 가치는 가변적이기 때문에 불확실하다. 내가 증권 1억 원을 구입하여 1년 후 1억 2천만 원이 반드시 실현된다는 보장이 없기 때문에 투자에는 항상 불확실성이 따른다. 투자에 수반되는 이런 불확실성을 '위험(risk)'이라 한다.

본서에서는 투자의 개념을 고전적 개념보다는 현대적 개념에 입각하여 전개한다.[2)] 왜냐하면 회사나 단체가 생산 활동을 위해 부동산을 구입하는 것 외에, 개인들이 미래의 부동산 가치증대를 위해 부동산을 획득하는 행위도 부동산투자에 포함시키기 때문이다. 그리고 최근에는 부동산이란 실물자산을 증권이나 채권형태로 유동화시켜 투자자가 부동산에 직접투자하기보다는 간접투자하도록 하는 부동산금융상품이 다수 개발되고 있다. 투자자가 부동산이란 실물자산을 직접 구입하지 않고 이들 부동산금융상품들을 구입하는 것도 부동산투자의 범주에 포함시키므로 투자를 고전적 개념보다는 현대적 개념으로 확장시켜 적용시킬 수밖에 없다.

Story Tip

"최고의 재테크는 부동산"

기업 호감도 삼성 60% 압도적… … LG, SK, 현대순

소득 높을수록 부동산 재테크 선호…… 저축 5%뿐

우리 국민들은 국내 기업 가운데 삼성에 대해 가장 호감을 갖고 있으며, 돈을 모으기 위해서는 부동산에 투자하는 것이 좋다고 생각하고 있는 것으로 나타났다.

2) 권호근, 「기초경제학원론」, 도서출판 배움, 2008, p. 350.

굿모닝서울 창간 1주년 여론조사에 따르면 선호기업 1위가 삼성(45%)이었다. 그 다음이 삼성전자(15%)로 삼성은 그룹과 주력 계열사가 나란히 1, 2위를 차지했다. 설문 자체가 그룹과 계열기업을 분리하지 않았기 때문에 삼성전자에 대한 호감이 삼성그룹에 대한 선호 응답으로 이어진 경우도 적지 않은 것으로 보여진다.

삼성그룹을 택한 응답자 가운데 삼성전자를 선호하는 의견이 상당히 포함돼 있다는 뜻이다. 전체 응답자의 60%를 차지한 삼성과 삼성전자에 이어 LG(6%)와 SK, 현대(이상 3%) 등 기업집단이 선호기업으로 꼽혔다.

삼성전자는 지난달 미국 경제 전문지 포천이 선정한 '세계에서 가장 존경받는 기업(World's Most Admired Companies)' 가운데 최상위권 50대 기업인 글로벌 올스타 기업 39위에 올랐다. 한국 기업이 50대 기업에 포함된 것은 처음인데 이 같은 국제적인 평가와 함께 국내에서의 선호도도 높다는 것이 이번 여론조사에서 확인됐다.

포천지의 선정이 경제능력과 시장 리더십, 신기술, 혁신성 등을 반영한 데 비해 굿모닝서울 여론조사에서는 세계 최대 메모리업체 및 세계 3위 휴대전화 업체라는 대외적인 경쟁력과 상징성, 국내 경제에 미치는 영향력 등이 선호 이유가 된 것으로 보인다. '가장 존경하는 기업 오너'를 묻는 질문에서도 이건희 삼성그룹 회장이 46%로 1위를 차지해 삼성이 국내 대표 기업임이 입증됐다.

'대한민국 차세대 성장 원동력'은 유전자(29%)가 1위로, 삼성을 최고 선호기업으로 만든 요인 가운데 하나인 반도체(20%)를 앞섰다.

▶ 가장 존경하는 기업 오너

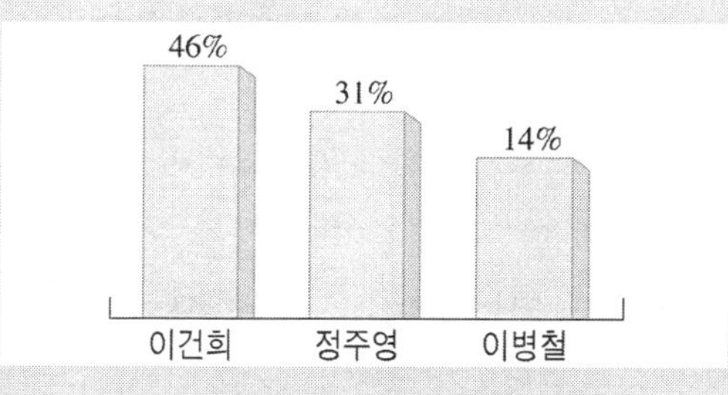

▶ 대한민국 차세대 성장 원동력

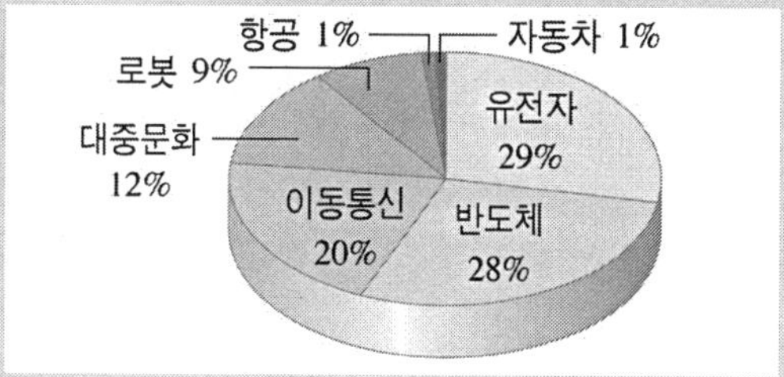

▶ 수익성이 좋은 재테크 수단

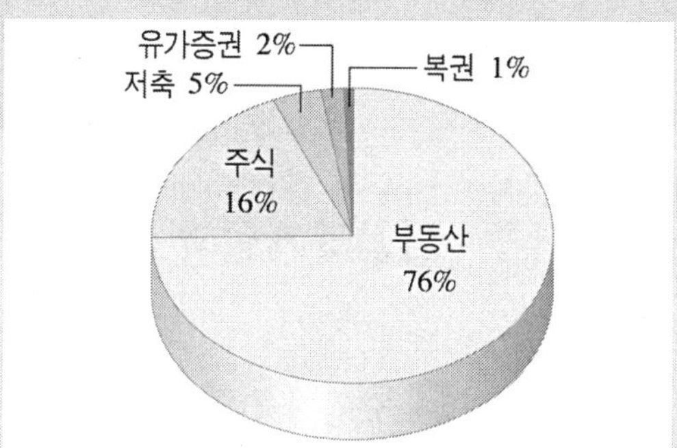

한편 '수입성이 좋은 재테크 수단'에 대해서는 부동산(76%)이 주식(16%)과 저축(5%)을 크게 앞섰다. 부동산이 가장 좋은 재테크 수단이라고 응답한 비율은 여성(77%) 쪽이 남성(75%)보다 약간 높았으나 큰 차이가 없었다. 특히 40세 이상(86%)과 주부(84%), 월소득 400만 원 이상(81%)에서 높게 나타났다.

이 같은 조사 결과는 우리 사회의 부동산 '투기'에 대한 열기를 반영함과 동시에 정부의 부동산 정책의 개선 필요성을 절감하게 했다. 소수 응답 가운데는 복권(1%)을 꼽는 이들도 있어 최근의 경제난과 그에 따른 일확천금 주의의 심각성을 보여줬다.

최정식 기자
자료 : 굿모닝서울, 2005. 3. 3.

제2장 투자의 위험과 수익

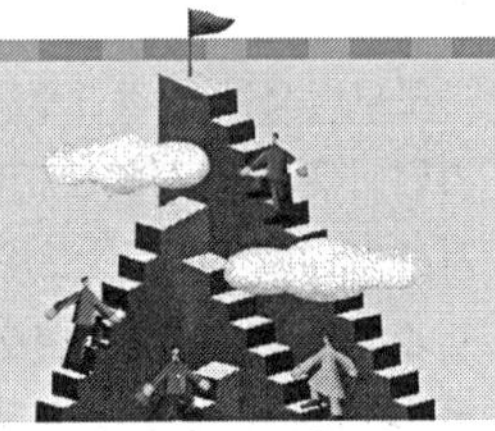

제1절 위험의 개념과 척도

1 투자의 위험

투자의 목적은 투자에 따른 미래의 수익을 얻기 위함이다. 그런데 투자자는 정보의 불완전성으로 인하여 미래의 수익을 제대로 알기 어렵다. 그러므로 투자를 하는 시점에는 미래의 수익에 대한 예측치만 존재하지 실제로 얻어지는 수익을 알지 못하여 투자에 따른 '기대소득'과 '실현소득' 사이에는 괴리가 발생한다. 우리는 이러한 괴리, 즉 격차를 투자에 따른 '위험'이라고 한다. 격차가 클수록 '위험도'가 커지고 작아질수록 안전하다고 한다.[1)]

사례를 들면 우리가 1억 원을 가지고 1년 동안 은행예금을 한다고 하자. 은행의 1년간 예금이자율이 10%라고 하면, 예금을 하는 시점에서 1년 후 예금에 따른 기대소득은 1억 1천만 원이다. 1년이 경과한 후 실제로 은행에서 받게 되는 금액이 실현소득이며, 이 경우 기대소득과 실현소득은 거의 일치하며 투자에 따른 위험도가 작아 안전한 투자수단이 된다.

한편, 우리가 1억 원을 가지고 1년 동안 증권투자를 한다고 가정하자. 1년간 증권투자에 따른 평균수익률이 20%라고 하면, 증권투자에 따른 기대소득은 1억 2천만 원이다. 1년 후 증권투자자가 얻게 되는 실현소득은 은행예금과는 달리 기대소득과 거의 일치하지 않아 투자에 따른 위험도가 크다.

1) 이창석, 「부동산학개론」, 형설출판사, 2010, p. 655.

2 위험의 척도

1) 확률변수와 확률

우리는 미래를 확실하게 파악할 수 없다. 주식 1억 원을 매입하여 1년 후에 되팔았을 경우 얼마가 되는지 확실하게 알 수 없고, 대학교에 입학하기 위해 시험공부를 하고 입학시험을 치른 후의 결과도 확실하게 장담할 수 없다. 이런 불확실성(uncertainty) 속에서 향후 발생되는 모든 결과를 '확률변수(probability variable)'라 하고, 그러한 결과가 나타날 수 있는 객관적인 가능성을 '확률'이라 한다.

예를 들면, 주사위를 던지는 게임이 있다고 하자. 주사위를 던지면 1, 2, 3, 4, 5, 6의 숫자 중 하나가 나타나는데, 이러한 숫자를 확률변수라 한다. 그리고 주사위를 한 번 던져서 '3'이 나올 경우는 1/6이 되는데, 이를 확률이라고 한다.

2) 확률분포

불확실한 상황에서 우리는 합리적인 의사결정을 하여야 한다. 그러한 의사결정을 하기 전에 우리는 앞으로 다가올 미래에 대해 나름대로 전망을 하게 되는데, 이를 기대(expectation)라고 한다. 미래란 전혀 예측을 할 수 없는 경우도 있지만, 대개의 경우에는 확률을 이용하여 어느 정도 예측 가능하다. 이러한 미래에 발생할 여러 상황을 확률로 표시하여 나타낸 분포도를 '확률분포(probability distribution)'라 한다.

합리적인 투자의사결정이 이루어지기 위해서는 투자자가 과거의 투자에 관련된

도표 2-1 정규분포

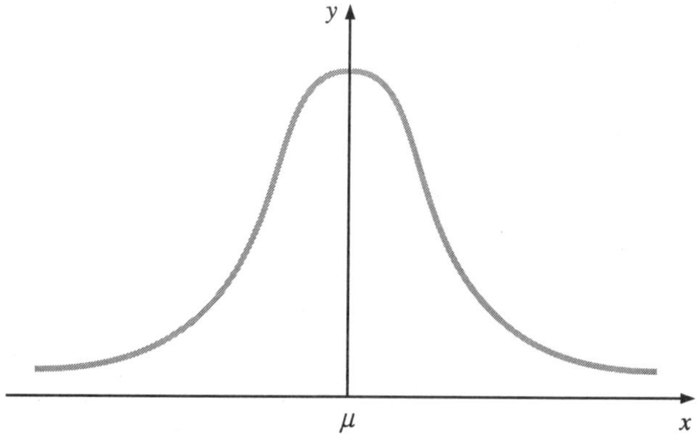

정보에만 의존하지 않고 미래의 이용 가능한 모든 정보를 사용하여 각 경제주체들의 기대를 수정하여 가야 하는데, 이를 '합리적 기대(rational ex-pectation)'라고 한다. 이는 어떤 투자자가 추정한 확률분포가 객관적 확률분포와 일치할 경우 달성된다. 현실에서 관찰되는 수많은 현상에서 실제로 관찰되는 대부분의 분포가 정규분포(normal distribution)한다고 알려져 있다. 정규분포는 종분포의 형태를 가지며, 분포의 좌우가 대칭인 특징을 가지는데 그림으로 표현하면 〈도표 2-1〉과 같다.

3) 평균과 표준편차, 분산

평균이란 확률분포에서 확률변수의 평균값을 말한다. 즉 정규분포는 어떤 하나의 값을 중심으로 집중되어 있는데, 이를 평균이라 한다. 그런데 어떤 확률변수가 어느 정도 분포되어 있는가에 대한 정보도 필요하다. 이를 나타내주는 지표가 표준편차와 분산이다. 표준편차와 분산이 크면 확률변수의 분포가 넓게 분포되어 있고, 작으면 평균값을 중심으로 좁게 분포되어 있음을 나타낸다.

4) 위험의 척도

투자에 따른 위험도는 기대소득과 실현소득의 격차로 추정되며, 통계학적으로는 분산과 표준편차를 이용한다.

〈도표 2-2〉에서 보는 바와 같이 은행예금은 평균수익률 10%를 중심으로 확률변수가 좁게 분포되어 있으므로 기대소득과 실현소득이 거의 일치하므로 안전한 투자대상이다. 반면에 증권투자는 평균수익률 20%를 중심으로 확률변수가 넓게 분포되어 있으므로 기대소득과 실현소득이 일치할 확률이 희박하므로 위험한 투자 대상이다.

도표 2-2 은행예금과 증권투자의 위험척도

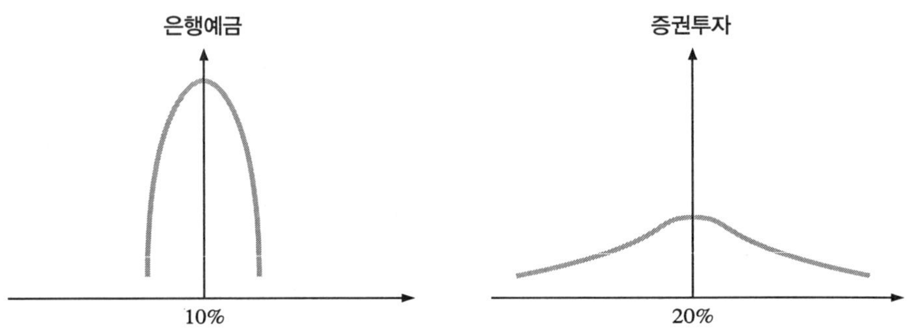

수익률의 평균(mean)과 분산(varience)의 두 요인으로 투자분석의 모형을 개발하여 이용하는 것을 평균-분산모형(M-V model)이라 하며, 분산도가 클수록 투자에 수반되는 위험은 크다.

3 위험과 수익의 측정

불확실성이란 기대한 수익이 실현된 수익과 달라지는 정도를 뜻한다. 수익성을 나타내는 지표로는 소득의 기대치를 사용하고 위험을 나타내는 지표로는 표준편차를 사용한다. 투자에 대해 일어날 수 있는 사상(event)에 소득을 각각 부과한 후 이것을 가중평균하여 현금수지의 기대치를 계산한다. 각 사상이 발생할 수 있는 확률은 유사 부동산에 대한 자료 분석으로부터 도출한다.

1) 가상적 투자에 대한 기대소득의 계산

다음의 가상적투자로부터 순영업 소득의 기대치를 계산하면 다음과 같다.

사상	순영업소득	확률
1	9,000	0.10
2	10,000	0.80
3	11,000	0.10

순영업소득 기대치 : $E(\text{NOI})$

$$\begin{aligned} E(\text{NOI}) &= 9{,}000(0.1) + 10{,}000(0.8) + 11{,}000(0.1) \\ &= 900 + 8{,}000 + 1{,}100 \\ &= 10{,}000 \end{aligned}$$

2) 위험의 측정

실현소득이 기대소득으로부터 달라지는 정도를 뜻한다. 분산은 표준편차의 제곱이며, 표준편차는 투자의 위험성을 나타내는 지표로 사용된다. 분산(a^2)은 다음과 같이 계산된다.

$$\begin{aligned} a^2 &= (9{,}000-10{,}000)^2(0.1) + (10{,}000-10{,}000)^2(0.8) + (11{,}000-10{,}000)^2(0.1) \\ &= 2{,}000{,}000 \end{aligned}$$

표준편차 $a = 447.2$

두 개의 투자대안이 기대치는 같은데 표준편차가 다르다면 표준편차가 작은 쪽이 그만큼 위험이 작다는 뜻이다.

3) 평균·분산모형

위험을 나타내는 척도로 수익률의 분산 또는 표준편차를 사용한다. 두 개의 투자대안의 기대치가 같으면 위험이 적은 자산에, 위험이 같으면 기대치가 큰 자산에 투자한다.

가령, 투자대안 A, B가 있고 각 투자대안의 표준편차를 S_a, S_b라 할 때 다음 조건을 만족하는 대안 A는 대안 B보다 언제나 선호된다.

즉, A의 기대치는 B의 기대치와 크기가 동일하지만 A의 표준편차 S_a가 S_b보다 작거나 같을 경우와, A의 표준편차가 B의 표준편차와 동일($S_a=S_b$)하나 A의 기대치가 B의 기대치보다 클 경우, 대안 A는 대안 B보다 언제나 선호된다.

제2절 위험과 수익의 상쇄관계

1 위험에 대한 투자자의 태도

투자자는 투자를 함에 있어서 투자에 따른 기대수익과 위험도를 고려한다.

기대수익률이 동일한 두 개의 투자대안이 있을 경우 투자자는 보다 안전한 투자대안을 선택하려고 하고, 반대로 위험도가 동일한 경우에는 보다 기대수익률이 큰 투자대안을 선택한다.[2)]

1) 소득효용곡선과 소득의 한계효용곡선

소득효용곡선이란 소득이 증가함에 따라 투자자에게 가져다주는 총효용곡선을 말하며, 소득의 한계효용곡선이란 소득이 한 단위씩 증가함에 따라 변하는 소득의 한계효용을 나타내는 곡선이다.

한계효용곡선은 총 효용곡선의 접선의 기울기의 궤적을 추적하여 그린다.

2) 위험기피자(risk averter)

투자에 따르는 기대수익보다는 위험도를 작게 하려는 투자자를 말한다. 따라서

2) 이창석, 「부동산학개론」, 형설출판사, 2010, p. 666.

보다 안전한 투자대안을 선택하므로 저수익을 실현한다. 소득의 증가에 따른 한계효용이 감소하는 투자자이며 소득효용곡선은 〈도표 2-3(위험기피자)〉과 같이 체감적으로 증가한다.

3) 위험선호자(risk seeker)

투자에 따르는 위험보다는 기대수익을 크게 하려는 투자자를 말한다. 따라서 보다 고수익이 창출되는 투자대안을 선택하므로 투자에 수반되는 위험이 큰 투자대안을 선택한다. 소득의 증가에 따른 한계효용이 증가하는 투자자이며 소득효용곡선은 〈도표 2-3(위험선호자)〉과 같이 체증적으로 증가한다.

4) 위험중립자(risk neutraler)

투자에 수반되는 위험도를 고려하지 않고, 기대수익에만 의존하는 투자자이다. 소득의 증가에 따른 한계효용이 일정한 투자자이며, 소득효용곡선은 〈도표 2-3(위험중립자)〉과 같이 일정하게 증가한다.

도표 2-3 위험기피자, 위험선호자 및 위험중립자

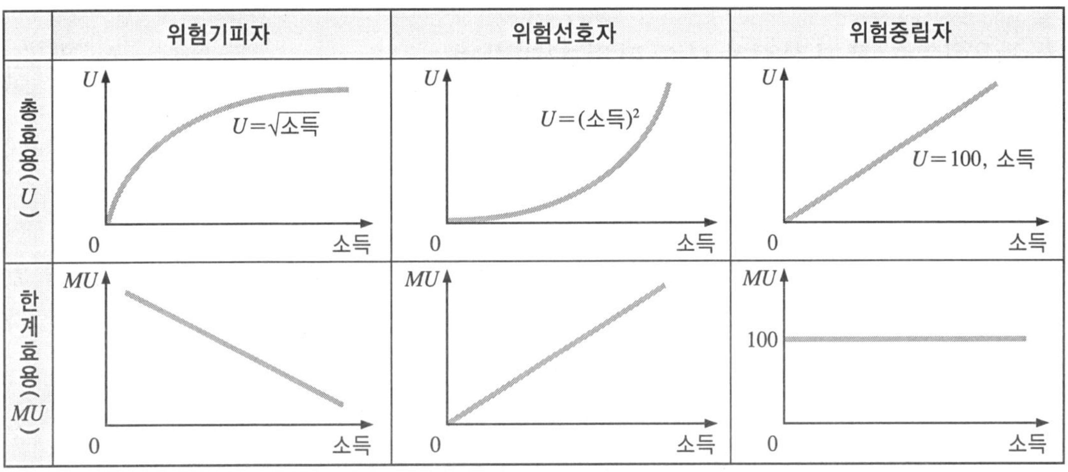

2 위험과 수익의 상쇄관계

1) 개념

일반적으로 위험과 수익은 비례관계로 투자에 수반되는 위험이 클수록 요구하는 수익도 커진다. 이러한 관계를 위험과 수익의 상쇄관계라 한다. 투자자의 요구수익률은 개인으로서 피할 수 없는 위험이 증대됨에 따라 아울러 상승하는데 이때 증대되는 시장의 위험에 대한 대가를 위험할증률이라 하며, 위험할증률이 가산된 요구수익률을 위험조정률이라 한다. 위험할증률은 시간위험뿐만 아니라 개별투자자가 안고 있는 위험에 따라서도 변화한다.

2) 요구수익률과 위험할증률과의 관계

무위험률은 장래 기대되는 수익이 확실한 경우의 수익률을 의미한다. 따라서 무위험률은 순수한 시간가치에 대한 대가가 된다. 무위험률의 크기는 일반경제상황과 관계가 있다. 신용의 제한, 화폐의 수요와 공급, 저축률과 투자율 등은 무위험률에 영향을 준다. 위험수준과 부동산투자에서 부동산투자자가 요구하는 요구수익률 관계를 나타내면 다음과 같다.

요구수익률=무위험률+위험할증률
요구수익률=무위험률+위험할증률+예상된 인플레이션율 : Fisher 효과

제3절 투자결정에서 위험의 처리방법

1 위험한 투자를 제외시키는 방법

안전한 곳에만 투자하여 투자자금의 손실을 보지 않도록 하는 방법을 말한다. 안전한 투자수단으로 정부채권이나 정기예금 같은 것을 들 수 있다. 이러한 식의 투자방법을 위험한 투자를 제외하는 방법이라 한다.

위험에는 부정적인 효과만 있는 것이 아니라 긍정적인 효과도 있기 때문에 위험한 투자를 무조건 제외시키는 방법은 바람직한 방법이 아니다.

2 보수적 예측방법

1) 개념

보수적 예측방법이란 투자수익을 가능한 한 낮게 예측하고 그것을 기준으로 투자결정을 하는 것이다. 투자수익을 최대, 중간, 최소로 추계하고 그중에서 최소추계치(

最小推計値)를 판단기준으로 삼는 것이다. 이 같은 위험처리 방법은 투자추계를 하향편성함으로써 미래에 발생할지도 모를 위험을 상당수 제거할 수 있다는 가정에 근거를 두고 있다.

2) 보수적 예측방법의 문제점

보수적 예측방법의 문제점은 다음과 같다.

첫째, 위험을 회피할 수단은 될지는 몰라도 부(富)를 극대화할 수 있는 방법이 되지 못한다.

둘째, 미래에 대한 예측은 불확실하기 때문에, 예상 투자수익을 높은 쪽으로 추계하던, 낮은 쪽으로 추계하던 부의 극대화가 실현되지 않을 가능성은 양쪽에 모두 존재한다.

3 위험조정 할인율의 사용

1) 개념

장래 기대되는 소득을 현재가치로 환원할 때 위험한 투자일수록 높은 할인율을 적용하는 것이다. 투자에 대한 요구수익률을 결정하는 데에 있어서 감수해야 하는 위험의 정도에 따라 위험할인율을 더해 가는 것이다. 이 방법은 현금수지의 변동 가능성을 계량화하기 쉽고 측정된 결과를 비교하기 편리하므로 개념적으로 우수한 접근법이다.

2) 위험조정 할인율의 문제점

위험조정 할인율의 문제점은 다음과 같다.

첫째, 위험을 조정하기 위한 값으로 과연 얼마를 부과해야 하느냐는 것이다.

둘째, 위험이 시간에 따라 일정한 비율로 증가한다고 가정하는 데 있다. 이것은 매기간의 위험이 똑같은 것을 의미하다.

4 감응도분석

감응도(感應度)분석이란 위험의 내용이 산출결과에 어떠한 영향을 미치는가를 파악하는 방법으로 투입요소(임대료, 영업비, 공실률, 감가상각비, 보유기간 등)가 개별적, 집단적으로 변화함에 따라 투자에 대한 순현가나 내부수익률이 어떻게 변화하는가를 분석하는 것이다.

감응도분석은 투자수익에 가장 민감하게 영향을 주는 요소가 무엇인가를 파악할 수 있다. 감응도가 큰 투자일수록 순현가의 변동이 심하고 더 위험한 투자로 평가한다.

부동산에서는 투자분석뿐만 아니라 부동산평가, 부동산금융, 부동산관리 등에서 감응도분석이 자주 사용되고 있다.

Story Tip

부동산투자 십계명

1. 집값이 언제 오르고 내렸는지 기억하라.
2. 오르고 내린 이유와 특징을 기억하라.
3. 금리와 정부 정책은 투자의 가장 중요한 변수임을 기억하라.
4. 청약통장만이 내 집 마련의 만능 열쇠인 것은 아니다.
5. 정부 정책에 대적하지 마라.
6. 때론 투자하지 않는 것도 재테크 전략이다.
7. 투자에 가장 중요한 것은 입지이다.
8. 투자 직전 다시 한 번 향후 경기 전망을 살펴보라.
9. 친구 따라 강남 가지 말고 부자따라 투자하라.
10. 부동산 투자로 성공하려면 우수납세자가 되는 것이 기본이다.

자료 : 조선일보, 2005. 9. 22.

제3장 포트폴리오의 선택과 자산가격결정이론

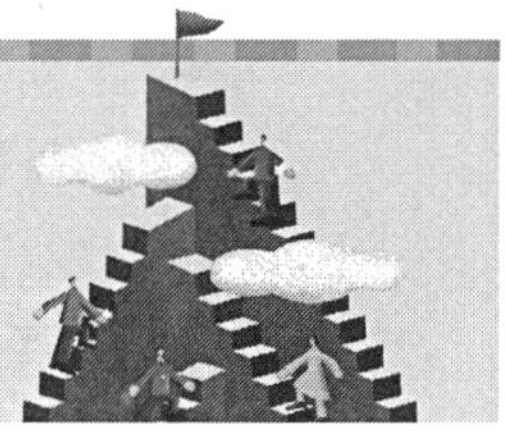

제1절 체계적 위험과 비체계적 위험

1 개념

우리가 어떤 자산에 투자를 한다고 가정하였을 경우, 그 자산이 속하는 시장이 있다. 주식에 투자를 하면 주식시장, 부동산에 투자를 하면 부동산시장, 채권에 투자를 하면 채권시장이 있다. 예를 들어 '갑'이라는 투자자가 삼성전자 주식에 1억 원을 투자한다고 하자. 삼성전자 주식은 한국의 주식시장 내에서 거래되므로 시장의 전반적인 움직임에 따라 영향을 받는데 이를 시장위험(market risk) 또는 체계적 위험(systematic risk)이라 한다.[1]

체계적 위험은 시장의 움직임에 의해서 야기되는 위험으로 그 시장 내에서 거래되는 모든 개별 자산에 영향을 준다. 한국의 수출이 증가하여 경기가 활황이 되면 종합주가지수가 상승하게 되고 증권거래소에 상장된 개별회사의 주식들은 그 정도의 차이는 있을지라도 대체적으로 주식가격은 올라가게 된다. 마찬가지로 인구증가로 가구 수가 증가하게 되면 주택수요를 증대시키고 이는 아파트를 비롯한 주거용 주택의 가격을 상승시키게 된다.

비체계적 위험(unsystematic risk)은 시장의 움직임과는 직접적인 상관관계가 없이 개별투자자산의 고유한 특성으로부터 발생되는 위험을 말한다. 앞에서 예를 든 '갑'이 가지고 있는 삼성전자 주식의 경우, 반도체 가격의 상승이나 하락이라든가, 회사 내의 노사관계 등 삼성전자라는 회사만이 가지고 있는 독특한 위험을 의미한다. 그리고 개별 부동산의 경우에도 해당 부동산이 위치하

1) 이창석, 「부동산학개론」, 형설출판사, 2010, p. 234.

고 있는 지역의 변화나 도로개설 등 개별적인 부동산의 특성으로부터 야기되는 위험도 비체계적 위험이 된다.

2 증권특성선과 베타계수

증권특성선(Security Characteristic Line: SCL)이란 개별 주식들의 주식가격이 종합주가지수의 움직임에 따라 각각 움직이는 변화를 일정기간 관찰하여 종합주가지수 수익률과 개별주식들의 수익률 사이의 관계를 단순회귀선으로 나타낸 것을 말한다.

베타계수(beta coefficients)란 증권특성선상의 기울기를 말하는데, 그 값이 1.2라면 종합주가지수가 1% 변할 때 개별주식가격이 1.2% 변한다는 것을 의미한다. 베타계수가 1보다 큰 주식은 종합주가지수의 움직임보다 민감하고, 1보다 작은 주식은 종합주가지수의 움직임보다 둔감하다.

3 포트폴리오(portfolio)와 위험

주식이나 채권 등 금융자산 투자에 따른 수익률의 전체 변동을 총 위험이라고 하면, 이는 종합주가지수 등 시장지수 전체의 수익률 변동에 기인하는 체계적 위험과 시장지수 전체의 수익률 변동과 무관하며 기업특성과 관련된 수익률 변동에 기인하는 비체계적 위험으로 구분된다.

즉, 총 위험은 체계적 위험과 비체계적 위험을 합한 것으로 정의된다.

총 위험=체계적 위험+비체계적 위험

투자자들은 삼성전자와 같은 개별 주식에만 투자하지 않고 여러 회사의 주식에 분산투자하면, 비체계적 위험을 감소시킬 수가 있는데, 이런 이유로 비체계적 위험을 분산가능위험(diversified risk)이라고 한다. 그런데 아무리 분산투자하는 주식의 숫자를 증가시켜도 체계적 위험은 감소하지 않는다.

경험적으로 약 10개 정도의 주식에 분산투자를 하면 비체계적 위험은 거의 다 소멸하고 체계적 위험만 존재한다고 알려져 있다. 따라서 아무리 투자금액이 많더라도 10개 이상의 종목에 분산투자를 할 필요가 없다. 투자하는 종목 수가 많아지면, 개별 종목들에 대한 관리도 어렵게 되고, 그에 따른 정보수집비용도 많아지게 된다.

제2절 자산배분이론

1 위험자산과 무위험자산

투자에 따른 위험도는 기대소득과 실현소득의 격차로 추정하며, 통계학적으로는 분산과 표준편차를 이용한다고 앞에서 이야기하였다. 그리고 은행예금은 투자에 따른 기대소득과 실현소득의 격차가 거의 없으므로 안전한 자산이라 할 수 있고, 반면에 증권투자는 투자에 따른 기대소득과 실현소득이 일치할 확률이 희박하므로 위험한 투자대상이라 하였다.

위험자산(risky asset)이란 주식과 같은 금융자산을 의미하므로 투자자들이 주식투자에 수반되는 수익을 정확하게 예측하는 것은 거의 불가능하다. 반면에 은행예금, 국채나 공채와 같은 금융자산은 인플레이션 위험을 제거하면, 투자자들이 이러한 금융자산에 투자할 경우 수반되는 수익을 거의 정확하게 예측할 수 있으므로 무위험자산(risk-free asset)이라 할 수 있다. 무위험자산이라도 인플레이션 위험은 존재하므로 무위험자산투자에 따른 명목수익률은 확실하게 예측을 할 수 있다 하더라도 인플레이션을 감안한 실질수익률을 정확하게 예측할 수는 없기 때문에 무위험이라는 말은 명목상 무위험하다는 의미로 보아야 한다.

2 자산배분의 방식

자산배분의 방식에는 탑-다운(top-down) 방식과 바튼-업(bottom-up) 방식이 있다.[2)]

탑-다운 방식이란 전체 투자규모에서 국채나 공채와 같은 무위험자산과 주식과 같은 위험자산에 각각 얼마 정도의 비율로 투자할 것인지를 먼저 결정하고, 세부 종목별 투자비율을 나중에 배정하는 방식을 말한다. 반면 바튼-업 방식은 위험자산에 속하는 세부종목을 먼저 선택하고, 나중에 여기에다가 무위험자산을 결합하여 자산배분을 결정하는 방식을 의미한다. 따라서 이 방식에서는 먼저 위험자산에 속하는 세부 종목을 선택하여 최적 포트폴리오를 구성

2) 김원기, 「투자론」, 삼영사, 1997, p. 224.

하고 그 다음 위험자산과 무위험자산 간의 배분비율을 결정하는 순서로 진행된다.

3 자본배분선

투자자는 자신의 투자자산에서 위험자산의 투자비중이 증가할수록 투자에 따르는 보다 많은 위험을 부담하나, 그 위험에 상응하는 투자의 기대수익도 높아진다. 이러한 관점에서 투자자들은 자산배분의 결과로, 자신이 부담해야할 위험과 그 위험에 대한 보상으로 기대수익을 얼마나 얻게 될 것인지 알고 싶어진다.

투자자들의 이러한 욕구를 충족시켜주기 위해 투자에 수반되는 위험과 기대수익을 일목요연하게 나타내주는 방정식을 가지고 그래프로 나타낸 것을 자본배분선(Capital Allocation Line: CAL)이라 한다.[3)]

자본배분선(CAL)의 방정식은 다음과 같이 나타낼 수 있다.

$$E(R_c)=R_f+\frac{[E(R_P)-R_f]}{\sigma_p}\sigma_c$$

이 식의 의미를 설명하면 다음과 같다. 먼저 $E(R_c)$는 투자자가 어떤 자산배분을 하였을 경우, 얻을 수 있는 기대수익률을 나타낸다. R_f는 무위험자산, 즉 현금이나 은행예금과 같은 안전한 자산으로만 투자자산을 구성하였을 경우 획득할 수 있는 수익률을 말한다. 그리고 $\frac{E(R_p)-R_f}{\sigma_p}$는 위험보상률(reward to variability ratio)로서 간단히 설명하면 투자자가 1단위의 위험을 더 추가적으로 감수하였을 경우, 그 위험에 상응하는 기대수익률을 의미한다. σ_c는 투자자가 구성

도표 3-1 미국증권회사의 자산배분과 투자수익률

증권회사 주식	권고한 자산배분(%)			수익률(%)
	채권	현금		
Kidder Peabody	40	10	50	13.6
Paine Webber	30	59	11	12.9
Merrill Lynch	45	40	15	7.6
Smith Barney	60	25	15	4.7
Prudential-Bache	90	0	10	3.4

출처: 김원기, 「투자론」, 삼영사, 1997, p. 233.

3) 김원기, 전게서, p. 231.

한 임의의 자산배분의 표준편차를 말하는 것으로 이 값이 클수록 투자자산에서 위험자산의 배분비율이 더 크다는 것이다.

상기의 식이 우리에게 주는 의미는 투자자가 투자에 따르는 목표수익률, 즉 기대수익률을 높이려면, 주식을 비롯한 위험자산이 투자에서 차지하는 비중을 얼마만큼 가져가야 하는 것을 나타내 주는 지표라 할 수 있다.

〈도표 3-1〉은 1987년에 미국의 증권회사들이 권고한 자산배분과 그 성과, 즉 연간 투자수익률과의 관계를 열거한 것이다. 이 표에 의하면 위험자산인 주식의 투자비율이 높다고 반드시 투자수익률이 높지 않음을 보여주고 있다.

4 재산 3분법

1) 개념

재산 3분법이란 재산을 부동산, 증권, 예금 중 어느 한 가지에만 집중시키지 않고 부동산, 증권, 예금 3분야에 분산하여 투자하는 것을 말한다.

경기변동에서 오는 위험부담으로부터 벗어나고 수익을 안정적으로 투자하는 데 목적을 둔 자산관리방법이다.

2) 투자자산별 비교

(1) 부동산

토지는 영속성이라는 물리적 특성으로 최고의 안정성이 보장되고 부증성이라는 특성으로 수익성이 높게 평가된다. 그러나 부동산은 처분에 시간을 필요로 하므로 환금성에 매우 불리하다.

(2) 증권

증권은 주가의 상승과 이익배당으로 수익성이 높은 편이고 매매가 용이하므로 환금성에 있어서는 유리하다. 그러나 증권은 안전성이 떨어진다.

(3) 예금

은행예금은 환금성이 신속하며 원금이 보장되는 안전성이 있다. 그러나 수익성에 있어서는 부동산이나 증권보다 불리하다.

(4) 자산배분비교

이러한 특성을 다음에 있는 표로 나타내면 〈도표 3-2〉와 같다.

도표 3-2 자산배분비교

구분	부동산	주식(증권)	예금
안전성	○	×	○
수익성	○	○	×
환금성	×	○	○

(5) 재산 3분법의 적용상의 유의점

단순히 자산을 부동산, 주식, 예금 등으로 3분한다고 해서 반드시 좋은 결과를 얻는 것은 아니며 다른 대안적 포트폴리오도 얼마든지 있을 수 있다.

재산 3분법은 재산관리에 유익한 방침이기는 하지만 투자자의 소득수준과 부동산의 개별성, 국지성으로 인하여 그 배분에 차이가 있음을 유의하여야 한다.

제3절 포트폴리오 이론

1 포트폴리오 이론의 개념과 유용성

1) 포트폴리오 이론의 개념

포트폴리오 이론(portfolio theory)이란 투자자가 투자를 할 때 한 종목에 집중적으로 투자하지 않고 여러 종목에 분산 투자함으로써 위험을 분산시켜 안정된 수익을 얻으려는 자산투자이론이다.[4)]

현대적 의미의 포트폴리오 이론은 1952년 마코위츠(H. Marcowitz)의 논문 「Portfolio Selection」으로부터 시작되어, 그 후 샤프(W. Sharpe), 린트너(J. Liutner) 등의 자본자산 가격결정모형(CAPM: Capital Asset Pricing Model)으로 발전하였다.

2) 포트폴리오 이론의 유용성

수익도 낮고 위험도 낮은 *A*에 대한 투자와 수익도 높고 위험도 높은 *B*에 대한 투자가 있을 경우, *A* 또는 *B*에 대해 하나만 하는 투자보다는 *A*와 *B* 두 개를 결합한 투자가 포트폴리오의 위험과 수익을 분석하면 수익은 높고 위험은 작

4) 이창석, 「부동산학개론」, 형설출판사, 2010, p. 233.

아진다.

부동산투자 의사결정방법으로 위험과 수익을 분석하여 의사를 결정하는 평균 분산법이 있으나 이는 수익과 위험의 상관관계에 따른 판단이 어렵다는 단점을 가진다.

포트폴리오 이론은 평균 분산법의 논리를 여러 개의 자산배합, 즉 포트폴리오에 적용하고 수익과 위험과의 관계를 전체적으로 파악하여, 평균 분산법의 문제점을 해결해준다.

두 개의 투자대안을 여러 가지 결합비율에 따라 결합한 경우, 결합비율에 따른 위험과 수익률이 다르게 나타나며, 원래의 투자대안보다 위험은 낮아지고 수익은 높아지는 경향이 있다.

무작위적으로 자산을 배합한다면 포트폴리오를 구성하는 자산의 수가 많으면 많을수록 위험은 통계학적으로 제거된다.

2 포트폴리오 위험변화

포트폴리오를 구성하는 투자자산 간의 상관관계를 고려하여 포트폴리오의 위험을 감소시킬 수가 있다. 상관관계는 상관계수(ρ)로 나타내는데 그 값은 최대 '1'에서 최저 '-1'이다. 2개의 투자자산 A와 B로 구성된 포트폴리오가 있다고 하자. 두 자산 간의 상관계수 '$\rho=1$'이라면 완전한 정(正)의 상관관계가 나타남을 의미한다. 즉 A의 자산가격이 상승하면 B의 자산가격도 반드시 상승하므로 분산투자를 하여도 위험감소효과는 나타나지 않는다. 상관계수 '$\rho=-1$'이라면 완전한 부(負)의 상관관계를 의미하므로 투자에 수반되는 위험감소 효과가 확실하게 나타난다. '$\rho=0$'인 완전 무상관관계는 수익이 증대함에 따라, 그에 상응하는 위험의 증가도 상대적으로 작아지므로 위험감소 효과가 있다.

포트폴리오의 위험을 감소시키기 위해서는 포트폴리오를 구성하는 자산들간의 상관계수가 서로 반대이거나 작은 자산으로 구성할 필요가 있다. 그리고 투자자산들 간의 상관계수가 주어져 있을 경우 자산들 간의 구성 비율을 변동시켜 위험이 최소화되는 포트폴리오를 구성할 수가 있는데, 이를 '최소분산포트폴리오(minimum variance portfolio)'라고 한다.

3 효율적 프론티어와 최적 포트폴리오의 선택

1) 효율적 프론티어

무수히 많은 포트폴리오 중에서 투자자가 어느 포트폴리오를 선택하는 것이 합리적인가라는 일정한 기준이 설정되어야 한다. 위험투자의 선택에 있어서 투자안의 기대수익률과 위험만을 고려하여 투자안을 선택하는 기준으로 평균-분산 지배원리를 들 수 있다.

평균-분산 지배원리란 동일한 수준의 위험(분산)을 가지는 투자안 중에서는 가장 큰 평균기대수익률을 갖는 투자안이 다른 투자안을 지배하며, 동일한 평균기대수익률을 가지는 투자안 중에서는 가장 작은 위험(분산)을 갖는 투자안이 다른 투자안을 지배한다는 원리를 말한다.

평균-분산 지배원리는 여러 개의 포트폴리오 중에서 평균기대수익률이 같으면 분산이 작은 투자안을, 그리고 분산이 같으면 평균기대수익률이 큰 투자안을 선택하는 것이 기대효용을 극대화한다는 의미이다.

이와 같은 평균-분산 지배원리에 의해 투자대안이 가지고 있는 위험과 수익을 분석하여 피할 수 있는 위험을 제거하고 최선의 결과를 얻을 수 있게 선택된 포트폴리오를 효율적 포트폴리오라 하며 효율적 포트폴리오의 집합을 효율적 프론티어(efficient frontier)라 한다.

〈도표 3-3〉에서 보면 실현 가능한 투자기회집단에서 투자자의 기대효용을 극대화하는 효율적 포트폴리오 *A*, *E*, *F*, *B*를 연결한 선이 '효율적 프론티어'가 된다.

2) 최적(효율적) 포트폴리오의 선택

(1) 개념

효율적 프론티어 상에는 수많은 효율적 포트폴리오가 존재한다. 효율적 프론티어 상에서 우측에 위치한 포트폴리오일수록 기대수익률이 높지만, 위험 또한 높은 투자대상이다. 그러므로 이들 투자대상 가운데 어떤 포트폴리오를 선택하는 것이 투자자의 효용을 극대화 해주는 최적의 포트폴리오가 되는가 하는 최적 포트폴리오의 선택문제가 제기된다.

투자자의 효용을 극대화 해주는 최상의 포트폴리오인 최적 포트폴리오는 효율적 프론티어와 투자자의 무차별곡선이 만나는 점에서의 포트폴리오를 의미한다. 무차별곡선이 아래로 볼록하다는 것은, 투자자가 위험기피적이라는 것을 의미한다.

도표 3-3 효율적 프론티어

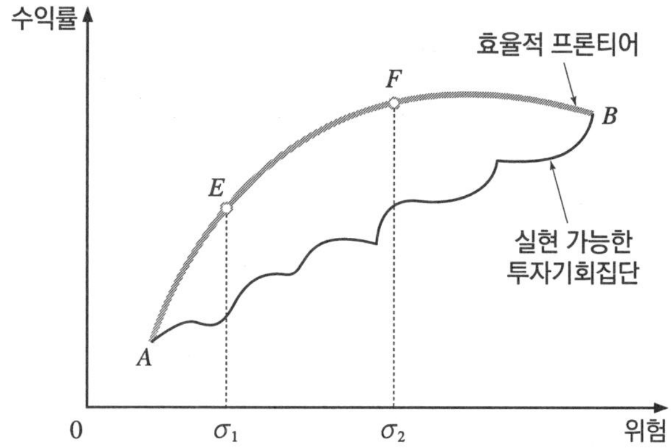

(2) 그림에 의한 설명

〈도표 3-4〉에서 보면 실선으로 표시된 무차별 곡선 U_1, U_2, U_3들은 주어진 기대수익률 수준에서 위험을 적극 회피하려는 보수적 투자자의 무차별곡선이고, 점선으로 표시된 U_1, U_2, U_3들은 주어진 기대수익률 수준에서 어느 정도의 위험을 기꺼이 감수하려는 공격적 투자자의 무차별곡선이다. 그러므로 보수적인 투자자 '갑'의 경우에는 효율적 프론티어 *AB*곡선과 무차별곡선이 접하는 점 *E*에서 최적 포트폴리오가 선택된다. 그리고 공격적 투자자 '을'은 점 *F*에서 최적 포트폴리오가 선택된다. 결과적으로 위험과 수익률에 대한 투자자의 선호가 최적 포트폴리오를 결정한다.

도표 3-4 최적 포트폴리오의 선택

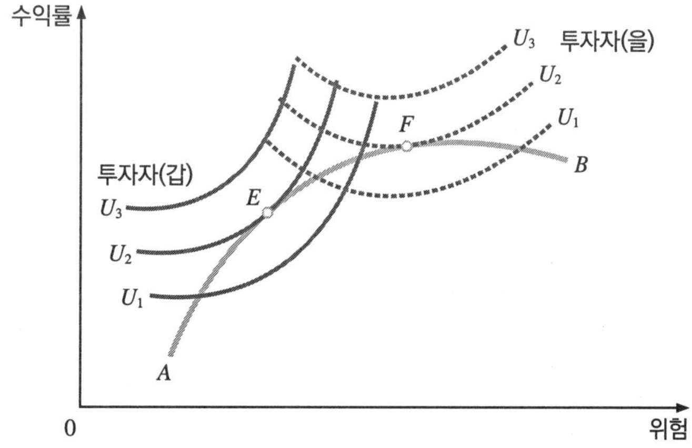

3) 부동산 포트폴리오의 한계

부동산 포트폴리오의 구성 및 수익은 논리적이고 객관화된 계량적 접근을 필요로 하고 있으나 다음과 같은 한계를 가지고 있다.

첫째, 부동산의 특성으로 부동산시장은 불완전경쟁시장이므로 정기적으로 시장 포트폴리오 수익률을 계량화하기 곤란하다.

둘째, 투자자별로 다른 세율(종합토지세 등)로 산출되어 절세효과 등에 따른 수익률 산정이 곤란하다.

셋째, 투자자의 능력에 따라 수익률이 다르게 산출되므로 평균적인 수익률을 산정하기 곤란하다.

넷째, 부동산투자는 분할이 어려운 한계를 갖고 있다.

다섯째, 포트폴리오 모형은 단기간의 모형이나 부동산 포트폴리오는 장기간의 모형이다.

제4절 자본자산가격의 결정이론

1 개념

자본자산가격의 결정(Capital Asset Pricing Model: CAPM)이론이란 자본시장이 균형상태에 있을 경우 자본자산의 기대수익과 위험의 관계를 설명하는 모형이다.

자본자산이란 투자자가 미래의 수익에 대해 청구권을 가지는 자산을 말하며 주로 주식이나 채권 등의 유가증권을 말한다. 시장이 균형상태(equilibrium condition)에 있다는 의미는 자본시장에서 거래되는 모든 자본자산의 수요와 공급이 일치되도록 가격이 형성된 상태를 말한다.

CAPM 이론은 마코위츠(Markowitz)의 포트폴리오 모형(portfolio model)에 그 기초를 두고 있다. 마코위츠의 이론에 의해 자본시장에 참여하는 모든 투자자들이 효율적 포트폴리오(efficient portfolio)를 선택하는 투자활동을 하면, 시장 전체의 포트폴리오(market portfolio)도 효율적 포트폴리오가 될 것이다. 자본시장이 효율적이고 균형상태에 있다고 가정할 경우, CAPM 이론은 주식을 비롯한 자본자산의 균형가격이 어떻게 결정되는가를 설명하는 모형이다.

CAPM은 자본자산의 가격결정을 협의로는 증권시장선(Security Market Line: SML)에 기초하여 설명하나 광의로는 자본시장선(Capital Market Line: CML)도 포함한다.

2 CAPM 이론의 가정

CAPM 이론은 마코위츠의 포트폴리오 이론을 근거로 여기에다가 여러 가지 가정을 추가하여 위험과 기대수익률의 선형 관계를 구한 후, 이를 통해서 주식과 같은 자본자산의 균형수익률을 산출하는 모형인데 그 가정은 다음과 같다.

첫째, 증권시장에는 무수한 투자자가 있으며 각 투자자는 가격순응자(price taker)이다. 이는 미시경제학의 완전경쟁시장의 가정과 같다.

둘째, 모든 투자자의 투자기간은 단일하며 동일한 기간이다. 여기서 단일기간은 투자자들이 한 번 사서 보유했다가 한 번 팔 때까지의 기간을 의미한다.

셋째, 투자자들이 선택할 투자대상은 공개적으로 거래하는 모든 금융자산이다. 즉, 투자대상에 제한은 없다. 그러나 개인기업, 공공시설 또는 인적자산과 같은 비거래투자대상은 제외된다.

넷째, 세금과 거래비용은 없다. 사실 투자성과가 배당 또는 자본이득 중 어떤 형태인가에 따라 세금이 달라지지만 고려되지 않는다.

다섯째, 모든 투자자들은 경제상황과 기업성과에 대해 동질적 예측을 갖는다.

여섯째, 투자자들은 어떤 금액이라도 동일한 무위험이자율로 대출 또는 차입할 수 있다.

일곱째, 모든 투자자들은 기대효용을 극대화하고자 하는 위험회피형이며, 위험자산에 투자할 경우 마코위츠의 평균-분산모형에 효율적 투자선상에 있는 최적 포트폴리오에 투자한다.

3 CAPM 이론의 설명

CAPM 이론은 자본시장선 'CML'과 증권시장선 'SML'로 구성되어 있다. 이를 살펴보면 다음과 같다.

1) 자본시장선

자본시장선(CML: Capital Market Line)이란 무위험자산이 존재하는 경우, 균형상태의 자본시장에서 효율적 포트폴리오에 대한 기대수익과 투자에 수반되는 위험의 선형 관계를 나타내는 선을 말한다. 투자자인 우리들은 위험자산에 대한 시장 포트폴리오(market portfolio: M)와 무위험자산을 결합하여 보유함으로써 원하는 수익과 위험의 상충관계를 설정할 수 있다. w만큼을 무위험자산에 투자하고, 나머지 (1-w)를 위험자산에 투자할 경우 기대수익률과 위험은 다음과 같이 계산된다.

무위험 증권에 투자한 비율이 w이고 시장 포트폴리오 w에 투자한 비율이 1-w인 포트폴리오의 기대 수익률은 다음과 같다.

$$E(R_P)=w\cdot R_f+(1-w)\cdot E(R_m)$$

무위험증권 R_f와 시장 포트폴리오 M으로 구성된 포트폴리오의 변동성 또는 위험은 다음과 같다.

$$\sigma_p=\sqrt{w^2\sigma^2_{Rf}+(1-w)^2\sigma_m{}^2+2w(1-w)\sigma_{Rf\cdot M}}$$

자본시장선을 그려보면 〈도표 3-5〉와 같다. 세로축은 기대수익률을, 가로축에는 위험을 나타내고, 무위험자산을 고려대상에서 제외시키면 효율적 투자기회선은 AMZ가 된다. 그러나 투자의 대상을 무위험자산에까지 확장시키면 효율적 투자기회선은 R_fMB인 직선으로 변한다. 자본시장선이란 무위험이자율 R_f에서 출발하여 효율적 투자기회선과 접하는 점, M을 지나는 직선이다.

R_fMB선상의 포트폴리오들은 주어진 위험하에서 AMZ선상의 포트폴리오들

도표 3-5 자본시장선

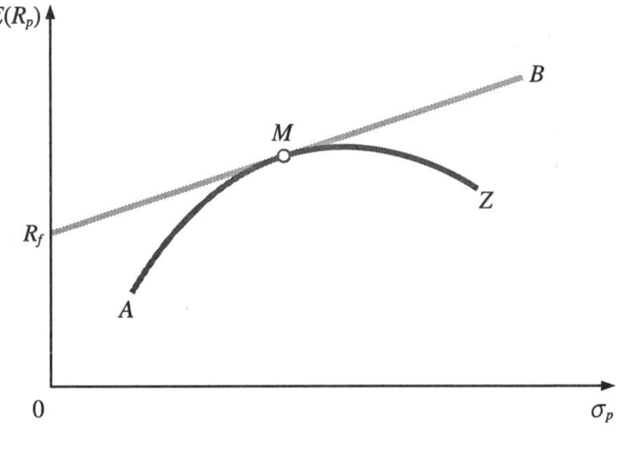

보다 높은 수익을 올릴 수가 있다. 즉, 투자자는 무위험이자율로 자유로이 차입 및 대출을 함으로써 효율적 투자기회선을 *AMZ* 곡선에서 R_fMB 직선으로 상승시켜 놓았다.

2) 증권시장선(SML: Security Market Line)

*CML*은 효율적 포트폴리오에 대해서 위험과 수익의 관계를 표시해 주고 있지만, 비효율적 포트폴리오나 개별주식에 대한 위험과 수익의 상반관계를 나타내 주고 있지 못하다. *CML*에서는 위험을 측정하는 기준으로 표준편차를 사용하였는데, 여기에는 분산투자로 제거할 수 있는 비체계적 위험도 포함되어 있다. 현대 투자이론에서는 분산투자를 통하여 제거 가능한 비체계적 위험을 총 위험에서 분리시켜 투자에 수반되는 위험을 체계적 위험으로 한정한다. 이러한 체계적 위험을 측정하는 기준이 앞에서 설명한 베타값이다.

베타값을 위험을 측정하는 기준으로 설정하면 효율적 포트폴리오, 비효율적 포트폴리오를 비롯한 모든 자본자산의 위험에 대한 측정수단으로 사용할 수 있다.

*SML*은 효율적 포트폴리오뿐만 아니라 모든 자본자산에 적용될 수 있는 위험과 수익의 관계를 나타내주는 선이다.

*SML*의 수식은 다음과 같다.

$$E(R_i)=R_f+\beta_i[E(R_m)-R_f]$$

여기서 $E(R_i)$는 i번째 주식이나 위험자산의 예상수익률, R_f는 무위험수익률, β_i는 i번째 주식이나 위험자산의 베타계수, $E(R_m)$은 시장의 예상수익률을 의미한다.

도표 3-6 증권시장선

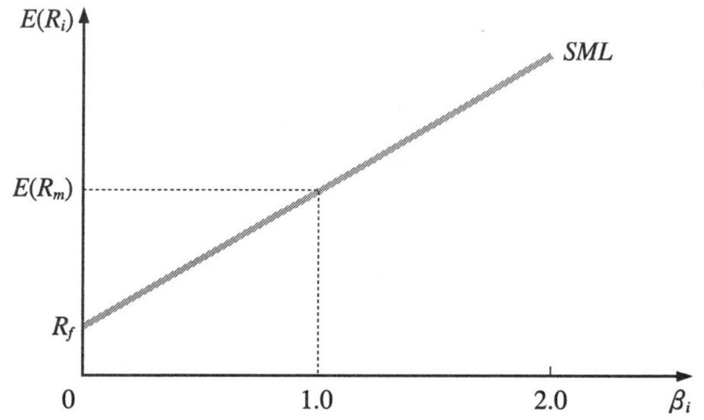

*SML*선은 〈도표 3-6〉과 같이 세로축에 $E(R_i)$를 가로축에 β_i를 표시하여 그릴 수 있다. *SML*은 베타가 '0'인 무위험자산에 대한 수익과 베타가 '1'인 시장에서의 기대수익에 의하여 결정이 된다.

4 CAPM 이론의 확장

1) 이질적 예측

CAPM은 모든 투자자들이 미래에 대한 동질적인 예측을 한다는 가정하에 도출된 이론적 모형이다. 하지만 현실적으로는 이질적 예측을 하는 것이 보통이다. 만약 이질적인 예측을 한다면 투자자산에 대한 기대수익률과 투자위험에 대한 서로 다른 예측치를 갖게 되고 이는 상이한 증권시장선(SML)으로 나타나게 될 것이다. 이러한 연유로 이질적인 예측에 대한 많은 연구가 이루어졌으며 린터(Linter)는 이질적인 예측하에서도 개별자산에 대한 기대수익률은 시장포트폴리오에 대한 기대수익률과 분산 및 개별자산과 시장포트폴리오와의 공분산에 의하여 계산될 수 있다는 것을 증명하였다. 시장포트폴리오에 대한 기대수익률, 분산 및 공분산은 개별투자자들의 이질적인 예측을 반영하기 위해서 각 투자자들의 예측치를 가중 평균하여 구해진다. 그렇지만 여러 연구결과를 종합해 보면 각 투자자들이 이질적인 예측치를 갖더라도 원래의 CAPM과 매우 유사한 시장균형모델이 도출된다.

2) 세금의 존재

원래의 CAPM은 일체의 세금이 없다는 가정하에서 도출되었다. 하지만 현실적으로는 투자에 여러 가지 형태의 세금이 부과된다. 예를 들어 개인투자자들에 대한 개인세와 기업에 대한 법인세를 고려한 브레난(Brennan)의 자본시장 균형을 보면

$$E[R_i]=\alpha_1 R_f+\alpha_2\beta_i+\alpha_3 DY_i$$

이다.

여기서 β_i는 베타계수, DY_i는 배당수익률이다.

위의 식에서 보듯이 개별자산에 대한 기대수익률은 베타계수로 측정되는 투자위

험과 배당수익률과 양의 함수 관계를 가지고 있으며 이는 배당소득에 대한 세율이 자본이득에 대한 세율보다 높은 한, 투자자들은 배당소득보다는 장기투자에 따른 자본이득을 선호하게 되며 배당이 많을수록 투자자들은 높은 기대수익률을 요구하게 되는 것이다. 그리하여 세금이 존재하더라도 CAPM의 근본적인 결론들은 유효하다.

3) 비거래자산의 존재

CAPM의 가정처럼 투자자산만 존재하는 것이 아니라 비거래자산이 포함된다면 어떻게 되는지 알아볼 수 있다. 이러한 문제를 연구한 메이어(Mayers)는 투자자들은 비거래자산과 높은 상관관계를 가지고 있는 거래자산에 적게 투자하는 경향이 있다는 것을 이론적으로 보여주었으며, 이는 비거래자산이 포함돼도 CAPM의 결론에 영향을 크게 미치지 못한다는 것을 보여주었다.

5 CAPM의 보완 및 문제점

CAPM 이론은 완전경쟁시장을 전제로 만들어진 모형이지만 완전경쟁시장의 조건들이 조금 완화되더라도 CAPM 모형의 기본 골격은 크게 변하지 않는다는 것이 이후의 연구에 의해서 밝혀졌다. 예를 들어 무위험채권의 대주(short-selling)가 허용되지 않을 때, 세금이 존재할 때, 돈을 빌리고 빌려주는 금리가 다를 때, 인적 자원에 대한 투자와 같이 시장에서 사고팔 수 없는 위험자산이 존재할 때에도 시장 포트폴리오는 여전히 효율적이고 따라서 주식 및 위험자산의 예상 수익률과 그 베타계수 사이에는 여전히 선형 관계가 성립한다고 보는 것이다.

하지만 CAPM 모형도 마코위츠 모형과 마찬가지로 불확실한 상황을 평균-분산(Mean-Variance)모형에 의하여 분석함으로 해서 효용함수가 이차함수의 형태이거나 아니면 장래 수익률의 분포가 정규분포의 형태를 취한다는 가정을 하고 있다. 따라서 이 가정의 현실성 여부가 동시에 CAPM의 문제점이 될 수 있을 것이다. 또한, CAPM은 여러 지지 결과에도 불구하고 근본적으로 검정이 불가능한 모형이라는 문제를 안고 있다.

제5절 재정거래가격결정이론(APT: Arbitrage Pricing Theory)

1 개념

재정거래(arbitrage transaction)란 동일한 상품의 거래가격이 각 시장별로 다르게 설정되었을 경우, 가격이 낮은 곳에서 그 상품을 매수하여 가격이 높은 곳에서 매도함으로써 차익을 실현하는 거래를 말한다. 재정거래는 다른 말로 차익거래라고도 한다.

예를 들면 POSCO 주식이 한국과 미국시장에 동시에 상장되어 거래된다고 가정하자. 한국의 주식시장에서 주당 가격이 10만 원이고 미국의 주식시장에서는 8만 원에 거래된다고 하면, 투자자들은 미국의 주식시장에서 8만 원에 POSCO 주식을 매수하여 한국의 주식시장에서 10만 원에 매도할 경우, 주당 2만 원의 차익이 발생한다.

주식시장이 완전경쟁시장이라고 하면 이런 거래가 성립할 수가 없다. 완전경쟁시장에 대한 개념은 뒤에서 자세히 설명하겠지만 완전경쟁시장에서는 1물1가의 법칙이 성립한다. '1물1가의 법칙'이란 동질의 상품에 대한 시장가격은 오직 하나밖에 존재하지 않는다는 것이다. 즉 POSCO 주식이란 동질의 상품에 대한 가격은 한국과 미국의 주식시장에서 동일한 가격, 예를 들면 9만 원에 거래되므로, 이러한 차익거래는 발생할 수 없다. 그러나 현실에서는 완전경쟁시장이 성립하지 않는 경우가 많으므로 이러한 재정거래는 얼마든지 일어날 수가 있다.

재정거래는 위험부담을 추가적으로 하지 않고 거래에 대한 차익을 발생시킬 수가 있으므로 '무투자 포트폴리오(zero-investment portfolio)'라고 한다.

2 APT 모형에 대한 설명

APT 모형은 로스(S. A. Ross)에 의해 전개된 모형이다. 그는 APT란 개별금융자산이나 포트폴리오의 기대수익률은 무위험자산의 수익률에다가 개별요인들에 대한 '위험프리미엄(risk premium)'을 합한 것으로 보았다.

예를 들면 POSCO의 수익률을 r_i라고 하면, 이는 다음과 같은 수식으로 나타낼 수가 있다.

$$r_i = r_f + b_1\lambda_1 + b_2\lambda_2 + \cdots + b_n\lambda_n$$

b_i는 요인 i에 대한 민감도, 즉 체계적 위험이 되고, λ_i는 '요인 포트폴리오(factor portfolio)' 기대수익률에서 무위험자산수익률을 차감한 위험프리미엄으로 간주된다. 그리고 r_f는 무위험자산의 수익률을 나타낸다.

1) 요인 포트폴리오(factor portfolio)의 개념

어떤 회사의 주식가격에 영향을 미치는 시장위험, 즉 체계적 위험은 여러 가지가 있다. 중앙은행 금리의 변동, 석유가격의 상승 그리고 기술진보 등 여러 가지가 있는데, 이를 개별회사의 경영실적에 영향을 주는 외부환경변수라고도 한다. 외부환경변수는 개별기업의 입장에서는 이들 변수들을 변화시키는 데 영향을 전혀 미칠 수가 없고, 다만 외부환경변수가 변하게 되면 그러한 변화요인을 기업의 입장에서는 주어진 것으로 받아들일 수밖에 없는 상황들을 의미한다. 예를 들면 POSCO의 경우 석유가격이 인상되었을 경우, POSCO는 석유가격의 변화에 영향을 전혀 줄 수가 없고 다만 석유가격의 상승을 POSCO는 주어진 것으로 받아들이고 기업 경영을 해야 한다는 것이다. 학생들의 입장에서 살펴보면 주어진 과목의 학습내용, 시험문제 등에 대해서 학생들은 영향을 줄 수 없고, 교수가 강의하는 해당과목의 학습내용이나 출제되는 시험문제 등은 주어진 것으로 받아들이고 대처해야 하는 외부환경변수가 되는 것이다.

주식투자자들이 하나의 주식에만 투자하지 않고 여러 종목의 주식을 매수하는 행위를 우리는 포트폴리오(portfolio)를 구성한다고 하고, 이를 분산투자라고도 한다. 투자자가 한 종목의 주식만을 매수할 경우, 외부환경변수 중 석유가격의 변동으로 이 종목의 주식가격은 영향을 받는다고 하자. 그런데 *A*라는 주식은 석유가격이 상승하면 주식가격에 좋지 않은 영향을 받게 되나, *B*라는 주식은 석유가격이 상승하면 오히려 주식가격이 상승한다고 하자. 이런 상황에서 이 두 종류의 주식을 적절히 배합하여 석유가격의 변동에 전혀 영향을 받지 않는 포트폴리오를 구성할 수 있다. 이런 방법으로 투자자들이 자산구성을 하게 되면 어떠한 자산구성은 주식가격에 영향을 주는 외부환경변수 중에서 다른 요인에는 영향을 받지 않고 오직 하나의 외부환경변수에만 영향을 받는 것이 있다. 이를 우리는 '요인 포트폴리오(factor portfolio)'라 한다.

즉, 요인 포트폴리오란 주식을 비롯한 자본자산가격에 영향을 미치는 요인들 중 하나의 요인에만 반응하고 다른 요인에는 반응하지 않는 자산구성을 말한다. 투자자가 구성한 포트폴리오 중 석유가격의 변동에만 영향을 받고 금리라든가 다른 외부환경변수에 전혀 영향을 받지 않는 것을 요인 포트폴리오라 한다.

2) 위험프리미엄과 주식의 기대수익률

위험프리미엄이란 '요인 포트폴리오'의 기대수익률에서 무위험자산 수익률을 차감한 것으로 정의된다. 예를 들어 석유가격상승이라는 요인에만 반응하는 '요인 포트폴리오'의 기대수익률이 12%이고 무위험자산수익률이 10%라고 하면, 이 요인에 대한 위험프리미엄은 12%에서 10%를 차감한 2%가 된다.

'요인 포트폴리오'와 '위험프리미엄'의 개념을 숙지하였으므로 개별 주식의 기대수익률을 계산해 보면 다음과 같다.

예를 들어, POSCO는 임금인상률이라는 요인 (F_1)에 대한 민감도, 즉 베타계수가 0.50이고, 석유가격상승률 (F_2)에 대한 민감도가 0.30이라고 하자. POSCO의 기대수익률 r_s는 요인 포트폴리오 P_1의 위험프리미엄에 대해 0.50만큼을, 요인 포트폴리오 P_2의 위험프리미엄에 대해서 0.30만큼 영향을 받는다고 하자.

그러면, $r_s = r_f + 0.50\lambda_1 + 0.30\lambda_2$

r_f가 10%라고 하고, λ_1이 2%, λ_2가 6%라고 하면,

$r_s = 10 + (0.50 \times 2) + (0.30 \times 6) = 12.8\%$가 된다.

3 CAPM 모형과 APT 모형의 비교

CAPM 모형과 APT 모형은 자본자산가격의 결정모형이며, CAPM에서는 자본자산가격이 시장 포트폴리오와, APT에서는 요인 포트폴리오와 선형 관계에 있다. 그리고 CAPM은 APT란 일반식에서 요인이 하나인 특수형이라 볼 수 있다.

CAPM 모형과 APT 모형의 다른 점을 살펴보면 다음과 같다.

첫째, CAPM 모형에서는 투자자를 위험회피형으로 가정하고 자본자산의 수익률분포가 정규분포를 이룬다고 가정을 하지만, APT 모형에서는 투자자의 유형이나 자본자산의 수익률분포에 대한 가정을 하지 않는다.

둘째, CAPM 모형에서 시장의 균형은 수많은 투자자들이 효율적 포트폴리오를 구성하는 과정에서 달성된다고 하나, APT 모형에서는 수많은 투자자의 참여 없이도 시장의 균형점에 도달할 수 있다고 한다.

셋째, CAPM 모형에서는 하나의 요인만이 자본자산의 기대수익률에 영향을 준다고 보고 있으나, APT 모형에서는 여러 가지의 외부환경 요인이 복합적으로 자본자산의 기대수익률에 영향을 준다고 보고 있다.

Story Tip

분양공고 보는 법

평형별 분양가는 '공급가격' 표로 확인하고 청약자격도 잘 봐야……

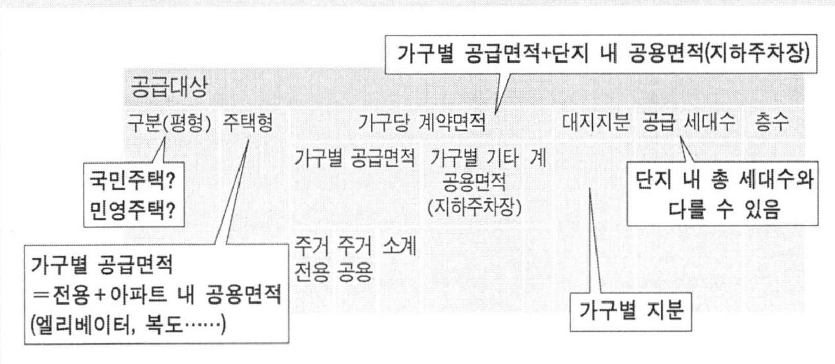

부동산초보자에게 아파트 분양공고는 마치 난수표처럼 어렵게 느껴진다.

복잡한 표, 난해한 용어가 문제다. 하지만 좋은 아파트를 찾아내 분양신청을 하려면 분양공고 내용을 정확히 파악할 줄 알아야 한다.

분양공고는 △위치 △공급내역 및 규모로 시작된다. 분양될 아파트의 정확한 위치와 분양가구 수 등을 알 수 있다.

그 다음에 △공급대상이라는 제목의 큼지막한 표가 등장하는데 이것이 분양공고에서 가장 중요하다.

우선 맨 왼쪽 '구분' 항목을 통해 국민주택인지, 민영주택인지 표시해 준다. 이어 오른쪽으로 시선을 옮기면 '주택형'이 나오는데, 여기에 제곱미터(m^2)로 표시되는 가구별 공급면적이 표시된다. 한마디로 집의 규모를 알 수 있다는 뜻이다. 전용면적과 공용면적을 더한 것이 가구별 공급면적이라는 것을 기억해 두자.

전용면적이란 각 가구가 독립적으로 사용하는 면적이다. 거실, 주방, 침실, 욕실 등 순수한 아파트 내부면적이 여기에 포함된다. 청약자격을 따질 때나 세금을 매길 때 전용면적이 주로 활용된다. 공용면적은 여러 가구가 함께 쓰는 엘리베이터, 계단실, 복도 등을 말한다.

좀 더 오른쪽으로 가면 가구별 계약면적이 나오는데 이는 가구별 공급면적에 지하주차장, 관리사무소, 노인정 등 기타 공용면적을 더한 것이다.

시선을 오른쪽으로 옮겨 보자. 이제는 대지지분과 공급가구 수가 나온다.

대지지분은 각 가구별로 갖게 되는 토지 면적을

말한다. 언젠가 재건축하게 되면 수익성을 가늠하는 핵심지표가 된다.

공급가구 수는 분양대상 가구 수를 뜻한다. 따라서 총 가구 수와는 다른 개념이다. 재건축, 재개발의 경우에는 조합원 몫을 뺀 나머지만 분양되기 때문이다. 단지의 전체 가구 수를 알고 싶으면 따로 확인해야 한다.

평형별 분양가는 △공급가격이란 제목의 별도 표에서 확인할 수 있다.

공급가격은 평형별로 대지비와 건축비의 합으로 구성된다. 통상 층별로 나눠 가격을 표시하는데 1층, 2층, 최상층, 기준층 등으로 구분된다.

이제 마지막으로 계약금(통상 분양가의 20%), 중도금(60%), 잔금(20%)의 지급 방식이 표시된다.

이 밖에 분양공고를 볼 때에는 청약 신청자격 및 순위, 청약 신청기간 및 장소(당첨자 발표일 포함) 등도 꼼꼼히 챙겨야 한다.

참고로 분양공고는 각종 면적 단위가 평형이 아닌 제곱미터로 기재된다. 평형으로 환산하려면 m^2 당 0.3025를 곱하면 된다.

한편 재개발, 재건축 아파트가 아닌 공공택지 내에 지어지는 아파트는 분양공고에 택지비, 건축비, 설계감리비, 부대비용, 가산비용 등으로 분류된 분양원가가 공개된다. 이른바 원가연동제가 적용되기 때문이다.

포괄적으로 분류된 원가이므로 일반인이 자세한 내역을 파악하는 것은 어렵다는 지적이 많다. 하지만 땅값과 건축비 비율 등은 아파트 가치를 파악하는 데 중요한 자료이므로 찬찬히 따져봐야 한다. 내년부터는 원가공개 대상 항목이 택지비 등 5개에서 직접공사비, 간접공사비가 포함된 7개로 늘어난다.

이진우 기자

자료 : 매일경제, 2005. 12. 23.

제4장 정보와 시장의 효율성

제1절 완전경쟁시장의 개념

1 시장의 개념

시장이란 구체적 시장과 추상적 시장으로 구분할 수 있는데, 우리가 여기에서 이론적으로 접근하는 시장은 추상적 시장을 이야기한다. 구체적 시장은 특정한 장소에서 교환이 이루어지는 것에 비해, 추상적 시장은 어떤 특정한 장소를 지칭하지 않고, 상품의 수요와 공급에 관한 정보가 교환되고 그 결과로 상품이 매매되는 매개체를 말한다.

시장에는 언제나 서로 상반된 이해관계를 갖는 힘이 작용하며, 아담 스미스(A. Smith)는 '보이지 않는 손(invisible hand)'의 기능을 통하여 서로 상충되는 이해관계가 오히려 모든 거래당사자에게 이익을 가져다준다고 하였다.

2 시장의 종류

시장형태는 거래되는 상품의 종류가 무엇이냐에 따라 실물시장과 금융시장으로 크게 나누어진다. 실물시장은 재화와 용역이 거래되는 생산물시장과 노동과 자본 등 생산요소가 거래되는 생산요소시장으로 구분된다. 금융시장은 국내화폐가 거래되는 국내금융시장과 외환이 거래되는 외환시장으로 구분이 된다.[1)]

1) 권호근, 「기초 경제학 원론」, 도서출판 배움, 2008, p. 157.

3 생산물 시장형태의 구분기준과 형태

1) 구분의 기준

첫째, 재화나 용역의 공급자와 수요자의 수가 많은가, 적은가의 여부이다. 그 수가 많으면 그 시장은 경쟁적이고, 그 수가 적으면 그 시장은 비경쟁적이다.

도표 4-1 시장의 형태

시장의 형태	기업의 수	상품의 동질성	기업에 의한 가격통제의 정도	주요 판매방법	사례
완전경쟁	무수히 많다	동질성	전혀 없다	경매	주식, 외환, 곡물
독점	하나	동질성	아주 크다	홍보활동	담배, 전기, 수도, 철도
과점	소수	이질성	크다	비가격경쟁	승용차, 냉장고, 선풍기, 맥주
독점적경쟁	다수	이질성	어느 정도 있다	가격경쟁	이발소, 약국, 식당, 극장, 주유소, 술집

둘째, 재화나 용역의 유사성 또는 동질성의 여부이다. 동질성이 강할수록 거의 완전한 대체성을 가지게 한다.

셋째, 시장의 진입과 탈퇴가 자유로운가의 여부에 달려 있다. 시장이론에서는 진입과 탈퇴가 불가능한 기간을 단기라 하고, 가능한 기간을 장기라 하여 구분한다. 따라서 진입과 탈퇴가 자유로운 시장이라 할지라도 단기에서는 그것이 불가능하다.

넷째, 시장에서 각 기업이 독자적으로 가격과 판매량을 결정하는가, 아니면 시장의 수요와 공급에 의해 결정된 가격을 그대로 수용하느냐에 따라 시장의 형태가 달라진다.

2) 생산물시장의 형태

생산물시장은 크게 완전경쟁시장과 불완전경쟁시장으로 구분된다.

완전경쟁시장은 현실에서 존재하기 어려운 시장이나 완전경쟁시장에서의 균형은 효율성을 만족하므로 현실에 존재하는 불완전경쟁시장의 균형이 얼마나 비효율적인가를 판단하는 기준이 되는 시장이다. 〈도표 4-1〉의 사례에 나와 있는 시장은 완벽한 의미의 완전경쟁시장이 아니라 유사한 형태의 완전경쟁시장으로 보면 된다. 불완전경쟁시장은 현실에 존재하는 시장으로 독점시장, 과점

시장, 독점적 경쟁시장으로 구분된다.

4 완전경쟁시장의 개념과 특징

1) 개념

완전경쟁시장이란 현실에서는 존재하기가 어려운 시장이다. 이는 경제학자들이 복잡한 현실상황을 단순화시키는 과정에서 이론적으로 구축한 시장형태로 볼 수 있다. 이는 아래에서 설명되는 완전경쟁시장의 특징을 살펴보면 이해가 될 수 있다. 특히 완전경쟁시장의 특징 중 '완전한 정보(perfect information)'의 가정이 가장 비현실적인 가정이라고 보인다.

완전경쟁시장이 존재한다고 가정하면, 이 시장의 균형은 경제학에서 말하는 효율성이 극대화될 뿐만 아니라 경제행위를 하는 경제주체들의 능력이 동일하다면 소득분배의 공평성까지도 달성될 수 있다. 현실에서 완전경쟁시장과 가장 근접한 시장은 쌀시장과 주식을 비롯한 각종 금융상품이 교환되는 금융시장이 여기에 해당된다. 그리고 완전경쟁시장에서는 동일한 상품의 가격결정에 다수의 수요자와 공급자가 참여하는 관계로 수요자와 공급자 어느 한편이 일방적으로 가격을 결정하지 못한다. 이는 경매시장에서 가격이 결정되는 과정과 유사하므로 경매시장이론이 완전경쟁시장에 적용되기도 한다.

2) 특징

(1) 다수의 수요자와 공급자가 존재

판매자와 구매자의 수가 아주 많으므로 개별수요자와 공급자는 시장지배력을 전혀 행사할 수 없다. 즉, 개별기업은 시장가격을 단독으로 변경시킬 수 없기 때문에 시장가격을 주어진 그대로 받아들이는 가격수용자로 행동한다.

(2) 상품의 동질성

거래되는 상품은 가격과 품질 면에서 완전히 동질적인 상품이다.

(3) 기업의 자유로운 진입과 퇴거

완전경쟁기업이라도 단기에는 진입과 퇴거가 불가능하다. 즉, 장기에 기업의 자유로운 진입과 퇴거가 가능하다는 것이다.

(4) 완전한 정보

가계나 기업이 소비나 생산, 판매 등과 같은 경제행위를 할 경우, 합리적인 선택을 하려면 그에 수반되는 '정보'가 필요하다. 예를 들면 홍길동이 주식투자를 한다고 가정하자. 홍길동이 주식투자를 잘하기 위해서는 향후 가격이 대폭 상승할 것으로 기대되는 회사의 주식을 구입해야 한다. 그렇게 하려면 홍길동은 관련 정보가 필요한데, 이런 정보를 알기 위해서는 현실적으로 시간과 비용이 수반된다. 그러나 '완전한 정보'의 가정이 성립하면 홍길동은 시간과 비용이 투입되지 않고 모든 사항을 완벽하게 알게 된다.

완전경쟁시장에서 '완전한 정보'의 가정이 성립하여, 어느 한 기업에 의해 새로운 품질의 제품이 개발되면 이 제품의 생산기술이 산업 내의 모든 기업에게 무상으로 즉각 전파된다. 따라서 이 시장에 다수의 기업이 존재하더라도 이들 기업들이 생산하는 제품들은 품질면에서 차이가 발생하지 않는 '상품의 동질성'이 성립한다.

(5) 완전한 정보와 '1물1가의 법칙'

완전경쟁시장에서는 다수의 기업들이 생산하는 제품이 품질면에서 완전히 동일하다. 그리고 '완전한 정보'의 가정에 의해 공급자인 기업들뿐만 아니라 수요자들도 이러한 사실을 알고 있다. 따라서 어느 수요자도 상품가격에 대해 시장에서 결정된 가격보다 더 비싸게 지불하려고 하지 않을 것이다. 그러므로 완전경쟁시장에서 그 제품의 가격은 시장의 수요와 공급에 의해 결정된 균형가격 하나만 존재하는 '1물1가의 법칙'이 성립한다.[2)]

독점과 같은 현실에 존재하는 시장은 이러한 사항이 성립하지 않는다. 예를 들면 남대문시장에서 의류점을 경영하는 사람은 동일한 품질의 의류제품을 남자에게는 고가(高價)로 여자에게는 저가(低價)로 판매하는 가격의 차별화가 가능하다.

(6) 기타

주식거래나 자본거래의 경우 수수료와 같은 '거래비용'이 발생하지 않고, 투자차익에 대해 세금이 부과되지 않는다는 가정도 있을 수가 있다. 한편 투자자금을 차입할 경우 개인이나 법인이나, 또 개인투자자나 기관투자자나 관계없이 자유로이 무제한으로 동일한 이자율로 차입이 가능하다는 가정도 완전경쟁시장의 특징이 된다.

---

2) 이창석, 「부동산학개론」, 형설출판사, 2010, p. 154.

제2절 정보와 시장의 효율성

1 정보의 개념

정보(information)란 정보를 획득하는 사람이 의식적인 행동을 하기 위한 의사결정이나 선택의 목적에 유용하게 사용할 수 있는 자료(data)의 집합을 의미한다. 정보는 단순히 자료를 모아 놓은 것이 아니라 어떤 부가적인 가치를 가지도록 조직화되고 창조된 것이다.

자료는 어떤 현상이 일어난 사건이나 사상을 기록한 것으로 숫자, 기호, 문자, 음성, 그림 등으로 표현된다. 지식(knowledge)은 다양한 종류의 정보가 축적되어 특정 목적에 부합되도록 일반화된 정보로서, 자료가 정보로 전환되는 과정에서 활용된다.[3)]

2 시장의 효율성과 효율적 시장의 개념

재화나 용역 등과 같은 실물상품이나 주식, 채권과 같은 금융 상품에 관한 정보는 그 상품의 가격이나 가치를 높게 또는 낮게 평가하는 데 결정적 역할을 하기 때문에 시장에서 각종 상품에 관한 정보는 대단히 중요하다고 할 수 있다.

각종 상품에 관한 정보가 얼마나 빠르게 그 상품의 가격이나 가치에 반영하는 정도를 나타내는 것을 시장의 효율성이라 하고 상품에 관한 새로운 정보가 지체 없이 즉각 그 상품의 가격이나 가치에 반영되는 시장을 효율적 시장이라고 한다.

어떤 시장이 효율적이라는 것은 그 시장에서 거래되는 상품의 가격이 각종 요인으로 인해 변동이 예상되는 경우 그와 같은 일이 발생했을 때 변화되는 것이 아니라 변동이 예견되는 즉시 변화한다는 것을 의미한다. 이러한 시장의 효율성에 대한 개념은 그러한 일이 현실에 있어야 한다는 것이 아니라 하나의 가정이므로, 이를 '효율적 시장가설(Efficient Market Hypothesis: EMH)'이라 한다.

3) 이창석, 「부동산학개론」, 형설출판사, 2010, p. 278.

제3절 정보의 효율성에 따른 시장의 유형

시장의 효율성은 시장이 효율적이냐 아니면 비효율적이냐의 구분과 같이 단순히 이분법적으로만 설명이 되지 않고 상대적인 성격을 가진다. 예를 들면 주식시장에서 주식가격이 어떤 종류의 정보를 신속히 반영하고 있느냐에 따라 효율성의 정도를 상대적으로 평가할 수 있다. 어떤 기업이 이미 발표한 이익의 증가나 감소는 그 기업의 현재 주식가격에 반영되어 있을 가능성은 높다. 그러나 이 기업이 은밀히 추진하고 있는 신상품 개발이나 신기술 개발에 관한 비밀정보는 아직까지 주식가격에 반영되어 있지는 않을 것이다.

이와 같이, 이 기업의 현재 주식가격에 어떤 종류의 정보를 반영하고 있느냐에 따라서 주식시장의 효율성에 상대적인 차이가 있게 된다. '효율적 시장가설(EMH)' 이론을 처음으로 주장한 파머(Fama)에 의하면, 주식가격이 어떤 종류의 정보를 반영하고 있느냐에 따라 약성 효율적 시장, 준강성 효율적 시장, 강성 효율적 시장 등 3가지 종류로 자본시장을 구분하였다.

1 약성 효율적 시장

약성 효율적 시장(weak form efficient market)이란 현재의 주식가격이 과거의 주식가격 및 거래량 변동 등과 같은 역사적 정보를 완전히 반영하고 있는 시장을 의미한다. 약성 효율적 시장은 3가지 효율적 시장의 형태 중에서 시장의 정보효율성이 가장 낮은 자본시장이다.

2 준강성 효율적 시장

준강성 효율적 시장(semi-strong form efficient market)이란 일반투자자에게 공개되는 모든 정보가 신속하고 정확하게 현재의 주식가격에 반영되는 시장을 말한다. 일반에게 공개되는 모든 정보에는 과거의 주식가격과 거래량 변동에 대한 정보뿐만 아니라, 기업의 재무제표나 신제품 개발 등 일반투자자들에게 이미 알려진 모든 정보를 의미한다.

준강성 효율적 시장에서는 외부에 미공개된 기업의 비밀 정보는 주식가격에 반영되지 않고 있으나 약형 효율적 시장에 비해서는 정보효율성이 더 효율적인 시장이다.

3 강성 효율적 시장

강성 효율적 시장(strong form efficient market)에서는 현재의 주식가격에 기업에 관한 모든 정보, 즉 이미 투자자들에게 공개된 정보뿐만 아니라 외부에 공개되지 않은 기업의 내부정보까지도 신속하고도 정확하게 반영되어 있다.

이러한 3가지 형태의 효율적 시장은 서로 배타적인 것이 아니며, 단지 관련되는 정보의 범위와 시장의 효율성의 정도에 있어서만 차이를 나타낸다.

4 효율적 시장 간의 관련성

자본시장에서 현재의 주식가격에 과거의 역사적 정보만 반영된 시장을 약성 효율적 시장이라 하며, 이 시장에서는 투자자가 과거의 주식가격 및 거래량 등에 관한 정보를 이용하여 미래의 주식가격을 예측하기는 불가능하다.

준강성 효율적 시장에서는 현재의 주식가격에 공개적으로 이용 가능한 모든 정보들이 신속하고 정확하게 반영되고 있기 때문에 이러한 정보들을 분석하여 투자를 결정하는 것은 의미가 없다.

강성 효율적 시장에서는 주식가격에 모든 이용 가능한 정보들이 충분히 반영되고 있기 때문에 기업의 최고경영자나 대주주가 발표되지 않은 기업의 내부정보를 이용하더라도 초과 수익을 얻을 수는 없다.

3가지 형태의 시장유형들의 관계를 살펴보면 정보의 이용 가능한 범위라는 측면에서 강성 효율적 시장은 준강성 효율적 시장과 약성 효율적 시장을 포함하는 가장 폭넓은 개념이다.

정보의 범위와 이들 시장유형과의 관계를 그림으로 나타내면 〈도표 4-2〉와 같다.

도표 4-2 3가지 유형의 시장형태와 관련 정보의 범위

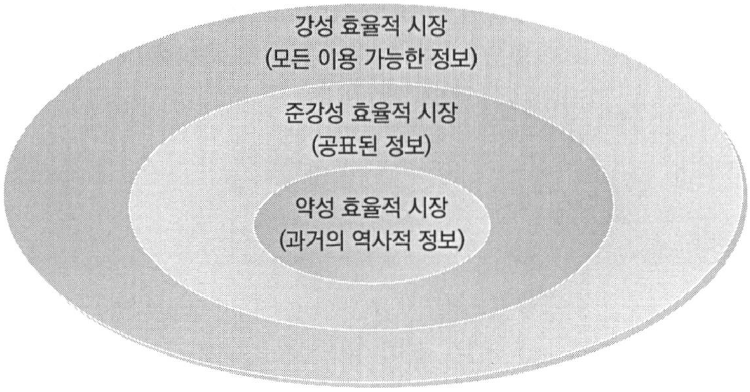

Story Tip

'구체적인 목표 설정' 1년 재테크 좌우한다

사회에 첫발을 내딛는 새내기라면 신년 재테크는 '목표 설정'으로 시작해야 한다.

목표 없이 재테크에 나서는 것은 목적지도 모르고 항해하는 배와 같기 때문이다.

재테크 목표는 구체적이고 현실적이어야 하며 동시에 측정 가능해야 한다. 막연히 "부자가 되겠다"거나 "3년 안에 10억 원을 벌겠다"는 식의 목표로는 안 된다. 그것은 목표가 아니라 단지 기대일 뿐이다. 구체성이나 현실성이 떨어진다는 점에서 그렇다. 목표는 단기(1년), 중기(3~5년), 장기(10~30년) 목표로 구분해 단계별로 이정표를 세우되 이들 3가지 목표는 상호 연관돼 있어야 한다. 한 단계 한 단계 계단을 올라가듯 기일을 정하고 달성해 나가야 한다. 로켓에 올라탄 것처럼 단번에 부자 대열에 오르겠다는 발상은 금물이다.

예컨대 당신이 2,000만 원의 부채가 있다면 1단계로 매년 700만 원씩 갚아 3년 안에 완납한다는 목표를 세워라. 이어 2단계로 매년 1,000만 원을 모아 5년 내에 5,000만 원을 만든다. 그 후 5,000만 원의 종자돈을 불려 15년 뒤 10억 원을 모은다는 계획을 세운다.

이처럼 목표는 항상 구체적인 액션 플랜 및 스케줄과 함께 작성돼야 한다.

이제 목표를 정했으면 그 목표를 문자화해야 한다. 목표를 문서로 만들고 그 밑에 당신의 이름을 서명하라. 그리고 곳곳에 가훈처럼 붙여 놓고 볼 때마다 마음속으로 복창하며 신념과 의지를 다져야 한다. 목표는 자발적인 동기를 부여하고 행동으로 옮기게 하는 강력한 엔진으로 작용한다. 또 모든 생각과 행동이 그 목표를 향해 일관성을 갖도록 통제해 준다. 목표에 집착할수록 성공 확률은 그만큼 높아진다는 점을 명심해야 한다.

하지만 목표보다 중요한 것은 실천이다. 당찬 목표와 면밀한 계획을 세웠다면 오늘 당장 시작해야 한다. 시작이 반이다. 시작만 한다면 당신은 이미 절반의 부자다.

유병연 기자
자료 : 한국경제, 2005. 12. 29.

주관식 단답형 문제 제 1편

01 투자에 따른 기대소득과 실현소득의 격차를 무엇이라 하는가?

02 투자에 수반되는 위험보다는 기대수익을 크게 하려는 투자자를 무엇이라 하는가?

03 투자에 따르는 기대수익보다는 위험도를 작게 하려는 투자자를 무엇이라 하는가?

04 시장의 움직임에 의해서 야기되는 위험으로 그 시장 내에서 거래되는 모든 개별 자산에 영향을 주는 위험을 무엇이라 하는가?

05 시장의 움직임과는 상관없이 개별 투자자의 고유한 특성으로부터 발생되는 위험을 무엇이라 하는가?

06 증권특성선의 기울기를 무엇이라 하는가?

07 투자에 수반되는 위험과 기대수익을 그래프로 나타낸 선을 무엇이라 하는가?

답

01위험, **02**위험선호자, **03**위험기피자, **04**체계적 위험, **05**비체계적 위험, **06**베타계수, **07**자본배분선

08 효율적 포트폴리오의 집합을 무엇이라 하는가?

09 투자자의 자산구성 중 오직 하나의 외부환경변수에만 영향을 받는 자산구성을 무엇이라 하는가?

10 무위험률과 위험할증률을 합한 것을 무엇이라 하는가?

11 투자자산들 간의 상관계수가 주어져 있을 경우 자산들 간의 구성비율을 변동시켜 위험이 최소화되는 포트폴리오를 구성할 수가 있는데, 이를 무엇이라 하는가?

12 균형상태의 자본시장에서 효율적 포트폴리오에 대한 기대수익과 투자에 수반되는 위험의 선형관계를 나타내는 선을 무엇이라 하는가?

13 효율적 포트폴리오뿐만 아니라 모든 자본자산에 적용될 수 있는 위험과 수익의 관계를 나타내는 선을 무엇이라 하는가?

14 종합주가지수의 수익률과 개별 주식들의 수익률 사이의 관계를 단순회귀선으로 나타낸 선을 무엇이라 하는가?

15 부동산투자의 의사결정에서 위험의 처리방법 중 투자수익을 가능한 낮게 예측하고 그것을 기준으로 투자결정을 하는 방법은?

답

08효율적 프론티어, **09**요인 포트폴리오, **10**요구수익률, **11**최소분산 포트폴리오, **12**자본시장선, **13**증권시장선, **14**증권특성선, **15**보수적 예측방법

16 부동산투자의 의사결정에서 위험의 처리방법 중 장래 기대되는 소득을 현재 가치로 환원할때 위험한 투자일수록 높은 할인율을 적용하는 방법은?

17 부동산투자의 의사결정에서 위험의 처리방법 중 위험의 내용이 산출결과에 어떠한 영향을 미치는가를 파악하는 방법은?

18 현재의 주식가격이 과거의 주식가격 및 거래량 변동 등과 같은 역사적 정보를 완전히 반영하고 있는 시장을 무엇이라 하는가?

19 일반 투자자에게 공개되는 모든 정보가 신속하고 정확하게 현재의 주식가격에 반영되는 시장을 무엇이라 하는가?

20 현재의 주식가격에 투자자들에게 공개된 정보뿐만 아니라 외부에 공개되지 않은 모든 정보가 반영되는 시장을 무엇이라 하는가?

답

16위험조정할인율법, **17**감응도 분석, **18**약성 효율적 시장, **19**준강성 효율적 시장, **20**강성 효율적 시장

주관식 **서술형 문제** 제 1편

01 투자에 있어 위험의 개념과 그 척도에 대해 설명하시오.

02 투자의 고전적 개념과 현대적 개념에 대해 설명하시오.

03 위험과 수익의 상쇄관계에 대해 설명하시오.

04 약성 효율적 시장, 준강성 효율적 시장, 강성 효율적 시장을 비교하여 설명하시오.

-MEMO-

제 2편

부동산투자의 기초이론

제5장 부동산투자의 개념

제1절 부동산투자의 개념과 특징

1 개념

투자란 생산활동을 통하여 장래의 수익을 획득할 것을 목적으로 합리적인 안정성과 원금의 궁극적인 회수를 전제로 하여 일정기간 동안 특정 자산에 자본을 투입하는 것이다.

장래의 수익은 항상 위험을 내포하고 있어 불확실하다. 따라서 투자란 장래의 불확실한 수익을 위해서 현재의 확실한 소비를 희생하는 행위라고 정의되기도 하고 미래의 위험을 감수하는 것에 대한 보상이라고 정의된다.

위와 같이 정의되는 투자를 부동산을 대상으로 하는 것이 부동산투자이다. 즉, 부동산투자란 부동산을 대상으로 장래의 수익을 획득하기 위하여 현재의 대가를 희생하는 것이다.

2 특징

부동산투자는 부동산 고유의 특성으로 인하여 다른 재화에 대한 투자와는 달리 여러 가지 특징을 가지고 있다.

첫째, 토지는 소모나 마멸되지 않는 영속성을 가지고 있고, 건물도 다른 재화에 비해 그 수명이 장기간이다. 부동산의 이런 특성으로 인해 부동산투자는 주식과 같은 금융자산 투자와는 달리 투자기간이 장기간이다. 또한 부동산은 대체로 고가(高價)

의 상품이어서 부동산투자를 하기 위해서는 투자금액이 많이 필요하다.

둘째, 부동산은 위치가 고정되어 있기 때문에 주변 환경에 의하여 그 가치가 달라지고, 이로 인해 해당 부동산의 위치가 부동산투자의 수익에 영향을 준다.

셋째, 부동산투자는 주식투자에 비해 투자의 안정성이 크다고 할 수 있다. 투자의 안정성이란 투자를 통하여 획득한 자산을 미래에 안정적으로 처분할 수 있고 그 처분가격이 최소한 원금을 회수할 정도의 수준이 되어야 한다는 것이다. 주식투자는 예기치 않은 원금손실이 발생할 수 있으나, 부동산투자는 그런 경우가 드물다고 할 수 있다.

넷째, 부동산투자에 따른 수익은 부동산을 보유하는 기간 동안 발생하는 운영수익과 향후 부동산을 매각하였을 때 얻을 수 있는 양도차익에 따른 자본이득으로 구성된다. 그리고 보유기간 동안 감가상각에 따른 절세(節稅)효과도 있다.

다섯째, 부동산은 부동산의 특성으로 인해 수급조절이 곤란하므로 투자자의 자유로운 시장참여가 제한될 수 있다. 그리고 부동산은 내구성을 가진 재화이므로 부동산투자에 앞서 해당 부동산에 대한 법적 권리사항의 확인 및 물적 관리에 대한 대책이 있어야 한다.

여섯째, 부동산투자과정에 참여하는 주체들이 다양하다. 부동산투자과정에 참여하는 주체들에는 지분투자자, 저당대출자 그리고 임차자 등이 있다. 지분투자자는 부동산투자에 대한 궁극적인 의사결정의 주체를 말하며, 부동산에 대해 직접적으로 투자를 하는 자이다. 저당대출자는 지분투자자에게 자금을 대출해주고 이자수익을 얻는 주체이다. 임차자는 부동산에 대한 일시적 사용권을 매수하는 자로 임대자에게 수익의 원천을 제공한다. 기타 정부와 공인중개사, 감정평가사 등이 이 과정에 참여하고 있다.

제2절 부동산투자의 장점과 단점

부동산투자의 장점과 단점은 다른 투자수단과 비교해 그 장점과 단점을 쉽게 파악할 수 있다. 다른 투자수단이란 주로 금융상품을 매매하는 것을 말한다. 금융시장은 직접금융시장과 간접금융시장으로 구분되고, 직접금융시장에서 거래되는 것을 직접금융상품, 간접금융시장에서 거래되는 것을 간접금융상품이라 할 수 있다.

간접금융시장이란 채권자와 채무자가 은행을 매개로 하여 금전의 대여와 차입이 발생하는 시장으로 요구불예금을 비롯한 각종 예금의 종류가 간접금융상품에 해당한다. 직접금융시장이란 채권자와 채무자가 은행을 매개로 하지 않고 직접 금전의 대여와 차입이 일어나는 시장을 말하는데, 20세기에 접어들면서 본격적으로 발달하였고 오늘날에는 그 비중이 점차 증가하고 있는 추세이다. 직접금융시장이 초기에 크게 발달하지 못한 이유는 자금을 대여하는 채권자가 채무자로부터 본인이 빌려준 원금과 이자를 확실히 되돌려받을 수 있다는 확신이 서지 않는 신용상의 위험이 존재하였기 때문이다. 그런데 20세기에 들어서면서 채무자가 신용상의 위험이 존재하는 개인을 대신하여 정부나 대기업이 되면서부터 상황은 달라지기 시작하였다. 정부나 대기업과 같은 채무자는 채권자에게 원금과 이자 회수에 대한 우려를 경감시켜 주었다. 대부분의 채권자는 정부나 대기업에게 자금을 대여할 경우 이를 안전하게 회수할 수 있다는 확신을 가질 수 있게 되었고, 이러한 확신이 직접금융시장을 활성화시키는 계기가 되었다. 한편 정부나 대기업은 소액의 자금이 아니라 대규모의 자금을 필요로 하므로, 이러한 대규모 자금을 소수의 채권자로부터 조달하는 것이 곤란하다. 따라서 불특정 다수의 채권자에게서 대규모의 자금을 조달하기 위해 규격화된 차용증서를 발행하였는데, 이러한 규격화된 차용증서를 채권이라 한다. 정부나 공공기관이 발행한 채권을 국채나 공채라 하고 대기업이 발행한 채권을 회사채라 한다. 그리고 대기업은 신규 사업추진이나 회사운영을 위한 자금조달을 자신의 자본금을 확충하는 방식으로 할 수도 있는데, 이런 경우에는 신규로 주식을 발행한다. 따라서 주식이나 채권 등을 직접금융상품이라 한다. 간접금융상품은 대개 원금 손실의 위험이 수반되지 않으므로 안전한 금융상품이나, 주식이나 채권과 같은 직접금융상품은 상황에 따라 원금의 손실도 가능하므로 간접금융상품에 비해 위험한 투자수단이다. 그런데 위험한 투자수단은 대개 그에 따르는 수익도 높게 형성되며 오늘날에 금융자산에 투자한다는 의미는 은행에 예금한다는 것이 아니라 주식이나 채권과 같은 직접금융상품을 매매한다는 것으로 받아들여야 한다. 그리고 이 경우 채권자는 투자자로서의 기능을 하게 되므로 이하에서는 채권자 대신 투자자로 용어를 바꿔서 지칭하기로 한다.

투자자는 본인이 가진 투자금액을 부동산에 투자한 것인지 아니면 주식이나 채권과 같은 직접금융상품을 구입할 것인지 결정해야 하는데, 부동산에 투자할 경우의 장점 또는 순기능은 다음과 같다.

1 부동산투자의 장점(순기능)

부동산투자의 장점으로는 첫째, 운영수익과 매각에 따른 양도차익이 가능하다는 것이다. 주식이나 채권 등 금융상품들은 대개 매매에 따른 양도차익이 주목적이고 배당금과 같은 운영수익은 부차적이며 또한 그 수익이 불확실하다. 그러나 금융상품에 투자하는 것과는 달리 투자자가 상가용 부동산 등을 매입할 경우 보유기간 동안 임대료 등 운영 수익이 안정적으로 발생하고 또한 매각 시 매매차익에 따른 자본이득의 획득도 가능하다.

둘째, 부동산투자도 다른 투자와 마찬가지로 지렛대 효과(leverage effect)를 얻을 수 있다. 지렛대 효과란 부동산투자에 따른 차입금을 지렛대로 삼아 자기자본의 수익률을 높이는 것을 말한다. 지렛대 효과에는 정(+)의 지렛대 효과와 부(-)의 지렛대 효과가 있다. 정(+)의 지렛대 효과는 부동산투자수익률이 대출로부터 발생하는 차입이자율보다 큰 경우에 발생한다. 부(-)의 지렛대 효과는 부동산투자수익률이 대출로부터 발생하는 차입이자율보다 낮아 지분수익률이 감소하는 경우를 말한다.

셋째, 부동산에 투자할 경우 단순히 현금을 보유하는 경우에 비해 적용세율이 낮을 수도 있고, 사업에 따르는 세액공제 등의 혜택이 있을 수 있다.

넷째, 인플레이션이 급속히 진행되는 시기에는 부동산과 같은 실물자산에 투자하는 것이 유리하다. 은행예금이나 금융상품 구입은 물가상승률만큼 이자율이나 수익률이 상승하지 않으면 투자손실이 나타날 수 있으나, 부동산과 같은 실물자산은 대부분 물가상승률에 비례하여 자산가격이 상승하므로 투자손실을 방지할 수 있다.

다섯째, 부동산은 영속성과 내구성을 가진 자산이므로 부동산투자자는 소유의 긍지를 느낄 수 있고, 또한 부동산을 담보로 은행이나 금융회사로부터 자금의 대출이 용이하다.

2 부동산투자의 단점(역기능)

부동산투자에 따르는 단점은 첫째, 부동산을 매입 후 현금화할 수 있는 정도, 즉 환금성이 낮다는 것이다. 주식이나 채권과 같은 금융상품은 거래단위가 부동산에 비해 소액이고 증권거래소와 같은 제도권화된 거래장소가 존재하므로 투자자는 자신의 보유 주식이나 채권을 쉽게 매각하여 현금화하는 것이 용이하다. 반면에 부동산은 주식이나 채권에 비해 거래단위가 거액이고, 공식화된 거래장소가 존재하지 않아 투자자는 자신의 보유 부동산을 단기간에 매각하여 현금화하기가 쉽지 않다. 그리고 경제 상황이 좋지 않은 불경기 시기에는 부동산매각에 따르는 기간이 장기간 소요될 수도 있다. 최근에는 부동산투자의 이런 단점을 보완하여 부동산도 하나의 증권처럼 거래할 수 있는 제도가 나타났다. 과거에는 부동산투자자가 자신이 직접 부동산을 매입하는 직접투자가 대다수였으나, 요즈음에는 부동산투자자가 부동산을 직접 매입하기 보다는 '부동산펀드'에 가입하거나 '부동산투자회사(REITs)'의 주식을 매입하는 간접투자가 활성화되고 있다. 이러한 부동산간접투자는 부동산투자에 따르는 환금성이 낮은 위험을 상당히 완화시켜주고 있다.

둘째, 부동산투자에 따른 사업위험이 크다. 부동산투자는 부동산을 임대하거나 운영을 하여 운영수익의 창출이 가능하나, 예상보다 경기가 좋지 않아 임대가 원활히 이루어지지 않거나 운영이 저조하면 예상에 비해 운영수익이 작아질 수 있다. 그리고 대규모 상업용 건물이나 다수의 주택을 신축하여 매매차익을 획득하려는 경우, 분양이나 매각시점에 경기상황이 나쁘면 미분양이 발생하여 사업상의 손실이 발생할 수 있다. 이런 경우 부(-)의 지렛대 효과가 나타날 수 있다.

셋째, 부동산투자에 따르는 거래비용이 과다하다. 주식이나 채권과 같은 금융상품은 매매에 따른 거래비용이 거의 무시할 정도로 작으나, 부동산은 매입 시에는 취득세와 등록세가 매각 시에는 양도소득세가 부과되며 또한 매매에 수반되는 중개 수수료도 발생하여 거래비용이 과다한 단점이 나타난다. 따라서, 부동산을 투자하는 경우 투자수익을 얻기 위해서는 금융상품에 비해 장기간이 소요되는 경우가 많다.

넷째, 부동산은 국토의 균형발전이나 그 이용의 공공성 등으로 소유자 마음대로 토지를 이용하지 못하는 경우가 많다. 그러므로 부동산투자자는 사전에 해당 부동산에 대한 토지의 이용규제나 개발의 통제 등 여러 행정적 규제를 잘 파악하여야 투자에 따른 실패를 방지할 수 있다.

다섯째, 부동산은 대개 거래단위가 거액이고, 분할하여 부동산을 매입하기가 곤란하다. 즉, 토지나 건물과 같은 단일한 용도의 부동산을 일부분만 매입하는 분할 투자가 곤란하다.

제3절 부동산투기

1 개념

부동산투자란 부동산을 생산활동에 이용하여 이윤을 추구할 목적으로 하는 것이지만 부동산투기는 부동산의 가격상승에 의한 양도차익을 목적으로 부동산을 보유하는 것을 이야기한다.

따라서 부동산투기의 대상은 아직 개발되지 않았지만 개발될 가능성이 있는 미성숙지를 주 대상으로 한다.

이창석 교수는 부동산운영에서 얻어지는 소득적 이득(income gain)을 획득하기 위한 자금의 지출을 '투자'라고 하고, 자산의 가격변동에서 얻어지는 자산적 이득(capital gain)을 획득하기 위한 자금의 지출을 '투기'라 하였다.[1)]

2 부동산투기의 발생원인

부동산투기의 발생원인에는 여러 가지가 있다. 그 중 중요한 사항에 대해 설명하면 다음과 같다.

첫째, 부동산시장은 완전한 정보의 가정이 성립하지 않은 불완전 경쟁시장이기 때문이다. 부동산시장에 참여하는 경제주체들 간에 보유하고 있는 정보의 양과 질이 차이가 나므로 일부 참가자들은 우월한 정보력을 이용해 막대한 차익을 올리기도 한다.

1) 이창석, 「부동산학개론」, 형설출판사, 2010, pp. 658~659.

둘째, 도로나 철도의 신설과 확장, 경제성장으로 인한 소득수준의 증가와 도시화의 진전 등으로 주택이나 공장용지의 수요증가가 발생한다. 그리고 이러한 급격한 수요증가가 주택이나 공장용지가격의 급격한 상승을 초래하여 부동산투기가 활발해진다.

셋째, 인플레이션이 급속하게 진행되는 시기에는 금융자산보다는 부동산을 비롯한 실물자산에 투자하려는 환물심리가 부동산투기를 발생시킨다.

넷째, 도시화의 진전 등으로 신도시개발이 늘어나고 각종 공공개발사업 등으로 개발이익이 증가하여 부동산투기에 대한 욕구가 증가된다.

다섯째, 우리나라 사람들의 토지에 대한 전통적인 소유 욕구는 토지에 대한 과다수요를 불러 일으켜 토지가격을 급등시킨다.

3 부동산투기의 순기능

부동산투기는 대체로 경제에 좋지 않은 영향을 미치지만 긍정적인 면도 있다. 부동산투기로 인해 부동산가격이 급등하면 기업들의 부동산개발사업 참여를 촉진시켜 도시나 택지의 민간개발사업이 늘어나게 된다.

부동산투기는 주택가격을 급등시켜 건설회사들의 주택공급참여를 증가시키므로 만성적인 주택공급부족을 해소시키고 나아가 1가구 1주택의 목표달성도 가능하게 한다.

4 부동산투기의 역기능

부동산투기는 단기간에 부동산가격을 상승키시므로 부동산투기를 하는 사람과 그렇지 못한 사람과의 소득격차를 심화시킨다. 그리고 막대한 부동산투기에 따른 자본이득은 '한탕주의'를 만연시켜 근로의욕을 상실시키는 원인이 되기도 한다.

부동산투기는 정부나 기업이 공공용지나 산업용지의 저렴한 확보를 곤란하게 하여 기업경쟁력의 약화를 가져온다. 그리고 부동산투기로 인한 부동산가격의 상승은 물가상승의 주요 원인이며, 이로 인해 수출상품의 가격상승을 유발시켜 수출의 부진을 초래한다.

부동산투기는 투기지역의 과도한 이용을 초래하여 국토의 균형적 발전을 저해하며 나아가 국토의 효율적 이용을 곤란하게 한다.

제4절 부동산투자와 투기의 비교

부동산투자와 투기는 여러 면에서 비교되고 차이가 난다. 이러한 차이점들을 정리해보면 다음과 같다.[2)]

첫째, 부동산투자의 행위자는 실수요자이지만, 부동산투기는 가수요자가 된다. 아파트의 경우 부동산투기를 목적으로 하는 사람은 본인이 실제로 거주하려는 것이 아니고 향후 아파트 가격의 상승을 기대하며 구매하는 가수요자이다.

둘째, 부동산투자의 대상물은 기개발지나 성숙지이나, 부동산투기는 향후 개발이익이 기대되는 미성숙지를 대상으로 한다.

셋째, 부동산투자는 부동산투자에 따른 정당한 이익, 즉 '소득적 이득'을 기대하나 부동산투기는 자산의 가격변동에서 얻어지는 양도차익, 즉 '자산적 이득'을 기대한다.

넷째, 부동산투자에서 거래하는 가격은 대부분 정상가격이나 부동산투기에서 거래되는 가격은 정상가격에 비해 과다하게 높거나 낮은 투기가격이다.

다섯째, 부동산투자자들이 구매하는 부동산구입량은 본인이 필요로 하는 필요량이나, 부동산투기자들이 구매하는 부동산구입량은 필요량 이상이 된다.

기타, 부동산투자는 이용자나 관리자가 존재하고 이익발생기간이 장기간이며 정부의 정책으로 권장이 되나, 부동산투기는 가수요이므로 이용자나 관리자가 존재하지 않을 수도 있고 이익발생기간이 단기간에 이루어진다. 그리고 부동산투기는 여러 가지 경제에 좋지 않은 영향을 미치므로 정책적으로 규제의 대상이 된다. 이를 정리하면 〈도표 5-1〉과 같다.

2) 이창석, 「부동산학개론」, 형설출판사, 2010, p. 660.

도표 5-1 부동산투자와 투기의 비교

구분	투자	투기
행위자	실수요자	가수요자
대상물	기개발지, 축조물 아파트·점포 등 항구적 용도의 자산	미성숙지
이 익	정당한 이익	양도차익
가 격	정상가격	투기가격
구입량	필요량	필요량 이상
이용 및 관리자	있음	없음
이익발생기간	장기간	단기간
정 책	권장	규제

제6장 부동산간접투자의 개념과 관련 상품

제1절 부동산간접투자의 개념

1 부동산투자의 방식

부동산투자는 부동산을 대상으로 장래의 수익을 획득하기 위하여 현재의 대가를 희생하는 것이라고 앞서 말한 바 있다. 그런데 이러한 부동산에 대한 투자행위는 단일한 방식으로 진행되는 것이 아니라 투자자가 자신의 재산 정도, 지식, 취향 등에 따라 다양한 방식을 선택할 수 있다.

부동산에 대한 투자자금 마련에 있어서 투자자는 본인의 자금만으로 투자를 할 수도 있고 은행이나 금융기관 또는 타인에게 투자자금의 일부를 차입하여 투자를 할 수 있다. 그리고 다수의 투자자들이 자금을 모아 기금을 마련한 후, 이 기금으로 부동산투자를 하는 방법도 가능하다. 또한 부동산의 소유권을 투자자가 직접 취득하는 투자방식이 있는 반면에 부동산투자를 전문으로 하는 회사의 주식을 구입하여 배당금을 원하는 방식으로 투자할 수도 있다.

위에서 이야기 한 바와 같이 부동산투자의 방식은 다양한 형태가 존재하나 대개의 경우 직접투자와 간접투자로 구분한다. 부동산직접투자는 투자자가 부동산의 소유권이나 지분을 본인의 명의로 확보하는 것을 말한다. 투자자는 이런 행위를 통하여 부동산매매에 따른 매매차익이나 보유기간 중 임대를 통한 임대료 수입을 획득할 수 있다. 그런데 부동산직접투자는 투자자 본인이 모든 책임을 지고 수행하는 관계로 투자에 따른 수익이 막대할 경우 투자자에게 상당한 재산상의 증식을 가져다주는 등의 이점이 있으나 여러 단점도 있다. 이러한 단점들을 열거하면 다음과 같다.

첫째, 부동산투자는 주식이나 채권투자에 비해 대규모의 자금이 필요한 경우가 많으므로, 개인이나 회사가 단독으로 투자자금을 마련하기가 쉽지 않다.

둘째, 과거에는 부동산투자대상이 아파트나 상가 등 단순한 경우가 많아 투자대상의 선택에 큰 어려움이 없었으나 최근에는 부동산상품도 갈수록 다양화되고 투자대상 선정의 기준도 복잡해져 개인이 단독으로 수행하기가 점점 어려워지고 있다.

셋째, 투자대상 부동산의 이용이나 개발 그리고 보유기간 중의 관리 등 투자행위 전반에 요구되는 지식이 점점 많아지고 갈수록 복잡해지는 경향도 개인이 부동산을 직접투자하는 행위의 저해요인이 되고 있다.

마지막으로 부동산투자자가 투자에 따른 매매차익을 획득하기 위해서는 향후 부동산가격에 대한 전망이 있어야 된다. 과거에는 부동산가격전망이 비교적 단순하였으나 최근에는 향후 경기전망, 해당 지역에 대한 도로나 교통망의 변화 등에 대한 종합적인 판단이 요구된다. 이러한 부동산가격전망에 대한 전문적 지식의 필요성도 부동산직접투자에 장애요인이 되고 있다.

앞에서 열거한 부동산직접투자의 문제점 때문에, 이를 대신하여 부동산간접투자의 시대가 도래하고 있다. 부동산간접투자란 부동산투자자들이 본인의 명의로 부동산의 소유권이나 지분을 확보하는 것이 아니라, 일반투자자를 대신하여 부동산에 전문적으로 투자하는 회사의 주식이나 부동산펀드상품에 가입하여 투자수익을 획득하는 방식을 말한다.

부동산투자대상이 부동산소유권이나 지분인지 또는 주식이나 채권인지의 여부, 투자방식을 직접투자방식으로 할 것인지 아니면 간접투자방식으로 할 것인지의 여부에 따라 부동산투자방식을 구분하여 정리하면 〈도표 6-1〉과 같다.

도표 6-1 부동산투자방식의 구분

투자구분	직접투자	간접투자	
		사모	공모
소유권이나 지분	주거용이나 상업용 부동산 등의 소유권이나 지분 취득	•주식회사 •사모 REITs •신탁 등	•지분형 REITs •혼합형 REITs •주식회사 등
주식이나 채권		•주거용 부동산 저당 대출 •상업용 부동산 저당 대출 등	•주거용 MBS •산업용 MBS •대출형 REITs 등

자료: 한만희 외,「부동산투자금융론」, 보성각, 2008, p. 196.

2 부동산간접투자의 개념과 시행배경

부동산간접투자는 직접투자에 대비되는 것으로 투자자가 부동산을 직접 구입하지 않고 부동산에 전문적으로 투자하는 회사나 아니면 부동산을 소유하는 주체들이 발행하는 증권이나 채권 등에 투자하는 방식을 말한다.

부동산간접투자는 협의의 개념과 광의의 개념으로 구분하여 볼 수 있다.[1)]

협의의 개념은 부동산에 본인의 명의로 투자하기 위한 목적으로 설립되는 부동산투자회사나 부동산펀드의 주식 등을 취득하는 것을 의미한다. 광의의 개념은 협의의 부동산간접투자를 포함하여 부동산과 관련되어 발행되는 모든 증권이나 채권 등에 투자하는 행위로 볼 수 있다.

부동산간접투자가 미국을 비롯한 선진국에서는 등장한 지 오래되었다. 산업혁명이 발생하기 이전에 부와 권력은 개인이 보유하는 토지의 규모에 의해 주로 결정되었으나 최근에 들어와서는 개인의 재산규모가 토지와 같은 부동산이 아니라 주식이나 채권과 같은 금융상품의 크기에 더 큰 영향을 받고 있다. 이러한 배경하에 부동산도 하나의 금융상품으로 변모를 시키는 과정에서 부동산간접투자가 등장하게 되었다. 1960년 미국에서 '부동산투자신탁법'을 제정하면서 부동산의 증권화가 시작되었고, 1970년에 미국의 연방주택저당공사(Ginnie Mae)가 주택저당대출(mortgage)을 모아서 이를 담보로 증권을 발행하는 MBS(Mortgage Backed Security) 제도를 도입함으로써 활성화되었다.

우리나라에서는 1997년 외환의 유동성 위기에서 비롯된 'IMF 사태'가 부동산증권화의 직접적 배경이 되고 있다. IMF 사태로 인한 극심한 경기 침체는 부동산을 비롯한 실물자산의 명목가격을 하락시키는 '자산 디플레이션(deflation)' 현상을 초래하였다. 이러한 자산 디플레이션 현상은 부동산거래의 감소와 가격의 하락을 가져왔고, 은행을 비롯한 금융기관은 담보 부동산가치의 하락으로 부실채권이 증가하였으며, 기업은 보유 부동산을 제때에 매각하지 못하여 기업구조조정이 원활하지 못하게 되었다. 이러한 상황에서 정부는 기업의 구조조정을 원활히 하고 IMF 사태를 조기에 극복하기 위해 부동산거래를 촉진시키는 방향으로 부동산의 정책방향을 설정하게 되었다.[2)]

정부는 그동안 강력하게 추진해 온 부동산투기의 억제수단을 해제하는 것만으로는 침체된 부동산경기를 활성화시키는 데 미흡하다고 판단하여 새로운 부동산금융

1) 한만희 외, 「부동산투자금융론」, 보성각, 2008, p. 202.
2) 김영곤·오준석·이창석·정상철, 「부동산 투자론」, 형설출판사, 2002, p. 30.

제도를 도입하기로 하였다.

1998년 '자산유동화에 관한 법률' 제정으로 자산담보부채권(ABS)이, 1999년 '주택저당채권 유동화 회사법' 제정으로 주택저당담보부채권(MBS)이 각각 발행되었고, 이후 부동산투자신탁(REITs)제도도 도입되어 부동산의 유동화가 원활히 이루어지도록 관련제도가 시행되게 되었다.

제2절 부동산간접투자제도의 도입에 따른 기대효과와 과제

1 기대효과

최근 들어 부동산의 투자형태가 직접투자 형태에서 간접투자로 전환되고 있다. 물론 아직까지도 부동산투자에서 직접투자의 비중이 높으나 간접투자의 비중이 계속해서 증가하는 경향을 보이고 있다. 이러한 간접투자의 비중 증대로 인한 기대효과는 다음과 같다.

첫째, 부동산간접투자는 직접투자와는 달리 부동산의 증권화를 전제로 하므로 부동산투자의 단점인 비유동성을 개선시켜 부동산투자자의 자금흐름을 원활하게 한다.

둘째, 전문가에 의한 체계적이고 분석적인 투자로 종전의 주먹구구식 부동산투자방식을 선진화되고 합리적인 투자방식으로 변화시키고 있다.

셋째, 부동산직접투자는 거액의 자금을 필요로 하나 간접투자는 소액의 자금으로도 부동산투자가 가능하게 만들었다.

넷째, 부동산간접투자시장이 크게 성장하고, 일반 소액투자자들이 REITs를 비롯한 간접투자상품에 투자할 수 있는 기회를 확대시켜 건전한 투자문화 정착에 기여할 것이다.

다섯째, 적절한 투자대상을 찾지 못한 투기성 자금이 부동산간접투자시장에 유입되면 부동산시장의 선진화 및 안정화에 큰 도움이 될 것이다.

여섯째, 부동산간접투자제도가 활성화되면 신 금융상품의 개발로 금융시장의 규모가 커지고 첨단금융기법의 활용으로 금융산업이 선진화되는 계기가 될 것이다.

일곱째, 부동산간접투자상품의 개발로 소액의 투자활동이 크게 늘어날 것으로 기대된다. 이로 인해 다수를 차지하는 소액의 일반투자자들에게 새로운 부동산에 대한 투자기회를 제공함으로써 부동산에 관한 수요기반이 확충되어지는 효과를 가져온다. 또한 간접투자방식은 부동산을 직접적으로 소유하는데 수반되는 관리부담이나 기타 비용이 투입되지 않고 안정적인 수익을 창출할 수 있는 장점도 있다.

2 향후 과제

앞에서 살펴본 것처럼 부동산간접투자제도는 여러 면에서 장점을 가지고 있다. 현재 우리나라에서 이처럼 장점이 많은 부동산간접투자에 대한 기본적인 제도적 장치는 마련되었으나 앞으로 이 제도의 활성화를 위해 해야 할 과제는 많다. 이러한 과제들에 대해 살펴보면 다음과 같다.[3)]

첫째, 정부는 부동산간접투자제도에 적용될 규칙을 공정하게 그리고 투명하게 되도록 만들어야 하며, 이 제도가 제 기능을 발휘할 수 있도록 취득세나 등록세의 면제, 법인세 감면 등 적절한 지원을 해 줄 필요가 있다.

둘째, 정부는 부동산간접투자제도가 활성화될 수 있도록 간접적인 지원만 해주어야 하며 너무 깊이 개입해서는 안 될 것이다. 그리고 수많은 부동산업계들이 각자 경쟁력 있는 자신의 분야를 찾도록 여건을 조성해 주어야 할 것이다.

셋째, 부동산간접투자시장에 투자자가 유입되기 위해서는 부동산시장의 투자수익률이 여타 투자수단에 비해 뒤떨어져서는 곤란하다. 그러므로 어느 정도의 부동산가격이 유지되도록 경제체질이 개선되어야 한다.

넷째, 투자자에게 신뢰할 수 있는 부동산투자지표가 개발되고 이러한 정보가 왜곡되지 않고 널리 공표되어야 한다. 부동산펀드나 REITs 상품 등에 대한 자산의 운용실적이 각 회사별로 객관적 비교가 될 수 있도록 투자자들에게 정확하게 공표되어져야만 투자자들이 이 제도에 대한 신뢰가 형성될 것이다.

다섯째, 부동산투자전문가 등 관련 업무를 담당하는 전문가의 양성과 더불어 관련 기관의 분석 능력 및 투자 기법의 선진화가 요구된다.

여섯째, 현재 우리나라에 만연된 부동산에 대한 직접투자에 비해 간접투자가 왜 유리한지에 대한 홍보활동을 강화할 필요가 있다.

3) 김영곤·오준석·이창석·정상철, 「부동산투자론」, 형설출판사, 2002, pp. 48~50.

제3절 부동산간접투자의 유형과 관련 상품

1 유형

부동산간접투자는 여러 가지로 구분이 가능하나 대체로 다음과 같이 구분한다.[4)]

첫째, 부동산의 간접투자방식은 지분형(equity-based) 간접투자와 채무형(debt-based) 간접투자로 구분된다. 지분형은 자금을 모아 증권화된 지분에 투자하는 REITs와 부동산펀드가 있고, 채무형은 주택이나 자산에 대한 저당대출을 담보로 간접투자수단인 증권을 발행하는 ABS, MBS 등이 있다.

둘째, 부동산간접투자자산의 운용방식에 따라 회사형과 펀드형으로 구분할 수 있다. 회사형에는 REITs나 부동산합작회사가 있으며, 펀드형에는 부동산펀드가 있다.

셋째, 투자대상 부동산을 기준으로 주거용 부동산을 주로 대상으로 하는 투자와 상업용 부동산 등 수익성 부동산을 주로 대상으로 하는 투자로도 구분할 수 있다.

2 부동산간접투자상품

부동산간접투자상품에는 크게 ABS나 MBS, 부동산펀드나 투자신탁 그리고 REITs 등이 있다.

1) 자산담보부증권(ABS)과 주택저당증권(MBS)

은행이나 증권사 등에서 취급하는 자산담보부증권(ABS: Asset Backed Security)은 금융기관 및 일반기업이 보유하고 있는 자산을 담보로 유동화 증권을 발행하여 자금을 조달하는 상품을 말한다. 주태저당증권(MBS: Mortgage Backed Security)은 주로 은행이 보유하고 있는 주택의 저당권을 기초로 유동화 증권을 발행한 상품을 말한다.

주택저당증권(MBS)의 장점은 투자자에게 장기간에 걸쳐 확정이자를 확보

4) 한만희 외, 「부동산투자금융론」, 보성각, 2008, p. 207.

하여 주게 함으로써 소액투자로 안정적 이익을 가져다준다. 그리고 국가 전체적으로 주택자금의 공급을 확대시켜주는 순기능도 있다. 그러나 부동산가격이 상승하더라도 투자자에게 별도의 자본이득을 발생시키지 못하며, 만기일이 길어 중도 해제 시 손해를 투자자에게 줄 수 있는 단점이 있다.

자산담보부증권(ABS)은 MBS에 비해 상품이 다양하여 투자자에게 선택의 폭을 넓혀주고 국채나 공채수준의 안정성과 회사채 수준의 수익성을 보장한다. 그리고 국가 전체적으로 부실채권을 유동화시켜 부실기업이나 금융기관의 구조조정을 촉진시키는 장점이 있다. 반면 투자에 따른 환금성이 떨어지고 담보된 자산에 하자가 발생할 가능성이 있어 투자자의 주의가 요구된다.

2) 부동산펀드

부동산펀드(REF: Real Estate Fund)와 부동산투자신탁은 '간접투자자산운용법'에 의한 상품으로 다수의 개인 투자자들로부터 자금을 모아 부동산에 투자하여 발생된 수익을 다시 투자자들에게 되돌려 주는 상품을 말한다. 부동산투자신탁은 주로 은행에서 취급하는 상품으로 '신탁업법'에 그 근거를 두고 있다. 이것은 고객으로부터 투자받은 신탁자금으로 펀드를 설정한 후 부동산의 매입이나 개발을 직접 수행하거나 아니면 이러한 업무를 하는 회사에의 대출 그리고 부동산 관련 유가증권 등에 운용한 후 신탁기간이 종료하면 해당 펀드를 청산하여 실적을 배당하는 상품이다.

부동산펀드의 종류에는 대출형, 임대형, 경매와 공매형, 직접개발형 등으로 나누어진다. 대출형 부동산펀드는 부동산개발회사에 대한 자금대여를 주된 운용방법으로 하고 부동산개발회사로부터 안정적인 대출이자를 지급받는 것을 목적으로 하는 프로젝트 파이낸싱(PF: Project Financing) 방식의 부동산펀드이다. 임대형 부동산펀드는 업무용 또는 상업용 부동산을 매입하고 임대하는 것을 주된 목적으로 운용하고 이를 통해 임대수익과 향후 부동산의 자산가치 증가를 목적으로 하는 바이&리스(Buy and Lease) 방식의 펀드를 말한다. 경매나 공매형 부동산펀드는 경매나 공매를 통해 업무용 내지는 상업용 부동산을 저가로 매입하여 임대하거나 매각하여 임대수익과 시세차익을 주된 목적으로 하는 상품이다. 직접개발형 부동산펀드는 부동산펀드가 직접 시행사의 역할을 수행하여 분양이나 임대를 하며 이를 통해 수익창출을 하고자 하는 펀드를 말한다.

부동산펀드와 부동산투자신탁상품은 2009년부터 시행된 '자본시장과 금융투자업에 관한 법률'[5)]에 따라 '간접투자자산운용법'과 '신탁업법'이 폐지되고, 이 법에 의해 통합되어 두 상품은 이제 구분할 이유가 없어졌다.

3) 부동산투자회사

(1) 개념

부동산투자회사((REITs: Real Estate Investment Trusts)라 함은 자산을 부동산에 투자하여 운용하는 것을 주된 목적으로 하는 법규정(부동산투자회사법 제5조)에 의하여 설립된 회사로서 자기관리부동산투자회사, 위탁관리부동산투자회사, 기업구조조정부동산투자회사를 말한다.[6)]

따라서 일반적인 주식회사와는 달리 관련 법률에 업무범위, 자산의 운용범위, 차입 등이 규정되어 있으며 매년 얻은 이익은 내부 보유하지 않고 배당하도록 의무화되어 있다. 부동산투자회사는 부동산에 대한 간접투자상품의 일종이다. 따라서 투자자는 부동산투자회사의 발행주식에 투자를 하게 되면 부동산에 직접투자를 하는 것과 유사한 효과를 얻을 수 있다.

일반투자자로부터 자금을 모아 회사의 경영능력으로 수익을 창출하며 이를 투자자의 출자 비율에 따라서 배당하는 일종의 뮤추얼 펀드(mutual fund) 성격을 지니는 투자기구이다.

우리나라의 경우 리츠(REITs)는 회사형(상법상 주식회사)으로만 설립되어야 하기 때문에 REITs(Real Estate Investment Trusts)를 부동산투자회사(이하 '리츠'라 고 함)라 번역하고 있다. 리츠는 투자자가 금전을 출자한다는 점에서 부동산을 위탁하는 부동산신탁과 구별되며, 투자자가 부동산투자회사 주식에 투자한다는 점에서 수익증권을 구입하는 은행의 부동산투자신탁과도 구별된다.

(2) 리츠의 특징

① 투자지분을 소액단위로 표준화, 증권화한 상품

리츠는 부동산지분을 소액 단위로 분할하여 증권화하고 자본시장을 통하여 다수의 투자자를 연결해 주며, 소액투자자들에게 부동산투자의 기회를 제공하여, 수액투자자들도 부동산경기 상승 시에 발생하는 자본이득을 향유하게 한다.

② 기업공개(IPO)를 통한 부동산지분의 환금성 확보

유동성이 떨어지는 부동산을 소액단위로 증권화하고 이를 상장하여

---

5) 이 법률의 명칭은 통상 '자본시장통합법'이라 하고 있다.

6) 개정 법률에서는 부동산투자회사를 3가지 유형(자기관리부동산투자회사·위탁관리부동산투자회사·기업구조조정부동산투자회사)으로 세분화하여 부동산에 대한 다양한 형태의 투자가 이루어질 수 있도록 하였다.

유동성이 높은 투자수단으로 변환해 준다. 또한 투자지분이 상장된 리츠는 투자지분의 소액화만 이루어진 투자신탁의 수익증권보다 유동성이 향상된다.

③ 투자수익의 원천은 자산운용을 통해 발생하는 현금흐름에 의존

리츠의 투자자는 기본적으로 투자수익을 보유자산의 운용을 통해 발생하는 정기적인 현금흐름에 의존한다. 수익의 배당기준은 운영수입(FFO: Funds From Operation)을 기준으로 하는 만큼 감가상각이 감안된 회계적 수익보다 현금흐름이 중요하다.

④ 전문회사를 통한 자산운영의 효율성과 투명성의 확보

자산운영을 전문자산운용회사가 관리함으로써 효율성을 높일 뿐만 아니라 투명성도 강화된다.

⑤ 성장보다는 배당의 안정성 중시

발생수익을 투자자에게 모두 배당하기 때문에 내부 유보를 통한 성장은 제약된다. 그러나 펀드규모의 확대는 주로 유상증자를 통해 이루어지기 때문에 지속적인 성장을 위해서는 투자자의 재투자가 필요하다.

⑥ 투자자 보호장치의 중시

간접투자펀드인 만큼 공시제도, 금융감독을 통해 투자자 보호장치가 뒷받침되어야 제도의 운영이 가능하다.

(3) 리츠의 장점

① 부동산의 환금성 상승

금융회사들도 리츠를 통해 부동산을 채권이라는 형태로 유도시킬 수 있어 대출회전율이 증가되어 자기자본비율도 안정적으로 유지시킬 수 있다.

② 포트폴리오를 통한 위험감소

여러 종류의 부동산, 지역적 분산투자를 통하여 단일 부동산에 내재하는 위험을 효과적으로 희석시킨다.

③ 조세혜택

리츠는 일정한 세제상의 조건만 충족시키면 도관으로 이정되어 비과세되고 운용수익은 투자자들에게 배당관계에서 과세된다. 즉, 도관 자체는 법인세가 부과되지 않는다. 리츠 주식의 소유권 속성은 다른 전통적인 주식과 같지만 주주들은 리츠가 가지는 포트폴리오에서 발생하는 부동산의 감가상각으로부터 조세혜택을 받는다.

④ 높은 기대수익률

소액투자자들도 투자를 할 수 있고 다른 투자의 배당에 비해 높은 투자가치를 투자자에게 제공하고 있다.

⑤ 공개된 가치

리츠가 공개시장에서 거래되고 많은 분석가들에 의하여 매일매일 조사되고 있기 때문에 풍부한 정보가 투자자에게 제공된다.

⑥ 효율적 감사

리츠의 성과는 이사회, 분석가, 감사, 경제금융 미디어로부터 항상 감사를 받게 된다는 안정성도 지니고 있다.[7)]

(4) 투자대상

리츠의 투자대상은 주로 부동산이며, 그 외에 부동산 관련 유가증권, 현금 등이 있다. 일반적으로 리츠는 자기자본이 아닌 다수의 개인투자자와 기관투자가로부터 자금을 모집하기 때문에 고수익, 고위험 위주의 투자보다는 안정적인 투자를 주로 한다. 이런 이유로 리츠는 임대수익이 지속적으로 발생하는 수익성 부동산에 주로 투자한다.

리츠가 투자할 부동산을 선택할 경우 유의할 점은 다음과 같다.

첫째, 부동산종류별 시장규모이다. 시장규모가 충분히 크지 않으면 공급이 제한되어 좋은 매입가치를 포착하기 어려울 뿐 아니라 이를 처분하려고 할 때도 수요자를 찾기 어려울 수도 있다.

둘째, 투자대상 물건의 수익성이다. 리츠는 리츠에 투자한 다수의 투자자들에게 배당을 하여야 하기 때문에 투자대상 부동산의 수익성은 고려해야 한다. 따라서 리츠는 투자대상 부동산이 제대로 임대되고 임대수익이 적정한지를 검토해야 한다.

셋째, 부동산의 가치상승 가능성을 생각해야 한다. 투자된 부동산으로부터의 투자수익은 보유기간 동안의 임대수입뿐만 아니라 매각하였을 경우 매각차익도 중요하다. 따라서 리츠는 리츠에 투자한 다수의 투자자들의 이익을 극대화하기 위해 부동산의 가치상승 가능성도 고려하여야 한다.[8)]

(5) 종류

① 투자대상에 따른 분류

첫째, 지분형 리츠(equity REITs)는 총 투자자산의 75% 이상이 부동산 소유지분으로 구성된 리츠를 말한다.

---

7) 김영곤·오준석·이창석·정상철, 「부동산투자론」, 형설출판사, 2002, p. 298.

8) 김영곤·오준석·이창석·정상철, 상게서, p. 298.

둘째, 모기지형 리츠(mortgage REITs)는 총 투자자산의 75% 이상이 부동산 관련 대출에 운영되고 있거나 주택저당증권에 투자된 리츠를 말한다.

셋째, 혼합형 리츠(hybrid REITs)는 총 투자자산이 부동산소유지분, 부동산 관련 대출, 주택저당증권 등에 골고루 투자되어 있기 때문에 지분형 또는 모기지형 부동산투자신탁으로 분류될 수 없는 리츠를 말한다.

② 환매여부에 따른 분류

첫째, 개방형 리츠(open-end REITs)는 투자자가 자유롭게 투자금의 환매가 가능한 리츠를 말한다.

둘째, 폐쇄형 리츠(closed-end REITs)는 일정기간 동안 투자자들이 투자금을 환매할 수 없는 리츠를 말한다.

③ 기한의 한정여부에 따른 분류

첫째, 무기한부 리츠(nonfinite-life REITs)는 존속기한이 정해지지 않고 무기한 운영되는 리츠를 말한다.

둘째, 기한부 리츠(finite-life REITs)는 일정기간 동안만 운영되는 존속기한이 정해진 리츠를 말한다.

Story Tip

부동산투자회사법 개정에 따라 일반 부동산 투자회사의 경우 자기관리형 또는 외부위탁형 중 선택하여 설립이 가능하게 되었으며, 기업구조조정 부동산투자회사의 경우 외부위탁형으로만 설립이 가능하다. 다음은 자기관리형 부동산투자회사와 외부위탁형 부동산투자회사의 일반적인 구조도이다.

▶ 자기관리형 부동산투자회사 구조도

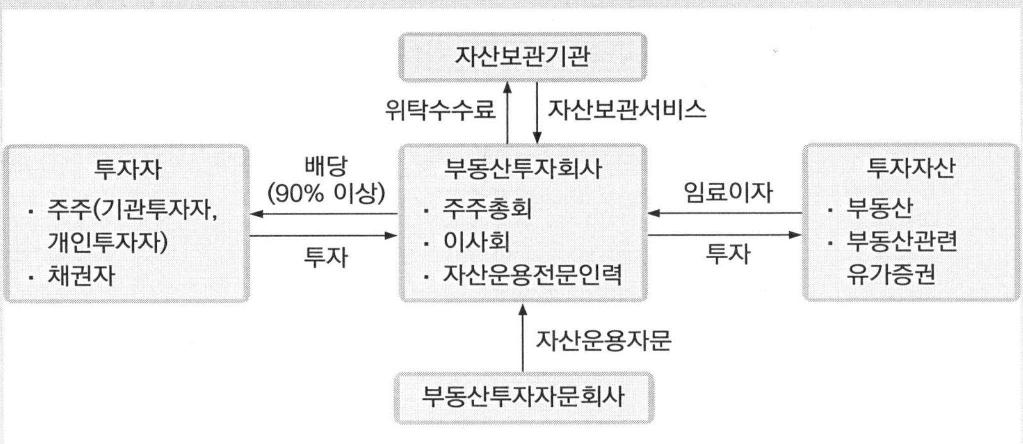

▶ 외부위탁형 부동산투자회사 구조도

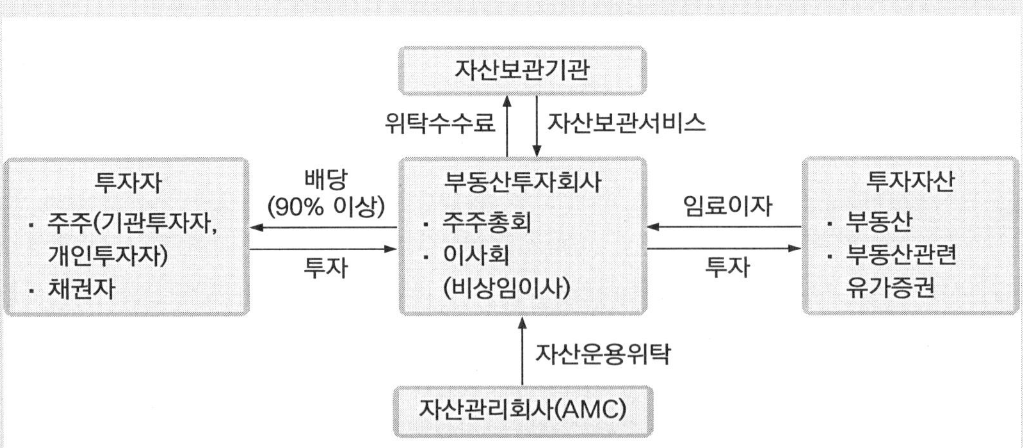

제7장 부동산투자의 결정과정

제1절 부동산투자의 결정과정

1 시장참여자

부동산의 투자과정에 참여하는 주체들은 지분투자자, 저당대출자 등 다양하며 이들 간의 역할과 내용들을 설명하면 다음과 같다.

1) 지분투자자(equity investor)

지분투자자란 부동산투자에 대한 궁극적인 의사결정의 주체를 말하며, 부동산에 대해 직접적으로 투자를 하는 주체이다.

지분투자자는 개인, 기업, 부동산투자신탁회사(REITs) 등이 있다.

2) 저당대출자(mortgage lender)

저당대출자는 지분투자자에게 자금을 대출하여 주고, 대출자금에 대한 이자수익을 얻는 주체이다. 주요한 저당대출자는 은행, 보험회사, 신탁회사, 투자기금 등이 있다.

부동산은 일반 재화와는 달리 고가이므로 부동산투자에는 많은 자금이 소요된다. 따라서 부동산투자자는 자기자본 이외에 타인자본을 활용하게 된다.

도표 7-1 부동산투자과정의 참여자

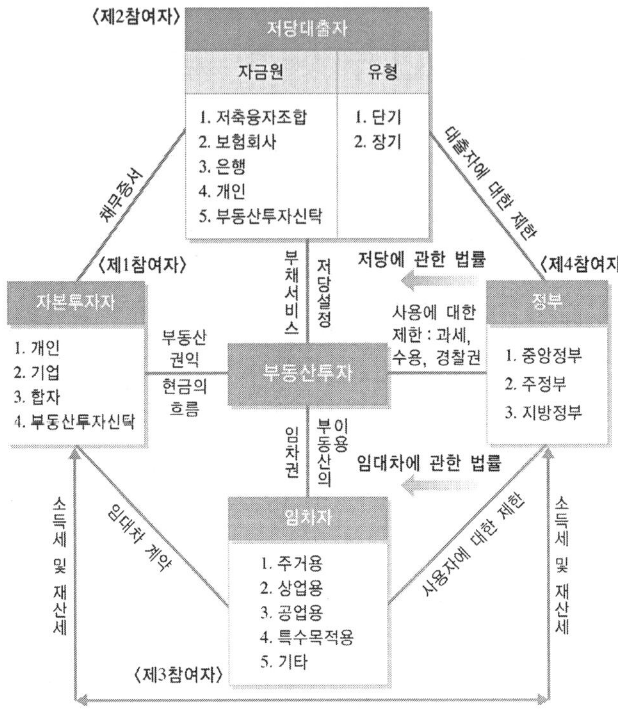

자료 : C. F. Sirmans and Austin J. Jaffe, *The Complete Real Estate Investment Handbook 2/e* (1984), p. 6. Reprinted by permission of Prentice-Hall, (N. J.: Inc., Englewood Cliffs, 1984), p. 6; C. F. Sirmans and Austin J. Jaffe, *Fundamentals of Real Estate Investment*(1989), p. 8; 이창석, 「부동산학개론」, (서울 : 형설출판사, 2010), p. 65.

3) 임차자(tenanter)

부동산에 대한 일시적 사용권을 매수하는 자로 임대자에게 수익의 원천을 제공하는 자를 말한다.

4) 정부(government)

정부는 부동산의 취득에서 처분에 이르기까지, 부동산투자자에게 많은 영향을 주고 있다. 그리고 부동산투자를 위해 타인자본을 이용하는 대출자에게는 대출이자율의 변동이나 대출규제 등으로 많은 제한을 가한다.

정부는 조세정책이나 이외의 수완을 통하여 투자부동산의 가치에 많은 영향을 준다.[1)]

---

1) 이창석, 「부동산학개론」, 형설출판사, 2009, p. 365; 안정근,「현대부동산학 제3판」, 법문사, 2004, p. 247.

5) 기타

공인중개사, 감정평가사, 부동산상담사 등은 지분투자자와 대상 부동산 간에 또는 시장참여자들 상호 간에 발생하는 문제 및 업무를 처리하고 조정하여 주는 지원 기능을 수행한다.

2 부동산투자의 결정과정

1) 1단계

부동산투자자는 투자에 앞서 자신의 목적이 무엇인지를 파악해야 한다. 부동산투자자들은 임대수익의 확보, 향후 자산가치의 증대, 상속이나 증여 등 여러 가지 투자목적을 가지고 있으며, 일반적으로 자신의 부(副)의 극대화에 있다고 가정한다.

2) 2단계

투자결정이 이루어지는 투자환경(investment environment)을 분석한다.

부동산투자자들은 부동산투자에 영향을 주는 외부환경요인, 즉 향후 부동산시장의 전망, 부동산정책의 변화, 금융시장의 변동, 부동산조세제도의 변화 등을 분석하여야 한다. 투자환경분석에는 투자자 개인의 주관적 판단 이외에 외부전문가의 도움을 받을 필요도 있다.

3) 3단계

부동산투자로부터 기대되는 편익과 비용을 분석한다. 편익과 비용은 여러 가지 측면에서 측정될 수 있으나, 현금수지에 의한 측정이 일반적이다.

현금수지는 투자대상에 따라 장기간 지속되는 것도 있고 단기에 그치는 것도 있다.

4) 4단계

분석된 현금수지에 투자준거(investment criteria)를 적용하여 투자의 다양성을 판단한다.

투자준거란 투자여부를 결정하는 데 사용되는 투자기법을 말하며 할인현금흐름모형(discount cash flow model), 경험셈법, 비율분석법 등이 있다.

5) 5단계

이상의 분석결과를 토대로 투자를 최종적으로 결정한다.

투자결정 판단의 근거로는 기대수익률과 요구수익률을 비교하는 방법과 투자가치(investment value)와 시장가치(market value)를 비교하는 방법이 사용된다.

제2절 부동산투자에 따른 투자환경분석

1 부동산투자 결정 시 고려사항

부동산투자를 결정할 때에는 3가지 위험부담이라고 할 수 있는 원금의 위험부담(안정성), 환금의 위험부담(환금성), 가치의 위험부담(수익성)을 고려하여야 하며 이외에도 추가로 고려할 사항 등이 있다.[2)]

1) 투자시기의 적시성

부동산투자의 성공여부는 투자시기의 선택에 있다고 할 만큼 중요한데, 경기순환의 상승국면이나 정점에서 투자를 할 경우 손실을 볼 가능성이 크다.

따라서 경기순환과정에서는 본격적인 회복단계로 접어들기 전의 시점에서 투자하는 것이 유리하다.

2) 투자의 안정성

부동산투자 시 원금회수가 불가능할 경우도 있는 '원금의 위험부담'이 문제가 될 수 있다. 따라서 부동산투자를 통하여 획득한 자산을 후일에 안전하게 처분할 수 있고, 그러한 처분을 통하여 원금을 합리적으로 회수할 수 있는 안전성이 확보되어야 한다.

부동산투자의 안전성은 법률적·기술적·경제적 측면에서 각각 분석하고 판단되어야 한다.

2) 이창석, 「부동산학개론」, 형설출판사, 2010, p. 665.

3) 투자의 환금성

부동산투자는 환금성에서 일반재화보다 불리하기 때문에 환금과정에서 예상치 못한 손해를 보지 않도록 하기 위해서는 적시에 환금할 수 있는지를 검토하여야 한다. 환금성이 떨어지면 환금의 위험부담이 나타난다.

이를 위해서 지나친 투기심리나 집중투자 또는 처분이 순조롭지 못한 부동산에는 투자하지 않도록 해야 한다.

4) 수익의 확실성

투자 부동산이 아무리 안전하다고 하더라도 대상 부동산이 산출하는 수익의 확실성이 없다면 부동산에 대한 투자의 의미가 없다. 따라서 투자된 부동산이 정기적으로 수익을 산출하는 능력을 갖거나 자산가치가 증가하여 투자가에게 만족스러운 수익을 획득하게 하는 수익의 확실성이 있어야 한다.

5) 자본가치의 증대성

부동산에 투자한 후 화폐로 표시한 명목가격이 하락하여 자산의 가치가 감소하는 '경제가치의 위험부담'이 발생할 수도 있다. 따라서 투자 시 당해 부동산의 가치가 증대하고 가치의 감가가 적거나 없도록 고려하여야 한다.

6) 거리의 감안

부동산의 접근성은 부동산의 가치를 결정하는 중요한 요인이 된다. 따라서 부동산투자에 있어서는 거리(시간거리, 요금거리, 실측거리, 의식거리)를 고려하여 결정하여야 한다.

7) 세제 면에서의 혜택

부동산투자금액에 대한 세금부담은 큰 비중을 차지하므로 부동산투자 시 세금부담이 얼마나 되고 세제의 혜택이 있을 경우 얼마만큼 유리한가를 고려하여야 한다.

8) 경영관리의 부담능력

부동산에 투자하는 투자자가 투자부동산의 경영관리에 참여할 의도가 있는지가 고려되어야 한다. 규모에 따라 다를 수 있지만 투자부동산의 경영관리는 복잡하고 일정한 능력을 요구하기 때문에 충분히 검토되어야 한다.

9) 지렛대 효과의 이용

부동산에 투자할 경우는 많은 자금이 소요되는데 이 자금을 투자자 자신이 보유하고 있는 자본만으로 충당하는 경우는 무리일 뿐만 아니라 수익창출 측면에서는 오히려 적정한 차입을 통해서 하는 것이 유리할 수가 있다.

따라서 자기자금과 차입금 비율을 어느 정도로 하여 부동산에 투자하는 것이 유리한지를 고려해야 한다.

2 부동산투자의 외부환경분석

부동산투자의 환경분석은 내부환경분석과 외부환경분석으로 구분할 수 있다.

내부환경분석이란 부동산투자자의 내부여건을 분석하는 것을 말하며, 부동산투자자의 자금조달 가능성, 투자에 따르는 위험의 부담능력 등이 있다. 내부환경은 부동산투자자의 개별 노력에 의해 개선될 여지가 있으나 외부환경은 투자자 본인의 노력만으로는 해결이 불가능하며, 주어진 것으로 받아들여야 하는 요인들을 의미한다. 여기에는 시장환경분석, 법적·제도적 환경분석, 물리적·기술적 타당성 분석 등이 있는데, 이들 요인들은 부동산의 복합개념인 경제적, 법적, 기술적 사항들을 의미한다.

1) 시장환경분석

시장환경분석은 경제환경분석을 말하며, 현재의 경제상황이 부동산투자를 하는 데 있어서의 적절성, 향후 시장전망과 금융시장의 변동 등의 요인이 있다.

2) 법적·제도적 환경분석

법적·제도적 환경분석은 정부가 부동산시장에 미치는 환경요인을 말한다. 정부는 부동산시장이 너무 과열되거나 침체되는 것을 막기 위하여 부동산시장에 개입하게 된다.

정부는 부동산시장이 너무 과열되어 투기적 요소가 있게 되면 법이나 제도 등을 통해 규제나 제한조치를 강화하고, 반대로 부동산시장의 침체가 장기화되면 규제나 제한조치를 완화한다. 따라서 부동산정책의 변화나 부동산조세제도의 변화 등을 살펴볼 필요가 있다.

3) 물리적·기술적 타당성 분석

물리적·기술적 타당성 분석은 단순한 부동산투자자에게는 별 영향이 없으나 부동산개발사업을 수행하는 부동산투자자에게 적용되는 사항이다.

부동산개발사업을 수행하고자 하는 부동산투자자는 사업목적에 따르는 입지선정의 타당성, 부지확보의 가능성, 사업추진상의 기술적 애로사항은 없는지 검토해야 한다.

제3절 부동산투자의 결정

1 부동산투자수익률

부동산투자수익률이란 부동산에 투자된 투자자본에 대한 부동산으로부터 창출된 임대료의 비율$\left(\frac{\text{수익임대료}}{\text{부동산투자자본}}\right)$을 말한다.

부동산투자수익률은 당해 부동산에 투자를 할 것인가 말 것인가에 대한 의사결정을 하는 데 있어 가장 중요한 결정요인이다.

투자수익률의 종류에는 기대수익률, 요구수익률, 실현수익률의 3가지가 있다.[3)]

2 수익률의 종류

1) 기대수익률(예상수익률, 사전수익률)

당해 투자로부터 기대되는 예상수익률을 말하며 이를 내부수익률이라고도 한다. 예를 들어 A토지에 현재 1억 원을 투자하여 1년 후에 비용을 제외하고 1천만 원의 수익을 기대한다면 기대수익률은 10%가 된다.

2) 요구수익률(기회비용, 대안적 수익률)

투자에는 위험이 수반되며, 이러한 위험에 대한 비용을 감안한 최소한의 수익률

3) 이창석, 「부동산학개론」, 형설출판사, 2010, p. 656.

을 요구수익률 또는 대안적 수익률이라고 한다.

투자를 한다는 것은 몇 개의 투자방법 중에서 다른 곳에 투자를 하는 기회를 포기한다는 의미이므로 요구수익률을 기회비용이라고도 한다.

요구수익률은 위험을 감안한 수익률로서 위험이 크면 클수록 요구수익률도 커진다.

3) 실현수익률(사후수익률)

실현수익률이란 투자를 통해서 실제로 달성된 수익률을 말하는데 사후수익률이라고도 한다. 즉, 1억 원을 투자한 부동산이 1년 후 1천만 원의 수익을 달성했을 경우 실현수익률은 10%가 된다.

3 요구수익률과 기대수익률을 이용한 투자결정

1) 투자자의 기대수익률이 요구수익률보다 낮을 경우(기대수익률 < 요구수익률)

투자자의 기대수익률이 요구수익률보다 낮을 경우 투자자는 당연히 투자를 기피하게 된다. 투자자가 투자를 기피하게 되면 해당 부동산에 대한 수요가 감소하고 수요가 감소하면 해당 부동산의 가격이 하락된다. 해당 부동산의 가격이 하락하면 할수록 기대수익률은 증가하게 된다. 만약 증가된 기대수익률이 요구수익률을 능가하게 되면 투자자는 해당 부동산에 투자하려 할 것이다.

2) 투자자의 기대수익률이 요구수익률보다 높을 경우(기대수익률 > 요구수익률)

투자자의 기대수익률이 요구수익률보다 높을 경우 투자자는 해당 부동산에 투자를 하려고 할 것이다. 이 경우 해당 부동산에 대한 수요가 증가하여 해당 부동산의 가격이 상승하게 된다. 해당 부동산의 가격이 상승하면 할수록 기대수익률은 하락하여 결국 요구수익률과 동일하게 될 때까지 투자가 이루어진다.

3) 투자의 균형상태

위와 같이 기대수익률과 요구수익률이 차이가 있을 경우, 위와 같은 조정을 거쳐 기대수익률과 요구수익률이 동일해지면 이를 균형상태에 도달하였다고 한다.

4 투자가치와 시장가치

1) 투자가치

투자가치란 특정 투자자가 해당 부동산을 투자할 경우 본인이 평가하는 주관적 가치로써, 해당 부동산의 소유로부터 기대되는 미래의 가치를 현재의 가치로 평가한 것을 말한다.

2) 시장가치

부동산투자의 대상이 되는 부동산이 시장에서 가지는 객관적 가치로서 공정한 매매를 할 수 있는 모든 조건이 충족된 시장에서 성립될 가능성이 큰 가격이라고 할 수 있다.

3) 시장가치와 투자가치의 비교

부동산투자자는 해당 부동산의 투자가치가 시장가치보다 크면 투자를 하려고 할 것이고 해당 부동산의 투자가치가 시장가치보다 작으면 투자를 하지 않는다.

즉, 부동산투자자는 투자가치(주관적 가치)가 시장가치(객관적 가치)보다 크면 투자선택을 하고 투자가치(주관적 가치)가 시장가치(객관적 가치)보다 작으면 투자기피를 한다.

Story Tip

인근 상가운영자 찾아가 수익률 등 체크

근린상가 투자 어떻게

아파트 시장이 급랭하면서 투자자들의 눈길이 자연스럽게 상가 시장으로 쏠리고 있다.

그러나 아파트와 마찬가지로 상가 역시 지역과 상품별로 양극화·차별화 현상이 심화되고 있다.

고정적인 임대료 수익은 고사하고 임차인을 찾지 못하거나 장사가 안 돼서 결국 경매 처분되는 상가도 흔하다. 상대적으로 안정적인 임대료 수익을 얻을 수 있는 투자 상품으로 꼽히는 근린상가 역시 좋은 곳을 고르기란 생각만큼 쉽지 않다.

근린상가의 옥석고르기 해법을 정리해 본다.

■ 현지 방문은 필수

전문가들은 근린상가를 분양받기 전에 챙겨야 할 사항으로 현지 방문, 투자조건 검토, 해당지역에 알맞은 업종 선정 등을 꼽는다.

역세권이라 하더라도 사람이 많이 다니는 출구쪽인지, 아파트단지라면 정문·후문 여부와 버스정류장·지하철역 간 동선에서 떨어져 있는 것은 아닌지 등을 체크해야 한다.

오전·오후·저녁시간대와 평일·주말 상황이 모두 다를 수 있다는 점도 염두에 둬야 한다.

■ 인근 영업주들을 인터뷰하라

신규 상가분양을 받을 경우 인근 상가 운영자를 찾아가 시세와 임대수익 등을 면밀히 알아보는 것도 좋은 방법이다.

오랫동안 한 지역에서 영업해 온 사람들은 그 지역 상가의 장점과 단점, 개선 방법까지 다 알고 있다.

타깃 고객이 누구이며 어떤 생활습관을 가지고 있는지, 이동경로는 어떤지 알아내는 데도 이들 만한 사람들이 없다.

일단 시세의 70% 이하에 공급되는 상가는 시세차익을 기대할 수 있다는 것이 전문가들의 분석이다.

■ 업종 선택은 성공투자의 지름길

업종 선택도 중요하다.

박○○ 상가뉴스레이다 선임연구원은 "지역마다 강세를 보이는 업종이 다르다"며 "일단 1층 점포라면 생활밀착형 편의시설이 유리하고 상대적으로 동선이 불리한 아파트 배후지역의 2·3층이라면 학원, 역세권이라면 10~20대가 이용할 수 있는 PC방 등을 배치하는 것이 투자 수익성을 극대화하는 방법"이라고 말했다.

고객 수요를 파악하지 않고 무작정 추세만 쫓아 대형음식점을 내거나 하는 경우 실패할 가능성이 높다.

■ 투자요건 면밀히 검토해야

혹시 후분양제 대상 상가가 아닌지 직접 챙겨보는 것도 필요하다.

※ 근린상가 어떻게 고르나

동선·입지	타깃 고객의 동선에 따라 여러 번 걸어볼 것
투자 조건	분양가·후분양제 대상 여부를 철저히 검토할 것
업종 선정	분양받기 전에 고객수요부터 분석할 것

유○○ 상가 114 투자전략연구소장은 "일부 상가 분양업체들의 높은 수익률을 보장한다는 말만을 믿고 편법적으로 가계약을 하는 투자자들도 있다"면서 "이 경우 향후 정부에서 제동을 걸고 나설 때 계약의 효력을 인정받지 못해 큰 손해를 입게 되기 때문에 주의해야 한다"고 조언했다.

자신이 없다면 다양한 방면의 전문가로부터 컨설팅을 받는 것도 바람직하다.

이상은 기자
자료 : 한국경제, 2005. 11. 10.

제 8장 부동산투자의 분석기법과 위험관리

제1절 개요

투자란 확실한 현재의 지출을 희생하여 미래의 불확실한 수익을 창출하려고 하는 행위이다. 부동산투자도 부동산이라는 자산을 대상으로 투자자가 현재의 확실한 소득을 소비하지 않고 부동산을 구입하여 미래의 부동산임대수입이나 매매에 따른 차익을 창출하려고 하는 행위로 볼 수 있다.

부동산투자를 성공적으로 하기 위해서는 해당 부동산에 대한 권리분석과 향후 가격의 전망을 철저히 할 필요가 있다. 부동산투자의 분석기법은 투자대상 부동산의 예상가격, 투자대상 부동산으로부터 예상되는 투자수익과 현재 투자대상 부동산을 구입하기 위한 지출 간의 관계를 분석하는 방법을 말한다.

부동산투자의 결정기법은 투자안의 가치를 분석·평가하여 경제적 타당성을 검토하는 방법을 말한다. 이는 할인현금흐름방법과 전통적 방법으로 구분된다.

부동산에 투자함으로써 투자자의 자산가치를 증대시켜 줄 수 있는 경우란 그 투자대안에 대하여 예상되는 기대치의 현재가치가 지출액의 현재가치를 상회할 때 가능하다.

여기에 소개되는 분석기법은 부동산 이외의 기타 자산에 투자하는 경우에도 적용 가능한 방법이다. 이러한 분석기법을 부동산투자에 적용시킴으로써 기존 우리나라의 주먹구구식 부동산투자 관행을 선진화되고 과학적인 분석에 기초를 둔 투자방식으로 변모시킬 수 있을 것이다.

제2절 화폐의 시간가치와 현금수지의 측정

1 개요

1) 개념

부동산투자 시 투자금액은 현재 시점에서 지출되나 투자로부터 발생되는 수익은 미래에 발생한다. 그런데 동일한 금액이라 할지라도 현재시점에서의 가치와 미래시점에서의 가치가 서로 상이하다. 따라서 투자결정을 위해서는 시점의 일치가 필요하며 미래시점에서 발생되는 수익을 현재시점으로 할인하는 것이 필요하다.[1)]

현금흐름의 단순비교법은 다음과 같다.

토지이용 기획 혹은 부동산투자에 따른 현금흐름을 분석함으로써 토지이용 방향을 결정하는 방법은 단순히 투입비용의 규모나 부동산의 매입가격을 비교하는 것보다 매우 합리적인 의사결정을 할 수 있다는 장점이 있다.

부동산 최유효이용에 따른 현금흐름이 균등하게 일어나는 경우에는 재무계산기를 활용하지 않고도 간단하게 투자대안을 선택할 수 있는 손쉬운 방법이 있다. 부동산의 이용에 따른 현금흐름은 그 발생시기와 현금의 크기의 변화로 표현할 수 있다.

다시 말하면 부동산의 이용기획에 따른 현금흐름이 언제, 얼마나 일어나느냐의 문제라고 할 수 있다. 현금흐름의 종류를 초기투자(initial investment) 또는 자기자본투자(down payment), 매기의 현금흐름(cash flow), 매각수익(sales proceeds)의 세 가지로 대별하고 이들 현금흐름의 크기와 발생 시기에 따른 최적 대안을 선택하는 방법에 대하여 알아보자.

먼저 초기투자는 그 규모가 작을수록 좋은 대안이라고 할 수 있다. 이를 현금흐름표로 작성하면 쉽게 확인할 수 있다. 〈도표 8-1〉의 경우와 같이 A, B 두 가지 투자대안 중 A안은 5,000,000원을 투자하고 B안은 10,000,000원을 투자하여 1년 말부터 5년 말까지 매기 300,000원의 소득을 얻다가 5년 말에 매각수익 10,000,000원을 얻고 있다. 따라서 이 경우 B안보다 5,000,000원 적게 투

---

1) 이창석, 「부동산학개론」, 형설출판사, 2010, p. 171.

자한 A안은 나머지 5,000,000원을 다른 데 투자할 수 있는 여력이 있어 A안이 좋은 투자대안이라고 할 수 있다.

도표 8-1 초기투자액이 상이한 경우

(단위: 천 원)

기간	현금흐름 A
0	(5,000)
1	300
2	300
3	300
4	300
5	300+10,000

기간	현금흐름 B
0	(10,000)
1	300
2	300
3	300
4	300
5	300+10,000

둘째, 〈도표 8-2〉에서 보는 바와 같이 매기의 현금흐름과 관련하여서는 시기적으로 빠를수록, 매기 현금흐름의 크기는 클수록 탁월한 토지이용 기획안이 된다. A안과 B안은 초기투자액과 5년차 말의 매각수익이 동일하며, 단지 매기의 현금흐름에서 차이가 있다. 이 경우 매기 300,000원의 소득이 발생하는 A안이 매기 250,000원의 소득이 발생하는 B안에 비하여 상대적으로 유리한 대안이다. 그 이유는 매기 발생하는 소득의 차액인 50,000원을 다른 투자대안에 투자할 수 있는 기회가 추가로 제공되기 때문이다.

도표 8-2 매기의 현금흐름이 상이한 경우

(단위: 천 원)

기간	현금흐름 A
0	(5,000)
1	300
2	300
3	300
4	300
5	300+10,000

기간	현금흐름 B
0	(5,000)
1	250
2	250
3	250
4	250
5	250+10,000

셋째, 현금의 회수시기가 상이한 경우 현금회수가 빠를수록 더 나은 대안이 된다. 〈도표 8-3〉의 경우에서 A안이 상대적으로 유리한 대안이며, 이유는 위에서와 마찬가지로 대안 B에 비하여 빨리 회수된 현금을 다른 곳에 투자할 수 있는 기회가 생기기 때문이다.

도표 8-3 현금회수 시기가 상이한 경우

(단위: 천 원)

기간	현금흐름 A
0	(5,000)
1	300

기간	현금흐름 B
0	(5,000)
1	0

(단위 : 천 원)

기간	현금흐름 A	기간	현금흐름 B
2	300	2	0
3	300	3	300
4	300	4	300
5	300+10,000	5	300+10,000

마지막으로, 매각수익의 크기에 대하여 살펴보자. 매각수익은 같은 크기이면 빠를수록, 규모가 상이하다면 클수록 유리한 대안이 된다. 〈도표 8-4〉의 경우 초기투자액과 매기의 현금흐름이 동일하므로 매각수익 규모가 큰 B안이 상대적으로 유리한 대안이 된다.

도표 8-4 매각수익의 크기가 상이한 경우

(단위 : 천 원)

기간	현금흐름 A	기간	현금흐름 B
0	(5,000)	0	(5,000)
1	300	1	300
2	300	2	300
3	300	3	300
4	300	4	300
5	300+10,000	5	300+13,000

위에서 네 가지의 현금흐름을 시간과 크기를 가지고 부동산투자대안 혹은 토지이용 기획안의 선택방법에 대하여 살펴보았다. 그러나 이것은 부동산투자분석의 이해를 돕기 위한 논리적인 틀에 불과하다. 현실적으로 매기의 현금흐름이 동일하게 일어나는 경우는 극히 예외에 불과하고 매기의 현금흐름은 그 시기와 규모가 복합적으로 일어나기 때문에 간단한 비교방식은 현실에 맞게 조정되어야 한다. 현금흐름의 시간과 규모가 복잡하게 혼합되어 단순비교가 어려운 대안을 대상으로 투자대안을 선택하거나 수익률을 분석할 수 있는 방법으로 순현가법(NPV), 내부수익률법(IRR) 그리고 자본축적비교법(CAC: capital accumulation comparison) 등을 활용하고 있다.

2) 현재가치(PV: Present Value)와 미래가치(FV: Future Value)

부동산투자자나 개발업자들은 투자로부터 얻어지는 편익과 투자에 드는 비용을 추계하여 투자자에 대한 의사결정을 하기 위해서는 현재가치와 미래가치의 계산이 필요하다.

현재의 재화나 미래의 재화는 서로 가치가 동등하게 교환되지 않는다. 현재 시점의 100만 원은 미래시점(1년 후)의 100만 원보다 더 가치가 있다. 현재시점에서 보유한 금액과 동일한 가치를 갖는 미래시점의 금액은 원금에 이자를 더해준다. 이를 미래가치라 한다. 만일 현재 100만 원이 1년 후의 114만 원과 교환한다면 현재의 100만 원에 붙은 이자율은 연 14%이다. 반대로 1년 후의 100만 원은 현재가치로 환산할 때 이자율(할인율)로 나눈다.

이자율은 어느 시점(예 현재)에 있는 상품이 1년 후에 구입하여도 똑같은 종류의 상품에 대하여 가지는 가치증가분, 즉 프리미엄이라 할 수 있다. 이자율은 현재와 미래 사이, 즉 상이한 시점 사이의 자원배분 문제를 고려하는 데 결정적인 중요성을 가진다.

따라서 미래가치를 현재가치로 평가할 시에는 할인을, 현재가치를 미래가치로 평가할 경우는 할증을 하게 된다.

예제

현재가치

박군은 신한은행에 현재 2,000만 원을 예금해 놓고 있다. 그리고 1년 후에 600만 원을 추가로 저축하려고 한다. 그리고 박군은 등록금 납부로 인해 2년 후에는 200만 원, 3년 후에는 350만 원을 인출해야 한다. 예금 이자율이 10%일 때 박군이 지금 인출할 여력이 있는 자금은?

• 해답

인출여력=현금예입의 현가 - 현금인출의 현가

$$\left[2,000+\frac{600}{1.10}\right]-\left[\frac{200}{1.10^2}\right]+\left[\frac{350}{1.10^3}\right]=2,545.4545-428.2494=2,117.2051\text{만 원}$$

• 해설

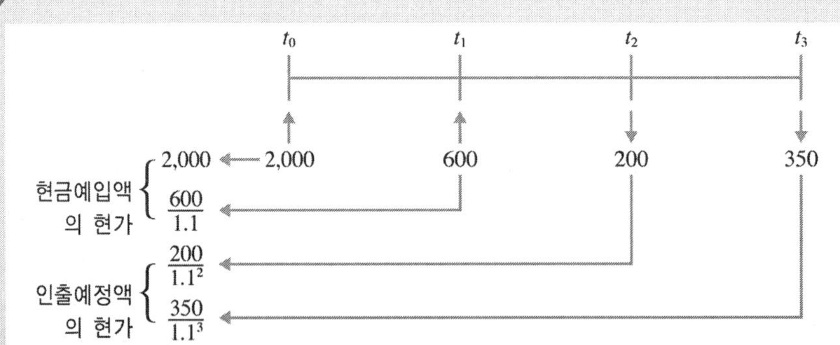

예제

미래가치

현재가 2005년 1월 1일이라 할 때, 다음 해 1월 1일에 현금 100,000원을 이자율 12%에 적립하고자 한다.

(1) 은행의 이자지급이 연 1회 이루어지는 경우와 분기별로 이루어지는 경우, 2009년 1월 초에 받을 수 있는 금액은?

(2) 만약 2005년부터 2009년까지 매년 초에 100,000원씩 적립한다고 했을 때 2000년 1월 초에 받게 되는 금액은?(은행의 이자지급은 연 1회로 한다.)

(3) 은행이 연 1회 이자지급을 한다고 했을 때 (1)의 금액을 받기 위해서 (2)와 같이 정기적금을 든다면 적립할 금액은?

해설

(1) 연 1회 지급 시 : $100,000 \times (1.12)^3 = 140,492.8$원

매 분기 지급 시 : $100,000 \times (1.03)^{12} = 142,576$원

(2) 연금의 미래가치 : $A \times \frac{[(1+r)^n - 1]}{r} = 100,000 \times \frac{[1.12^5 - 1]}{0.12} = 635,284,735$

매기 일정하게 $g\%$ 성장률이 주어지는 경우 연금의 미래가치

$\rightarrow A \times \frac{[(1+r)^n - (1+g)^n]}{r-g}$

(3) 연 1회 지급 시 (1)의 금액 : $140,492.6 = A \times \frac{1+[0.12^4 - 1]}{0.12}$

$\therefore A = 29,395.9$원

3) 현재가치 및 미래가치의 계산방법

(1) 일시불의 미래가치 계수

① 개념 : 1원을 이자율 r로 저금했을 때 n년 후에 찾게 되는 금액이다.

② 목적 : 기간 초에 불입된 일시불에 대해서 일정기간 후 원리금의 합계를 구한다.

$$일시불 \times (1+r)^n = 일시불의\ 미래가치$$

(2) 연금의 미래가치 계수

① 개념 : 매년 1원씩 받게 되는 연금을 이자율 r로 계속해서 적립했을 때 n년

후에 달성되는 금액이다.

② 목적 : 매 기간마다 일정액을 불입했을 때 기간 말에 달성되는 누적액을 구한다.

$$\text{매 기간 연금액} \times \frac{(1+r)^n-1}{r} = \text{연금의 미래가치}$$

(3) 감채기금 계수(減債基金 係數, 상환기금 계수)

① 개념 : n년 후에 1원을 만들기 위해서 매년 불입해야 할 액수이다.

② 목적 : 일정 누적액을 기간 말에 만들기 위해서 매 기간마다 적립해야 할 액수를 구한다.

$$\text{연금의 미래가치} \times \frac{r}{(1+r)^n-1} = \text{매 기간 연금액}$$

(4) 일시불의 현재가치 계수

① 개념 : 할인율이 r%일 때 n년 후의 1원이 현재 얼마만한 가치가 있는 가를 나타내는 것이다.

② 목적 : 일정기간 후의 일시불과 동등한 가치를 가지는 현재의 액수를 구한다.

$$\text{일시불} \times \frac{1}{(1+r)^n} = \text{일시불의 현재가치}$$

(5) 연금의 현금가치 계수

① 개념 : 매년 1원씩 n년 동안 받게 될 연금을 일시불로 환원한 액수이다.

② 목적 : 일정기간 동안 매 기간마다 일정액을 타게 될 때 이것의 현재가치를 구한다.

$$\text{매 기간 연금액} \times \frac{1-(1+r)^{n}}{r} = \text{연금의 현재가치}$$

(6) 저당상수(저당승수)

① 개념 : 저당지불액을 구하기 위하여 저당금액에다가 저당승수를 곱하면 된다.

② 목적 : 일정액을 빌렸을 때, 매 기간마다 갚아나가야 할 원금과 이자의 합계를 구한다.

$$\text{연금의 현재가치} \times \frac{r}{1-(1+r)^{-n}} = \text{매 기간 연금액}$$

4) 각 계산방법의 비교

일시불의 미래가치 계수와 일시불의 현재가치 계수는 역수이며, 연금의 미래가치 계수와 감채기금 계수는 역수이다. 그리고 연금의 현재가치 계수와 저당상수는 역수이다.

2 현금수지의 측정

1) 영업수지의 계산

영업의 현금흐름이란 투자 대상 부동산을 운영한 후 1년 동안 발생할 것으로 예상되는 현금유입과 현금유출을 말하며 다음과 같이 측정된다.

영 업 수 지	승 수	수익률(승수의 역수)
단위당 예상임대료		
×임대단위수	→ 조소득승수	→ 총 자산회전률
가능조소득(잠재적 임대소득)		
-공실 및 불량부채		
+기타소득		
유효조소득(실질 임대소득)		
-영업경비	→ 순소득승수	→ 종합지분환원률
순영업소득		
-부채서비스액		
세전현금수지	→ 세전현금수지승수	→ 세전수익률
-영업소득세	→ 세후현금수지승수	→ 세후수익률
세후현금수지		

여기에서 조소득승수, 순소득승수는 총 투자액에서, 세전현금수지승수와 세후현금수지승수는 지분투자액을 가지고 계산하며 뒤에 '어림셈법'에서 설명된다.

(1) 가능조소득

임대 단위수에다 단위당 연간임대료를 곱하여 구하는데 투자부동산으로부터 얻을 수 있는 최대한의 임대료수입을 의미한다.

(2) 공실 및 불량부채 충당금

임대공간이 일 년 내내 공실이 없이 모두 점유되리라고 기대하기 힘들다. 따라서 투자분석 시 이에 대한 여유를 두어야 하는 바 이를 공실 및 불량부채 충당금이라 한다. 통상적으로 가능조소득의 5%를 충당금으로 계산하고 있다.

(3) 기타소득

주차장 임대료, 유료세탁기, 자판기 수입 등이 있다.

(4) 유효조소득

가능조소득에서 공실 및 불량부채 충당금을 빼고 기타 소득을 더한 것을 말한다.

(5) 영업경비

대상부동산을 운영하는 데 소요되는 유지비, 관리비, 수수료, 재산세, 보험료, 광고비, 전기료, 전화요금 등을 포함한다. 유의할 것은 재산세는 영업경비에 포함되나 영업소득세나 자본이득세는 포함되지 않는다는 점이다. 아울러 감가상각비도 영업경비에는 포함되지 않는다.

(6) 부채서비스액 또는 저당지불액

저당대부에 대한 매 기간의 원금상환분과 이자지급분을 합친 것이다.

2) 지분복귀액의 계산

지분복귀액이란 투자부동산을 일정기간 운영한 후, 처분 시에 얻게 되는 매각수익을 말한다.

	매도가격
-	매도경비
	순매도액
-	미상환저당잔금액
	세전지분복귀액
-	자본이득세
	세후지분복귀액

(1) 순매도액

매도가격에서 매도경비를 빼면 된다. 매도경비에는 부동산처분과 관계되는 중개사수수료, 법적 수속비, 기타 경비 등이 포함된다. 예를 들면 어떤 투자자가 건물을 10억 원에 매각하고, 매각 시 매도 경비가 1억 원이 발생했다면 순매도액은 9억 원이 된다.

(2) 세전지분복귀액

순매도액에서 미상환 저당잔금액을 뺀 것이다. 미상환 저당잔금액이란 상기사례에서 투자자가 해당 건물을 최초로 매입하였을 때 은행 등 금융기관에서 매입자금을 차입하였으나 건물을 매각할 당시 금융기관에 상환하지 못한 금액을 말한다. 이 금액이 만일 1억 원이라면 세전지분복귀액은 순매도액 9억 원에서 이를 차감한 8억 원이 된다.

(3) 세후지분복귀액

세전지분복귀액에서 자본이득세를 차감한 것이다. 부동산매도 시 투자자에게 돌아오는 최종의 현금수지가 된다. 부동산을 매각할 경우 자본이득이 발생하면 양도소득세 등 자본이득세를 납부해야 한다. 상기 사례에서 양도소득세 등이 5천만 원 발생하면 세후지분복귀액은 세전지분복귀액 8억원에서 이를 차감한 7억 5천만 원이 된다.

3) 상환비율과 잔금비율

(1) 상환비율

저당 대부액 중 원금상환분의 비율을 상환비율이라 한다.

(2) 잔금비율

저당 대부액 중 미상환잔금의 비율을 잔금비율이라 한다.

예를 들어 어떤 부동산 투자자가 건물을 매입할 당시 5억 원을 은행 등 금융기관으로부터 자금을 차입하였고, 이후 일정기간이 경과한 후 3억 원을 변제하였다고 하자. 이 경우 상환비율은 60%, 잔금비율은 40%가 된다.

상환비율과 잔금비율을 합하면 100%가 된다.

상환비율+잔금비율=100%

제3절 할인현금수지법

1 개념

화폐의 시간가치를 고려하여 장래 예상되는 현금유입과 현금유출의 현재가치를 계산하여 양자를 서로 비교하여 투자판단을 결정하는 방법을 말한다. 할인현금수지법에는 순현재가치법과 내부수익률법이 있다.

2 분석절차

할인현금수지법을 이용한 부동산투자 결정 여부의 분석절차는 다음과 같다.

첫째, 투자로부터 예상되는 미래의 수입과 투자를 하기 위한 현재의 지출액이 얼마인지를 파악한다.

둘째, 추계된 현금수지의 위험을 측정한다.

셋째, 평가된 위험을 근거로 위험조정할인율을 결정하고 투자자의 요구수익률로 사용한다.

마지막으로 투자여부를 결정한다.

3 순현재가치법(Net Present Value Method: NPV법)

부동산투자자는 투자를 결정함에 있어서, 우선 각 대안별로 어떠한 결과가 발생할 것인가에 대한 검토가 필요하다. 각 투자안에 대한 수익분석을 하기 위해서는 투자에 따르는 향후의 수익의 흐름을 예측하고 이에 수반되는 투자비용을 파악해야 한다.

순현재가치법이란 장래 기대되는 수익의 합과 현재 투자비용을 비교하여 투자의 여부를 결정하는 방법을 말한다. 그런데 장래의 수익의 흐름과 현재 지출되는 투자비용을 단순 비교하여서는 안 된다. 그 이유는 양자 간에 측정시점이 다르기 때문이다. 따라서 정확한 비교를 하기 위해서는 시점의 일치를 하여야 하고, 그러기 위해 장래의 수익의 흐름을 현재가치로 평가하여 투자비용과 비교하게 된다.

미래에 발생되는 수익의 흐름이 n년 동안 계속되고 매년 수익을 R_1, R_2, ……, R_n이라고 할 때, 수익의 현재가치 (PV)는 다음과 같이 계산된다.

$$PV=\frac{R_1}{(1+r)}+\frac{R_2}{(1+r)^2}+\cdots\cdots+\frac{R_n}{(1+r)^n}$$

여기서 사용되는 할인율 r은 투자자의 요구수익률을 사용하며 이는 무위험률에 따라 위험할증률을 더한 값으로 계산된다.

투자비용을 C_o라고 하면 부동산투자에 따르는 순현재가치(NPV)는 다음과 같다.

NPV$=PV-C_o$이다.

투자의 결정여부는 NPV가 (+)이면 투자를 하고, NPV가 (-)이면 그 투자안을 기각한다. 상호배타적인 부동산투자의 경우에는 NPV의 크기대로 투자안을 실행한다.

4 내부수익률(Internal Return Rate Method: IRR법)

내부수익률이란 부동산투자에 수반되는 지출의 합계와 투자로부터 발생되는 예상수익의 현재가치의 합계를 동일하게 만드는 수익률을 말하며, NPV를 '0'으로 만드는 할인율을 말한다.

내부수익률은 NPV를 '0'으로 만드는 할인율을 말하므로 손익분기점 수익률을 의미한다. 그러므로 투자자 입장에서는 최소한의 요구수익률이기도 하다.

내부수익률은 부동산투자에 수반되는 부동산투자 수익률을 말하고 시장이자율은 부동산투자 이외에 은행예금이나 채권매입을 할 경우 일반 투자수익률을 의미한다. 내부수익률법에서 투자의 결정 여부는 내부수익률과 시장이자율을 비교하여 결정한다. 내부수익률이 시장이자율보다 크면 투자자는 투자를 할 것이고, 반대가 되면 투자안을 채택하지 않을 것이다.

다음 사례를 가지고 내부수익률 분석법에 의한 투자자의 의사결정 과정을 살펴보기로 하자. 홍길동이라는 사람이 10억 원의 자금을 가지고 A건물을 매입한다고 가정하자. A건물을 매입할 경우 홍길동은 5년 정도 보유하다가 매각할 예정이며, 이 경우 보유기간 동안의 투자수익은 건물을 임대할 경우 운영수익과 매각 후 자본이득, 즉 매각금액과 매입금액의 차이가 될 것이다. 투자의 순수익은 총 투자수익에서 각종 비용 등을 공제한 금액이 되며, 이를 바탕으로 부동산투자에 따르는 수익률을 10% 정도로 예상하고 있다. 한편, 홍길동은 투자자금 10억 원을 부동산투자 이외에 은행 예금이나 채권 등을 매입할 수도 있는데, 이 때 평균 수익률은 8% 정도로 보고 있다. 내부수익률법에 의하면 상기사례의 10%가 부동산투자에 따르는 투자수익률, 즉 내부수익률로 볼 수 있고, 8%는 시장이자율로 간주한다. 따라서 내부수익률이 시장이자율보다 크므로 홍길동은 자금 10억 원을 A건물을 매입하는데 투자하게 된다. 반대로 시장이자율이 11%라면 홍길동은 부동산투자 대신에 은행예금이나 채권을 구입하게 될 것이다.

5 순현재가치법과 내부수익률법의 비교

순현가법과 내부수익률법은 모두 화폐의 시간가치를 고려하여 투자안을 평가한다는 공통점을 가지고 있다. 현재의 100만원과 미래의 100만원은 서로 가치가 동등하지 않다. 따라서 미래가치를 현재가치로 평가할 시에는 할인을, 현재가치를 미래가치로 평가할 경우는 할증을 하게 된다고 앞에서 이야기 하였다. 어떤 투자자가 투자를 할 경우 투자자금은 현재 지출되나, 이로부터 발생하는 투자수익은 미래에 발생한다. 따라서 투자의 결정 여부는 미래에 발생하는 투자수익을 현재가치로 할인하여 투자비용과 투자수익의 평가시점을 동일하게 하여야 한다.

순현가법에서는 미래에 발생하는 투자수익을 현재가치로 할인할 때 투자자의 요구수익률을 할인율로 사용하나 내부수익률법에서는 내부수익률을 사용하고 있는 점에서 차이가 난다. 대개의 경우 독립된 투자안에 있어서 투자여부에 대한 판단은 순현가법과 내부수익률법은 동일한 결론을 나타내나, 상호배타적인 투자안을 선택할 경우에는 서로 다른 결과가 도출될 수도 있다. 일반적으로 순현가법이 투자판단의 준거로 내부수익률법보다 선호되고 있는데, 그 이유는 다음과 같다.

1) 재투자율 문제

순현가법이나 내부수익률법은 둘 다 기간 중에 발생하는 손익을 당해 사업에 재투자한다고 가정하고 있다. 순현가법에서는 재투자에 대한 할인율로 요구수익률을 사용하지만, 내부수익률법에서는 내부수익률을 사용한다. 그런데 요구수익률은 일반적인 투자수익률, 즉 시장이자율을 의미하나 내부수익률은 해당 부동산에 투자할 경우 발생하는 수익률을 의미한다.

투자자의 입장에서 투자시기에 따라 현금흐름이 다르고, 투자로부터 발생한 수익을 재투자할 경우, 일반적인 시장이자율을 감안하여 재투자를 할 것으로 보이므로 순현가법이 내부수익률보다 합리적이라고 판단된다.

2) 부(富)의 극대화 문제

상호 배타적인 투자안의 선택에 있어서 투자기간이 동일할지라도 투자규모가 다르면 순현가법과 내부수익률법은 서로 다른 결과가 나타날 수 있다.

다음 사례를 가지고 이를 살펴보기로 하자.

구분	현재투자금액	1년 후 현금유입	순현가	내부수익률
A안	2,000원	3,000원	727원	50%
B안	10,000원	13,000원	1,818원	30%

※ 투자자의 요구수익률을 10%로 가정하고 순현가를 구함.

순현가법에 의하면 투자안 B가 우선 선택되고, 내부수익률법에 의하면 투자안 A가 먼저 선택된다. 그런데 이 경우에 금융시장에 유동성 제약과 같은 자금조달에 제한이 없다면 순현가가 큰 투자안 B를 선택하면 투자자의 부(富)를 극대화 시킬 수 있다. 그러므로 내부수익률에 따라 투자의 우선순위를 정하는 것이 반드시 투자자에게 부(富)의 극대화를 가져다주는 것은 아니다.

3) 복수의 내부수익률 문제

자금이 기간 초에 한 번만 투입되는 사업을 전통적 투자사업이라 하고, 초기뿐만 아니라 중기에도 자금이 투입되는 사업을 비전통적 투자사업이라 한다. 통상적인 투자사업은 전통적 투자사업으로 보통 내부수익률은 자금의 투입횟수와 비례하여 발생한다.

비전통적 투자사업의 경우 자금의 투입횟수에 따라 두 개 이상(복수)의 내부수익률이 동시에 생기거나 때로는 내부수익률의 계산이 불가능하게 되기도 한다. 이때에는 의사결정의 준거로 내부수익률을 사용하기가 곤란하다. 이러한 경우에는 투자안의 순현가를 새로 계산하여 투자가치를 평가해야 한다.

6 수익성 지수법(PI: Profit Index)

수익성 지수는 현금유입의 현가를 현금유출의 현가로 나눈 값으로 투자규모가 다른 투자안의 상대적 수익성을 나타내주며, 다음과 같이 계산된다.

$$\text{수익성 지수(PI)} = \frac{\text{현금유입의 현가 합}}{\text{현금유출의 현가 합}}$$

수익성 지수법에 의한 투자자의 투자 판단 여부는 단일 투자안이나 상호 독립적 투자안일 경우와 투자안이 상호 배타적일 경우에 서로 상이하다.

단일 투자안과 상호 독립적 투자안일 경우 PI가 '1'보다 크면 투자한다. 그리고 상호 배타적 투자안일 경우 PI가 가장 큰 투자안을 선택한다.

수익성 지수법은 수익성 지수가 큰 투자안부터 선택하는 것이 유리하므로 투자의 우선순위를 결정할 때 사용한다. 그러나 이는 투자액의 규모를 합리적으로 반영하기는 곤란하다.

제4절 어림셈법

1 개요

투자의 분석기법으로서 할인현금수지법이 논리적으로 타당하지만 여러 가지 복잡한 계산과정을 거쳐야 하므로 현실에서는 계산이 간편한 어림셈법을 많이 이용한다. 어림셈법은 계산과정을 간편하게 하기 위해 화폐의 시간가치를 고려하지 않으며, 여기에는 승수법과 수익률법 2가지 종류가 있다.

2 승수법

승수법은 영업수지를 계산할 경우 도출되는 각종 소득과 현금수지를 이용하여 승수의 형태로 표시하는 것을 말한다. 아래에서는 여러가지 승수를 계산하는 방식을 표시하였다.

$$조소득승수(조승수) = \frac{총\ 투자액}{조소득}$$

$$유효조소득승수 = \frac{총\ 투자액}{유효조소득}$$

$$순소득승수(자본회수기간) = \frac{총\ 투자액}{순영업소득}$$

$$세전현금수지승수 = \frac{지분투자액}{세전현금수지}$$

$$세후현금수지승수 = \frac{지분투자액}{세후현금수지}$$

예제

1. 총 투자액이 600,000원이고 가능조소득이 300,000원일 때 조소득승수는?

$$조소득승수 = \frac{총\ 투자액}{가능조소득} = \frac{600,000}{300,000} = 2$$

2. 총 투자액이 600,000원이고 유효조소득이 200,000원일 때 유효조소득승수는?

$$유효조소득승수 = \frac{총\ 투자액}{유효조소득} = \frac{600,000}{200,000} = 3$$

3. 빌딩 구입에 3억 5천만 원이 투자되었다. 예상되는 순영업소득은 3천 5백만 원이다. 순소득승수는?

$$순소득승수 = \frac{총\ 투자액}{순영업소득} = \frac{350,000,000}{35,000,000} = 10$$

4. 지분투자액이 3,500,000원이고 세전현금수지는 2,000,000원이다. 세전현금수지승수는?

$$세전현금수지승수 = \frac{지분투자액}{세전현금수지} = \frac{3,500,000}{2,000,000} = 1.75$$

5. 지분투자액이 20,000,000원이고 세후현금수지가 5,000,000원일 때 세후현금수지승수는?

$$세후현금수지승수 = \frac{지분투자액}{세후현금수지} = \frac{20,000,000}{5,000,000} = 4$$

3 수익률법

수익률법은 여러 종류의 현금수지를 수익률의 형태로 표시하는 것이며, 수익률은 상기에서 계산한 승수와 역의 관계에 있다. 그리고 어림셈법에서는 계산의 편의상 투자 첫 해의 소득을 지표로 사용하며 아래에서는 여러 가지 수익률을 계산하는 방식을 표시하였다.

$$종합자본환원율(종합환원율)=\frac{순영업소득}{총\ 투자액}$$

$$지분배당률(세전수익률)=\frac{세전현금수지}{지분투자액}$$

종합환원율은 순소득승수, 지분배당률은 세전현금수지승수의 역수이다.

$$세후수익률=\frac{세후현금수지}{지분투자액}$$

세후수익률은 세후현금수지승수의 역수로 계산된다

예제

1. 순영업소득이 4,000,000원이고 총 투자액이 6,000,000원일 때 종합환원율은?

$$종합환원율=\frac{순영업소득}{총\ 투자액}=\frac{4,000,000}{6,000,000}≒0.66\ \therefore 66\%$$

2. 상가건물의 지분투자액이 50,000,000원이고 세전현금수지는 2,500,000원이다. 지분배당률은?

$$지분배당률=\frac{세전현금수지}{지분투자액}=\frac{2,500,000}{50,000,000}\times 100≒5\%$$

3. 세후현금수지가 800,000원이고 지분투자액이 2,400,000원일 때 세후수익률은?

$$세후수익률=\frac{세전현금수지}{지분투자액}=\frac{800,000}{2,400,000}≒0.33\ \therefore 33.3\%$$

4 어림셈법의 한계

한 가지 방법에 의해 계산된 비율은 다른 방법에 의해 계산된 비율과 직접 비교하기가 곤란하다는 것이다. 이 같은 약점은 미래의 현금수지를 할인하지 않는다는 데에서 기인한다. 그리고 화폐에 대한 시간가치를 고려하지 않기 때문에 부동산의 보유기간 중 현금수지의 변동이 심할 경우에는 투자결정의 판단준거로 사용하기가 부적절하다.

제5절 비율분석법

투자에 대한 위험을 평가하기 위하여 고안된 비율분석법은 투자계획이나 수익성 제고를 위한 유용한 수단이 될 수 있다. 비율분석법에 사용되는 비율에는 대부비율, 부채감당률, 채무불이행률 등이 있으며, 각종 비율의 계산과 그 의미는 다음과 같다.[2)]

1 대부비율

대부비율은 저당비율이라고도 하며, 부채잔금을 해당 부동산의 가치로 나눈 값을 말한다.

예를 들어 10억 원의 부동산을 구입하기 위해 5억 원을 은행으로부터 차입하고 2억 원을 변제하였다면 대부비율은 30%가 된다.

$$\text{대부비율(저당비율)} = \frac{\text{부채잔금}}{\text{부동산가치}}$$

대부비율이 높을수록 채무불이행 시 원금을 회수하기가 어렵다. 그리고 대부비율이 높아짐에 따라 부채비율도 급격하게 증가한다. 부채비율은 다음과 같이 계산된다.

자기자본비율(net worth to total ratio)은 총 자본 중에서 자기자본이 차지하고 있는 비중을 표시하는 비율로써 부채비율과 함께 기업의 안정성을 측정

2) 이창석, 「부동산학개론」, 형설출판사, 2010, pp. 675~677.

하거나 판단하는 비율로 이용된다.

$$\text{부채비율} = \frac{\text{부채(타인자본)}}{\text{지분(자기자본)}} \times 100$$

$$\text{자기자본비율} = \frac{\text{총 자본-타인자본}}{\text{총 자본}} \times 100$$

예제

상가건물을 구입하기 위해 자기자본 50,000,000원 이외에 은행에서 30,000,000원을 대출받았다. 부채비율은?

$$\text{부채비율} = \frac{\text{타인자본}}{\text{자기자본}} \times 100$$

$$= \frac{30,000,000}{50,000,000} \times 100 = 60\%$$

예제

아파트 구입에 필요한 총액은 150,000,000원이다. 아파트 구입을 위해 은행에서 30,000,000원을 대출받았다. 자기자본비율은 ?

$$\text{자기자본비율} = \frac{\text{총 자본 - 타인자본}}{\text{총 자본}} \times 100$$

$$= \frac{150,000,000 - 30,000,000}{150,000,000} \times 100 = 80\%$$

2 부채감당률

부채감당률은 부동산임대사업을 할 경우 매년 변제해야 할 원금과 이자, 즉 부채서비스액에서 순 영업소득이 차지하는 비율을 말한다. 예를 들어 10억 원의 상가 건물을 매입하고 임대를 한 결과 1억 원의 순 영업소득이 발생하였다. 그런데 상가 건물을 매입하기 위해 자금을 차입하였고 매년 원금과 이자를 5,000만 원씩 갚아나갈 경우 부채감당률은 "2"가 된다.

$$\text{부채감당률} = \frac{\text{순영업소득}}{\text{부채서비스액(저당지불액)}}$$

부채감당률이 1에 가까울수록 대출자나 차입자는 모두 위험한 입장에 처하게 된다. 부채감당률이 1보다 작다는 것은 부동산으로부터 나오는 순영업소득이 부채를 감당하기에 부족하다는 뜻이다.

3 채무불이행률

채무불이행률은 부동산임대사업을 할 경우 유효조소득에서 매년 발생하는 영업경비와 부채서비스액을 합한 금액이 차지하는 비율을 말한다.

$$\text{채무불이행률} = \frac{\text{영업경비} + \text{부채서비스액}}{\text{유효조소득}}$$

영업경비와 부채서비스액이 유효조소득에서 차지하는 비율이 클수록 그만큼 채무불이행의 가능성은 커지는 것이다.

예제

부채감당률을 1.2로 하고 기대순영업소득이 1,000만 원일 때 부동산을 담보로 차입할 수 있는 최대의 부채서비스액은?

해답

$$\text{부채감당률} = \frac{\text{순영업소득}}{\text{부채서비스액}}$$

$$\text{부채서비스액} = \frac{\text{순영업소득}}{\text{부채감당률}} = \frac{1{,}000\text{만 원}}{1.2} \fallingdotseq 833.33\text{만 원}$$

4 총 자산회전율

총 자산회전율은 해당 부동산의 가치에서 매년 발생하는 조소득이 차지하는 비율을 말한다.

$$\text{총 자산회전율} = \frac{\text{조소득}}{\text{부동산의 가치}}$$

조소득으로는 가능조소득과 유효조소득 둘 다 사용할 수 있다. 그리고 총 자산회전율은 어림셈법에서 살펴본 조소득승수의 역수가 된다.

5 영업경비비율

영업경비비율은 매년 발생하는 조소득에서 영업경비가 차지하는 비율을 말한다.

$$\text{영업경비비율} = \frac{\text{영업경비}}{\text{조소득}}$$

투자대상 부동산의 재무관리상태를 파악하는 하나의 지표로 사용된다. 그리고 영업경비비율이 비교 부동산의 평균보다도 높다고 하면 영업경비에 대한 통제가 적절치 못한 상태에 있다고 판단할 수 있다.

6 비율분석법의 한계

비율을 구성하고 있는 요소들에 대한 추계의 잘못으로 비율 자체가 왜곡될 수 있으며 투자자에 따라 투자의 목적이 다르므로 주어진 비율 그 자체만으로는 투자안이 좋다 또는 나쁘다고 평가하기가 곤란하다. 비율분석법으로 투자자가 투자여부를 결정할 때에는 동일한 투자대안이라고 할지라도 사용하는 지표에 따라 그 결정이 다르게 나타날 수 있다.

제6절 기타 투자분석기법

1 회계적 이익률법(평균이익률법)

(1) 개요

회계적 이익률법(평균이익률법)은 감가상각 및 세금차감 후의 연평균 기대투자이익(연평균 순이익)을 당해 투자안의 연평균 투자액으로 나눈 비율을 의미하며, 계산이 간편하고 이해하기 쉬운 장점이 있다. 그러나 어림셈법과 마찬가지로 화폐의 시간가치를 고려하지 않으며, 의사결정과정에서 사용하는 기업의 목표 이익률이 주관성에 치우칠 우려가 있어 객관적 투자결정이 이루어지기 곤란하다.

(2) 의사결정 기준

① 단일 투자안과 상호 독립적 투자안

투자안의 회계적 이익률이 기업에서 설정한 목표이익률보다 크면 투자를 집행하고 반대가 되면 기각한다.

② 상호 배타적 투자안

투자안의 회계적 이익률이 기업에서 설정한 목표이익률보다 큰 투자안 가운데에서 회계적 이익률이 가장 큰 투자안을 선택한다.

2 회수기간법

(1) 개요

회수기간은 투자대상으로부터 발생한 현금유입을 가지고 그에 투하된 투자비용을 회수할 때까지의 기간을 말한다.

회수기간법은 계산이 간편하고 이해하기가 쉬우며, 기업의 현금흐름이나 유동성 제고에 유리한 평가기법이다. 그러나 어림셈법과 마찬가지로 화폐의 시간가치를 무시하며, 의사결정 과정에서 사용되는 기업의 목표 회수기간이 주관성에 치우칠 우려가 있어 객관적 투자결정이 이루어지기 곤란하다.

(2) 의사결정 기준

① 단일 투자안과 상호 독립적 투자안

투자안의 회수기간이 기업에서 설정한 목표 회수기간보다 짧으면 투자안을 선택한다.

② 상호 배타적 투자안

투자안의 회수기간이 기업에서 설정한 목표 회수기간보다 짧은 투자안 가운데에서 회수기간이 가장 짧은 투자안을 선택한다.

제7절 부동산투자의 위험

1 부동산투자 위험의 개념

우리가 부동산투자를 할 경우, 이러한 투자로부터 미래에 얼마나 수익을 창출할 수 있는지를 추정하게 된다. 이를 투자에 따르는 기대소득 또는 예상소득이라 한다. 그러나 이러한 투자의 기대소득은 우리가 미래의 환경이 어떻게 급변하는지에 대한 정보가 불확실하기 때문에 실제로 얻는 소득과는 차이가 발생한다. 이러한 기대소득과 실제소득의 차이를 위험이라 하여, 기대소득과 실제소득의 차이가 크면 클수록 투자에 따르는 위험성이 크다고 할 수 있다.

2 부동산투자 위험의 유형

부동산투자로부터 발생하는 위험은 크게 사업상의 위험, 금융상의 위험, 법적 위험, 인플레이션 위험 등이 있다.

1) 사업상의 위험

사업상의 위험이란 투자된 부동산의 산업 자체로부터 발생하는 위험을 말한다. 이는 수익성에 관한 위험으로서 시장위험과 운영위험 및 위치적 위험 등이 있다.

(1) 시장위험

부동산시장에서 부동산투자자가 수요와 공급을 잘못 예측하여 발생하는 위험으로 부동산투자의 수익성에 근본적인 영향을 미치는 위험이다.

(2) 운영위험

투자된 부동산의 운영을 잘못하여 운영수익이 예상에 미달하는 경우에 발생하며 근로자의 파업, 관리의 미숙 등이 있다.

(3) 위치적 위험

불리한 지리적 위치에 있는 부동산에 투자함으로써 발생할 수 있는 위험으로 부동산의 속성 중 부동성 때문에 나타나는 위험이다.

부동산의 수익이나 가치상승에 대한 기대는 위치의 유리나 불리에 있다고 해도 과언이 아니다.

2) 금융적 위험

금융적 위험이란 부동산투자 시 투자재원의 일부로 부채를 사용했을 경우 원금과 이자를 매기마다 지불해야 하는데 원금과 이자를 약정기한 내에 지불하지 못할 경우 발생하는 위험을 말한다. 부채가 많으면 원금과 이자에 대한 채무불이행의 가능성이 높아지며 파산할 위험도 그만큼 커지게 된다.

부동산에 투자할 때 자기자본 이외에 부채를 사용하여 투자하게 되면 자기자본만 가지고 투자할 때보다 자기자본에 대한 지분수익률이 증가할 수 있다. 즉, 정(正)의 지렛대 효과를 볼 수 있다.

예 총 투자액 10억 원 중 자기자본(지분)이 4억 원이고, 부채가 6억 원으로 구성되어 있다. 10억 원 투자 시 2억 원의 수익이 발생된다고 하면 지분수익률과 총 투자에 대한 수익률은? (단, 이자율 10%, 투자기간은 1년이다.)

•순수익=2억 원-6천만 원=1억 4천만 원

•지분수익률$=\frac{\text{1억 4천만 원}}{\text{4억 원}}=35\%$

•총 투자수익률$=\frac{\text{2억 원}}{\text{10억 원}}=20\%$

위와 같이 지분수익률이 총 투자수익률을 상회하게 되면, 정(正)의 지렛대 효과가 발생했다고 한다.

지렛대 효과에 의하면 부채가 많으면 많을수록 자기투자자본에 대한 지분수익률이 커질 수 있다. 하지만 반대로 부담하여야 할 금융적 위험도 그만큼 커지므로 부채 규모가 적절해야 한다. 그리고 총 투자수익률이 지분수익률을 상회하면 부(負)의 지렛대 효과가 나타나 저당대출자, 다시 말하면 은행을 비롯한 금융기관에게만 이익을 줄 수 있다.

3) 법적 위험

부동산은 위치의 고정성, 공급의 부증성이라는 물리적 특성 때문에 부동산을 둘러싸고 있는 소유권·정부정책·지역지구제 등의 법적인 환경에 지대한 영향을 받는다. 이러한 영향으로부터 부동산투자에 따르는 수익률이 변동하게 되는 위험이 발생하는데, 이런 위험이 부동산투자에 대한 법적 위험이다.

부동산투자에 관한 의사결정도 법적 환경하에 이루어지는 것이므로 법적 환경의 변화는 부동산투자에 대한 위험을 변화시킨다. 예를 들면 부동산세제, 감가상각법 변경, 부동산임대료에 관한 법령의 규정강화와 완화에 따라 부동산투자가 증감한다. 그리고 정부의 화폐정책이나 재정정책으로 이자율을 변화시키면 부동산투자에 대한 수요와 공급, 투자자의 요구수익률을 변동시키고 이는 부동산의 가치에 영향을 미친다.

4) 인플레이션 위험

일반 물가상승에 미치지 못하는 부동산가격 상승은 상대적으로 부동산에 대한 구매력이 낮아져 위험이 된다. 화폐가치가 떨어지고 물가가 상승하는 것을 인플레이션이라 하는데 인플레이션이 심하면 그에 따른 이자부담이 커지는데 이러한 위험이 인플레이션 위험이다.

부동산투자에 자금을 대출해 준 대출자는 원금의 실질적인 가치가 하락하는 위험을 피하기 위해 일반적으로 고정이자율이 아닌 변동이자율로 대출하기를 선호하게 되는데 이러한 요인으로 채무자는 이자율변동에 따르는 위험이 증가한다.

5) 유동성 위험

이 위험은 매수자와 매도자 간에 계속해서 빈번한 거래가 존재하지 않을 때 발생한다. 투자물건이 처분하기 어려울수록 조기 처분을 위해서는 매각가격을 할인해야 하는 부담이 커진다. 부동산은 비교적 유동성 위험이 크며, 매각하는데 6개월에서 1년까지 소요될 수 있다. 특별한 목적의 부동산은 용도가 쉽게 전용될 수 있는 부동산보다 유동성 위험도가 훨씬 높다.

Story Tip

레버리지의 의의와 효과

1) 레버리지(leverage)의 의의

레버리지(leverage) : 지렛대를 이용한다.

재무레버리지 : 자기자본을 지렛대로 삼은 타인 자본의 이용 정도.

기업이 투입하고 있는 총 자산이 자기자본의 몇 배인지로 측정.

-유사한 재무지표 : 타인자본과 자기자본의 비율-부채비율

차입금이 자기자본의 몇 배 : 부채자본 비율(D/E ratio)

2) 레버리지 효과(Leverage Effect)

(1) 지렛대 효과

부동산투자는 기본적으로 지렛대 효과를 얼마만큼 잘 이용할 수 있느냐에 달려 있다. 부동산에 대한 투자는 통상 대규모의 자금이 필요하므로 자기자금뿐만 아니라 융자를 통해 이루어지는 경우가 대부분이다. 이와 같이 차입금을 이용하여 부동산에 대한 투자수익을 높이는 것을 지렛대 효과라고 하며, 지렛대 효과는 수익금액 혹은 수익률을 기준으로 구분할 수 있다.

(2) 수익금 지렛대 효과

수익률 지렛대 효과란 조건이 좋은 차입금을 이용하여 자기자금의 수익률을 극대화하는 것을 말한다.

예를 들어, 갑이라는 사람이 자기자금 1억 원과 은행의 차입금 2억 원으로 빌라를 구매했고 1년 후에 이 빌라의 가격이 4억 원이 되어 매각하였다면 갑의 빌라에 대한 순자산(주택시가와 차입금 잔고의 차액)이 2억 원으로 늘어나 1년 동안 1억 원의 수익을 올리는 셈이다. 만약 갑에게 2억 원의 융자가 주어지지 않았다면, 그는 부동산을 구입할 수 없었을 뿐만 아니라, 자기자본 1억 원을 1년 동안 2배로 증가시킬 수 있는 지렛대 효과도 기대할 수 없었을 것이다.

(3) 수익률 지렛대 효과

수익률 지렛대 효과란 조건이 좋은 차입금을 이용하여 자기자금의 수익률을 극대화하는 것을 말한다. 예를 들어, 갑이 10억 원의 임대주택을 구입하여 임대주택시업올 한다고 할 때, ① 지기지금을 전부 투입하는 경우, ② 연리 8%의 차입금(이자는 매월 납입하고 원금은 대출만기에 상환 가정) 7억 원과 자기자금 3억 원으로 사업을 영위한 경우를 생각해 보자. 만일 1년간의 임대료 순수입(총 임대료에서 각종 운영경비를 공제한 차액)이 1억 원이라면, 전액 자기자본을 투자한 경우 수익률이 10%, 이자율 8%의 차입금 7억 원을 사용하여 사업을 영위한 수익률은 15%로 전액 자기자본으로 투자한 경우보다 높다라는 것을 확인할 수 있다. 이와 같은 결과가 나타나게 된 이유는 연리 8%라는 저리의 자금을 사용했기 때문이다. 만약 10%보다 높은 금리로 차입을 하였을 경우 차입액과 상관없이 부동산구입의 수익률은 오히려 하락하게 될 것이다. 즉, 수익률 레버리지의 전제조건은 부동산의 수익률보다 차입이자율이 낮아야 한다는 것이다.

-ROE는 ROA(총 자산이익율), 부채이자율, 부채비율, 법인세율에 의하여 결정

-ROA가 부채이자율보다 크면 부채비율이 높을수록 ROE가 상승 ROA가 부채이자율보다 작으면 부채비율이 높을수록 ROE 하락

⇒ ROA가 부채이자율보다 높다는 점을 감안해 은행으로부터의 차입 등 타인자본을 대량으로 활용해 ROE를 상승시키는 상태 : 재무레버리지를 활용하는 경영

⇒ 타인자본의존도가 높아질수록 자기자본비율

이나 D/E비율 등 자본구성의 악화는 도산의 원인

3) 타인자본의 도입이 자기자본이익율(ROE)에 미치는 효과

ROA=〈ROA+(ROA-부채이자율)×부채비율×(1-세율)〉

ROE=자기자본 이익률, ROA=총 자산이익율, 부채이자율=이자비용/부채, 부채비율=부채/자기자본

ROA가 부채이자율보다 많을 때에는 부채비율 증가, 즉 부채를 더 차입하여 ROE를 상승시키고, ROA가 부채이자율보다 적을 때에 부채비율을 증가시키면 오히려 ROE가 하락할 것이다.

ROA-부채이자율>0일 때, 부채증가=>ROE 상승
ROA-부채이자율<0일 때, 부채증가=>ROE 하락

제8절 부동산투자의 위험관리

1 위험관리의 개념과 목표

1) 위험관리의 개념

부동산투자는 다른 금융자산투자와 마찬가지로 여러 가지 위험을 수반한다. 투자된 부동산의 산업자체로부터 발생하는 사업상의 위험, 부동산투자 시 투자재원의 일부로 부채로 사용하였을 경우 원금과 이자를 약정기한 내에 지불하지 못하는 금융적 위험, 투자한 부동산을 적기에 처분하지 못하는 유동성 위험과 기타 법적위험 및 인플레이션 위험 등이 있다. 이러한 부동산투자로부터 발생하는 위험들을 적절하게 관리하지 못하면 목표 수익률을 달성하지 못하거나 심지어 손실을 볼 수 있다. 위험관리는 부동산투자 수익의 극대화를 달성하기 위한 최적의 투자의사결정과 이러한 투자의사결정을 뒷받침하는 현금흐름의 창출 능력을 제때 확보하는 것이라 할 수 있다.

2) 위험관리의 목표

위험관리는 단순히 위험을 축소하고 적절히 통제하는 정도의 소극적인 개념을 벗어나 부동산투자사업의 가치를 극대화시키는 적극적 개념을 포함한다. 위험관리의 목표는 과도하거나 수용할 수 없는 부동산투자 위험을 제거해야 한다. 예를 들어 10억 원을 투자하여 단시일내에 투자금액의 10배인 100억 원을 획득할 수 있는 투자안이 있다하더라도 실현 가능성이 1% 내지 2%라면 이러한 투자안을 선택하여서는 안된다. 한편 지나치게 보수적으로 투자전략을 가져가서도 곤란하다. 투자이론에 의하면 수익률이 높은 투자안은 수반되는 위험도 상승하게 된다. 따라서 은행의 정기예금 금리나 국채수익률 정도의 수익을 획득하고자 부동산투자를 하는 것도 재검토할 필요성이 있다. 그러므로 위험관리는 단순히 위험을 회피할 목적으로 하는 것이 아니라 불필요한 위험을 축소하는 것이다. 따라서 투자자는 필요한 경우에는 위험을 감수하여 적극적으로 수익을 추구해야한다. 효율적인 위험관리를 위해서는 먼저 각 부동산투자 대안에 대해 위험요소들을 분해할 수 있어야 하고, 위험 요인 간의 상관관계도 파악해야 한다. 이를 위해서는 투자에 참고할 만한 충분한 자료를 확보해야 한다.

2 위험관리방법

1) 개요

부동산투자의 특성상 위험을 완전히 제거할 수는 없으므로 해당 부동산 투자로부터 발생하는 위험을 먼저 파악해야한다. 발생이 예상되는 위험의 종류와 특성이 도출되면 이러한 위험이 나타날 경우 예상되는 결과를 다양한 분석기법을 동원하여 측정하고 평가해야 한다. 마지막으로는 위험의 부정적 영향을 감소시키거나 제거하기 위한 방안을 모색해야한다. 이러한 일련의 위험관리절차 과정에서 위험관리를 체계적으로 하기 위한 방법이 필요하다.

위험관리방법을 대략적으로 서술하면 다음과 같다.

첫째, 계약을 통하여 위험의 잠재적 결과를 다른 집단에 이전시키거나 공유하는 위험의 전가가 있다. 계약을 통하여 예상되는 위험을 처리하는 방법으로 보험이 일반적으로 선택된다. 그러나 위험의 전가와 보험과는 차이점이 존재한다. 보험이 위험에 대한 재정적 손실만을 부담하나 위험의 전가는 위험에 대한 책임 모두를 부담하도록 하는 점에서 차이점이 있다.[3)]

둘째, 부동산투자로부터 발생하는 위험에 대한 노출 자체를 회피하는 위험의 회피가 있다. 이는 가장 안전한 부동산투자만 하겠다는 것으로 부(富)의 극대화라는 투자의 목적과 배치된다고 할 수 있다.

셋째, 부동산투자로부터 발생하는 위험을 다양한 방법을 통해 위험의 발생 가능성을 감소시키는 위험의 감소가 있으며, 마지막으로 회피하거나 전가될 수 없는 위험을 감수하는 위험의 보유가 있다.[4)] 여기에는 계획적인 것과 무계획적인 것이 있다. 계획적인 위험의 보유는 위험을 의도적으로 감수하는 것을 말하며, 무계획적인 위험의 보유는 위험의 존재를 알지 못했거나 잠재적인 위험의 규모를 과소평가하는 경우에 나타난다.

2) 위험의 전가(risk transfer)

계약에 의한 위험의 전가에는 다음과 같은 것이 있다.

향후 임대자산의 관리비나 재산세 등이 상승하면 이를 임차인이 부담하는 조건으로 임대차계약을 하거나 물가상승률 만큼 임대료가 인상되도록 임대차계약을 함으로써 임대인은 임대사업으로 인한 발생위험을 임차인에게 전가시킬 수 있다. 그리

3) 이종규, 「부동산투자 및 금융론」, 부연사, 2013, p.420.

4) 이종규, 상게서, p.421.

고 신규아파트의 선분양 계약을 통하여 건설회사는 분양계약자에게 사업위험을 전가시키며, 부동산개발업자는 도급계약을 통하여 개발비용의 상승 등 잠재적 손실을 하도급 업체에게 전가시킨다.

3) 위험의 회피(risk avoidance)

위험분석을 통해 궁극적으로 안전한 부동산에만 투자하거나 투자자금에 대한 원금손실을 피하기 위해 위험한 투자를 제외시키는 방법 등이 있다. 이는 자산가치의 손실을 피할 수 있으나 투자의 목적인 부(富)의 극대화를 달성할 수는 없다고 판단된다.

4) 위험의 감소(risk reduction)나 위험의 통제(risk control)

(1) 위험조정 할인율법

위험도가 큰 투자일수록 높은 할인율을 적용하는 방법이다. 위험조정할인률은 무위험률에 위험할증률을 더하여 결정(위험조정할인률=무위험투자수익률+위험할증률)한다.

위험조정할인률이 높으면 투자하고자 하는 부동산의 투자가치가 낮게 평가되므로 그만큼 해당 부동산의 투자수익이 커야만 투자가 집행된다. 이 방법은 어느 정도 부동산투자로부터 발생하는 위험을 통제할 수 있으나 위험할증률의 크기가 투자자의 주관에 의하여 결정되기 때문에 객관적인 측면이 결여된다는 문제점이 있다.

(2) 민감도 분석과 시뮬레이션(simulation) 분석

투자안의 세후현금흐름을 종속변수로 함수식을 구성할 경우 여기에 영향을 미치는 독립변수에는 공실률, 임대수입, 영업경비 등이 있다.

세후현금흐름=f(공실률, 임대수입, 영업경비 등)

상기 식에서 다른 모든 독립변수는 일정하고, 이 중 공실률만 변할 경우 세후현금흐름이 변동하고 이는 해당 투자안의 순현가나 내부수익률에 영향을 준다. 민감도 분석은 이러한 독립변수와 종속변수의 상관계수를 추정하는 것을 말한다. 민감도가 클수록 순현재가치의 변동이 심하고 투자대안의 위험도는 커진다. 민감도 분석은 서로 다른 투자안의 상대적 위험을 측정하기 위한 목적으로 사용된다.

시뮬레이션(simulation) 분석 또는 모의실험 분석은 미래의 상황변화를 고려하여 낙관적인 경우와 비관적인 경우로 나누어 세후현금수지에 영향을 주는 독립변수들이 변동할 때 투자안의 순현재가치가 어떻게 변화하는가를 분석하는 방법이다.

(3) 분산투자

부동산투자 자금을 하나의 부동산에만 집중하지 않고 여러 부동산에 분산하여 투자하는 방법을 말한다. 분산투자는 투자의 비체계적 위험을 감소시킬 수 있다.

주관식 **단답형 문제** 제 2편

01 주로 은행이 보유하고 있는 주택의 저당권을 기초로 유동화 증권을 발행한 상품을 무엇이라 하는가?

02 금융기관 및 일반기업이 보유하고 있는 자산을 담보로 유동화 증권을 발행한 상품을 무엇이라 하는가?

03 자산을 부동산에 투자하여 운용하는 것을 주된 목적으로 하는 법 규정어 의해 설립된 회사는?

04 투자한 부동산으로부터 얻을 수 있는 최대한의 임대료 수입을 무엇이라 하는가?

05 총 투자액을 가능조소득으로 나눈 비율은?

06 총 투자액을 유효조소득으로 나눈 비율은?

07 총 투자액을 순영업소득으로 나눈 비율은?

답

01주택저당증권, MBS, **02**자산담보부증권, ABS, **03**부동산투자회사, 리츠, **04**가능조소득, **05**조임대수입승수, **06**유효조소득승수, **07**순소득승수

08 지분투자액을 세전현금수지로 나눈 비율은 무엇인가?

09 지분투자액을 세후현금수지로 나눈 비율은 무엇인가?

10 저당 대부액 중 원금상환분의 비율은?

11 저당 대부액 중 미상환자금의 비율은?

12 현금유입의 현가를 현금유출의 현자로 나눈 값을 무엇이라 하는가?

13 부동산개발의 사업타당성 분석의 종류에는 어떤 것이 있는가?

14 부동산투자의 행위자는 실수요자이다. 부동산투기의 행위자는 누구인가?

15 부동산투자의 대상물은 기개발지나 성숙지이다. 부동산투기의 대상지는 무엇인가?

16 부동산투자자가 수요와 공급을 잘못 예측하여 발생하는 위험으로 부동산투자의 수익성에 근본적인 영향을 미치는 위험을 무엇이라 하는가?

답

08세전현금수지승수, **09**세후현금수지승수, **10**상환비율, **11**잔금비율, **12**수익성 지수, **13**경제적 타당성, 법적 타당성, 기술적 타당성, **14**가수요자, **15**미성숙지, **16**시장위험

17 불리한 지리적 위치에 있는 부동산에 투자함으로써 발생하는 위험을 무엇이라 하는가?

18 부동산투자 시 투자재원의 일부로 부채를 사용했을 경우, 원금과 이자를 약정기한 내에 지불하지 못할 경우 발생하는 위험을 무엇이라 하는가?

19 부동산은 물리적 특성 때문에 부동산을 둘러싸고 있는 법적인 환경에 영향을 받는다. 이러한 영향으로 부동산 투자에 수반되는 수익률이 변동하는 위험을 무엇이라 하는가?

20 부동산가격 상승이 일반 물가상승에 미치지 못해 부동산의 구매력이 낮아지는 위험을 무엇이라 하는가?

21 부동산투자에 수반되는 위험 중 부동산의 처분이 어려운 위험은 무엇인가?

22 투자자가 자유롭게 투자금의 환매가 가능한 리츠를 무엇이라 하는가?

23 총 투자자자산의 75% 이상이 부동산의 소유지분으로 구성된 리츠를 무엇이라 하는가?

24 일정기간 동안만 운영되며 존속기한이 정해진 리츠를 무엇이라 하는가?

답

17위치적 위험, **18**금융적 위험, **19**법적 위험, **20**인플레이션 위험, **21**유동성 위험 지수, **22**개방형 리츠, **23**지분형 리츠, **24**기한부 리츠

25 부동산투자에 대한 궁극적인 의사결정의 주체를 말하며, 부동산에 대해 직접적으로 투자를 하는 시장참여자를 누구인가?

26 기간 초에 불입된 일시불에 대해서 일정기간 후 원리금의 합계를 구하는데 사용되는 계수를 무엇이라 하는가?

27 매 기간마다 일정액을 불입했을 때 기간 말에 달성되는 누적액을 구하는데 사용되는 계수를 무엇이라 하는가?

28 일정 누적액을 기간 말에 만들기 위해서 매 기간마다 적립해야 할 액수를 구하는데 사용되는 계수를 무엇이라 하는가?

29 일정기간 후의 일시불과 동등한 가치를 가지는 현재의 액수를 구하는데 사용되는 계수를 무엇이라 하는가?

30 일정기간 동안 매 기간마다 일정액을 받게 될 때 이것의 현재가치를 구하는데 사용 되는 계수를 무엇이라 하는가?

31 일정액을 차입했을 경우, 매 기간마다 갚아나가야 할 원금과 이자의 합계를 구하는데 사용되는 계수를 무엇이라 하는가?

답

25지분투자자, **26**일시불의 미래가치 계수, **27**연금의 미래가치 계수, **28**감채기금계수, **29**일시불의 현재가치 계수, **30**연금의 현재가치 계수, **31**저당상수

32 매매가격이 1억 원인 아파트를 구입하기 위해 은행에서 5천만 원을 대출받았다. 이 경우 부채비율은?

33 매매가격이 1억 원인 아파트를 구입하기 위해 은행에서 5천만 원을 대출받았다. 이 경우 자기자본비율은?

34 순영업소득이 부채서비스액에서 차지하는 비율을 무엇이라 하는가?

35 영업경비와 부채서비스액을 합계한 금액이 유효조소득에서 차지하는 비율을 무엇이라 하는가?

36 감정평가액이 1억 원인 아파트를 담보로 LTV 비율이 60%가 적용된다면 은행에서 차입 가능한 최대금액은 얼마인가?

37 주택을 구입하려는 어떤 사람이 주택담보대출을 받을 경우, DTI 비율이 50%이고 연소득이 1억 원이라면 매년 상환해야 할 대출의 원리금은 얼마인가?

38 부동산투자에 수반되는 사업상의 위험 3가지는 무엇인가?

39 총 투자액 10억 원 중 자기자본이 4억 원이고 부채가 6억 원으로 구성되어 있다. 10억원 투자 시 2억 원의 수익이 발생된다면 순수익은 얼마인가?(단, 이자율 10%, 투자기간은 1년이다.)

답

32 100%, **33** 50%, **34** 부채감당률, **35** 채무불이행률, **36** 6천만 원, **37** 5천만 원, **38**시장위험, 운영위험, 위치적 위험, **39** 1억 4천만 원

40 총 투자액 10억 원 중 자기자본이 4억 원이고 부채가 6억 원으로 구성되어 있다. 10억 원 투자 시 2억 원의 수익이 발생된다면 지분수익률은 얼마인가?
(단, 이자율 10%, 투자 기간 1년이다.)

41 총 투자액 10억 원 중 자기자본이 4억 원이고 부채가 6억 원으로 구성되어 있다. 10억원 투자 시 2억 원으로 수익이 발생된다면 총투자수익률은 얼마인가?
(단, 이자율 10%, 투자기간 1년이다.)

42 총 투자액이 60,000원이고 가능조소득이 30,000원일 경우 조소득승수는 얼마인가?

43 총 투자액이 600,000원이고 순영업소득이 100,000원일 경우 순소득승수는 얼마인가?

44 총 투자액이 600,000원이고 가능조소득이 300,000원일 경우 조임대수입승수는 얼마인가?

45 총 투자액이 600,000원이고 유효조소득이 200,000원일 경우 유효조소득승수는 얼마 인가?

46 투자를 통해서 실제로 달성된 수익률을 무엇이라 하는가?

47 부동산투자에 따른 차입금을 이용하여 자기자본의 수익률을 높이는 것을 무엇이라 하는가?

답

40 35%, **41** 20%, **42** 2, **43** 6, **44** 2, **45** 3, **46** 실현수익률(사후수익률), **47** 지렛대 효과

48 부동산투자자가 수요와 공급을 잘못 예측하여 발생하는 위험으로 부동산투자의 수익성에 근본적인 영향을 미치는 위험을 무엇이라 하는가?

답

48 110만 원

주관식 **서술형 문제** 제 2편

01 투자에 있어 위험의 처리방법 중 위험조정할인률에 대해 설명하시오.

02 부동산의 투자수익률에는 3가지가 있다. 이들의 개념을 설명하고 이를 이용한 투자의 결정 과정에 대해 서술하시오.

03 부동산투자의 특징에 대해 설명하시오.

04 부동산투자의 장점과 단점에 대해 설명하시오.

05 부동산 간접투자의 기대효과에 대해 설명하시오.

06 부동산 간접투자의 향후 과제에 대해 설명하시오.

07 부동산투자의 분석기법 중 비율분석법의 내용과 한계에 대해 설명하시오.

08 부동산투기의 발생원인에 대해 설명하시오.

09 부동산투자의 결정과정에 대해 설명하시오.

10 부동산투자의 위험관리방법에 대해 설명하시오.

-MEMO-

제 3편

부동산투자의 환경분석

제9장 부동산투자의 외부환경분석

제1절 개요

부동산투자의 외부환경이란 부동산투자자의 투자활동을 뒷받침하는 외부의 상황이라 말할 수 있으며, 이는 개별적인 부동산투자자가 영향을 미칠 수 없고 일방적으로 받아들여야만 하는 조건을 말한다. 예를 들어 출산율이 감소하고 인구의 노령화가 진전되는 상황이나 석유가격의 상승 등은 개별투자자가 영향을 줄 수 있는 변수가 아니므로 외부환경변수라고 할 수 있다. 개별투자자는 그러한 상황을 받아들이고 그러한 전제조건하에서 투자활동이나 투자계획을 수립해야 한다.

최근 부동산투자를 둘러싼 외부환경은 보다 복잡해질 뿐만 아니라 점점 동태적으로 변해가고 있다. 따라서 부동산투자자는 부동산투자를 성공하기 위해서 부동산투자를 위한 내부적 효율성보다는 외부환경의 정확한 파악과 이에 적응하는 능력을 갖추어야 할 것이다.

부동산투자의 외부환경은 부동산투자자나 부동산투자활동에 포괄적인 영향을 미치는 거시적 환경과 구체적인 영향을 주는 미시적 환경으로 나눌 수 있다.

제2절 부동산투자의 거시적 환경

거시적 환경은 포괄적 의미에서 부동산의 투자활동에 공통적으로 영향을 주는 환경을 말한다. 이러한 요인에는 경제, 사회, 정치, 법률 등의 요인들이 있다.

1 경제적 요인

경제적인 환경요인은 부동산투자의 거시환경 중에서 가장 영향력이 크면서 직접적인 영향을 주는 환경요인을 말한다. 여기에는 국제경제환경의 변화, 정부의 경제정책, 경제성장률이나 물가의 변화 등 거시경제변수의 변동을 들 수 있다.

1) 국제경제환경

오늘날의 시대를 우리는 국제화, 세계화 또는 글로벌 시대라 한다. 현재 시점에서 우리나라 부동산투자자가 해외 부동산을 매입하는 등의 해외 부동산투자 비중은 미미하나 앞으로는 증대될 것으로 예상되며, 1997년 'IMF 사태' 이후 외국인들의 국내 부동산투자 비중이 급격히 증대한 사실을 살펴볼 때, 향후 부동산투자에서도 국제경제환경의 변화를 고려하여야 할 것이다.

(1) 세계화와 국경 없는 경제

21세기 세계경제는 '세계화(globalization)'라는 거대한 흐름에 지배당하고 있다. 광의의 세계화는 정치, 경제, 사회, 문화 등 모든 분야에서 국가 간 상호의존성이 심화되어 실질적인 지구촌 공동체가 형성되어 가는 과정이며, 협의의 세계화는 다양한 국민경제들이 하나의 경제로 통합되는 과정으로 정의된다.[1] 즉, 모든 국민경제 간에 생산물과 생산요소 그리고 금융자본의 이동을 통하여 전 세계적인 분업화가 진행되는 것을 의미한다.

세계화를 가속화시키는 요인에는 반도체, 컴퓨터 등 정보기술의 발달과 기술진보가 있다. 정보기술의 발달은 경제적 거리를 단축하고 기업들의 국경을 초월한 생산 활동 등 기업 활동의 세계화를 가능하게 하고 인터넷 전자상거래

1) 강인수 외, 「국제통상론 제4판」, 박영사, 2006, p. 4.

등은 소비자에게도 소비의 선택의 폭을 넓혀 주고 있다. 또한 냉전체제의 종식은 시장기능을 바탕으로 세계경제가 하나의 체제로 통합되는 계기를 만들어 주었다.

세계화는 전 세계적인 교역과 개방을 확대시키고 있다. 이러한 교역 규모의 확대는 각국 간에 경제의존도를 심화시키고 국제분업을 가속화시킨다. 이러한 국제무역의 확대는 각국의 생산 활동이 가장 효율성이 높은 부문의 생산에 주력하게 할 뿐만 아니라 소비자들에게는 저렴한 가격의 다양한 재화 및 서비스를 구매하게 하여 소비자들의 실질소득을 증가시킨다. 한편 국제자본시장의 활성화는 자본의 효율성도 크게 증대시킨다.

(2) 서비스와 자본거래의 확대

생산과 사용이 동시에 발생해야 하는 서비스의 속성상 대부분의 서비스 교역은 서비스 공급자의 국내 진출을 전제로 하므로 여러 가지 제약이 존재한다.[2] 과거에는 서비스교역이 여행이나 보험 등 그 분야가 제한되었으나 최근에는 금융, 유통, 의료, 교육 등의 분야로 확대되고 있다. 서비스 산업의 확대는 산업구조가 제조업 중심에서 서비스업 중심으로 변화되는 과정을 반영하고 있으며 고용창출이나 부가가치창출 면에서도 서비스 산업의 비중이 증대되고 있다.

서비스 교역의 확대와 더불어 전 세계적으로 자본 이동도 크게 확대되고 있다. 경영권 참여를 목적으로 하는 직접투자뿐만 아니라 자본이득을 목적으로 해외에서 발행된 주식이나 채권 등의 금융자산을 매입하는 간접투자의 금액도 점차 증가하는 추세를 보이고 있다. 이러한 변화는 국내 투자자들이 국내의 부동산 이외에 해외 부동산매입을 목적으로 하는 직접투자의 비중을 증가시킬 것이다. 또한 투자자들이 부동산간접투자상품인 해외의 부동산 관련 증권이나 채권을 구입하는 금액도 점차 증가시킬 것이다.

2) 정부의 경제정책

정부의 경제정책은 재정정책과 금융정책으로 구분된다. 재정정책이란 정부지출과 조세를 변화시켜 경기침체를 극복하거나 경기과열을 억제함으로써 경기변동을 완화하고 국민경제의 안정적 성장을 실현하고자 하는 일련의 정책을 말한다. 금융정책은 정부와 중앙은행이 국민경제의 안정과 성장들을 도모하기 위하여 통화량과 이자율을 조절하는 정책을 말한다.

2) 강인수 외, 「국제통상론 제4판」, 박영사, 2006, p. 14.

정부는 경기가 침체하면 정부지출을 늘리거나 조세를 감면하는 확대재정정책을 실시한다. 한편 중앙은행은 경기불황기에 통화량을 증가시키거나 이자율을 하락시키는 확대금융정책을 시행한다. 이러한 확장적 경제정책은 경제전반의 경기 활성화를 가져오며 부동산시장에도 긍정적인 영향을 주게 된다. 경제가 활성화되면 부동산투자로 인한 투자수익률을 증대시킨다. 반면 긴축재정정책이나 금융정책은 과열된 경기를 진정시키는 것이 목적이므로 이러한 정책시행은 부동산투자수익률을 감소시킨다.

정부의 경제정책은 부동산시장을 대상으로 하지 않고 전반적인 경기상황에 영향을 주는 방향으로 시행되더라도 부동산투자수익률에 큰 영향을 줄 수 있으므로 투자자들은 정부의 정책방향을 예의 주시할 필요가 있다.

3) 거시 경제지표의 변화

국민경제 전체의 소비나 투자수준이 증가하면 경기가 활성화되어 부동산투자활동에 유리한 영향을 주게 된다. 우리나라의 경우 1988년 '서울올림픽'을 전후로 하여 경기가 과열되자 아파트를 비롯한 모든 부동산가격이 폭등을 한 바가 있다. 반면에 소비나 투자수준이 감소하면 부동산투자활동에 불리한 영향을 주게 된다. 이는 1997년 'IMF 사태' 발생 후 경기침체가 가속화되자 부동산의 실질가격이 아니라 명목가격이 하락하는 사상 초유의 사태가 발생한 경우를 보아도 알 수 있다.

소비나 투자수준뿐만 아니라 국제수지, 물가, 실업률 등의 경제지표가 경기가 활성화되는 방향으로 움직이면 부동산경기에 긍정적 요인으로 작용할 것이며, 반대로 경기가 침체가 되는 방향으로 변하면 부동산경기에 부정적 요인으로 작용할 것이다. 그리고 이 모든 거시경제지표를 총괄하는 것은 경제성장률지표가 된다. 경제성장률이 높아지면 경기가 좋아져 부동산의 수요나 공급을 증대시키고, 반대로 경제성장률이 낮아지거나 감소(-)하면 부동산의 수요나 공급을 감소시킬 것이다.

4) 조세부담의 상태

조세부담률은 개인 및 기업의 가처분소득에 영향을 미치고, 국가의 재정규모에도 큰 작용을 하여 부동산가격에 다양한 영향을 주게 된다.

부동산의 수요측면에서의 조세부담으로는 취득세, 등록세 등이 있고 공급측면에서의 조세부담은 양도소득세가 있다. 또한 부동산의 보유측면에서의 조세부담은 재산세 등이 있다.

5) 기술혁신 및 산업구조 등의 상태

기술혁신 및 산업구조의 고도화는 기업의 새로운 설비투자를 증가시키고 부동산 전반에 대한 수요도 증대시키는 역할을 한다.

6) 교통체계의 상태

철도, 자동차, 선박, 항공기 등의 교통운송체계는 경제활동의 수준과 관련되고, 토지이용권의 범위에도 영향을 준다. 즉, 교통망의 확대는 인근지역 토지이용권의 확대를 가져온다.

2 사회문화적 요인

사회문화적 요인은 특정 국가나 사회 또는 민족 단위에서 나타나는 영향력 지표를 말한다.

사회구조는 동일한 공동체 내에서 개인과 집단 간의 관계를 나타낸다. 국가나 민족마다 사회적 구조는 서로 다른 특성을 가지고 있다. 인도와 같은 나라는 아직도 신분제가 엄격하게 유지되고 있으나 미국이나 유럽, 그리고 우리나라에서는 사회적 계층구조가 명확하지 않아 비교적 평등한 사회구조를 가지고 있다. 또 사회마다 개인과 집단 중에서 어느 한 쪽을 우선시하는가가 다르게 나타난다. 예로부터 서양은 집단보다는 개인을 중요시하고 동양에서는 집단을 개인보다 더 중요하게 생각한다. 그리고 국가나 민족별로 민족문화가 서로 상이하게 나타난다. 민족문화란 그 사회가 중요시하는 가치관이나 행동규범을 의미한다.

사회구조나 민족문화는 사회마다 다를 뿐 아니라 시간의 흐름에 따라 변하기도 한다. 최근 들어 한국에서도 과거에 비해 여성의 사회진출이 증가하는 관계로 '남존여비'로 대표되는 여성에 대한 차별의식이 남자와 여자가 평등하다는 것으로 변화되고 있다. 그리고 시간이 흐름에 따라 젊은 세대에서 탈권위주의, 개인주의 의식이 심화되고 있다.

1) 의식구조의 변화

이러한 사회문화적 요인은 사회를 구성하는 개인들의 의식구조도 변화시키고 있다. 서양의 영향을 받은 개인주의의 영향으로 젊은이들 사이에 결혼을 하지 않는 독신세대가 증가하고 있고, 주택도 소유개념보다는 거주의 개념으로 보는 견해도 증가할 것이다. 그리고 1960년대 이후 고도경제성장시기에 진행된 도시화와 핵가족화도 우리나라의 주거환경에 많은 영향을 미쳤다. 향후 이런 경향이 지속되면 소형주택에 대한 수요가 대형주택보다 증대될 것이 예상되고 오피스텔이나 원룸주택에 대한 수요도 지속적으로 증가할 것이다.

2) 인구구조의 변화

통계청이 2009년 발표한 「향후 10년간 사회변화 요인 분석 및 시사점」 보고서에 의하면, 한국인구가 2018년 4,934만 명을 정점으로 감소할 것으로 내다봤다. 그리고 한국경제의 중추적인 역할을 담당한 '베이비붐 세대'[3]가 은퇴를 시작하면서 35-54세 인구는 점점 줄어들 전망이다. 자연히 주택수요도 감소할 수밖에 없다. 그런데 더 심각한 문제는 인구구조의 고령화다. 한국의 고령화 속도는 매우 빠르게 진행되고 있다. 65세 이상 인구가 전체의 7%이면 고령화 사회, 20%이면 초고령화 사회로 분류된다. 독일은 고령화 사회에서 초고령화 사회로 진행되는 데 77년이 소모되었고 프랑스는 154년, 미국은 94년이 걸릴 것으로 예상된다. 하지만 우리나라는 26년 만에 초고령화 사회로 진입할 것으로 전망된다.

인구구조의 고령화가 초래하는 문제는 여러 가지가 있다. 2008년의 경우 생산가능인구 7명이 1명의 노인을 부양했지만 2036년에 생산가능인구 2명이 1명의 노인을 부양해야 한다.

출산률 감소는 학령인구와 직결되는 사안이다. 교육부 발표에 따르면, 2013학년도 고교 졸업자 수는 약 63만 명인데 10년 뒤인 2023학년도에는 40만 명으로 감소된다. 교육부는 학령인구가 감소함에 따라 향후에는 대학의 입학정원이 고교졸업생보다 더 많아지고 2023년에는 그 숫자가 약 15만 명 수준으로 늘어난다고 전망하고 있다. 따라서 이런 사태가 지속되면 상당수 대학이 심각한 정원미달 사태에 직면할 것이다.

인구 감소와 고령화 문제는 부동산시장에도 영향을 미칠 것이다. 매년 50만 가구 이상을 공급하는 물량위주의 주택정책은 이제 방향전환을 할 필요가 있다. 서울을 비롯한 수도권 이외의 지역에서는 이미 주택보급률이 100%를 넘어서, 신규아파트 상당수가 미분양될 것이다. 이제는 대규모 택지개발을 통한 아파트 공급보다는 도심의 재개발이나 재건축을 통해 1-2인 가구를 위한 소형주택 위주의 주택공급정책이 요구되고 있다. 과거 부동산투기를 전제로 시행

3) '베이비 붐'세대란 한국전쟁 이후 1955-1963년 사이에 출생한 세대를 말하는 것으로, 일본에서는 1946~1947년 사이에 출생한 '단카이 세대', 미국은 1946~1964년 사이에 출생한 인구를 말한다.

된 정부의 부동산정책 구조를 재검토해야 할 것이다.

3) 교육 및 사회복지의 수준

교육시설의 충족 정도는 부동산가격에 영향을 준다. 한국의 경우 높은 교육열과 명문대 선호현상으로 학원들이 밀집되어 있어 사교육 여건이 좋은 서울의 강남구가 타 지역에 비해 주택 가격이 높은 것이 이러한 사례에 해당한다.

높은 사회복지수준은 소득의 불균형을 완화시키고 사회를 안정시킨다. 그리고 이는 부동산수요에 대하여 양적, 질적 영향을 미치며, 특히 질적 수요에 큰 영향을 준다.

4) 부동산거래 및 사용, 수익의 관행

부동산시장에서의 유통질서, 예컨대 권리금 징수나 암거래 성행, 미등기 전매 등의 문제가 부동산활동에 영향을 미친다.

또한 토지거래허가구역, 개발제한구역 내 부동산의 거래는 시장기능이 제대로 역할을 하지 못하기 때문에 새로운 양상의 거래를 초래한다.

목초지이용의 집적화 또한 조방화, 부동산임대상황, 건물의 밀집도 등은 부동산의 사용수익에 영향을 주고 이는 다시 가격형성에 영향을 준다.

3 정치·법률적 환경

사회를 구성하는 개인과 집단은 가치와 신념의 차이, 이해의 차이 등으로 갈등과 마찰을 일으킬 수 있으며 이러한 갈등과 마찰을 해결하기 위한 제도적인 장치가 정치나 법률제도이다. 이러한 정치나 법률제도는 국가나 사회를 구성하는 구성원들이 지켜야 할 법과 규칙, 행동지침을 구성한다.

부동산은 일반적인 재화와 달리 공공재적인 성격을 가지고 있고 토지는 인간의 힘으로 공급이 불가능한 특성을 지니고 있다. 이런 부동산의 특성으로 인해 부동산에 대한 정부의 규제는 다른 상품에 비해 많을 수밖에 없다. 본인의 사유재산이더라도 소유자 마음대로 이용할 수가 없으며, 그 이용과 개발에는 많은 제한이 수반된다. 이러한 제한에 관한 법률들을 통틀어 '부동산공법'이라 한다. 부동산공법에는 '국토이용관리법', '도시계획법' 등 수많은 법률이 존재하며 토지나 건물 등 부동산 소유자는 이런 법률에 맞게 부동산을 이용하거나 개발해야 한다.

1) 토지제도

토지제도(land system)란 토지에 관련된 소유관계를 말한다.

이러한 토지에 관한 소유관계는 토지의 사유 또는 국유제도, 부재지주의 정리, 경자유전의 원칙 등 소유권 귀속형태의 공공필요상의 사용수익제한은 토지가격에 중요한 영향을 준다.

2) 토지이용에 관한 계획과 규제상태

대부분의 국가에서는 토지이용에 관한 공적 계획에는 토지·지구제를 중심으로 하여 토지의 이용활동을 공적으로 규제하고 있다. 토지이용계획의 새로운 수립, 토지·지구제의 신설, 또는 변동은 부동산의 행정적 위치를 변화시켜 토지의 수요, 공급, 거래, 이용활동, 가격형성 등에 크게 영향을 미친다. 우리나라의 경우 1972년에 제정된 국토이용관리법은 전 국토의 공간에 대한 용도지역, 지구제를 실시하게 하여 토지이용에 큰 영향을 미쳤다.

토지이용에 관한 규제는 토지이용을 중심으로 이루어지지만 이와 관계없이 법규 등(국방, 농지보전 등의 관계법규)에 의하여 서로 규제되어 부동산거래활동 자체가 규제되는 경우가 많다. 규제관계가 날로 복잡화되어 대상 토지가 어떠한 법률에 의하여 어떻게 규제되는가를 판단하는 것은 감정평가활동과 권리분석활동에 중요한 요인이 된다.

3) 토지 및 건축물의 구조, 방화 등에 관한 규제상태

같은 용도의 토지라도 토지나 건축물의 안전성 유지에 관한 규제가 있는 곳과 없는 곳에는 가격수준에 차이가 나타날 것이다.

4) 택지와 주택정책의 상태

주택정책은 주택의 수요와 공급활동을 능률화함으로써 인간의 주거생활을 개선하려는 공적 활동이기 때문에 주택에 관한 질적 규제, 도시계획적 규제, 주택의 임료 등에 영향을 미친다. 주택정책의 내용으로서는 주로 택지와 주택의 물리적, 경제적 공급, 주택임료, 주택금융, 주택시장, 주택행정과 주택법률 또는 주택을 통한 소득과 자원의 배분에 관한 문제 등이 포함되어 있으며, 근간에는 원활한 택지 확보와 공급을 위한 정책으로 공기관에 선매권을 부여한 토지선매제도를 도입하고 있다.

5) 부동산에 관한 조세제도의 상태

사회가 분화되고 공공경비가 팽창되어짐에 따라 각종 조세의 종류도 많아지고 복잡하게 되었다. 그중 부동산조세제도는 국가의 보호적 기능이 중시되었던 시대의 산물로서 부동산가격 폭등에 대처하는 수단으로 사용되고 있다. 부동산조세제도의 목적은 공적 투자로 인한 불로소득의 사회 환원, 투기성향의 억제나 해소, 목초지의 최유효이용(이용도 증가)의 촉진, 공적 토지 취득의 원활화, 기타 부동산활동의 능률화 등을 들 수 있다.

그리고 부동산조세제도의 대표적인 것으로 양도소득세, 개발부담금, 초과소유부담금, 증여세, 상속세, 취득세, 등록세 등이 있다.

또한 이들은 적용하는 지역, 규모, 면적, 대상 종별(대, 전, 논, 임야)을 달리함에 따라 부동산 거래유형을 바꾸고 가격구조도 변화시킨다.

6) 부동산의 가격, 임료에 관한 통제

지가동결, 토지거래허가·신고제, 임료통제 등 각종 투기억제책과 전세·월세안정대책은 부동산경기의 전반적인 흐름을 변화시키는 중요한 요인이 된다.

직접적인 지가통제는 자유경제시장에서 가격기능을 무시하는 정책이 되나 부동산가격의 상승을 둔화시키거나 투기를 억제하는 데는 많은 효과가 있다.

제3절 부동산투자의 미시적 환경

부동산투자의 미시적 환경은 거시적 환경과는 달리 투자자가 투자하려고 하는 지역이나 해당 부동산에 구체적인 영향을 주는 요인으로 볼 수 있다. 부동산투자의 미시적 환경은 투자대상 부동산이 위치하고 있는 지역 내 상태를 구성하는 '지역적 요인'과 대상 부동산의 개별적 특성을 파악하는 '개별적 요인'으로 나눌 수 있다.

1 지역적 요인

1) 지역의 범위

부동산은 동산과 달리 움직일 수가 없으므로 투자대상 부동산이 위치하고 있는 지역에 대해 투자환경을 검토할 필요가 있다. 대개 검토대상이 되는 지역은 인근지역, 유사지역, 동일수급권지역으로 구분한다.

인근지역이란 투자대상이 되는 부동산이 속한 지역으로 대상 부동산의 투자수익률이나 가격형성에 직접 영향을 주는 지역을 말한다. 그리고 인근지역내 부동산은 대상 부동산과 대체로 유사한 용도에 사용되어지는 특징이 있다. 예를 들면 서울의 강남역 부근 상가건물을 매입하여 투자한다고 가정하면, 인근지역은 강남역 부근 상업지역을 지칭한다고 볼 수 있다.

유사지역은 대상 부동산이 포함되지 않는 지역으로 인근지역의 지역특성과 유사한 특성을 가지는 지역을 말한다. 즉, 인근지역과 지리적 위치는 상이하나 인근지역과 부동산의 용도나 기능은 비슷하다. 그러므로 인근지역과 유사지역의 부동산은 상호 대체나 경쟁관계가 성립한다. 앞의 사례를 가지고 살펴보면 강남역 부근 상업지역과 유사지역은 영등포역이나 청량리역 부근의 상업지역, 서울 명동의 상업지역 등이 될 수 있다.

마지막으로 동일수급권지역이란 대상 부동산과 투자에 있어 대체나 경쟁관계가 성립하고 투자수익률에 상호 영향을 미치는 다른 부동산이 존재하는 권역으로 인근지역과 유사지역을 포함하는 광역적인 지역 개념이다. 이는 앞의 경우를 가지고 본다면 서울시 전체의 상업지역 개념과 비슷하다고 보인다.

2) 지역적 요인

투자대상 부동산이 위치하고 있는 지역은 다른 지역과 구별되는 특징을 가지고 있는데, 이를 '지역특성'이라 한다. 지역특성은 해당 지역의 부동산가격과 표준적 사용에 영향을 주고 이러한 영향이 부동산투자수익률 수준을 결정한다. 그러므로 지역적 요인이란 부동산의 투자수익률에 영향을 주는 지역특성이라고 볼 수 있다.

지역적 요인에는 지역적 차원의 일반적 요인들과 해당지역의 고유한 자연적 요인들이 있다.

(1) 지역적 차원의 일반적 요인

지역적 차원의 일반적 요인이란 앞서 설명된 부동산투자의 거시적 환경을 지역적 차원으로 축소시킨 것이다.

예를 들어 국가 전체적으로는 인구규모가 감소하고 인구구조의 고령화가 진행되나 해당지역은 그러한 현상이 거의 나타나지 않거나 오히려 반대로 진행될 수도 있다. 부동산의 투자수익률을 결정하는 것은 국가 전체의 상황보다 지역적 요인이 보다 큰 영향을 준다고 볼 수 있다.

(2) 지역적 차원의 자연적 요인

자연적 요인이란 해당 지역의 자연적 환경과 자연자원을 합한 개념이다. 자연적 환경은 일조나 습도 등의 기상 상태, 지형, 지질, 조망 등을 말하고, 자연자원이란 식량, 석유, 동력자원, 수산자원 등을 의미한다.

해당 부동산의 투자수익률에 일반적 요인뿐만 아니라 자연적 요인이 주는 영향도 크므로 해당 사항에 대한 면밀한 검토가 요구된다.

2 개별적 요인

부동산의 투자에 있어서 개별적 요인이란 대상 부동산의 개별적인 특성이 투자수익률에 영향을 미치는 요소들을 말한다. 여기에는 토지의 개별적 요인과 건물의 개별적 요인으로 구분할 수 있다.

토지의 경우 주거지는 쾌적성, 상업지는 수익성, 공업지나 농업지는 생산성이 얼마나 있는가를 파악해야 하고 건물의 개별요인에는 건물의 면적, 높이, 구조, 재질 등이 있다.

Story Tip

"좋은 땅 있어요" 기획부동산 또 기승

평창·당진 등 매입 권유…… 가격 외에 투자가치 따져야

은행원인 이○○ 씨는 최근 휴대폰으로 '투자정보를 제공하는 업체'라는 모 기획 부동산의 전화를 받았다.

처음에는 "저금리시대에 투자를 어떻게 하십니까"라며 이씨의 관심을 끈 다음 '땅을 팔려는 것이 아니며 좋은 투자기회를 제공하려는 것'이라며 차츰 땅 매입을 권유했다.

이 기획부동산이 추천한 곳은 충남 당진 땅으로 현재 토지거래허가구역이어서 6개월 거주 등 요건이 까다롭지만 "토지취득자격 증명서를 알아서 받아주겠다"고 유혹했다.

이어 "이 땅은 시가보다 저평가돼 있기 때문에 몇 년만 갖고 있으면 많이 오를 것이고 지금 투자할 만한 상품은 땅밖에 없지 않느냐"며 매입을 권했다.

이씨는 "처음에는 요즘 같은 시기에 누가 부동산에 투자하겠느냐는 생각을 했지만 몇 번 듣다보니 귀가 솔깃해질 수밖에 없었다"고 말했다.

진○○ JMK 플래닝 사장은 "요즘 강원도 평창 등 토지거래가 자유로운 지역의 땅에 대해 기획부동산들이 갖고 있는 땅을 매각하기 위해 노력하고 있다"면서 "서울과 같은 대도시 사람들은 지역의 땅값이 싸다는 점 때문에 현혹되는 경우가 있다"고 말했다.

8·31 부동산대책으로 뜸했던 기획부동산업체 활동이 최근 다시 고개를 들고 있다.

이들 땅이 개발계획과 맞아떨어져 수익을 얻게 되면 다행이지만 불법 전매나 시장가격을 무시하고 10~20배 비싼 가격에 부풀려 파는 사례도 적지 않아 피해가 염려된다.

평창지역의 경우 동계올림픽에 대비한 여러 가지 프로젝트와 서울대 바이오단지, 대규모 레저단지 개발 등을 내세워 기대심리를 많이 부풀린다는 것이다.

이○○ JMK 플래닝 팀장은 '무작위로 걸려 오는 전화는 일단 경계해야 하고, 개발계획의 실현 가능성도 검증해봐야 할 것'이라고 충고했다.

이○○ 조흥은행 PB는 "고객 가운데서도 기획부동산을 통해 충남 서산 땅을 매입했지만 필지분할이 안돼 어려움에 처한 경우도 있다"면서 "지방 땅의 시세 외에 투자가치를 정밀하게 따져볼 필요가 있다"고 전했다.

박기효 기자

자료 : 매일경제, 2005. 12. 1.

제 10장 부동산투자의 시장환경분석

제1절 부동산시장과 부동산투자

1 부동산시장의 개념 및 종류

1) 부동산시장의 개념과 시장분석

(1) 시장의 개념

부동산시장의 개념에 대해 서술하면 다음과 같다.

첫째, 시장이란 물건이나 권리를 팔려고 하는 매도자와 사려고 하는 매수자 간에 상품의 매매나 교환이 이루어지는 장소라고 할 수 있다. 따라서 부동산시장이란 부동산 자체나 부동산에 관한 권리가 교환되는 장소라고 할 수 있으며 일반 재화와 다른 부동산 특성 때문에 부동산시장은 일반 재화의 시장과 다른 고유한 특징을 갖고 있다.

둘째, 부동산시장은 부동산의 국지성, 비공개성, 비조직성, 매매의 곤란성 등의 특성 때문에 완전경쟁시장의 형태가 아닌 불완전경쟁시장이라고 할 수 있다. 그러나 부동산시장은 지역성, 즉 국지성이 강한 관계로 지역별로 개별적인 시장이 형성이 되며, 일부지역의 부동산시장은 완전경쟁시장과 유사한 형태를 가지게 된다. 예를 들면, 완전경쟁시장과 유사한 형태의 부동산시장은 분당, 일산 등 신도시 내의 아파트시장이 될 수 있다. 그 이유는 신도시 내의 아파트는 매수자와 매도자가 다수이며, 아파트의 매매가격이 비교적 파악하기가 용이하기 때문이다. 그리고 수요곡선과 공급곡선의 교차점에서 시장의 균형이 성립하는 시장은 완전경쟁시장이 유일하고 독점을 비롯한 기타 시장은 기업의 공급곡선이 존재하지 않는 관계로 이러한 분석을 적용할 수 없다. 그러므로 뒤에서 이야기되는 수요와 공급곡선에 의한 시장의 단기와 장기균형이론은 그 이론적 바탕을 완전경쟁시장에 두고 있으므로 일부 부동산시장이 완전경쟁시장이라고 전제하여야만 이론적 모순이 없다.

다음은 완전경쟁시장과 전형적인 부동산시장 간의 특성을 〈도표10-1〉에 정리하여 비교하였다.

셋째, 자본시장의 일종으로서 부동산시장은 추상적 시장이지만 지리적 공간으로서의 부동산은 구체적 시장이 된다.

도표 10-1 완전경쟁시장과 전형적인 부동산시장

특성	완전시장	전형적인 부동산시장
구매자와 판매자의 숫자	•다수의 참여자 •독점과 과점이 없으며 독점적인 경쟁도 없음	•소수의 참여자 •판매자시장일 때는 판매자가, 구매자시장일 때는 구매자가 시장을 지배
상품지식 시장교환	•구매자 및 판매자 모두 높은 지식수준 •손쉽게 교환이 가능	•양쪽 모두 올바른 지식을 갖고 있지 못함 •교환은 법을 따라야 하고 복잡하며 고가
표준화된 상품	•모든 상품이 똑같으며 상호교환 가능 •판매자에 따라 상품에 다소 간의 차이	•각각의 부동산은 독특하며 다른 것과 분리 •정확하게 똑같은 것은 존재하지 않음
이동성	상품은 더 수지맞는 시장을 따라 이동할 수 있음	이윤이 더 나은 다른 곳으로 이동할 수 없음
매입규모와 빈도	•매입되는 품목은 적으며 상대적으로 비싸지 않음 •자주 매입	•부동산은 극히 드물게 매입 •한 채의 주택은 보통 가족에 의해서 실행되는 가장 큰 유일한 투자
정부의 역할	정부의 역할은 미미	정부는 재정과 통화정책을 통하거나 다른 규제정책을 이용하여 부동산개발을 장려하거나 억제함으로써 중대한 역할을 행함
가격	가격은 수요와 공급의 완만한 작용에 의해 설정	•가격은 수요와 공급의 상호작용에 의하여 영향을 받으나 이 상호작용은 유연하지 못함 •구매자와 판매자의 지식결여는 지불되는 가격을 왜곡시킬 수 있음

자료 : Dennis J. Mckenzie, Richard M. Betts, *Essentials of Real Estate Economics, Third Edition*. Prentice-Hall. Inc., p. 71.

(2) 시장분석

부동산시장분석을 수행하기 위하여 토지이용기획자가 다루어야 하는 자료는 크게 시장자료(market data), 부동산의 공간분포자료(property data), 재무적 자료(financial data)의 세 가지 형태가 있다. 정확한 분석과 예측을 위해서는 세 가지 자료 모두가 필요하다.

시장자료는 부동산수요를 추정할 수 있게 해주는 인구의 특성에 대한 가치 있는 정보를 제공해 주는 반면, 해당 부동산에 대한 자료는 특정 부지에 대한 정보를 제공하고, 재무자료는 재무분석에 필요한 수치자료를 제공해 준다.

부동산시장분석을 위한 자료는 풍부하면 풍부할수록 투자분석 의사결정에 유익한 정보를 제공한다. 따라서 시장분석의 성패는 유익한 자료를 수집하고 해석하는 데 달려 있다고 해도 과언이 아니다. 이는 〈도표 10-2〉를 보면 알 수 있다.

그러나 한 가지 유의할 점은 부동산시장분석을 위한 자료수집 자체가 표본조사에 의하여 확보된 자료를 기초로 분석이 이루어지고 있다는 사실이다.

표본조사에 의할 경우 동일한 시장을 대상으로 한다고 하더라도 표본추출의 방법이나 분석자의 성향에 따라 결과가 항상 동일하게 나오지는 않는다는 점을 인식하고 이를 고려하는 것이 중요하다.

도표 10-2 시장분석의 자료

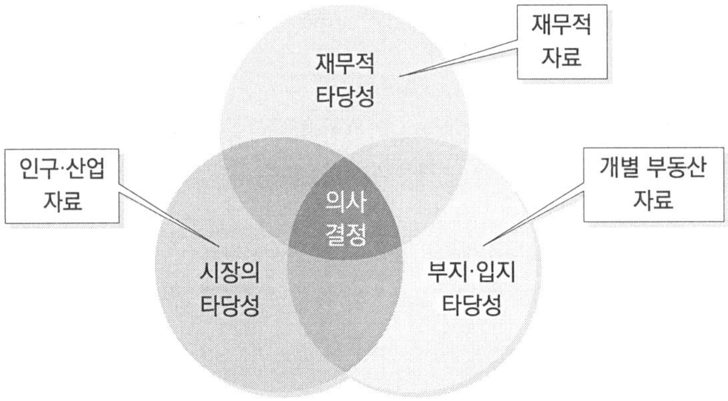

2) 부동산시장의 종류

경제학에서는 시장의 분류를 실물시장과 금융시장으로 크게 구분하다. 이는 교환의 대상이 되는 매개물을 기준으로 분류한 것이다. 실물시장은 재화와 용역이 거래되는 생산물시장과 노동과 자본 등 생산요소가 거래되는 생산요소시장으로 세분된다. 금융시장은 국내금융시장과 국제금융시장으로 구분한다. 부동산은 일반적으로 생산물시장의 한 종류가 되나 보기에 따라서는 생산요소의 하나로 간주하여 생산요소시장으로 볼 수도 있다. 이는 부동산에 국한된 것이 아니라 다른 재화의 경우에도 최종소비재로서 가계부문이 구입하면 생산물 시장으로, 재화나 용역을 생산하는 기업부문이 구매하면 생산요소시장으로 분류한다. 예를 들어 컴퓨터의 경우 일반 가정에서 구입하면 생산물이 되나, 기업이 구매하면 생산요소가 된다. 그리고 실물시장에서 가격이나 임금이 결정되는 방식에 따라 완전경쟁시장과 불완전경쟁시장으로 나눈다.

부동산은 다른 재화와 비교해 완전경쟁시장의 조건을 충족시키는 것이 곤란한 재화이므로 일반적으로 불완전경쟁시장으로 간주하나 부동산시장의 단기와 장기균형을 수요와 공급곡선의 교차점으로 보는 견해는 그 이론적 바탕을 완전경쟁시장에 두고 있다는 것을 알 수 있다.

부동산시장의 종류는 크게 실물시장의 범주에 포함시키고 몇 가지 관점에서 구분 할 수 있다.

첫째, 부동산시장은 부동산을 어느 용도에 이용하느냐에 따라 주거용 시장, 상업용 시장, 공업용 시장, 농업용 시장 등으로 구분할 수 있다. 주거용 시장은 부동산을 단독주택이나 공동주택 등 주거용으로 사용하는 시장으로, 상업용 시장은 부동산을 업무용이나 상가, 숙박업소 등으로 이용하는 시장이다. 그리고 공업용 시장은 부동산을 공장이나 창고 등으로, 농업용 시장은 부동산을 논이나 목장, 과수원 등으로 이용하는 시장이다.[1]

둘째, 부동산 형태에 의한 분류로 토지시장과 주택시장 등으로 나눌 수 있다. 토지시장은 건축물의 유무를 가리지 않고 원형지의 거래를 목적으로 하는 시장을 말하며, 주택시장은 단독주택이나 공동주택 등 주택의 거래를 목적으로 하는 시장이며, 상기의 주거용 부동산시장과 일치한다. 기타 건물의 용도에 따라 상가시장이나 업무용 시장 등으로 구분할 수 있다.[2]

마지막으로 부동산 시장을 공간시장과 자산시장으로 구분할 수도 있다. 공간시장이란 토지나 건물의 공간을 이용할 수 있는 권리가 교환되는 시장을 말한다. 여기서 이용할 수 있는 권리란 부동산의 소유권이나 임대권 등 포괄적 권리를 의미한다.

공간시장은 부동산의 자연적 특성인 부동성으로 인해 지역별로 위치가치가 달라지며 어떠한 용도로 사용하는 가에 따라 그 가치가 상이해지는 개별시장을 형성한다. 부동산 공간의 공급자는 자가(自家) 수요자와 임대를 목적으로 하는 임대지주로 구성된다. 공간시장을 구성하고 있는 중요한 요인은 임대료이다. 임대료는 특정한 부동산 공간을 일정기간동안 이용하고 사용하는데 따른 가격을 말하며, 부동산 가치를 산정하는 기초가 된다. 자산시장은 실물자산으로서 부동산 소유권을 거래하면서 부동산의 가치 및 가격이 결정되는 시

1) 이종규, 「부동산투자 및 금융론」 부연사,2013, p134.
2) 이종규, 상게서, p135.

장을 말한다. 자산시장에서 수요자는 소유하는 부동산으로부터 발생하는 현금흐름을 얻고자 부동산을 구입한다. 투자의 대상으로서 부동산은 자산으로서의 부동산이며 현금흐름이 많아질수록 부동산의 자산가치는 커진다. 공간시장과 자산시장 그리고 건설시장 간의 관계는 다음과 같다.

공간시장에서 부동산 공간을 이용하고자 하는 수요와 공급에 의해 임대료가 결정되고 그 임대료는 자산시장에서 결정되는 부동산의 가치 및 가격을 결정하는 기초가 된다. 자산시장에서 결정되는 부동산가격은 건설시장에서 부동산의 건설 규모에 영향을 준다. 부동산의 신규 건설로 인한 부동산의 공간 공급량 증가는 공간시장에서 임대료에 영향을 주게 된다. 이와 같이 공간시장, 자산시장 그리고 건설시장은 상호간에 영향을 주고받는 관계에 있다. 디파스퀠과 위튼(Denise Dipasquale & William C. Wheaton)은 임대수익형 부동산의 공간시장과 자산시장 그리고 건설시장을 연결하며 임대료, 가격, 신규건설, 공간재고의 변동을 설명하는 모형을 개발하였다.[3)]

2 부동산시장의 특성과 기능

1) 부동산시장의 특성

부동산은 일반상품시장과는 다른 고유한 자연적 특성과 인문적 특성을 지니고 있기 때문에 다음과 같은 특징을 갖는다.

(1) 부동산시장의 지역성(국지성)

부동산시장의 지역성과 관련된 특징은 다음과 같다.

첫째, 부동산은 위치의 고정성이라는 자연적 특성 때문에 지역적으로 고립되어 있어서 시장이 성립되더라도 국지적으로 좁은 불완전시장이 된다.

둘째, 부동산은 지역성이 있기 때문에 그 지역의 경제적·사회적·행정적 변화에 따라 크게 영향을 받으며 수요·공급도 그 지역의 특성에 영향을 받는다.

셋째, 부동산시장은 지역에 따라 여러 개의 부분시장으로 나누어지는 시장의 세분화 현상이 나타나며 부분 시장별로 초과수요와 초과공급을 지속하게 한다.

(2) 부동산거래의 비공개성

부동산은 거래 시 고액의 자금이 소요되기 때문에 매매당사자들은 그 사실을 공개하는 것을 꺼리게 된다. 더구나 부동산거래 시 양도소득세나 증여세 등 출처조사

3) 이를 4사분면 모형이라고 하며, 자세한 내용은 두사람의 저서인 「Urban Economics and Real Estate Markets」을 참조하기 바란다.

때문에 다른 사람에게 공개하는 것을 꺼리고 상호이익을 위해서 거래가액을 숨기는 경우가 허다하다. 이와 같은 비공개성은 불합리한 가격을 형성하게 한다. 이는 부동산특성 중 개별성과 관련이 깊다.

(3) 부동산상품의 비표준화성

일반상품은 표준화나 규격화를 통해서 대량생산이 가능하지만 부동산은 위치·규모·용도 등이 각각 다른 개별성 때문에 규격화가 불가능하고 이 비표준화가 부동산시장을 복잡·다양하게 만든다. 부동산은 물리적 개별성뿐만 아니라 경제적 및 법적 성질을 달리하는 특유의 개별성을 갖게 되어 일반상품과 달리 대체성이 거의 없다. 부동산상품의 비표준화는 수요와 공급을 복잡하게 하고 수요와 공급의 분석을 어렵게 한다.

(4) 부동산시장의 비조직성

일반상품의 판매는 대체적으로 도매상(대리점), 소매상을 거쳐서 소비자에게 인도되는 조직성을 갖지만 부동산은 지역성, 거래의 비공개성 및 상품의 비표준화 등으로 시장의 조직화가 거의 불가능하다. 더구나 부동산거래는 매매당사자들의 개별적인 협상을 통해 이루어지기 때문에 동일하거나 유사한 부동산들의 가격도 매매시점이나 매매당사자들에 따라 각각 다르게 형성된다.

(5) 수급조절의 곤란성

부동산은 수요의 증가가 있어서 가격이 상승하더라도 수요에 맞춰서 공급을 그때그때 늘릴 수 없는 특성이 있다. 더구나 부동산 중 토지는 부증성(不增性)이라는 특성 때문에 수요가 증가하더라도 공급증대가 불가능하다. 또한 부동산은 고유의 개별성과 시장의 지역성이라는 특성이 있어 수급조절 기능을 더욱 어렵게 만들고 있다.

(6) 부동산 매매기간의 장기성

부동산은 일반상품이나 유가증권과 달리 고가품이라는 특성 때문에 팔거나 사거나 하는 기간이 길다. 즉, 부동산은 상품으로서 단기적 거래가 곤란하다. 이러한 매매기간의 장기성은 자금의 유용성과 밀접한 관련이 있다.

(7) 법적 제한의 과다

부동산은 다른 재화보다는 공공성이 더 강하기 때문에 부동산거래에 대한 법률적 규제가 많다. 이러한 법률적 제한은 부동산시장을 왜곡시켜 시장의 조절기능을 저하시킨다.

(8) 소수의 판매자와 구매자

어떤 특정지역에는 소수의 판매자와 소수의 구매자만 존재한다. 이는 부동산시장이 지역시장의 성격을 가지고 있기 때문이다. 부동산은 가격이 고가이기 때문에 구매력을 축적하는 데 많은 시간이 소요되며 시장참여가 구매력이 있는 수요자로 제한된다.

2) 부동산시장의 기능

부동산시장의 기능에는 공간 및 자원배분의 기능, 교환의 기능, 가격의 창조기능 등이 있다.

(1) 공간 및 자원 배분

부동산 자체나 부동산에 관한 권리가 교환되는 부동산시장에서는 기존 부동산공간을 수요자에게 분배하고 개량물(건물)에 대한 여타 자원의 분배가 이루어진다.

(2) 교환

부동산시장에서는 매매당사자들 간에 부동산과 현금, 부동산과 부동산, 소유와 임대 등의 교환이 이루어진다.

(3) 가격의 창조

부동산가격은 일물일가법칙(一物一價法則)이 배제되기 때문에 동일한 부동산이라도 거래 시마다 가격이 새로 창조되고 파괴된다.

부동산을 거래할 때 매매당사자는 가격을 협의하게 되는데, 시간의 흐름에 따라 매수인의 주관적인 제안 가격 *B*는 상승하게 되고, 매도인의 주관적인 제안 가격 *S*는 저하하게 된다. 이때 중개업자가 양자의 가격을 조정하며, 조정과정에서 결국 매수인이 더 이상 지불할 수 없는 상한가격과 매도인이 더 이상 양보할 수 없는 하한가격과의 만남인 *P*지점에서 거래 가격이 형성된다. 이러한 과정이 반복됨으로써 부동산의 가격은 창조되고 파괴되는데, *P*지점에서 창조되는 가격은 P_1, P_2와 같이 도표상 어느 지점에나 존재할 수 있다. 이것은 매도인의 제안가격 곡선 *S*와 매수인의 제안 가격 곡선 *B*가 만날 때 비로소 결정되며 바로 이것이 부동산시장의 형태로 나타날 수 있는 것이다. 〈도표 10-3〉에서 보면 *PBS*로 둘러싸인 부분이 바로 부동산시장이 된다. 이렇게 하여 형성된 가격 정보는 거래당사자뿐만 아니라 부동산시장의 안정과 유지를 위해 중요한 요소로 작용하게 된다.

도표 10-3 부동산시장에서의 가격창조

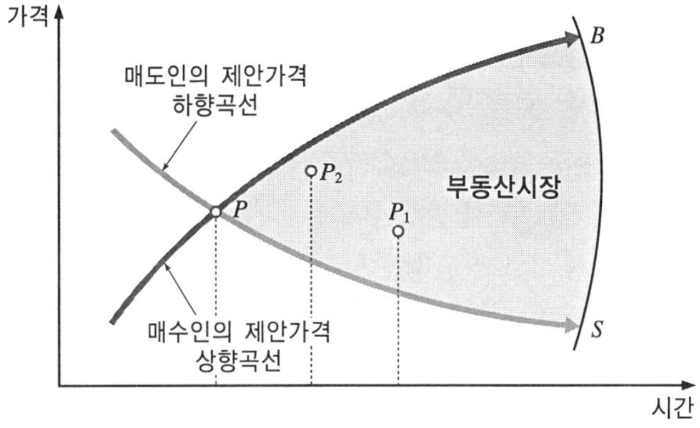

(4) 정보제공

투자가, 건축가, 개발업자, 과세평가원, 임대업자, 중개업자 등은 부동산시장에서의 가격이나 기타 정보들을 수집하고, 수집된 정보를 본인이 이용하거나 타인에게 제공하기도 한다.

(5) 양과 질의 조정

부동산의 수요자·관리자 등은 부동산 유용성이 최대가 되도록 노력을 경주하는 과정에서 부동산의 양과 질이 조정된다.

아파트의 수요가 증가되면, 아파트의 가격이 상승하고 이에 따라 시장에 공급되는 아파트의 공급량이 증가한다. 그리고 건설회사들은 소비자에게 평판이 좋은 아파트모델을 출시하려고 경쟁하는 과정에서 아파트의 품질이 향상된다.

3 부동산시장의 단기와 장기균형

1) 단기와 장기의 구별

단기라 함은 기존의 생산시설이 확장되지 않을 정도의 짧은 시간을 말한다. 그리고 단기에는 부동산시장에서 초과이윤이 발생하더라도 외부에서 기업이 신규로 진입할 수 없고 손실이 발생하더라도 기존기업이 퇴거할 수 없는 기간이기도 하다. 장기라 함은 기존 시설 외에 새로운 생산시설이 추가되거나 초과이윤이 발생하면 새로운 기업이 시장에 진입할 정도의 긴 시간을 의미한다. 그리고 손실이 발생하면 기존기업이 퇴거할 수도 있는 기간이다.

2) 단기균형

부동산시장의 단기균형을 그림을 통해 살펴보면 다음과 같다.

첫째, 〈도표 10-4〉 공급곡선(S)와 수요곡선(D_0)이 만나는 점 E에서 균형이 달성된다. 이후 수요가 증가하여 수요곡선이 D_1 으로 이동하면 균형임대료 R_0에서 초과수요가 Q_0,Q_2만큼 발생한다.

둘째, 최초의 균형임대료 수준 R_0에서 초과수요가 발생하면 수요와 공급의 법칙에 의하여 임대료는 R_1수준으로 상승한다.

셋째, 임대료가 R_0에서 R_1으로 상승되면 기존 부동산의 공급량이 증가하여 임대료 R_1과 임대료 Q_1에서 균형임대료와 균형임대량이 결정된다.

넷째, 수요증가 시 단기의 균형임대료 R_1과 균형임대량 Q_1은 원래 균형임대료 R_0와 균형임대량 Q_0보다 높은 수준에서 결정된다.

도표 10-4 부동산시장의 단기균형

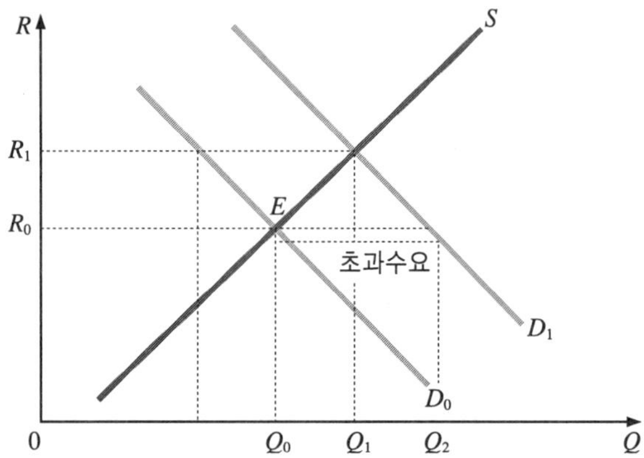

3) 장기균형

부동산시장의 장기균형을 그림을 통해 살펴보면 다음과 같다.

첫째, 최초의 균형점은 수요곡선 D_0와 단기공급곡선 S_0가 만나는 점 E에서 달성된다. 이때 임대료는 R_0이고 거래량은 Q_0이다. 수요가 증가하면 수요곡선은 D_0에서 D_1으로 우측이동 한다. 수요의 증가는 현재의 공급능력 범위 내에서 임대료를 R_0에서 R_1으로 상승시키고 공급량은 Q_0에서 Q_1으로 증가시킨다.

둘째, 임대료가 원래 R_0에서 R_1으로 상승했다는 것은 기존 공급자들이 초과이윤을 획득하고 있다는 의미이다. 이런 경우 기존의 기업들은 생산설비를 확충하게 되

도표 10-5 부동산시장의 장기균형

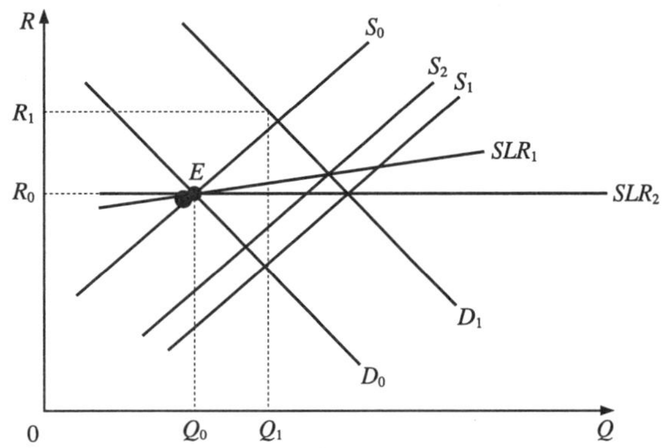

고 새로운 기업도 초과이윤이 소멸될 때까지 시장에 진입하므로 공급은 증가하게 된다.

셋째, 생산요소가격이 상승하지 않고 일정한 경우 단기공급곡선은 S_0에서 S_1까지 이동하게 되므로 장기균형임대료는 원래의 단기균형임대료와 동일한 수준인 R_0로 회귀한다. 이때의 장기공급곡선은 SLR_2로 수평선이 된다.

넷째, 장기공급곡선이 수평선이라는 것은 생산요소가격이 불변이라는 전제가 있어야만 가능하다. 이것은 공급이 완전 탄력적이라는 것이고 약간의 임대료의 상승에도 공급은 무한히 증가될 수 있다는 의미이다.

마지막으로 일반적으로 공급의 증가에 따라 생산요소의 수요가 증가하므로 생산요소의 가격은 불변이기보다는 상승한다. 따라서 공급곡선은 S_0에서 S_1까지 이동하지 못하고 S_2까지만 이동한다. 따라서 장기공급곡선은 SLR_1(우상향)으로 나타난다. 이것은 공급량이 증가됨에 따라 생산비도 상승하기 때문이다. 수요의 증가는 장기적으로 공급량을 증가시키지만 임대료도 상승시킨다.

4 부동산시장의 효율성과 균형

1) 시장의 효율성과 효율적 시장의 개념

부동산에 관한 정보는 부동산의 가치를 높게 또는 낮게 평가하는 데 결정적 역할을 하기 때문에 부동산시장에서 부동산에 관한 정보는 대단히 중요하다고 할 수 있다.

부동산에 관한 새로운 정보가 얼마나 빠르게 부동산가치에 반영하는가를 나타내는 것을 시장의 효율성이라고 하고 부동산에 관한 새로운 정보가 지체 없이 즉각 부동산가치에 반영되는 시장을 효율적 시장이라고 한다.

부동산시장이 효율적이라는 것은 부동산의 가치가 장차 수익의 변동이 예견되는 경우 그와 같은 일이 발생했을 때 변화하는 것이 아니라 수익이 예견되는 즉시 변화한다는 것을 의미한다.

완전한 정보의 가정이 현실적으로는 성립하기 어렵다. 따라서 시장이론에서는 완전한 정보를 가정하는 완전경쟁시장 대신에 현실적으로 어느 정도 가능한 '효율적 시장'을 가지고 이론을 전개한다.

2) 효율적 시장 형태의 존재 여부

부동산시장에는 효율적 시장의 형태 중 어떤 형태가 존재하고 존재하지 않고는 일률적으로 말할 수는 없다. 즉, 약성 효율적 시장이 존재하지 않을 수도 있고 준강성 효율적 시장까지 존재할 수도 있다.

일반적으로 부동산시장에서는 약성 효율적 시장이나 준강성 효율적 시장이 존재한다고 하나 강성 효율적 시장은 잘 나타나지 않는 것으로 되어 있다.

3) 할당적 효율성(분배의 효율성)과 균형

(1) 할당 효율적 시장과 완전경쟁시장

① 개념

자원이 효율적으로 할당되었다는 것은 어느 누구도 기회비용보다 저렴한 가격으로 정보를 획득할 수 없다는 것을 의미한다. 할당 효율적 시장이란 자원의 할당이 효율적으로 이루어지는 시장으로서 어느 누구도 기회비용보다 저렴한 가격으로 정보를 획득할 수 없는 시장이다. 따라서 부동산투자와 다른 투자 대안에 따른 위험을 감안하였을 때 부동산투자의 수익률과 다른 투자의 수익률이 서로 같도록 할당되었다는 의미이다.

완전경쟁시장에서는 자원이 효율적으로 배분된다고 할 수 있고 따라서 할당 효율적 시장이다. 그렇다고 할당 효율적 시장이 완전경쟁시장만을 의미하는 것은 아니다.

생산의 효율성이란 최소의 비용으로 부동산의 생산이 이루어진다는 의미이다. 다시 말해 시장균형임대료보다 높은 비용으로 부동산을 생산하는 기업은 결국 시장에서 존립하기 어렵게 된다.

② 이자율과 수익률의 균형과정

수익률이 이자율보다 크면 자금이 부동산시장으로 유입되고, 이는 수요 증가와 가격상승을 유발한다. 가격상승은 수익률을 하락시켜 이자율과 수익률이 동일해진다.

수익률이 이자율보다 작으면 자금이 부동산시장으로부터 이탈하고, 이는 부동산 수요감소와 가격하락을 유발한다. 가격하락은 수익률을 상승시켜 이자율과 수익률이 같아진다. 따라서 시장에서 균형이 성립하면 자금차입에 따른 이자율과 투자에 의한 수익률이 동일해진다.

(2) 불완전경쟁시장과 할당 효율적 시장

불완전경쟁시장에서는 완전경쟁시장과 달리 초과이윤이 발생하는데 이 초과이윤과 초과이윤을 발생하도록 하는데 수반되는 기회비용이 일치한다면 불완전경쟁시장이라 할지라도 할당 효율적 시장일 수가 있다.

따라서 할당 효율적 시장이라는 개념이 완전경쟁시장만을 의미하는 것은 아니며 불완전경쟁시장도 할당 효율적 시장일 수가 있다.

(3) 부동산시장과 할당 효율적 시장

완전경쟁시장에서 정보는 모든 시장참여자에게 완전하다고 가정한다.

부동산시장은 정보가 불완전하므로 다른 투자자들보다 저렴한 가격으로 정보를 획득할 수 있는 투자자들이 존재하며, 이들은 그렇지 못한 투자자들보다 더 높은 수익을 올릴 수 있다. 그렇기 때문에 부동산시장은 할당 효율적 시장이 되지 못한다.

그러나 서로 다른 상황 속에서 이윤과 우수한 정보를 획득하기 위해 투자자들이 지불하는 기회비용이 같다면, 이 경우 시장은 할당 효율적이라고 할 수 있다. 그러므로 독점시장도 독점을 획득하기 위해 지불하는 기회비용이 모든 투자자들에게 동일하다면 할당 효율적 시장이 될 수 있는 것이다.

부동산시장에서 특정 투자자가 초과이윤을 획득할 수 있고 부동산투기가 성립되는 것은 부동산시장이 불완전하고 독점적이라기보다는 부동산시장이 할당 효율적 시장이지 못하기 때문이라고 할 수 있다.

4) 정보비용계산

(1) 부동산시장과 정보비용

정보가 소수의 사람에게만 독점되어 있거나 기회비용보다 적은 비용으로 우수한 정보를 보다 빠르게 획득할 수 있다면, 초과이윤이 발생하는 것은 당연하다. 일반적으로 부동산시장은 정보가 불완전하여 할당 효율적이지 못하므로 완전경쟁시장과 달리 정보를 이용하여 초과이윤을 획득할 수 있다. 따라서 정보비용이 존재한다.

(2) 부동산시장에서 정보비용계산

부동산시장에서 정보비용을 다음 사례를 가지고 계산하여 보자.

첫째, 어떤 투자자가 한 필지의 토지를 가지고 있는데 1년 후 인근지역에 정부기관이 들어설 가능성이 있으나 현재로서는 가능성이 50%이다. 대상필지는 1년 후 정부기관이 이전한다면 가격이 3,960만 원이 되고 현 상태에서도 2,420만 원이라 하자. 투자자의 요구수익률이 10%일 때 토지의 현재가치는 다음과 같다.

$$\text{현재가치(PV)}=\frac{(3.960\text{만 원}\times 50\%)+(2,420\text{만 원}\times 50\%)}{(1.1)}=2,900\text{만 원}$$

둘째, 1년 후 토지인근에 정부기관이 이전되었을 경우의 현재가치는 다음과 같다.

$$\text{현재가치(PV)}=\frac{(3,960\text{만 원}\times 100\%)+(2,420\text{만 원}\times 0\%)}{(1.1)}=3,600\text{만 원}$$

마지막으로, 1년 후 인근지역에 정부기관이 이전될 것이라는 정보의 가치는 다음과 같이 계산된다.

$$\text{정보의 가치}=3,600\text{만 원}-2,900\text{만 원}=700\text{만 원}$$

5 부동산시장과 부동산투자

부동산투자의 성공을 위해서는 전반적인 부동산시장 동향과 투자대상 부동산이 위치하고 있는 지역 및 대상 부동산의 용도에 대한 시장수요 등을 잘 파악하여야 한다. 전반적인 부동산시장 동향은 제9장에서 설명한 부동산투자에 영향을 미치는 거시적 환경의 변화나 추세변동을 고려하여 파악한다. 여기에다가 각 경제연구소가 발표하는 한국 및 세계경제의 전망자료들을 참고하여 투자자 나름대로 경제전망을 하여야 할 것이다.

부동산투자뿐만 아니라 주식을 비롯한 모든 위험성 있는 자산에 대한 투자는 누가 향후의 경제전망을 잘 하느냐가 관건이 된다. 전반적인 부동산시장에 대한 동향 분석 이외에 투자자는 본인이 투자하고자 하는 대상 부동산이 위치하고 있는 지역에 대한 분석과 투자에 따른 투자타당성 분석을 병행하여 수행할 필요가 있다. 이는 부동산투자에 영향을 미치는 미시적 환경에 관한 내용이 주로 포함되어지며 분석 절차는 부동산개발에 따른 타당성 분석 절차를 준용하면 될 것이다.

1) 부동산투자의 투자타당성 분석의 유형

부동산투자는 투자대상 부동산을 매입하는 행위, 부동산개발 행위, 부동산 간접투자상품을 구입하는 행위 등을 모두 포함한다. 그런데 부동산개발 행위야 말로 가장 수준 높은 시장분석과 투자분석이 요구되는 분야이다.

아래에서는 부동산개발의 사업타당성 분석의 유형을 준용하여 부동산투자에 따른 투자타당성 분석의 유형을 살펴보고자 한다.

(1) 지역경제분석

지역경제분석(analysis of local economy)은 투자대상부동산이 위치하고 있는 지역의 인구, 고용, 소득 등 부동산투자수익률에 영향을 미치는 요인을 분석하고 확인하는 작업을 말하며, 거시적 환경에 대한 분석이라고 볼 수 있다.

(2) 시장분석

시장분석(market analysis)은 일정 지역시장 단위에서 특정 유형의 부동산에 대한 수요와 공급을 분석하여 전반적인 부동산의 가격수준과 투자수익률에 대한 동태적 경로를 분석하는 작업을 말한다.

(3) 시장성 분석

시장성 분석(marketability analysis)은 토지매입 후, 어떤 용도로 개발하는 것이 가장 투자수익률을 극대화시키는 방안인가에 대한 연구 작업을 말하며 투자대상토지의 최유효이용에 관한 분석이다.

일반적으로 시장분석은 시장성 분석에 포함된다.

(4) 타당성 분석

타당성 분석(feasibility analysis)은 투자된 부동산을 어떤 용도로 이용하고 어떤 방향으로 개발하여야 투자수익률을 극대화시킬 수 있는가에 대한 분석작업이다. 이러한 타당성 분석에는 경제적 타당성과 법적 타당성 그리고 기술적 타당성으로 구분된다.

(5) 투자분석

부동산투자나 개발의 목적은 투자수익률의 극대화에 있다. 부동산을 취득하거나 구매, 임대와 관련하여 부동산투자자는 수익의 극대화를 추구한다. 투자분석(investment analysis)은 이러한 부동산투자자의 의사결정을 돕기 위한 분석과정이다.

2) 부동산투자의 투자타당성 분석의 체계

앞에서 살펴본 투자타당성 분석의 체계를 〈도표 10-6〉으로 나타내면 다음과 같다. '<'는 포함관계를 나타내는 것으로 시장분석은 지역경제분석을 포함하고, 시장성 분석은 지역경제분석과 시장분석을 포함하며, 투자분석은 모든 분석을 포함하고 있음을 의미한다.

도표 10-6

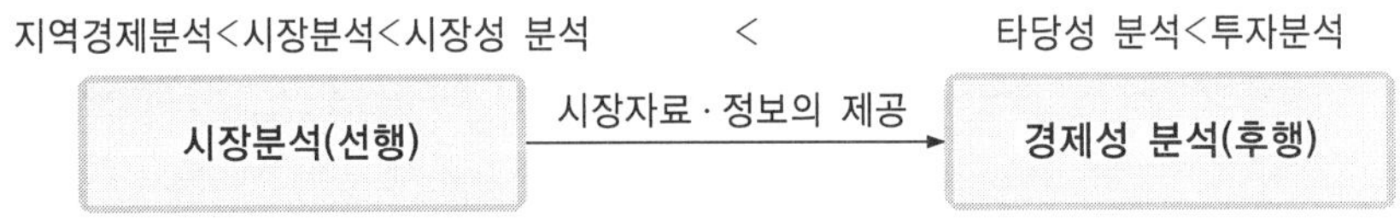

부동산투자자는 투자타당성 분석의 체계를 모두 수행하는 것이 바람직하나, 자신의 투자방법이나 목적에 따라 어느 단계의 분석은 생략하여도 무방하다. 예를 들면 어떤 부동산투자자가 주택을 매입하여 일정기간이 경과한 후, 되팔아 자본이득을 목적으로 투자하는 경우라면 지역경제분석과 시장분석만 수행하여도 무방할 것으로 판단된다.

제2절 부동산경기변동과 부동산투자

1 경기변동의 의의

일반적으로 경기란 시장경제체제하에서의 시장의 시황을 가리킨다. 그러나 경기순환을 가리키는 경우 경제전체수준의 생산과 소비의 상황을 지칭하기도 한다. 경제현상은 어떤 경직된 상태를 지속하는 경우는 드물고 언제나 쉼과 움직임을 반복하는 운동을 하고 있다. 평균적인 경제활동수준보다 훨씬 더 활기 있는 생산과 지출이 이루어져 경제가 호황을 누리던 때가 있는가 하면 평균수준보다 훨씬 밑도는 불경기를 경험하기도 한다. 호경기가 오랫동안 진행되다 보면 어느 땐가 불경기로 돌아서도 불경기가 한참 진행되다 보면 경제가 회복되어 호경기로 들어서곤 하였다. 이처럼 경제활동이 상당한 규칙성을 보이며 확장국면과 수축국면이 반복되어 나타나는 현상을 경기순환 또는 경기변동이라고 한다.[4)]

경기변동은 우리 나라에서만 국한된 것이 아니다. 영국에서 18세기 후반에 산업혁명이 일어나 자유시장경제가 본격적으로 발달되기 시작한 이후 시장경제가 주축이 되는 현대혼합자본주의에 이르기까지 모든 자본주의국가에서 경기변동을 경험해 오고 있다.

〈도표 10-7〉에 현실경제에서 관찰되는 전형적인 경기변동이 그려져 있다. 경기변동이 없으면 경제는 정상적인 성장경로를 따라 확대될 것이다. 정상적인 성장경로를 성장추세선이라 한다. 2차 대전 이후 일본, 대만, 한국 등 동북아지역은 고도성장을 누림으로써 성장추세선의 기울기가 아주 컸다. 반면에 아프리카와 서아시아, 그리고 남미지역의 성장추세선은 그 기울기가 작았다. 한 나라의 성장추세선의 기울기를 결정하는 요인은 생산기술, 자본축적, 양질의 노동력 등이다.

경기변동과정에서 경기가 가장 나쁜 상태를 계곡, 가장 좋은 상태를 정상이라 한다. 계곡에서 정상까지를 확장국면, 정상에서 계곡까지를 수축국면이라

4) 이창석, 「부동산학개론」, 형설출판사, 2010, p. 218.

한다. 계곡에서 다음 계곡까지, 혹은 정상에서 다음 정상까지를 경기변동의 한 주기라 한다. 그리고 정상과 계곡의 격차를 진폭이라 한다.

도표 10-7 경기변동

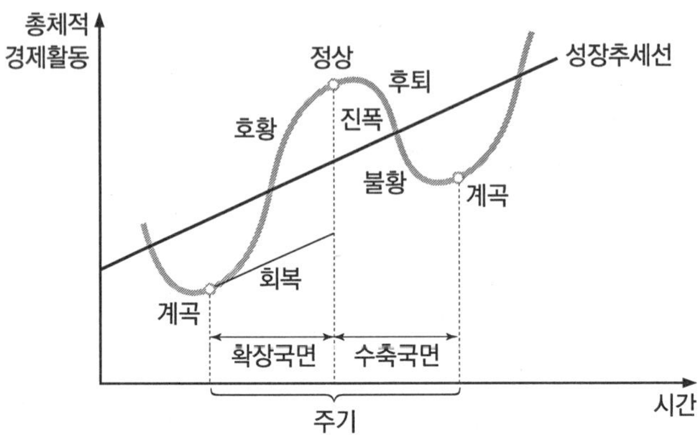

때로는 확장국면을 회복과 호황, 수축 국면을 후퇴와 불황으로 구분하여 경기변동의 4국면이라고 부르기도 한다. 경기회복은 계곡에서 성장추세선까지를 말하고 호황은 경기가 성장추세선을 넘어 정상까지 진행되는 상태를 말한다. 경기후퇴는 정상에서부터 경기가 위축되기 시작하여 성장추세선까지 하강하는 국면을 말하고 불황은 성장추세선 이하로 경기가 계속 하강하는 상태를 말한다.

2 부동산사이클

부동산도 경제와 마찬가지로 성장과 쇠퇴 등 경기순환 사이클을 가지고 있다. 〈도표 10-8〉에서 보듯이 경기가 부양되고 부동산금융이 충분할 때에는 사무실이나 상업용 부동산 활성화로 인하여 부동산수요는 증대될 것이다. 그러면 부족한 공급을 충당하기 위하여 부동산개발은 활성화될 것이다. 경기는 항상 사이클이 있기 때문에 경기가 좋지 않으면 부동산은 과잉공급되어 부동산은 침체된다. 이러한 현상을 부동산경기순환이라 한다.[5]

부동산경기는 경제순환과 밀접한 관계를 가지고 있으며 경제가 좋으면 파생효과를 가지는 특징이 있다. 그리하여 경제순환이 일어나면 시차를 두고 부동

5) 이창석, 「부동산학개론」, 형설출판사, 2010, p. 221.

산경기순환이 일어나며 영국의 경우 경제순환이 네 번 일어나면 부동산경기순환은 두 번 일어났다고 보고되고 있다. 또한 부동산가격순환은 임대료순환보다도 더 자주 일어날 뿐만 아니라 그 속도도 매우 느리다고 하였다. 아울러 부동산경기 회복은 소매상에서 가장 먼저 일어나고 다음으로 사무실시장이며 상업용 부동산에 확산된다.

도표 10-8 부동산경기순환

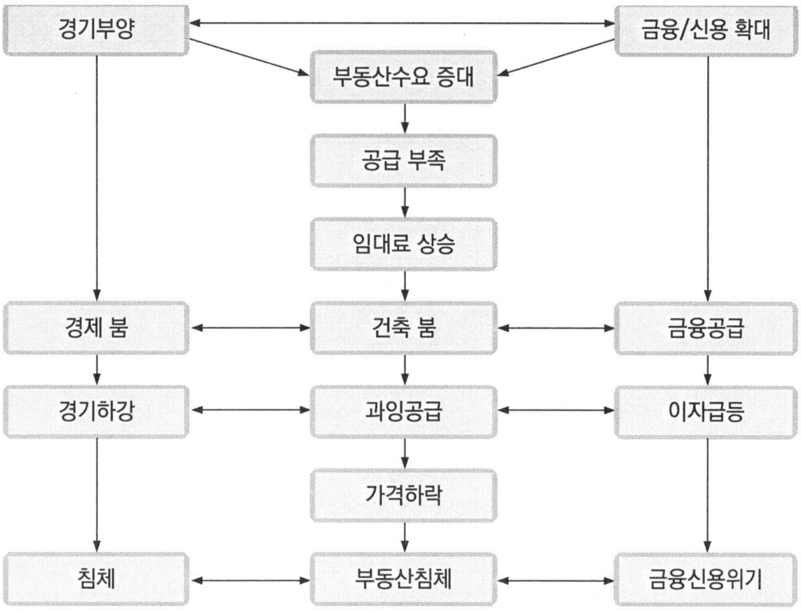

3 경기변동의 특징

경기변동의 특징은 크게 다음의 세 가지를 들 수 있다.

첫째, 경기변동은 반복적이되 비주기적이다. 경기확장과 수축이 번갈아 가면서 되풀이되어 나타난다는 점에서 반복적이다. 그러나 경기변동의 주기와 진폭이 경기변동마다 다르다는 점에서 비주기적이다.

둘째, 경기변동은 지속적·비대칭적이다. 경기후퇴가 일단 시작되면 상당기간 경기는 더 나빠지고 경기가 일단 확장되기 시작하면 상당기간 경기는 더 좋아진다는 점에서 경기변동은 지속적이다. 대개 확장국면이 수축국면보다 길게 나타난다는 점에서 비대칭적이다.

셋째, 경기변동은 몇몇 특정분야나 경제변수에만 일어나지 않고 많은 경제활동에서 거의 동시에 일어난다. 총체적 경제활동을 흔히 실질 GDP 혹은 (산업)생산 활동으로 대표시켜 다루고 있지만 경기변동과정에서 예측가능한 방향으로 같이 움직이는 경향을 동행이라 한다.

4 경기순환의 국면

자본주의경제는 그 성립 이래 생산의 확대, 자본축적의 증대, 시장의 확대와 더불어 발전이 계속되어 온 것이다. 그러나 그 발전은 여하한 국민경제에 있어서도 결코 평탄한 것이 아니었다. 생산이 증대되고 각 기업이 충분한 이윤을 거두고 있을 때, 물가상승과 실업자가 증가하는 경제공황이 비교적 일찍부터 나타났다. 그러나 초기에는 이 현상의 필연성을 잘 이해할 수 없었고, 경제발전의 과정에서 일어나는 우발적인 현상으로 생각했던 것이다. 그러나 이와 같은 공황이 주기적으로 도래한다는 것이 밝혀졌다. 그리고 자본주의경제의 발달과 더불어 공황만이 고립적으로 발생하는 것이 아니라 경기의 상승과 하강, 생산의 확장 내지 축소와 연관되어 파동을 그리면서 끊임 없이 반복을 하고 있다는 것이 밝혀졌다. 이러한 경기파동을 경기순환 또는 산업적 변동이라고 한다.

이러한 경기파동의 규칙성의 분석에 대한 관심이 높아짐에 따라 경기순환을 몇 개의 국면으로 나누어서 고찰하게 되었다. 경기순환의 국면에 관해서는 일반적으로 4국면설이 널리 이용되고 있다. 이를 그림으로 나타내면 다음과 같다. 〈도표 10-9〉는 미첼(W. C. Mitchell)의 4분법에 의한 것으로 경기순환 국면의 특징은 다음과 같다.[6]

도표 10-9 경기순환국면

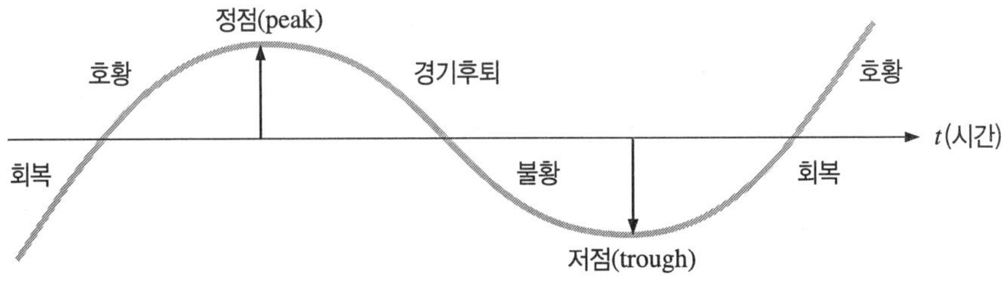

6) 이창석, 「부동산학개론」, 형설출판사, 2010, pp. 220~221.

1) 호황국면

경기회복국면을 지나면 호황국면에 접어든다. 이 국면에서는 경제활동이 모든 부문에서 활발하게 진행된다. 생산과 고용은 최대로 확대되고 물가는 최고로 상승하며 소득도 최대가 된다. 투자는 활발하고 자본설비의 이용도 최고가 된다. 소비지출도 계속 증가한다. 자금수요가 자금공급보다 큰 초과 수요가 지속되어 이자율은 계속 등귀한다. 주가는 처음에는 상승하나 그 상승폭은 점차 줄어들며. 또한 재고와 실업률은 전반적으로 감소한다.

호황국면에서 후퇴국면으로 전환히 급격히 이루어져 일반적으로 지급불능이 일어나고 다수 기업이 파산하는 등 경제활동의 침체가 현저할 때 이것을 공황이라고 한다. 공황에는 자연적·정치적인 대변동으로 일어나는 외생적 공황도 있지만 참다운 의미의 공황은 경기후퇴의 결과로 나타나며 경기후퇴가 급하게 진행되면서 발생한다.

2) 후퇴국면

호황이 정점에 달하면 자금수요가 지나친 지경에 이르고 따라서 이자율이 폭등한다. 자금수요가 지나치게 증가하는 데 반해 대부자금이 부족하게 되어 자금결핍현상이 나타나기 시작한다. 이자율이 등귀하면 주식시장에서 주식가격이 하락하고 따라서 주식발행에 의한 자금조달이 어려워지며 투자활동이 위축되기 시작하는데 이러한 국면을 경기후퇴국면이라고 한다. 이 국면에서는 경제활동이 전면적으로 위축된다.

즉 생산축소, 물가하락, 소득감소가 일어나며 실업률이 높아지고 자본설비의 가동률이 떨어진다.

3) 불황국면

경기후퇴나 공황의 뒤에는 불황이 따르는데, 이 국면에서는 기업의 생산량이 감소하고 이로 인해 노동수요가 줄어들며 실업률이 높아지며 전반적인 소득수준이 낮아진다.

4) 회복국면

회복국면은 불황기에 하락한 이자율로 인해 자금에 대한 수요를 증가시킨다. 비교적 완만하게나마 생산이 증가하고 실업자도 점차 감소하고 소득도 증가한다. 기업은 활기를 찾게 되어 또다시 고정설비에 대한 투자활동을 개시함으로써 금리·이윤·물가 등이 차츰 상승하게 되어 호황에 접어들게 된다. 이 국면에 접어들면 경제정세에 민감한 주식시장은 비교적 일찍부터 움직이기 시작하여 주가는 급속히 상승하게 된다.

도표 10-10 경기순환의 국면과 관련된 상황

구 분	회복기	호경기	후퇴기	불경기
물가	전반적인 상승 생산재 등귀	최고소비재 등귀	전반적 하락	최저수준
생산 활동	전반적으로 활발 생산재 생산 완만	전반적으로 소비재 생산 완만	전반적으로 하강	최저수준
소득	증가	최고	감소	최저
고용률	증가수준	최고수준	감소시작	최서수준
현금	대부증가 시작	대부자금 핍박	지불의 불능	금융완만
주식가격	상승	최고	하락	폭락
부동산 경기	가격상승 기미	가격상승 수요 투자 증대	가격안정	가격위축 수요투자 감소

5 부동산경기의 측정 지표

부동산경기변동을 종합적이고 과학적으로 측정하는 방법은 아직 개발되지 않고 있다. 나아가서 일반경기변동을 측정하는 지표에 대한 논의도 활발히 진행 중이다.

일반 경기변동의 준거지표를 GDP로 하면, 부동산경기변동의 준거지표로는 건축량 또는 건축착공량이 될 수 있다. 그리고 부동산은 토지와 건물로 구성된 복합적 개념이므로 토지의 경기변동의 준거지표로는 '지가상승률'을 들었다.

이러한 준거지표 또는 핵심지표들을 중심으로 여기에 영향을 미치는 외생적인 변수를 고찰해 봄으로써 부동산경기변동의 측정지표들을 추론하면 다음과 같다.

1) 건축량 또는 건축착공량

부동산경기변동을 나타내는 핵심지표로 볼 수 있으며, 일반적으로 건물은 일반재화나 상품과는 달리 건물의 착공에서부터 완공까지 상당한 시일이 소요되므로 건축량과 건축착공량 2가지를 들었다.

사람들이 부동산경기를 바로 체감하는 지표로는 건축착공량이 건축량보다는 바람직할 것 같다. 건축착공량은 일종의 선행지표이고 건축량은 동행지표의 성격을 지닌다고 볼 수 있다. 다음에는 건축량과 건축착공량에 영향을 미치는 외생변수들을 보고자 한다.

(1) 건축허가면적

건축허가면적이 증가하면 건축착공량과 건축량이 증가하므로 일종의 선행지표적 성격을 지닌다.

(2) 부동산공실률과 공가율

전반적인 일반경기상황이 악화되면 공실률이나 공가율이 증가하게 되고 건설회사들은 분양실적에 자신이 없으므로 건축착공량을 감소시키게 되므로 일종의 선행지표적 성격을 지닌다.

(3) 인구나 가구 수의 증가

인구나 가구 수의 증가는 주택이나 건물에 대한 수요를 증가시키고 주택이나 건물의 가격을 상승시킨다. 주택이나 건물의 가격상승은 주택이나 건물의 건축량을 증가시킨다.

(4) 주택보급률

주택보급률이 증가하면 주택의 가격상승을 억제시키고 주택의 건축량을 감소시킨다. 반면 재개발 등으로 기존 주택의 멸실이나 도시화 등으로 주택보급률이 감소하면 주택의 가격상승을 촉발시켜 주택의 건축량을 증가시킨다.

(5) 택지분양신청

택지의 분양신청이 증가하면 건축량이 증가하고, 반대로 감소하면 건축량이 감소한다.

(6) 건축비

건축비의 상승은 건축에 따른 기업의 이윤을 감소시키므로 건축량을 감소시키고, 반대로 건축비의 하락은 건축에 따른 기업의 이윤을 증대시키므로 건축량을 증가시킨다.

(7) 기타

통화량의 증가, 대출금리의 하락, 국제수지의 흑자, 정부재정지출의 증가는 일반경기상황을 호전시키므로 건축량을 증가시키고 통화량의 감소, 대출금리의 상승,

국제수지의 적자, 재정지출의 감소 등은 일반경기상황을 악화시키므로 건축량을 감소시킨다.

2) 지가상승률

지가상승률은 토지가격의 상승률을 말한다. 일반적으로 토지가격의 변동과 부동산경기는 상호 영향을 주고받는 관계라고 볼 수 있다. 부동산경기가 호황이 되면 지가가 상승하나 지가의 상승이 지속되면 이런 요인이 부동산경기를 진작시키기도 한다.

(1) 택지수요

도시화 등으로 인구가 도시에 집중되면 택지에 대한 수요가 증대되고 도시지역의 지가를 상승시킨다.

(2) 경제성장률

경제성장률이 높으면 공장용지나 사무용 공간에 대한 수요가 증대되고 이는 공업용 토지나 상업용 토지의 지가를 상승시킨다. 반대로 경제성장률이 둔화되면 공업용 토지나 상업용 토지의 지가를 하락시킨다.

(3) 주택거래량

주택거래량이 증가하면 일반적으로 주택가격이 상승하고 건설회사들이 주택건축량을 증가시키므로 지가를 상승시킨다.

(4) 대출금리

대출금리의 하락은 택지나 토지 등의 가수요를 유발시킬 수 있으므로 지가를 상승시킨다. 반대로 대출금리의 상승은 지가를 하락시킨다.

(5) 기타

통화량의 증감이나 국제수지의 흑자나 적자, 정부의 재정지출 등도 지가변동의 원인이 될 수 있다.

6 부동산경기변동과 부동산투자

1) 부동산경기와 일반경기의 시차관계

일반적으로 주식시장의 경기는 전순환적이며 부동산시장경기는 후순환적인 것으로 알려져 있다. 그러나 부동산시장이라도 주거용 부동산이냐, 상업용 부동산이냐, 공업용 부동산이냐에 따라 그 유형을 달리하고 있다. 그 내용을 살펴보면 다음과 같다.

(1) 주거용 부동산경기와 일반 경기변동과의 관계

일반경기가 호황일 경우에는 사람들이 수익성이 높은 부분에 투자하므로 주택부문 투자는 상대적으로 축소된다. 주택부문에 대한 투자감소는 주택건설업체의 주택공급량 감소로 나타난다. 따라서 주거용 부동산의 건축경기는 일반경제의 경기와는 반대되는 역순환적 현상을 보이고 있다고 할 수 있다.

(2) 상업용이나 공업용 부동산경기와 일반 경기변동과의 관계

경기가 호황일 때 생산을 위한 공장건설이나 사무실공간에 대한 수요가 증가하면 부동산의 공급도 늘어나는 것이 일반적이다.

이것은 상업용 부동산과 공업용 부동산이 일반경기변동과 밀접한 관계를 가지고 있기 때문이다.

상업용과 공업용 부동산은 일반경제의 순환과 거의 일치함으로써 주거용 부동산과는 반대의 현상을 보이고 있다.

2) 부동산경기변동과 부동산투자

부동산경기의 주기는 규칙적이지 않고 불규칙적이며 항상 변동하는 특징을 가지고 있다. 일반경기변동과 마찬가지로 부동산경기도 경제적 요인이나 사회적 요인들이 변하면 이에 따라 변동하며, 부동산경기의 이런 특징으로 부동산경기의 방향성을 정확히 예측하는 것은 어렵다고 볼 수 있다.

통상적으로 부동산경기 상황을 판단하고 예측하는 지표에는 건축량과 건축착공량 그리고 토지가격의 상승률 등이 있다. 부동산경기를 나타내는 측정지표들의 변동성을 종합적으로 파악하고 분석해야 예측의 정확도를 높일 수 있다.

부동산투자자는 부동산의 경기변동에 민감해야만 투자수익률을 높일 수 있다. 부동산가격은 부동산의 경기변동에 따라 움직이므로 투자자입장에서는 하향시장의 마지막 무렵이나 회복시장의 초기에 부동산을 매입하여 상향시장의 마지막 단계에 매도하는 지혜가 요구된다. 그러나 현재 시점이 부동산경기의 국면에서 어느 시점에 해당하는지는 파악하기가 매우 어려우므로 "무릎에서 사고 어깨에서 팔라"는 투자 격언대로 과도한 투자수익률에 대한 욕심을 자제할 필요가 있다. 부동산투자에 임할 때는 경기상황을 예의 주시하며, 본

인이 판단하기에 투자의 시기가 적절하다고 보면 과감하게 투자하는 자세도 필요하다.

제3절 부동산금융환경과 부동산투자

1 부동산금융의 개요

1) 금융의 개념

금융이란 실물을 매개로 하지 않고 화폐나 금융상품 등을 수요하거나 공급하는 것을 의미한다. 금융에는 직접금융과 간접금융 등이 있다.

직접금융이란 자금의 수요자가 자금의 공급자로부터 일정한 계약조건하에 직접적으로 자금을 조달하는 것을 말한다. 간접금융이란 자금의 수요자가 자금의 공급자가 아니라 은행 등을 통하여 간접적으로 자금을 조달하는 것을 말한다.

2) 금융시장

금융시장이란 자금의 수요와 공급이 발생하여 자금의 거래가 이루어지는 시장을 말하며, 앞에서 이야기한 금융의 행위가 나타나는 시장이다. 금융시장은 대체로 국내금융시장과 국제금융시장으로 구분되며 이외에도 여러 기준에 따라 분류하기도 한다.

자금의 조달방식에 따라 직접금융이 이루어지는 직접금융시장과 간접금융이 이루어지는 간접금융시장으로 나누어진다. 직접금융시장의 사례로는 주식시장과 채권시장이 있으며, 간접금융시장은 은행을 통한 대출과 예금이 가장 대표적이다.

자금의 대여기간에 따라 단기금융시장과 장기금융시장으로 나누어진다. 단기금융시장이란 1년 미만의 대여기간이 적용되는 시장으로 콜시장, 어음할인시장이 있다. 장기금융시장이란 1년 이상의 중장기에 걸쳐 자금을 대부하여주는 시장으로 기업의 시설자금과 같은 장기자금이 거래되므로 '자본시장'이라고도 한다. 직접금융시장이 거의 장기금융시장과 일치하는 경향이 있다. 그리고 새로운 금융상품이 발생되는 발행시장(primary market)과 기존의 금융상품이 거래되는 유통시장(secondary market)으로 구분하기도 한다.

3) 부동산금융의 의의

부동산금융(real estate finance)이란 부동산을 담보로 대부를 하거나 또는 부동산 담보부채권을 담보로 대부하는 것이며, 그 자금조달에 따른 경제 및 법률행위를 하는 담보금융의 하나를 말한다.[7] 이는 일정한 자금 확보를 통해 무주택서민과 주택건설업자에게 장기저리로 대출함으로써 주택구입을 용이하게 하고 주택의 공급을 확대하게 하는 특수금융이다. 부동산금융은 주택금융과 토지금융으로 나뉘는데, 주택금융이 대종을 이룬다.

부동산금융이 일반금융과 다른 큰 차이점은 담보기능이 있다는 점과 감가상각 및 차입금 이자에 대한 세금감면 등을 들 수 있다.

우리나라에서도 최근에는 금융의 세계화와 부동산 증권화의 추세에 발맞추어 부동산 신탁제도가 도입되고 '자산유동화에 관한 법률', '주택저당채권유동화전문회사법', '부동산투자회사법' 등이 제정됨으로써 금융시장과 부동산시장 간의 장벽이 허물어지고 있는 추세이다.

4) 부동산금융의 기능

(1) 주택거래의 활성화

주택수요자에게 주택을 담보로 주택자금을 융자해 줌으로써 주택을 용이하게 구입 또는 개량할 수 있도록 하여 주택거래의 활성화를 도모한다.

(2) 자가주택의 공급확대

부동산금융은 건설회사에게 주거용 주택건설에 필요한 자금을 지원함으로써 주택의 공급을 촉진하게 한다.

(3) 저축유도와 주택자금조성

주택구입을 위해 장기저리로 대부를 한 주택구입자는 이의 상환을 위해 저축을 할 것이며, 또한 신규로 주택구입을 하기 위한 주택청약예금 등을 통해 주택자금을 조성할 수 있다.

(4) 경기조절

부동산금융은 부동산경기의 조정을 함으로써 전반적인 경기조절의 기능을 수행한다. 부동산경기가 호황일 경우에는 부동산금융을 억제하고, 부동산경기가 불황일 경우에는 부동산금융을 확대하여 부동산경기를 조절한다.

7) 玉塚締伍, 不動産金融原論, 高陽書院, 1940, p. 25.

(5) 주거의 안정

부동산금융은 부동산거래를 촉진하고, 주택자금융자를 통해 국민의 주거안정에 기여하는 기능을 지니고 있다.

5) 부동산금융의 유형

부동산금융의 유형은 개발단계별, 부동산형태별, 투자형태별로 구분된다.

개발단계에 따른 부동산금융의 종류에는 토지매입이나 택지개발 등에 소요되는 자금을 조달하는 개발형, 건축이나 시설공사 등 건설에 필요한 자금을 조달하는 건설형, 부동산개발 및 건설기간 동안 소요되는 운영자금을 조달하는 운용자금형이 있다.

부동산형태에 따른 부동산금융의 종류에는 단독주택이나 아파트 등 주거용 부동산과 관련된 자금을 조달하는 주거용 부동산, 상가나 오피스텔 등 상업용 부동산과 관련된 자금을 조달하는 상업용 부동산, 공장이나 생산시설 등 업무용 부동산과 관련된 자금을 조달하는 업무용 부동산금융이 있다.

투자형태에 따른 부동산금융의 종류에는 프로젝트 파이낸싱(project financing)과 같은 지분투자형, 부동산투자회사(REITs)나 부동산펀드에 가입하는 간접투자형, 자산유동화증권(ABS)이나 주택저당증권(MBS)에 투자하는 유가증권형이 있다.[8] 이러한 사항을 표로 나타내면 〈도표 10-11〉과 같다.

도표 10-11 부동산금융의 유형

개발단계별	① 개발형	② 건설형	③ 개발단계형
부동산형태별	① 주거용 부동산금융	② 상업용 부동산금융	③ 업무용 부동산금융
투자형태별	① 지분투자형	② 간접투자형	③ 유가증권형

2 부동산금융환경과 부동산투자

부동산금융환경이 부동산투자에 미치는 영향은 투자에 수반되는 자금조달의 용이성과 자금조달비용의 문제이다. 그리고 금융시장이란 주식과 채권 같은 금융상품이 거래되는 시장을 말하는데 이러한 금융상품들이 부동산과 같은 실물 상품과 투

8) 김범석, 유한수, 「부동산금융론」, 청목출판사, 2006, pp. 26~27.

자에 있어서 대체관계를 형성할 수 있다. 일반적으로 투자자는 본인의 투자자금을 주식이나 채권과 같은 금융상품에 투자할 것인지, 아니면 부동산을 매입할 것인지에 대한 고민을 하게 된다. 이런 상황에서 투자자가 금융상품 투자로 방향을 정하게 되면 부동산시장에 자금유입이 줄어들어 부동산투자수익률이 감소하게 된다.

1) 자금조달의 용이성

부동산투자에 소용되는 자금조달의 용이성에 영향을 미치는 요인에는 담보인정비율(LTV: Loan to Value)과 총부채상환율(DTI: Debt to Income)이 있다.

LTV는 주택의 담보가치에서 대출금액이나 선순위 채권 그리고 임차보증금 등이 차지하는 비율을 말하는데, 대개는 주택가격에서 대출받을 수 있는 비율을 말한다. 예를 들면 감정평가액이 1억 원인 아파트를 담보로 LTV 비율이 60%가 적용된다면 은행에서 차입 가능한 최대금액은 6천만 원이 된다. LTV는 금융회사의 여신정책, 담보물건의 종류, 정부의 정책 등에 따라 달라지는데, 금융회사가 이 비율을 낮추게 되면 투자자금 조달이 여의치 않아 부동산가격을 하락시키거나 안정화시키는 효과가 있다.

부동산가격이 이유없이 폭등하게 되면 정부나 중앙은행은 이를 안정시키기 위해 '총액규제'정책을 실시할 수도 있다. 이는 국가에서 강제로 전체 주택담보대출의 총액을 정하여 그 금액의 한도 내에서 대출을 하도록 하는 것을 말한다. 예를 들면 현재 주택담보대출금액이 모든 은행에서 총액으로 200조 원이라고 할 때, 정부가 총액규제를 200조 원으로 한도를 정하면 어느 누구도 주택담보대출을 받을 수 없게 된다. 은행에서는 누군가 주택담보대출을 상환할 경우, 상환받은 금액 범위 내에서 다른 사람에게 주택담보대출이 가능하므로 부동산가격을 안정시키는 가장 확실한 방안이라 할 수 있다.

DTI는 주택을 구입하려는 투자자가 주택담보대출을 받을 때 미래에 원리금을 얼마나 잘 갚을 수 있는지를 소득으로 따져 대출한도를 정하는 것을 말하는데, 세부적으로 매년 갚아야 할 대출 원리금이 연간 소득에서 차지하는 비중으로 계산한다. 역시 이 비율이 낮을수록 부동산투자자는 자금조달사정이 나빠지므로 부동산 투자수익률에는 부정적 영향을 주게 된다.

2) 자금조달비용

부동산투자자금을 조달하는 비용에 큰 영향을 주는 요인은 은행의 대출금리와 중앙은행의 콜금리가 있다. 금리가 하락하거나 저금리 상태라면 투자자들은 자금조달비용이 저렴하므로 높은 투자수익률을 기대할 수 있다.

1년 대출금리가 5%라면 투자자금 10억 원을 전액 은행에서 대출할 경우, 1년간 이자비용은 10억 원의 5%는 5천만 원이 된다. 만일 대출금리가 10%로 상승하면 이자비용은 1억 원으로 높아지게 된다.

부동산투자자들이 자기자본이 아닌 은행의 대출로 아파트 등 부동산구입을 할 경우, 금리의 상승은 투자자들의 투자수익률을 낮출 것이고 투자자들은 보유 부동산을 매각하게 되어 전반적인 부동산가격을 떨어뜨려 부동산투자에 부정적 영향을 주게 된다.

한국은행의 콜금리 인상도 전반적인 금융회사들의 대출금리를 인상시키는 촉매역할을 하게 되므로 금융기관의 금리인상과 동일한 효과를 부동산투자행위에 주게 된다. 중앙은행은 부동산시장을 안정시키기 위해 콜금리 인상을 할 경우가 많다.

3) 증권시장과 부동산시장

주식이나 증권과 같은 금융상품과 부동산은 투자자 입장에서는 대체관계에 있는 투자상품들이다. 투자자는 부동산 아니면 주식 중 하나를 선택해야 한다는 인식이 지배적이어서, 투자자금이 부동산 또는 주식 중의 한곳으로 집중되기 때문이다.

최근에는 주식과 부동산이 투자에 있어서 대체관계에 있다는 전통적 인식이 잘 부합되지 않는 경향을 보이고 있다. 그 이유는 저금리시대에 은행의 대출금액이 증가하여 투자자금을 조달하는 것이 과거에 비해 쉬워졌고, 일반 사람들도 '재테크'에 눈을 뜨게 되면서 투자의 '포트폴리오(portfolio)'를 구성하는 것을 상식으로 받아들여 투자자금이 증권시장과 부동산시장에 고루 분산되는 경향을 보이고 있기 때문이다. 그러나 주식시장은 환금성이 부동산시장에 비해 뛰어나기 때문에 투자자들은 주식가격이 부동산가격보다 선행하는 경향을 보이고 있는 점을 참고해야 할 것이다.

Story Tip

홈네트워킹 똑똑한 가전, 비서노릇 '척척'

침대에 누워 현관문 잠그고 냉장고가 식빵 주문까지
"초기투자비·표준화 숙제"

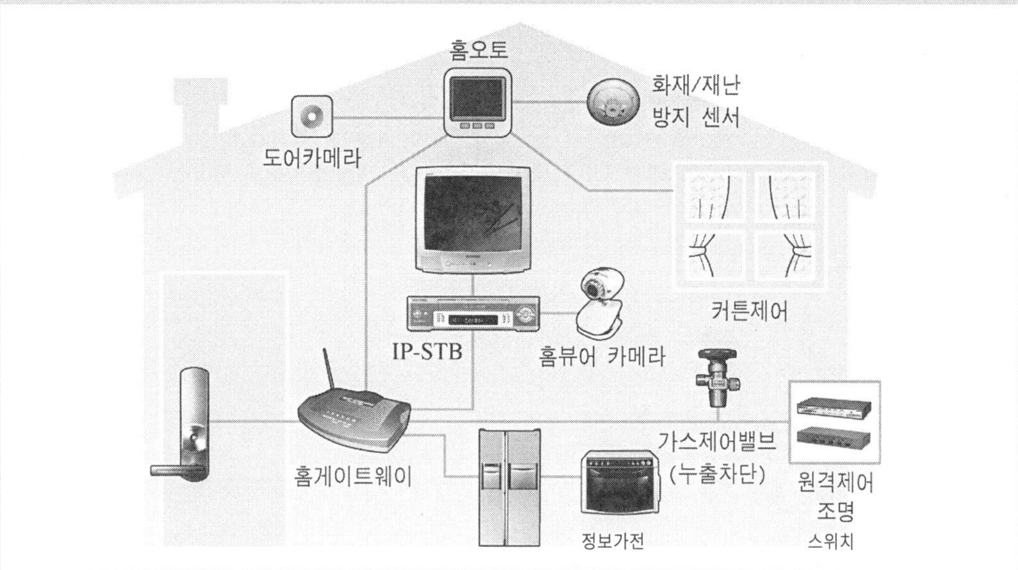

"잠자리에 들기 전에 음성인식 인터넷 냉장고에 얘기해 둡니다. 내일 아침엔 토스트가 먹고 싶다고. 냉장고가 식빵 재고를 체크하니, 식빵이 없는 거예요. 그럼, 냉장고는 '알아서' 동네 빵집에 온라인 주문을 넣습니다. 아침엔 갓 배달된 식빵으로 토스트를 먹게 되겠지요."

너무 꿈같은 생각이 들어서였을까? 케이티 컨버전스연구소 정OO 실장(41)은 약간 멋쩍은 웃음을 흘렸다. 그러나 기껏 텍스트를 실어나르던 피시통신이 동영상도 볼 수 있는 초고속 인터넷으로 바뀐 걸 떠올리자면, 그다지 먼 미래 같지도 않다.

정 실장은 집안의 지능형 정보가전들을 언제 어디서든 제어하고, 온갖 정보를 초고속 쌍방향으로 주고받는 미래를 그리고 있다. '홈네트워킹'이란 이런 미래를 위한 기반기술이다. 예컨대 깜박 잊고 나온 가스불을 집밖에서 끌 수 있다. 또 침대에 눕고 나서 부엌 전등은 껐는지, 현관문은 잠궜는지 걱정이라면, 리모컨 하나로 '뚝딱' 해결이다. 새벽 세시건 네시건 보고 싶은 영화는 주문형 비디오(VOD)로 서비스된다.

현재 홈네트워킹 개발은 케이티와 에스케이티가 이끄는 양대 컨소시엄이 주도하고 있다. 홈네트워킹이 가정 내 시스템이지만, 집밖의 상점·관공서·방송사 등에 거미줄처럼 연결해야 하는 까닭에 통신사업자가 자연스레 선두에 섰다. 각 컨소시엄에는 건설·가전·방송·콘텐츠 업체 등 수십 개 관련 회사들이 참여하고 있다. 정 실장은 "이런 참여 열기가 홈네트워킹 기술의 잠재적 파급력을 보여준다"고 말했다. 홈네트워킹이 구축되면 수익을 낼 수 있는 사업은 무궁무진하다. 앞서 똑똑한 냉장고 같은 지능형 정보가전들은 날개를 달고, 방송사는 콘텐츠 사업의 통로를 얻는다. 또 건설사는 쾌적하고 편리한 주택을 팔 수 있다. 관련장비의 세계시장은 올해만 860억 달러 규모로 예측된다. 주요 장비는 홈네트워킹의 사령탑격인 홈서버·홈게이트웨이를 비롯해 유무선 네트워크, 지능형 정보가전 등이다. 콘텐츠 시장 등을 포함하면 규모는 더 커진다.

그러나 아직 넘어야 할 높은 산은 남아 있다. '표준화'라는 지상과제이다. "홈네트워킹 시대엔 모든 가전기기들이 네트워크에 접속하는 표준이 있어야 합니다. 현재는 네트워크가 구축되지 않은 상태에서 이를 겨냥한 가전기기 개발만 앞서가고 있어요. 삼성 냉장고와 엘지 세탁기가 접속 기술표준이 다르다면 홈네트워킹은 기술적으로도 복잡해지고 관련비용도 껑충 뜁니다." 아직 세계적으로도 시장을 주도할 표준은 보이지 않는다.

정 실장은 일단 우리 업계의 강점을 높이 평가했다. 표준화와 함께 가정 내 네트워크 구축만 이뤄지면 관련사업이 약진할 여지는 충분하다는 것이다. "우리는 세계적으로 유례 없이 막강한 초고속인터넷 인프라를 갖추고 있습니다. 또 가전업체 기술도 뛰어나고요. 가정 내 네트워크 구축 초기투자를 어떻게 할 것인가 등을 서둘러 고민해야 합니다." 현재 가정 내 네트워크 구축 투자와 관련해선 뚜렷한 '큰 손'이 나오지 않은 채 통신사와 건설사의 제휴 모델 등이 논의되고 있다. 연관산업 파급효과는 크지만 초기 투자비용이 만만치 않기 때문이다.

그는 현재 주말 부부로 대전 집과 서울 우면동 케이티연구개발센터를 오가며 생활하고 있다. 연구자인 덕분에 홈네트워킹의 혜택은 톡톡히 누린다.

"대전 집에 12살 아들과 8살 딸이 있어요. 홈모니터링 기술로 거실에 카메라가 연결돼 있기 때문에 가족들 모습을 언제든 볼 수 있는 게 큰 낙이지요. 아직 실험단계인 화상전화 서비스가 이뤄지면 좀 더 행복해지겠지요."

정세라 기자
seraj@hani.co.kr
자료 : 한계레신문, 2005. 5. 16.

제11장 부동산투자의 법적·제도적 환경분석

제1절 부동산정책과 부동산투자

1 부동산정책의 개념과 분류

1) 개념

시장의 가격기구에 의한 경제문제해결이 효율적인 자원배분과 공평한 소득분배를 실현하지 못하는 것을 '시장의 실패'라 한다.

시장의 실패가 발생하면 정부가 시장에 개입하게 되는데, 이러한 개입활동을 '정책(policy)'이라 한다. 부동산시장에서도 부동산시장의 불완전성, 부동산시장에서의 외부효과의 존재, 부동산의 공공재적인 성격 등이 시장실패의 원인이 되고 이러한 시장실패가 부동산문제를 발생시킨다.

부동산문제란 시장의 실패로 인해 부동산과 인간과의 관계가 악화되면서 야기되는 문제들을 말한다.

부동산정책(real estate policy)은 정부기관이 이러한 부동산문제를 해결 또는 개선하고 부동산과 민간과의 관계를 개선하기 위해서 만든 지침 또는 행동방안을 말한다.

2) 정부의 개입

(1) 개념

시장의 가격기구가 제기능을 수행하지 못할 경우 정부가 시장에 개입하게 된다.

정부가 시장에 개입하게 되는 타당성은 정부가 시장에 개입함으로 얻게 되는 사회적 이익이 사적 이익보다 크게 되면 그 타당성이 인정된다.

(2) 목적

정부가 부동산시장에 개입하는 목적은 경제적 기능의 측면과 정치적 기능의 측면으로 나눌 수 있다.

① 경제적 기능의 측면

시장의 가격기능이 원활히 작동하지 못하여 자원배분이 왜곡되는 시장의 실패를 극복하기 위해 정부가 부동산시장에 개입하는 측면을 말한다.

② 정치적 기능의 측면

정치적 측면에서 사회적 목표나 이념을 달성하고자 정부가 부동산시장에 개입하는 측면을 말한다. 무주택이나 저소득층을 위한 주택의 공급이나 불량주택지의 주거환경개선사업 등을 말한다.

3) 분류

부동산정책은 여러 가지 방법으로 분류할 수 있다.

첫째, 부동산문제의 유형에 따른 분류방법이다. 여기에는 국토 및 토지정책, 주택정책, 부동산거래질서확립정책 등이 있다.

둘째, 부동산의 종류에 따른 분류방법이다. 여기에는 협의의 부동산을 대표하는 토지정책과 주택정책으로 나누어진다. 기타 부동산조세도 정부의 행위이므로 부동산정책에 포함된다.

2 정부의 실패

1) 개념과 원인

정부의 시장에 대한 개입이 과도하여 시장경제의 효율성을 저하시키는 것을 '정부의 실패(government failure)'라 한다. 시장의 실패를 보완하려고 정부가 개입을 하였지만 오히려 반대로 자원배분의 효율성이 더 악화되는 상태를 의미한다.[1]

그 원인으로는 정부의 불완전한 지식과 정보, 정부의 정책결정과정이 경제원리를

1) 권호근, 「부동산경제학」, 형설출판사, 2010, p. 288.

따르기보다는 이해당사자 간의 타협을 통한 해결, 공무수행에 있어 공무원들의 유인동기부족, 관료집단의 이기주의 등이 있다.

2) 대책

(1) 공기업의 민영화

공기업은 법률에 의해 거의 독점기업 형태로 경영되기 때문에 민간기업과는 달리 경쟁의 압력에 직면하지 않는다. 이러한 경쟁 압력의 부재는 방만한 경영과 운영의 비효율을 초래한다. 이러한 문제를 해결하기 위해서는 공기업이 독점하는 산업을 경쟁체제로 전환시키든지 민간에게 그 경영권을 매각하여 민영화하는 것이 바람직하다.

(2) 각종 규제의 완화

정부의 각종 규제는 민간의 경제활동을 지나치게 제약하는 경우가 많아 시장의 효율성을 저하시키므로 불필요한 규제들은 가급적 완화하거나 철폐해야 한다.

3 부동산정책의 과정

부동산정책도 여러 가지 국가정책 중의 하나이므로 일반적인 정책결정의 과정에 따라 수행된다. 정책과정은 크게 보아 정책결정, 정책집행, 정책평가로 나눌 수 있고, 정책결정은 문제의 인지, 정보의 수집 및 분석, 대안의 작성, 대안의 평가 및 선택으로 구분되어진다.

1) 문제의 인지

부동산활동과 부동산현상에서 비롯되는 부동산문제를 인지하여 그 성격과 내용을 파악하는 단계이다.

2) 정보의 수집 및 분석

부동산정책과정에 필요한 제반 정보들을 수집하고 분석하는 일련의 활동을 말한다. 부동산정책의 성공 여부는 이러한 정보들을 얼마나 많이 수집하고 면밀하게 분석하는가에 달렸다.

3) 대안작성

특정 부동산문제를 해결하기 위한 여러 가지 방안을 강구하는 단계이다. 부동산문제는 복합성과 문제해결의 다양성을 가지고 있으므로 부동산문제를 해결하기 위한 대안도 여러 가지가 있다.

4) 대안평가 및 선택

부동산문제를 해결하기 위한 여러 가지 대안을 사안별로 평가해 보고 최적의 대안을 선택하는 단계이다.

5) 정책집행

선택된 대안을 집행하는 단계이다. 정책집행에 관련되는 정부기관들의 긴밀하고 유기적인 협조체제가 필요하다.

6) 정책평가

이 단계는 정책집행이 끝나고 난 후, 정책이 당초 의도된 목적대로 수행되었는지 그리고 정책집행으로 다른 문제가 발생하고 있는지 등을 평가하는 단계이다.

만약 문제가 있으면 다시 첫 단계인 '문제의 인지'단계부터 해당 정책을 검토하는 피드백(feedback) 과정을 거친다.

도표 11-1 부동산투자 관련 인터넷 서비스

구분	업무	인터넷서비스(기존 및 계획)		
		유사 서비스명	관련 서비스 내용	사이트명
거래합의	부동산 거래 합의	없음	-	-
부동산 거래계약 체결	거래 하자 최종 확인	대법원인터넷등기소	부동산등기부 열람	registry.scourt.go.kr
		대한민국전자정부	토지대장, 건축물대장(서울, 부산), 공시지가확인원, 농지원부 열람	www.egov.go.kr
		서울시토지종합정보서비스	토지대장, 지적도, 토지이용계획확인서, 개별공시지가	lmis.seoul.go.kr
	계약 조건 작성	자산관리공사 온비드	공매부동산 입찰	www.onbid.co.kr
		주택공사 인터넷청약	주택 청약	www.jugong.co.kr
		토지공사 인터넷분양	택지 분양 신청	www.iklc.co.kr
		APT2you 등	주택 청약	www.apt2you.com
	전자서명	공인인증서	공인인증서 발급, 확인	www.yessign.or.kr 외
	계약금 지급	인터넷 뱅킹 서비스	이체서비스	시중 금융기관 사이트
중도금 지급	변동사항(공부) 확인	대법원인터넷등기소 등 인터넷 뱅킹 서비스	이체서비스	시중 금융기관 사이트
	중도금 지급	인터넷 뱅킹 서비스	이체서비스	시중 금융기관 사이트
잔금지급	중도금 지급 절차와 동일	중도금 지급 절차와 동일	중도금 지급 절차와 동일	중도금 지급 절차와 동일
계약서 검인 및 지방세 신고·납부	계약서 검인	부동산거래관리시스템	전자검인계약서	rtms.moct.go.kr
	취득 관련 지방세 계산	충북 청주시 사이버 지방세 등	지방세(취득세) 계산	localtax.cjcity.net 등
	조세 부과	서울시 e-tax	지방세 전자 고지	etax.seoul.go.kr
	등록세 납부	서울시 e-tax	취득세, 등록세 등 전자 납부	etax.seoul.go.kr
소유권이전 등기	소유권이전등기 신청 등	대법원인터넷등기소	부동산등기발급, 전자 신청	registry.scourt.go.kr
양도소득세 신고 및 납부	양도소득세 예정 신고액 계산	국세청 홈텍스 서비스	양도소득세 자동계산	www.hometax.go.kr
	양도소득세 예정 신고·부과·납부통지	국세청 홈텍스 서비스	국세 전자신고, 전자납부 등	www.hometax.go.kr

4 한국 부동산정책의 변천과정

1) 제1,2공화국의 부동산정책

해방 후 우리나라의 부동산정책은 '경자유전(耕者有田)'의 원칙에 입각한 농지개혁사업과 토지정책으로 나누어 볼 수 있다. 농지개혁사업은 1950년 개정된 '농지개혁법'에 의거하여 살펴보면 다음과 같다. 농지의 소유상한을 3정보로 설정하고 소작이나 위탁경영을 금지하여 대토지소유를 기반으로 하는 기생지주제를 효과적으로 해체하였으며, 토지소유의 균등성을 제고한 점 등이 그 주요 내용이다.

도지정책은 진쟁의 피해로 인한 도시복구를 위해 토지구획정리사업이 활용되었다. 토지구획정리사업은 체비지(替費地)를 이용한 토지소유자의 부담으로 도시건설을 할 수 있기 때문에 정부의 재정부담을 최소화할 수 있는 장점이 있었다. 한편 '민법'과 '부동산등기법'이 제정되어 1960년부터 시행됨으로써 토지의 사유재산권을 확립하는 계기가 되었다.

2) 제3,4공화국의 부동산정책

제3, 4공화국의 부동산정책은 1960년대부터 비약적으로 도약하기 시작한 한국의 경제성장을 효과적으로 뒷받침하기 위한 토지정책이 주된 사항이다.

(1) 산업구조 개편을 위한 토지관련 법률의 정비

우리나라의 국토면적은 남한 기준으로 약 10만 km^2로 이중 농경지와 임야가 총 86.8%를 차지하고 있으며, 대지나 공장용지 등 도시적 용도로 활용되는 면적은 5.8%에 불과하다.

1960년대 이후 시작된 경제성장은 대지나 공장용지 등 도시적 용도로 활용되는 토지의 수요를 증가시키게 되었고, 이러한 추세에 부응하여 정부는 도시개발과 정비, 공업단지 조성을 위한 토지관련 법률을 제정하기 시작하였다. 1962년 '도시계획법'과 '건축법', 1964년 '수출공업단지개발조성법', 1969년 '전자공업진흥법', 1970년 '지방공업개발법' 등이 제정되었다. 또한 정부는 도로나 항만 등 사회간접자본시설의 신설 및 확충에 총력을 기울여, 공업용수와 발전을 위한 댐건설, 치수사업, 도로나 항만 등의 건설이 이 시기에 집중적으로 이루어졌다.

(2) 부동산가격상승과 부동산정책

급속한 경제발전으로 인한 도시화와 공업화는 부동산에 대한 수요를 증대시킴과 동시에 부동산가격의 급격한 상승이라는 부작용을 가져왔다. 노동집약적 경공업을 중심으로 한 공업화는 서울, 부산 등 대도시로의 인구유입을 가속화시켰고, 대도시와 그 주변지역의 지가상승을 가져왔다. 이런 부작용을 해소하기 위해 1967년에 '부동산투기억제에 관한 특별조치법'이 제정되었다.

1970년대는 국토개발의 팽창기라고 할 만큼 본격적인 국토개발이 착수된 시기였다. 1972년에 '제1차 국토종합개발계획'이 수립되어 시행됨으로써 전국적인 안목에서 국토개발이 구상되고 제도화되었다. 이러한 국토개발을 효과적으로 지원하기 위해 1972년 '국토이용관리법'이 제정되었다. 이러한 정부의 노력에도 불구하고 급격한 도시화와 산업화는 도시지역의 토지와 주택가격을 크게 상승시켜 주요도시에서 지가상승률은 1977년 40.0%, 1978년 64.8%에 달하였다. 이에 정부는 1978년 「부동산투기지역고시」라는 행정적 조치로 대응하여, 투기지역으로 고시된 지역에서는 양도차익계산을 내무부 시가표준액을 기준으로 하지 않고, 국세청이 별도로 고시한 '기준시가'를 기준으로 산출하도록 하였고, 또한 부동산투기억제를 위한 종합대책의 일환으로 양도소득세의 특별공제제도를 폐지하고 2년 미만 보유한 부동산에 대해서는 80%의 법인세 특별부가세율과 양도소득세율을 적용하도록 하는 등 투기지역의 기준시가 제도를 법제화하였다.

3) 제5공화국의 부동산정책

제5공화국의 부동산정책은 과도한 부동산투기를 억제하고자 기업의 비업무용 토지와 개인의 공한지에 대한 조세를 과중하게 부과하는 등의 제도를 도입하였다. 그리고 토지 투기 등의 근본적 원인은 토지수급의 불균형에 있다고 보고 토지공급의 확대도 추진하였다.

제5공화국은 '제2차 국토종합개발계획'을 수립하였는데, 제1차 계획이 고도 경제성장을 뒷받침하기 위한 새로운 산업기지와 배후도시를 중심으로 한 거점개발에 치중하였다면, 제2차 계획은 경제적 효율성보다는 지역 간 형평성에 초점을 맞춘 균형개발전략에 중점을 두었다.

제5공화국 7년 동안 강력한 부동산투기억제 및 토지와 주택공급의 증대로 부동산가격은 안정세를 유지하였다.

4) 제6공화국의 부동산정책

(1) 노태우 정부

1980년대 들어 안정되었던 부동산가격은 1980년대 후반의 경기호황과 대통령 선거 등 각종 선거로 인한 통화량 증가와 1988년 서울올림픽 개최 등의 대내외 여건으로 다시 폭등하기 시작하였다. 한국의 부동산가격은 1960년대 후반, 1970년대 후반과 더불어 1980년대 후반에 걸쳐 3번의 가격폭등기가 있었는데, 이를 지칭하는 용어로 '10년 주기설'이 등장하였다. 즉, 한국의 부동산은 10년 주기로 가격이 폭등한다는 경험적 사실을 비유한 내용이다.

노태우 정부는 집권 초기 부동산가격이 폭등하자 토지공개념 도입, 기업의 비업무용 부동산처분조치, 토지거래전산망의 구축과 더불어 주택 200만 호 건설 등 주택공급의 확대를 추진하여 폭등하는 부동산가격을 안정시키고자 하였다.

토지공개념 제도의 도입은 경제단체와 일부 정치인들의 반대가 있었지만 '택지소유 상한에 관한 법률', '개발이익환수에 관한 법률', '토지초과이득세법' 등 토지공개념 3법이라 불리는 법률들이 국회를 통과하였다. 이 법들이 시행과정에 문제가 있었고, '토지초과이득세법'은 이후 위헌판결을 받아 법률 집행이 정지되기도 했지만 부동산투기는 일부의 상류층만 혜택이 돌아가고 한국경제 전반에 걸쳐 악영향을 미치는 암적 존재라는 사실을 국민들에게 알리는 좋은 계기가 되었다. 그리고 노태우 정부는 1989년 토지의 과다한 보유를 억제하는 종합토지세제를 지방세법의 개정으로 도입하였고, 과세표준의 기준이 되는 토지가격의 종류가 달라 혼선이 발생하는 점을 방지하기 위해 '공시지가'제도를 도입하였다.

토지공개념에 관한 법률들이 제정과 강력한 부동산투기 억제대책이 실시되어 폭등하던 부동산가격은 안정을 되찾기 시작했다.

(2) 김영삼 정부

김영삼 정부는 노태우 정부에 이어 '부동산실명제' 실시와 주택과 토지의 공급이라는 부동산투기억제대책을 계속 시행하였다.

'부동산실명제' 이전에 '금융실명제'가 먼저 실시되었고, 이를 보완하기 위한 조치로 '부동산실명제'가 실시되었다. 1995년에 도입된 '부동산실명제'는 부동산의 미등기 전매나 명의신탁을 금지하고, 이를 위반한 경우에는 과징금이나 이행강제부과금 및 형사처벌까지 할 수 있도록 하였고, 기존의 명의신탁된 부동산은 1년 이내에 모두 실명으로 전환하도록 하였다. 한편 주택의 경우

신도시 추가지정 등 공급확대정책을 계속해서 시행하였고 토지의 경우도 '국토이용관리법'을 개정하여 전국 토지의 용도를 10개에서 5개로 단순화하고, '준농림지역'제도를 도입하여 개발가능지역을 전 국토의 15%에서 42%로 대폭 증가시켰다.

김영삼 정부 초기의 강력한 부동산투기 억제제도는 집권 후반기에 들어서면서 경제상황이 불안해지고 이에 따라 부동산시장이 침체되고 건설회사들의 자금사정이 나빠져 도산이 속출하는 등 대내외 경제 여건이 악화되자 점차 규제를 완화하는 정책으로 그 내용이 변화된다. 노태우 정부에서 구상되었던 토지공개념 제도의 도입을 전면 보류하고, 토지거래허가구역을 대부분 해제하는 등의 정책으로 선회하였다.

(3) 김대중 정부

김영삼 정부 말기에 발생한 'IMF사태'는 부동산가격의 하락을 가져왔다. IMF 사태 발생 이후 집권한 김대중 정부는 대내외 경제여건이 좋지 않았기 때문에, 적극적인 경기부양정책을 실시할 수밖에 없었다. 따라서 정부의 부동산정책도 규제보다는 규제완화를 채택하여 2000년부터 시작된 부동산투기로 인한 가격상승의 원인이 되었다.

김대중 정부는 임기 초반에 2002년까지 주택보급률 100% 달성, 그린벨트(green belt)의 재조정, 임대주택건설 확대 및 임차인 보호, 아파트분양가격의 전면 자율화, 분양권 전매제한제도의 폐지와 임대주택 사업자에 대한 혜택 강화 등 부동산경기 부양책을 실시함으로써 부동산가격을 상승시키는 단초를 제공하였다.

(4) 노무현 정부

2003년에 출범한 노무현 정부는 김대중 정부 후반기 폭등한 부동산가격을 안정시키기 위해 다양한 부동산규제정책을 실시하였다. 분양권 전매금지, 재건축요건강화 및 다주택 보유자에 대한 보유세 및 양도세의 강화라는 규제정책을 실시하였다. 하지만 정부의 의도와는 달리 저금리 상황이 지속되고 규제로 인한 주택공급의 신규물량감소는 주택에 대한 수요와 공급의 불균형을 가져와 강남을 중심으로 한 아파트 가격의 상승을 유발시켰다.

서울의 강남지역을 중심으로 한 아파트 가격의 상승은 서울의 여타 지역 및 수도권의 신도시 지역으로 번져가면서 국민의 주거안정을 위협하자 정부는 2005년부터 다시 더 강력한 부동산투기 억제제도를 도입하였다. 조세제도의 균형성 제고와 부동산투기억제를 위해 2005년부터 ‘종합부동산세’가 도입되고 양도소득세 과세요건을 점차 강화하면서 2007년부터는 모든 거래되는 부동산에 대해 양도소득세를 실거래가격으로 과세하도록 했다.

(5) 이명박 정부

부동산투기 억제 및 가격안정을 위해 실시된 노무현 정부의 부동산정책이 다소 무리를 가진 점이 있다고 판단한 이명박 정부는 이러한 점을 개선시키는 데 중점을 두고 있다.

2005년에 도입된 ‘종합부동산세’는 일종의 부유세이고 이중과세라는 문제점을 가지고 있었으며, 헌법재판소에서는 ‘종합부동산세’에 대해 1주택 장기보유자 과세와 세대별 합산 과세가 위헌이라는 판결을 선고하였다.

이러한 위헌판결 내용을 감안하여 정부는 ‘종합부동산세’ 과세기준을 상향조정하고 세금부담의 증가속도를 조절하는 등의 개편을 실시하였다. 그리고 ‘양도소득세’ 관련 내용도 일부 수정하여 세금부담을 경감시켰다.

이명박 정부는 주택공급의 공급기반을 강화하기 위해 2종 일반주거의 층수를 상향하여 건축할 수 있도록 하였고 건설회사의 선분양 의무화제도를 폐지하였으며, 신규로 분양받은 아파트의 전매제한기간을 완화하였다. 그리고 주택공급에 있어 보금자리 주택제도를 도입하기도 하였다.

(6) 박근혜 정부

이명박 정부는 부동산시장 활성화를 목표로 규제완화 중심의 정책들을 시행하였다. 그러나 이러한 규제완화정책들은 기대한 만큼의 성과를 거두지 못하여 박근혜 정부에서도 주택가격이 하락하면서 주택거래량이 감소하였다. 박근혜 정부는 부동산시장을 활성화시켜 전반적인 내수를 진작시키고자 하였다. 부동산시장의 회복이 내수를 진작시킨다는 논리는 자산효과(wealth effect)로 설명된다. 자산효과란 개인들이 보유하고 있는 부동산이나 주식과같은 자산가격이 상승하면 국내소비가 증가한다는 현상을 말한다.

2013년 4월 1일 정부는 “서민의 주거안정을 위한 주택시장 정상화 종합대책”에서 한시적으로 양도소득세 감면 혜택, 다주택자와 생애 첫 주택구입자에 대한 세금 혜택 그리고 공공분양주택 축소 등의 내용을 발표하였다. 즉 주택수요는 증가시키고 주택공급을 감소시켜 침체된 주택시장을 활성화 시키고자 하였다. 그런데 주택공급의 감소 계획으로 전세가격이 폭등하는 부작용이 발생하였다. 전세가격의 폭등은 당장 서민들의 주거비 부담으로 연결되었기 때문에 서민주거의 안정화가 부동산시장에서 정부가 해결해야 할 새로운 과제가 되었다. 정부는 폭등하는 전세가격을 진정시키기 위해 2013년 8월 28일 "서민, 중산층 주거안정을 위한 전·월세 대책"을 발표하였다. 이 대책을 발표하면서 정부는 전세가격이 폭등하는 원인을 매매 수요의 감소로 보았다. 주택가격이 상승할 것이라는 확신은 없고 오히려 하락할 수도 있다는 생각이 주택을 구입하려는 사람들을 전세시장에 계속 머무르게 하고 있다고 정부는 판단하였다. 따라서 이 대책의 핵심은 주택가격의 하락에 대한 우려로 주택의 구입을 주저하는 사람들을 진정시키기 위한 성격이 강하였다.

"8·28 전·월세 대책"의 주요 내용은 전세수요로 계속 머물러 있는 주택구입이 가능한 계층의 주택구입을 촉진하는 것이었다. 지난 대책에서 발표한 다주택자 등의 양도세 중과 폐지는 주택의 매매수요를 증가시키는 유인책이었으며, 취득세 인하나 장기저리의 모기지 공급 확대 등도 주택의 매매수요를 부추겨 주택 매매시장을 활성화시키자는 의도였다. 이 정책의 효과로 전세 수요자 중 일부가 실수요자로 주택매매를 하기 시작하였으며 아파트 가격도 어느 정도 상승하였다.

2014년 2월 23일 정부는 "서민·중산층 주거안정을 위한 임대차시장 선진화 방안"을 발표했다. 2013년에는 주택거래의 활성화 등 시장의 정상화에 중점을 두었다면 2014년에는 주택임대차시장의 수급구조를 개선하여 임대차시장을 선진화 시키는 것이 정부정책의 중요목표였다. 임대차시장의 선진화는 전세시장의 수요를 월세시장의 수요로 전화시키는 것이었다.

정부의 각종 대책에도 불구하고 주택시장의 활성화는 의도한 만큼 진행되지 않았다. 대책이 발표된 직후에는 주택의 거래량도 늘어나고 가격도 회복되는 듯 하였지만 시간이 흐르면서 다시 종전과 같이 주택시장의 거래량이 감소하는 등 침체국면이 이어졌다. 그러자 정부는 2014년 9월 1일 "규제합리화를 통한 주택시장 활력회복 및 서민의 주거안정 강화방안"을 발표했다. 아파트의 재건축 연한은 최장 40년에서 30년으로 완화되었고 신규 분양 아파트의 전매제한 및 거주 의무 기간 규제 역시 완화되었다. 2015년에도 규제 완화를 통한 주택 매매시장의 활성화 기조는 이어졌다. 4월에 "서민 주거비 부담의 완화 방안", 5월 "서민과 중산층의 주거안정 핵심과제 지속추진을 위한 2015년 주택종합계획", 9월 "서민과 중산층의 주거안정 강화 방안" 등이 발표되었다. 이들 정책에는 디딤돌 대출 등 주택 구입자금의 지원 강화, 재개발과 재건축의 사업절차 간소화 그리고 주택 청약자격 중 무주택 세대주 요건 폐지 등 주택매매를 유도하는 정책들이 포함되어 있었다.

상기와 같은 주택시장을 활성화시키려는 부동산 부양정책은 2015년 1년 동안에 가계부채를 약 122조 원정도 증가시키는 부작용을 초래하였다. 가계부채 증가의 대부분은 집단대출을 중심으로하는 주택구입을 위한 담보대출이었다. 이러한 가계부채의 증가로 박근혜 정부가 당초 의도하였던 자산효과(wealth effect)가 작동되지 못하였다.

2016년 들어 박근혜 정부는 가계부채의 적정 수준 관리와 부동산시장 활성화라는 양립할 수 없는 정책 목표에 직면하게 되었다. 부동산시장을 활성화하면 가계부채가 증가하고, 가계부채를 적정수준에서 억제하면 부동산시장이 침체하는 딜레마에 빠지게 되었다. 사실 한국의 부동산가격, 특히 일반 국민에게 큰 영향을 미치는 아파트를 비롯한 주택가격은 소득에 비해 과다한 규모이다. 그렇다고 주택가격이 급락하면 부채를 과다하게 사용하여 주택을 구매한 사람들을 궁지로 몰아넣는 "하우스 푸어(house poor)"를 양산하게 된다. 전반적인 한국경제의 흐름은 주택가격이 과거와 같이 지속적으로 상승하기는 어려운 상황으로 가고 있다. 정부는 이와 같이 경제의 전반적 흐름을 거슬러 가는 정책을 사용해서는 안된다. 지금이라도 정부는 부동산시장에 과거와 같이 직접 개입하기 보다는 시장의 흐름에 맡기고, 서민이나 저소득층의 주거안정에 노력을 경주해야 할 것으로 생각된다. 다시 말하면 주거복지 차원에서 정부는 주택을 구매할 여력이 없는 저소득층의 주거안정을 위해 공공임대주택 확충이나 주거비를 보조하는 역할만 담당하고 나머지는 시장의 가격기구에 의해 부동산시장이 작동하도록 해야 할 것이다.

(7) 문재인 정부

2017년 5월 출범한 문재인 정부는 집권 5년간 총 26번의 부동산정책을 발표하면서 부동산 가격, 특히 주택가격을 안정화시키기 위해 노력하였다. 2017년부터 2020년까지 4년간은 수요억제대책으로 일관하다가 주택가격 상승이 계속되자 2020년 후반기부터 공급확대정책으로 정책기조를 변경하였다.

수요억제정책에는 전매제한이나 일부 지역에 대한 투기과열지구의 지정 등 거래규제, 주택구입을 위한 은행권의 대출 억제, 양도소득세 등 조세인상 등이 있다. 이러한 정책들은 근본적으로 정부가 시장에 개입하는 규제의 성격이 강하고, 단기적, 반(反)시장적인 색채를 나타내게 된다. 문재인 정부는 2017년 8월 2일, 2018년 9월 13일, 2019년 12월 16일 등 여러 차례에 걸쳐 투기적 대출수요의 규제강화, 주택구입을 위한 자금조달계획서 제출 등 주택거래 규제강화와 주택구입을 위한 은행권의 대출 억제 등을 내용으로 하는 정책을 시행했다.

한편 주택보유에 따른 부담강화 및 양도소득세 비과세 기준 강화 그리고 세율인상 등 조세인상과 관련한 정책을 실시했는데 그 내용은 다음과 같다. 부동산 관련 조세는 보유세(재산세, 종합부동산세)와 거래세(취득세와 등록세, 양도소득세)로 나누어진다. 문재인 정부는 다주택자의 종합부동산세와 양도소득세의 세율 인상, 공시지가의 현실화 등을 통해 주택가격을 안정화시키려고 하였다. 0.6%-3.2%였던 다주택자의 종부세율은 1.2%-6%가 되었고, 양도소득세율은 2주택이상 보유자들을 대상으로 세율을 10%씩 인상시켰다. 그 결과는 조세부담을 회피하기 위해 주택매물이 증가하기보다는 자녀에게 증여하거나, 향후 양도소득세 완화를 기대한 다주택자들의 "버티기"로 매물이 늘지 않았다. 조세재정연구원이 펴낸 자료를 보면 2019년 기준 한국의 GDP 기준 거래세수 비중은 1.8%로, OECD 35개국 평균 0.4%의 4.5배에 달한다.[2] 한국도 주요 선진국처럼 보유세는 강화하되, 거래세는 낮추는 방향으로 가야 할 필요가 있고, 재산세와 종합부동산세로 이원화된 보유세는 위헌소지가 있으므로 단일화해야한다. 그리고 문재인 정부 들어 공시지가를 현실화시키기 위해 이를 급격하게 상승시키자 납세자들의 조세저항이 심하게 나타났다. 그 이유로 주택공시가격은 보유세의 과표기준이자 동시에 건강보험료 책정이나 기초생활수급자 선정 기준이 되기 때문이다. 이런 상황을 고려할 때, 향후에는 공시지가의 산출과정을 현행보다 투명화하거나 지자체로 이관할 것을 검토해야 할 것으로 판단된다.

문재인 정부에서 시행한 또 하나의 중요한 정책으로는 언론에서 "임대차 3법"이라 명명한 것이 있다. 2020년 7월 30일 입법화된 "임대차 3법"에서 전월세 신고제는 "부동산거래 신고 등에 대한 법률"에 규정된 내용이고, 나머지 2개는 "주택임대차보호법"을 개정한 것들이며, 여기에는 계약갱신 청구권제와 전월세 상한제의 도입 등이 있다. 전월제 신고제는 "민간임대주택 유형을 폐지하고, 의무임대기간을 8년에서 10년으로 연장시켰다. 이는 일부 민간임대사업자의 과도한 주택매입이 부동산가격의 폭등을 불러왔다는 정부의 판단으로 이루어졌으나, 법의 제정취지와는 배치되는 측면과 정부정책의 일관성을 상실하였다는 비판[3] 을 면하기 어려울 것이다. 계약갱신 청구권제의 문제

2) 중앙일보 2021년 5월 1일

점은 한국에서 보편화된 전세제도를 소멸시킬 위험성이 있다. 그리고 외국의 사례를 보면 임대차의 최소계약기간과 계약갱신 청구권을 동시에 보장하는 국가는 거의 없다. 그런데 한국은 이를 동시에 규정하고 있어 임대차시장에서 임차인을 과보호하고 있다는 비판을 면하기 어렵다. 전월세 상한제의 문제점은 시장경제체제를 전면적으로 위반한다는 점이다. 시장에서 형성되는 가격은 계약당사자들의 자유의사에 맡기는 것이 시장경제체제의 핵심이다. 외국의 사례를 보면 임대료 규제를 하더라도 물가상승률과 연계시키거나 차임결정위원회가 최대 차임인상분을 제시하는 등으로 이루어져 한국같이 연 5% 이내로 직접적인 수치는 제시하지 않는다.

"한국부동산원"의 자료에 의하면 2017년 서울을 비롯한 전국의 아파트 평균 매매가격은 상당히 안정되고 있음을 보여주고 있어 정부가 나서지 않아도 되는 상황이었다. 그런데 정부의 부동산시장 개입으로 서울의 아파트 평균 매매가격은 2017년 5억 원 대 후반, 2018년 7억 원, 2019년 8억 원, 2020년 9억 원을 돌파하여 2021년 현재 10억 원 가량으로 집권초기에 비해 명목가격이 거의 2배로 상승하였다. 상황이 악화되자 정부는 국토교통부 장관을 경질하고 2021년 2월 4일 25번째 부동산정책인 "2,4대책"을 발표하면서 공급확대정책으로 방향을 전환하였다.

"2.4대책"의 주요 내용으로는 2025년까지 전국 대도시에 약 83만 호의 주택 공급부지를 확보한다는 것이다. 특히 서울의 32만 호를 포함해 수도권에서만 61만 호의 주택공급부지를 확보해 주택가격을 안정화시킨다는 것이다. 서울에서는 재개발과 재건축을 통해 32만호를 공급하고, 기타 수도권은 제3기 신도시라 불리는 공공택지 개발을 통해 18만 호를 공급하며. 이외에 재개발과 재건축을 통해 11만 호를 신규 공급한다고 발표하였다. 그리고 서울과 수도권의 재개발과 재건축을 활성화시키기 위해 민간보다는 공기업과 정부주도의 공공재개발을 적극 추진한다는 것이다.

"2.4대책"의 문제점으로는 재개발과 재건축사업을 민간보다는 공공이 개입해 실시하겠다는 것이다. 정부와 공공부문은 주택공급의 마중물 역할에 그쳐야 하며, 주택공급이 필요한 곳에 민간이 적절히 주택공급을 할 수 있도록 유도하는 것이 필요하다. 물론 재개발은 그 성격상 공공이 개입하면 사업 속도가 빨리 진행되어 어느 정도 타당성이 인정된다고 본다. 그러나 재건축은 공공이 주도하면 과연 주민들이 동의할 것인가가 의문시된다. 특히 서울 강남지역의 아파트 단지 주민들이 임대주택을 일정부분 공급하는 등의 조건으로 공

3) 문재인 정부는 2017년 12월 13일 주거용 건물의 안정적 임대를 위해 민간임대사업자를 육성하려고 이미 제정된 "민간임대특별법"의 취지를 살리는 "임대주택 등록 활성화 방안"을 추진하였음

공재건축을 추진하면 아마 대부분 반대할 것이다. 강남지역의 아파트 단지 주민들은 지금보다 더 고급스러운 주거환경을 희망하므로 공공이 개입하는 것을 극도로 싫어할 것이 분명하다. 그러므로 재개발은 공공을 위주로 하되, 재건축은 민간을 적극 참여시켜야 할 것이다. 그리고 재개발과 재건축을 활성화시키기 위해서는 이들 사업에 대한 규제를 완화시킬 필요가 있다. 초과이익환수제, 분양가 상한가 규제, 임대주택 의무비율 건축 등은 완화하거나 소멸시켜야 할 것이다. 재개발과 재건축 관련 규제를 완화하거나 폐지하면 초기에는 부동산투기가 발생해 주택가격이 상승할 수 있으나, 이 시기를 넘기면 주택공급물량이 확대되어 주택가격이 안정된다는 것은 과거 노태우 정부 "200만 호 주택건설" 사례에서 본 바가 있다. 이 당시는 주택보급률이 50%에서 60%밖에 되지 않았는데도 불구하고, 정책발표 후 2년 후인 1991년부터 주택가격이 하향 안정화되었음을 통계에서 보여주고 있다.[4)]

부동산개발사업은 주택가격 상승으로 이어진다. 주택공급을 늘리기 위해서든, 낡은 주거환경을 정비하기 위해서든 재개발이나 재건축사업으로 주거환경을 개선하면 주택가격은 오를 수밖에 없다. 문재인 정부가 집권 초기 4년간 이와 같은 부작용이 무서워 재개발과 재건축을 틀어막은 결과로 주택공급의 부족을 가져와 오히려 주택가격을 더 많이 상승시켰다. 재개발과 재건축을 활성화하면 당장은 가격이 상승하나. 관련 사업들이 진척되어 주택공급이 가시화하면 주택가격은 안정화된다.

5 부동산정책과 부동산투자

앞에서 해방 후부터 지금까지 시기별로 정부의 부동산정책에 대한 내용을 개괄적으로 살펴보았다. 한국의 부동산가격은 우연의 일치인지는 몰라도 10년 단위로 폭등하는 경향을 보여 왔다. 1960년대 후반, 1970년대 후반, 1980년대 후반에 부동산가격이 폭등하였으며, 1990년대 후반에는 그 당시 발생한 'IMF 사태'로 오히려 부동산가격이 하락하였다. 그러나 2000년대 초반 김대중 정부에서 다시 한 번 부동산가격이 폭등하여, 부동산가격의 '10년 주기설'을 재확인시키는 계기가 되었다. 10년 주기설이 다시 되풀이될 것인가는 예측하기 어렵지만 사회적 현상은 자연현상과 달리 규칙적이고 반복적이지 않으므로 이런 현상이 반복적이고 규칙적으로 나타나지는 않을 것이다.

4) 노태우 정부의 주택매매가격 상승률은 1988년 13.2%, 1989년 14.6%, 1990년 21%, 1991년 -0.6%, 1992년 -0.5%를 나타내었다.

각 시기별 부동산가격 폭등의 원인을 살펴보면 다음과 같다.

1960년대 후반, 1970년대 후반, 1980년대 후반의 부동산가격 폭등의 원인은 대체로 비슷하다고 볼 수 있다. 1960년대부터 진행되어온 한국경제의 고도성장은 국토의 5~6%에 불과한 도시적 토지에 대한 수요증대를 가져왔고, 인구의 폭발적 증가와 도시 집중화는 이런 경향을 더욱 강화시켰다고 볼 수 있다. 그러나 2000년대 초반에 발생한 부동산가격 상승은 이런 요인과는 다소 차이가 있다고 판단된다. 왜냐하면 40년간 진행되어온 고도 경제성장기는 21세기에 접어들면서 이제 종료되고 한국경제는 고도성장 대신에 경제성장률이 하락하는 성숙화된 경제로 접어들고 있기 때문이다. 그리고 인구의 폭발적 증가와 도시집중화의 상황도 달라지고 있다. 1970년대 후반부터 출산률이 떨어지면서 매년 출생하는 신생아의 숫자가 과거 80~90만 명 수준에서 2000년 이후에는 40~50만 명 수준으로 급감하여 이제는 인구가 감소하는 상황이 우려되고 있다. 도시집중화 정도는 1960년대에 도시지역에 거주하는 인구가 전체 인구에서 차지하는 비중이 20% 정도였으나 2000년에는 그 비율이 80%를 넘어서고 있어 더 이상의 도시집중화 정도는 어렵다고 보인다. 오히려 수도권 집중도가 문제가 되는 상황이다. 수도권에 거주하는 인구비율은 2000년대에 50%를 넘어서 지방경제의 침체를 가져다주고 있다. 20세기 후반에 진행된 인구의 도시집중이 농촌경제의 몰락을 가져왔다면 21세기에 진행되는 수도권 인구집중화는 지방경제의 침체를 가속화시키고 있다. 그러나 이러한 수도권 인구 집중도 최근 들어 그 비율이 안정되는 경향을 보이고 있어, 더 이상의 진행은 곤란할 것으로 판단된다. 이러한 배경하에서 2000년대 초반에 진행된 부동산가격 상승은 앞서 폭등한 부동산가격 상승과는 달리 서울의 강남지역을 비롯한 일부 지역에 국한된 상황이었다. 그런데 노무현 정부 시절에 전국의 균형발전이라는 명분 아래 시행된 혁신도시나 기업도시 개발과 같은 정책들이 전국의 토지가격을 상승시키는 부작용을 초래하였다.

정부의 부동산정책이 부동산투기를 발생시켜 부동산가격을 상승시킨다는 논리는 다소 감정적인 사고가 게재되어 있어 받아들이기 어렵다. 1960년대와 1970년대 후반에 발생한 부동산가격의 상승은 부동산투기를 조장한 정부의 정책이 아니라 고도 경제성장시기에 발생한 도시나 공업지역의 토지에 대한 수요증대 때문이었다. 그리고 1980년대 후반의 부동산가격 상승은 그동안의 경제성장으로 국민들의 소득수준이 높아지고 이에 따라 주거생활의 만족도를 높이는 과정에서 빚어진 결과였다. 다만 정부가 이러한 주택이나 토지에 대한 수요증대를 뒷받침하기 위해 적기에 공급증대 정책을 시행하지 못했기 때문에 부동산가격이 폭등하였다.

정부는 부동산가격이 폭등하는 시기마다 어김없이 부동산가격을 안정시키기 위한 정책을 시행하였다. 그런데 정부의 부동산정책이 국민으로부터 신뢰를 얻지 못하는 이유는 이미 가격이 상승한 이후 정책이 시행되어 정책의 시행시기가 적시에 이루어지지 못했고, 이후 부동산가격이 안정되고 경제상황이 침체되면, 경기진작을 위해 그동안 규제해 온 부동산정책들을 완화하거나 폐지하여 정책의 일관성을 결여하였기 때문이라 보인다.

부동산투자자들은 투자수익률을 높이기 위해서 정부의 부동산정책 내용과 변화방향 등을 면밀히 검토하고 주시해야 한다. 아직까지 한국의 부동산시장은 정부의 정책에 크게 좌우되기 때문이다. 향후에는 부동산시장에 미치는 정부의 영향력이 감소하고 시장의 가격결정원리에 의해 부동산시장도 움직일 것이나, 그 시기는 좀 더 기다려야 할 것 같다.

투자자들은 이제까지 실시된 부동산정책의 시기와 내용들을 보고 투자시기를 잘 선택하는 지혜를 가져야 할 것이다. 대체로 정부는 부동산가격이 폭등한 이후 부동산시장에 대한 규제정책을 시행하는 경향이 있고, 정책이 시행된 이후에는 부동산가격이 장기간 안정되는 추세를 보여주었다. 그러므로 개별 부동산투자자들은 정부의 부동산정책에 대응하지 말고 순응하는 태도를 가져야 투자수익률을 높일 수 있다. 즉 정부가 부동산투기 억제정책을 시행하는 시기에는 부동산매입을 자제하고, 시행되고 있는 억제정책을 완화하는 시기에 부동산매입을 하게 되면 대체로 투자수익률을 높일 수 있을 것이다.

Story Tip

새 주택대출 기준금리

새 주택담보대출 기준금리 산출 · 이용 흐름도

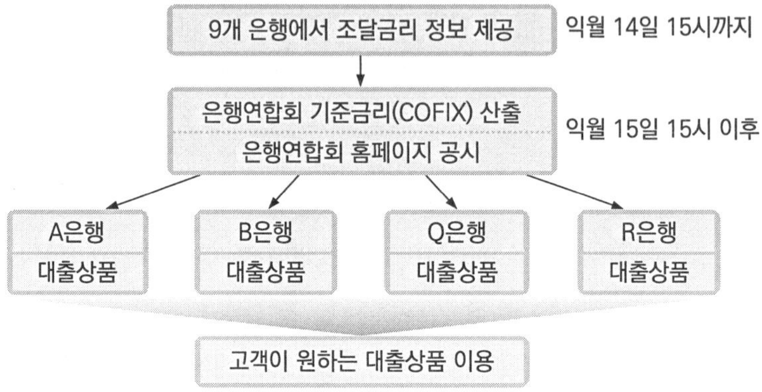

* 정보제공 은행 : 농협중앙회, 신한은행, 우리은행, SC제일은행, 하나은행, 기업은행, 국민은행, 외환은행, 한국씨티은행(총 9개)
* COFIX 기초정보 : 정보제공 은행의 자금조달 총액(월말 잔액, 월중 신규 취급액) 및 가중평균조달금리(월말 잔액 기준, 월중 신규 취급액 기준)

시중은행 자금조달비용을 반영한 새 주택담보대출 기준금리가 다음 달부터 매월 15일 공표된다. 은행들은 다음 달 말부터 주택담보대출을 해줄 때 새 기준을 적용할 예정이다. 은행연합회는 20일 "은행자금조달비용을 반영한 대출 기준금리인 자금조달비용지수(COFIX, 코픽스)를 산출해 2월부터 매월 한 차례씩 공시한다"고 발표했다.

은행연합회는 9개 은행 자금조달액과 가중평균금리 등 정보를 모아 '월말 잔액 기준', '월중 신규 취급액 기준' 등 2가지 코픽스지수를 매월 산출한다. 지수는 매월 15일 오후 3시부터 연합회 홈페이지에 공개되는데 2월은 15일이 설연휴여서 공시일이 16일로 하루 밀렸다.

새 금리체계는 양도성예금증서(CD)에 의존한 기존 대출 문제를 상당 부분 개선했다는 평가다. 은행자금조달 금리가 종합적으로 반영돼 대출이자 변동성이 낮아져 고객에게 유리하다는 반응도 나온다.

자료 : 한국경제, 2010. 1. 21.

제2절 부동산조세와 부동산투자

1 조세의 개념과 분류

1) 개념

조세란 국가 또는 지방자치단체가 그의 업무를 수행하는 데 소요되는 경비를 조달하기 위하여 국민들에게 강제적으로 권력수단을 동원하여 획득하는 물적 수단 또는 화폐를 말한다.

2) 분류

조세를 일반적 관점에서 분류하면 다음과 같다.

첫째, 조세부담의 전가여부에 따라 직접세와 간접세로 나눈다. 직접세는 조세부담자와 납부자가 동일인으로 조세부담의 전가가 발생하지 않으나 간접세는 조세부담자와 납부자가 상이하여 조세부담의 전가가 발생한다.

둘째, 조세를 징수하는 주체에 따라 국세와 지방세로 분류된다. 국세는 중앙정부가 지방세는 지방정부가 조세를 징수한다.

셋째, 조세주체인 사람에 대하여 부과되는 인세와 조세의 객체인 과세물건에 대하여 부과되는 물세가 있다.

넷째, 공공경비조달을 위한 일반세와 특정한 목적달성을 위하여 징수하는 목적세가 있다.

그리고 정액세, 종량세와 종가세 등으로 분류하는 기준도 있다.

2 조세의 원칙

조세의 원칙에는 응익과 응능의 원칙이 있으며, 응능의 원칙은 수평적 형평성과 수직적 형평성으로 나누어진다.

첫째, '응익의 원칙'은 소득이나 이익이 발생한 사람에게 과세한다는 원칙을 말한다.

둘째, '응능의 원칙'은 납세자의 부담능력에 맞추어 과세한다는 원칙을 말한다. 수평적 형평성은 동일한 소득계층에는 동일한 세금을 부과하고, 수직적 형평성은 소득격차에 따른 차등과세를 한다는 개념이다.

3 조세부담의 전가와 귀착

1) 조세부담의 전가

조세부담의 전가는 〈도표 11-2〉와 같이 정부가 생산자에게 부과한 조세를 생산자가 소비자나 생산요소공급자로 이전시키는 현상을 말한다.

도표 11-2 조세부담의 전가 유형

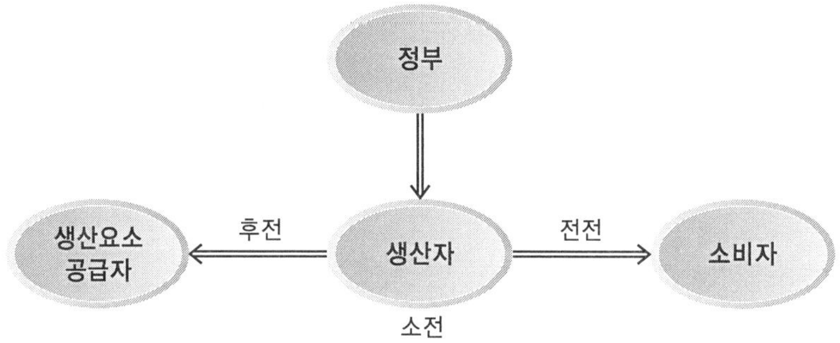

조세부담의 전가는 전전, 후전, 소전 등 3가지 유형이 있다.

첫째, 전전이란 앞에 있는 거래자에게 조세를 전가시키는 현상을 말한다. 거래과정을 살펴보면 생산자, 즉 기업은 자기가 생산한 재화나 용역을 소비자에게 판매하고 그 대가로 금전을 받으며, 이를 생산과정에 참여한 노동자나 자본가에 임금이나 이자형태로 지불한다. 생산자를 기준으로 소비자는 거래과정의 전면에 있으며, 생산요소의 공급자, 즉 노동자는 거래과정의 뒤쪽에 위치한다. 따라서 전전은 정부가 생산자에게 부과한 조세를 생산자가 소비자에게 전가시키는 현상을 말한다.

둘째, 후전이란 생산자가 자신에게 부과된 조세를 노동자 등 생산요소의 공급자에게 전가시키는 것을 말하며, 마지막으로 소전은 생산자 스스로가 기술혁신이나 비용절감 등을 통해 생산자에게 부과된 조세를 흡수하는 현상을 말한다. 이를 요약하면 다음과 같다.

전전	정부가 부과한 조세를 생산자가 소비자에게 전가시키는 현상
후전	정부가 부과한 조세를 생산자가 생산요소공급자에게 전가시키는 현상
소전	정부가 생산자에게 부과한 조세를 생산자가 기술혁신을 통해 부담하는 현상

2) 조세부담의 귀착

조세부담의 귀착이란 조세부담이 전가를 통해 마지막 경제주체(소비자)에게 영향을 미치는 현상을 말한다. 이를 그림을 통해 설명하면 〈도표11-3〉과 같다.

가령, 조세부과 이전에 맥주 한 병의 가격이 2,000원이었다. 정부가 맥주 한 병당 500원의 조세를 부과했을 때 생산자가 맥주 한 병을 소비자에게 2,300원에 판매하면 소비자는 맥주 한 병당 300원의 조세를 부담한다. 생산자는 맥주 한 병당 2,300원에 판매하지만 판매가격에서 500원을 세금으로 정부에 내면 1,800원이 남으므로 맥주 한 병당 소비자부담은 300원, 생산자부담은 200원이 된다.

도표 11-3 조세부담의 귀착

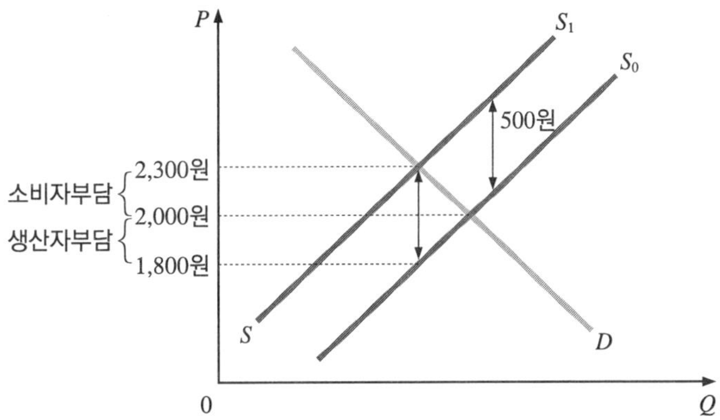

4 탄력성과 조세의 귀착

1) 수요의 탄력성과 조세의 귀착

수요의 가격탄력도가 비탄력적일수록 소비자부담이 크다.

수요의 가격탄력도가 비탄력적이라는 것은 소비자가 가격 변화에 민감하게 반응하지 않는다는 것을 의미하며 이럴 경우 생산자는 정부가 부과한 세금을 소비자에게 전가시키기 쉽다. 왜냐하면 가격이 상승한다 할지라도 소비자는 어쩔 수 없이 재화를 구입할 수밖에 없기 때문이다. 반대로 수요의 가격탄력도가 탄력적일수록 소비자가 가격변화에 민감하게 반응하므로 생산자는 정부가 부과한 세금을 소비자에게 전가시키기가 곤란하다. 왜냐하면 조세부과로 가격이 상승할 경우 소비자는 재화의 구입량을 대폭 감소시켜 기업의 매출액이 크게 줄어들기 때문이다. 〈도표 11-4〉에서 보면 D_0곡선의 기울기가 D_1곡선의 기울기보다 작다. 따라서 D_0의 경우 수요의 가격탄력성이 D_1보다 더 크다. 수요의 가격탄력도가 탄력적일수록 조세부과 시 소비자부담분은 작아진다.

도표 11-4 수요의 가격탄력성(I)

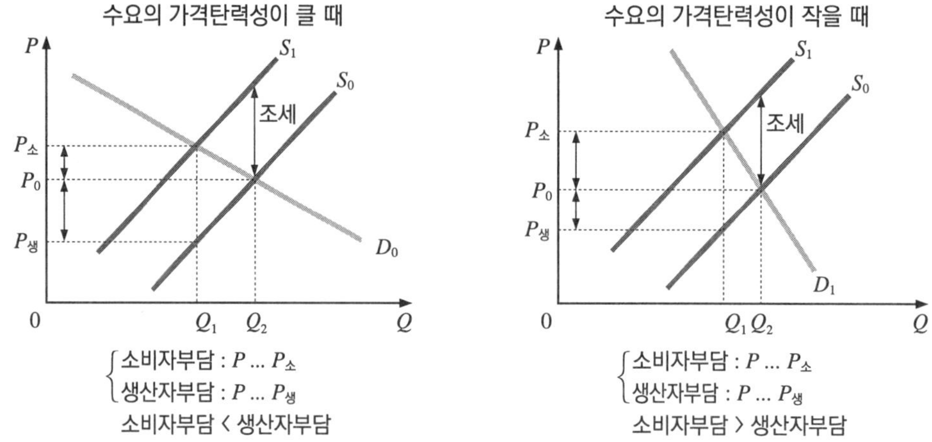

〈도표 11-5〉와 같이 수요의 가격탄력도가 완전탄력적이면 수요곡선은 수평선, 완전비탄력적이면 수직선이다. 수요의 가격 탄력도가 완전탄력적이면 부과된 조세의 전부를 생산자가 부담하고, 완전비탄력적이면 부과된 조세의 전부를 소비자가 부담한다.

도표 11-5 수요의 가격탄력성(II)

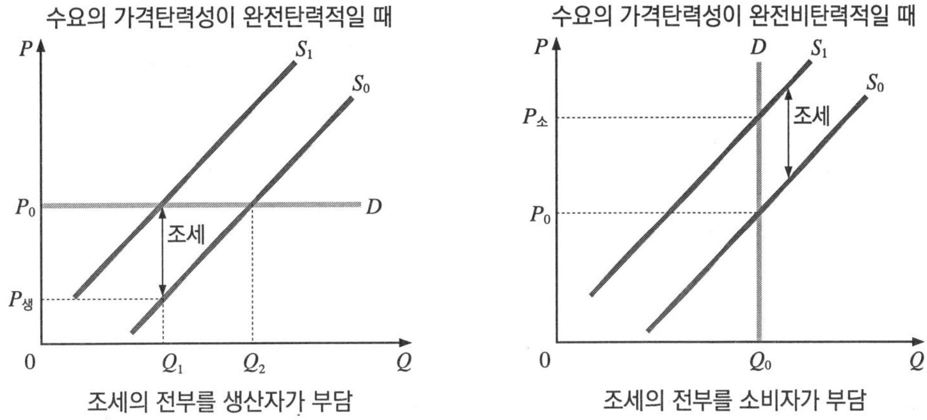

2) 공급의 탄력성과 조세의 귀착

공급의 가격탄력도가 비탄력적일수록 생산자부담이 크다.

공급의 가격탄력도가 비탄력적이라는 것은 생산자가 가격변화에 대해 신속하게 공급량을 조정하지 못한다는 것을 의미하며, 이럴 경우 생산자는 정부가 부과한 세금을 소비자에게 전가시키기보다는 생산자 자신이 부담하려고 한다.

〈도표 11-6〉에서 보는 바와 같이 공급의 가격탄력도가 탄력적일수록 생산자부담이 감소한다. 공급의 가격탄력도가 탄력적이라는 것은 공급자가 조세부과로 인한 가격변화에 대해 신속하게 공급량을 조정할 수 있다는 것을 의미하며, 이럴 경우 생산자는 정부가 부과한 세금을 생산자 자신이 부담하기보다는 소비자에게 전가시키려고 한다.

공급곡선의 기울기가 작을수록 공급의 가격탄력도가 크고, 기울기가 클수록 탄력도는 작게 나타난다. 공급의 가격탄력도가 탄력적일수록 조세부과 시 생산자부담분은 작아진다.

도표 11-6 공급의 가격탄력도(I)

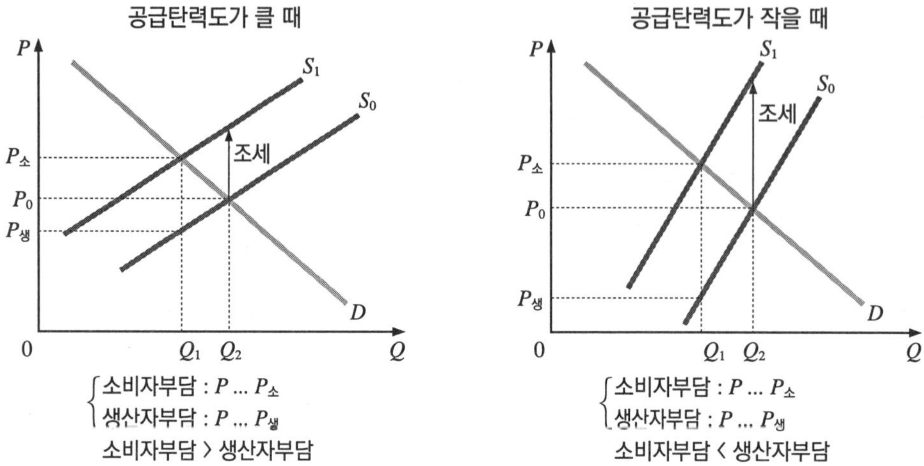

〈도표 11-7〉과 같이 공급의 가격탄력도가 완전탄력적이면 공급곡선은 수평선, 완전비탄력적이면 수직선이다. 공급의 가격탄력도가 완전탄력적이면 부과된 조세의 전부를 소비자가 부담하고, 완전비탄력적이면 부과된 조세의 전부를 생산자가 부담한다.

도표 11-7 공급의 가격탄력도(II)

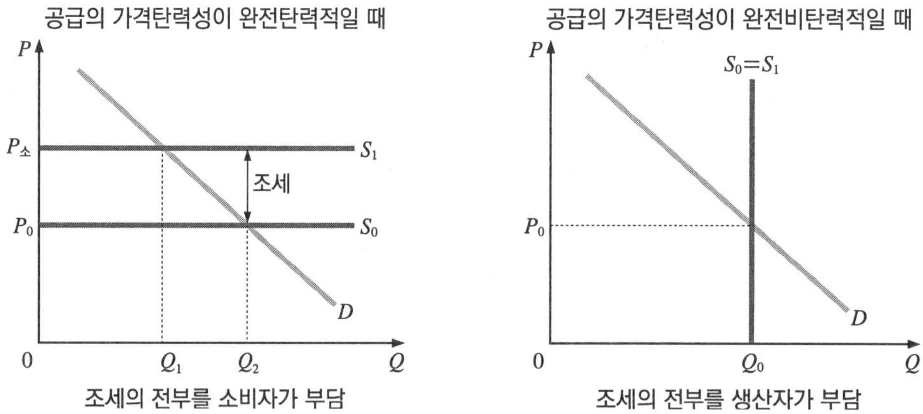

3) 결론

수요의 가격탄력성이 클수록 소비자의 부담이 작아지고 공급의 가격탄력도가 클수록 공급자의 부담이 작아진다.

수요의 가격탄력도와 소비자부담은 반비례하며 공급의 가격탄력도와 생산자부담도 반비례한다.

$$\frac{\text{수요의 가격탄력도}}{\text{공급의 가격탄력도}} = \frac{\text{생산자부담}}{\text{소비자부담}}$$

5 부동산조세의 개념 및 기능

1) 개념

부동산조세는 토지나 건물 등의 부동산을 취득하거나 처분하는 등 경제행위가 발생할 경우 부과되는 조세를 말한다.

부동산조세는 조세 중에서 중요한 과세원이 되며 부동산문제를 해결하고자 하는 수단으로 이용되기도 한다.[2)]

2) 기능

(1) 정부재원조달의 기능

정부는 국방과 치안유지 등 공공수요를 충족시키기 위하여 여러 활동을 하는데 이를 국가활동이라고 한다. 재정은 국가활동의 물적 토대라고 할 수 있으며, 이러한 물적 토대는 세입과 세출로 구성된다.

부동산조세는 정부의 조세수입에서 차지하는 비중이 크므로 정부의 재원조달에 큰 기여를 하고 있다.

(2) 자원배분의 기능

부동산의 취득이나 이용 등에 과세율이나 과세액이 달라지면 부동산의 취득이나 이용 등에 영향을 주어 자원배분 기능을 한다. 서민주택을 위한 세제상 혜택은 주거공간 분배에 큰 영향을 준다.

(3) 소득재분배

부동산의 과다보유자에 대한 조세부담의 가중, 부동산개발이익에 대한 과세 등은 부동산의 과다 보유를 억제하고 소득재분배기능을 한다.

(4) 지가안정 및 투기억제

지가급등지역이나 투기발생지역에 대한 조세부담의 가중은 지가안정과 투기를 억제하는 기능이 있다.

(5) 주택문제해결에의 기여

1세대 1주택에 대한 비과세, 주택공급업체에 대한 세제상의 혜택 등도 주택문제 해결에 이바지한다.

2) 이창석, 「부동산학원론, 전정판」, 형설출판사, pp. 707~708.

Story Tip

헨리 조지와 토지세

이상적인 세금이 존재할까? 19세기 미국의 경제학자이자 사회철학자인 헨리 조지(Henry George)는 그렇다고 생각했다. 그는 1879년에 집필한 저서 『진보와 빈곤(Progress and Poverty)』에서 정부의 조세수입은 전적으로 토지세로 충당되어야 한다고 주장했다. 그의 주장에 따르면 이 '단일세(Single tax)'는 공평할 뿐만 아니라 효율적이라고 한다. 조지의 이러한 주장은 상당한 정치적 지지를 얻었다. 그는 실제로 1886년 뉴욕 시장 선거에 출마하여 팽팽한 접전을 벌이기도 했다.

조지의 토지세 주장은 대체로 경제복지의 분배에 관한 문제의식에서 출발하고 있다. 그는 '엄청난 부와 비인간적인 궁핍'을 몹시 개탄하면서 토지소유자들이 급속한 경제성장을 통해 과다한 이득을 누리고 있다고 생각했다. 조지가 주장하는 토지세의 논리는 현대경제학의 분석기법을 사용함으로써 이해할 수 있다. 먼저 토지임대시장의 수요와 공급을 생각해보자. 인구가 증가하고 소득이 늘어남에 따라 토지에 대한 수요는 점차 증가한다. 그러나 토지의 공급은 고정되어 있기 때문에 완전 비탄력적이다. 수요가 급증하는데 공급이 고정되어 있다면 토지임대료는 빠르게 상승할 것이다. 그 결과 경제성장은 부유한 토지소유자들을 더욱 부유하게 만들 것이다.

이제 토지세의 귀착을 분석해보자. 제6장에서 살펴보았듯이 상대적으로 덜 탄력적인 쪽이 세금부담을 더 많이 진다. 토지세는 이 원리의 극단적인 경우에 해당한다. 공급탄력성이 0이기 때문에 세금부담은 전액 토지소유자들이 진다.

다음으로 효율성 측면을 살펴보자. 이미 살펴본 바와 같이, 세금으로 인한 경제적 순손실의 크기는 수요와 공급의 탄력성에 달려 있다. 토지는 극단적인 경우에 해당한다. 토지공급의 탄력성이 0이기 때문에 토지세는 시장의 자원배분에 영향을 미치지 않는다. 따라서 경제적 순손실은 발생하지 않고, 조세수입은 토지소유자의 부담과 일치한다.

비록 토지세가 이론적으로 매력 있는 아이디어지만 현실에서는 그렇게 간단하지가 않다. 토지에 대한 세금부과가 경제적 유인을 왜곡시키지 않으려면 그것은 가공되지 않은 자연 그대로의 토지(raw land)에 대한 세금이어야 한다. 그러나 토지의 가치는 때때로 나무를 베었다든지, 배수구를 설치했다든지, 도로를 연결했다든지 하는 여러 조치에서 나온다.

자연 그대로인 토지공급과는 달리 토지의 효용을 높이는 여러 가지 조치가 행해진 토지공급의 탄력성은 0보다 크다. 따라서 이러한 토지에 세금이 부과되면 경제적 유인이 바뀔 수 있다. 토지세는 토지의 효용을 높이기 위한 자원의 투입을 저해할 수 있는 것이다.

오늘날 조지의 단일토지세를 지지하는 경제학자는 거의 없다. 토지에 대한 세금은 앞에서 살펴본 문제를 야기할 뿐만 아니라, 오늘날 정부의 막대한 지출을 감당할 수 없기 때문이다. 그러나 조지의 논리는 아직도 유효하다. 조지의 저서가 출간된 지 1세기가 지난 오늘날 저명한 경제학자 밀턴 프리드먼(Milton Friedman)은 다음과 같이 이야기한다.

"내 생각에 가장 덜 나쁜 세금은 개발되지 않은 토지에 대한 재산세다. 이것은 바로 오래전 헨리 조지의 주장이다."

자료 : N. GRECTORY MANKIW 지음, 김경환·김종석 옮김, 「경제학 원론」, (서울 : 교보문고, 2007), p. 200.

6 부동산에 관련된 조세의 분류

부동산에 관련된 조세란 부동산을 과세의 객체로 하여 부과되는 조세를 말한다. 즉, 부동산의 취득에서부터 보유기간에 걸쳐 매각에 이르기까지 부동산을 과세객체로 하여 부과되는 조세라 할 수 있다.

첫째, 부동산의 취득으로 인한 조세이다. 여기에는 취득세와 등록세가 해당한다.

둘째, 부동산의 보유 및 이용과 관련한 조세이다. 여기에는 재산세, 종합부동산세, 토지초과이득세 등이 있다. 그리고 임대업자에게 부과되는 임대소득세와 법인세가 있다.

셋째, 부동산을 양도함으로써 그 양도차익에 부과되는 조세이다. 여기에는 양도소득세가 대표적이다.

7 부동산조세와 부동산투자

부동산조세 제도는 정부의 재정수입 확보라는 본래의 목적 이외에 바람직하지 못한 부동산매입이나 이용행위를 사회적으로 바람직한 방향으로 유도하는 목적도 가지고 있다. 정부는 부동산조세를 신설하거나 변경할 경우에, 이러한 조세정책이 부동산시장에 미치는 영향을 신중하게 분석할 필요가 있다. 조세부과는 어떠한 경우라도 경제주체들의 경제행위에 영향을 주고 부동산가격에도 파급이 되므로 시장에 미치는 부작용을 최소화하면서, 정책의도를 관철하는 방향으로 실시되어야 할 것이다.

부동산경기가 과열되면 정부는 조세부과를 통해 부동산수요를 억제하여 부동산가격 안정을 도모한다. 그리고 토지가격이 급등하여 토지소유자에게 막대한 불로소득이 발생하면 이를 환수하기 위해 조세를 부과하기도 한다.

재산세나 종합부동산세와 같은 부동산보유에 따른 보유세를 상승시키면, 부동산보유에 대한 기대수익률을 낮추게 되므로 부동산투기를 억제할 수가 있다. 부동산보유세를 높이고 부동산거래 관련 조세를 경감하면 부동산거래의 활성화를 기대할 수 있다.

부동산조세는 조세부과에 따른 부작용도 많이 발생한다. 우리나라는 부동산투기 억제를 위해 빈번하게 부동산조세를 신설하거나 폐지하고, 적용세율도 변동이 많아 부동산전문가들도 그 내용을 숙지하기가 쉽지 않다. 이러한 정책의 잦은 변화는 부동산시장에 주는 정부의 신호체계에 대한 국민의 혼동을 초래하므로 부동산시장을 더욱 왜곡시킬 우려가 크다.

토지가격상승으로 인한 토지소유자의 불로소득을 징수하는 목적인 토지세는 토지의 부증성이 완전히 나타나면 조세징수의 목표가 달성된다. 물리적 측면의 토지는 부증성을 나타내어 토지의 공급곡선이 수직선이지만, 경제적 측면의 토지는 용도변경으로 공급증대가 가능하므로 우상향하는 공급곡선을 나타내므로 공급자에게 부과된 토지세의 일부는 수요자에게 전가되어 왜곡현상이 나타난다. 그리고 이러한 토지세의 부과는 토지의 공급을 감소시킬 수 있어 토지의 가격을 상승시키는 원인이 되기도 한다.

주택소유자에게 부과되는 재산세의 증대는 주택소유자의 사용자 비용(user cost)을 증가시켜 주택에 대한 수요를 감소시키지만, 임대주택의 경우는 세금부담을 소유자가 임차인에게 전가시켜 임차인 부담만 증가시킬 수 있다. 그리고 임대주택에 대한 사업소득세나 보유세 증대는 임대주택의 공급을 감소시키는 부작용도 초래할 수 있다.

부동산에 대한 기대수익률을 낮추고 주택이나 토지 등 부동산에 대한 과다보유를 억제하기 위해 부과되는 양도소득세는 오히려 부동산가격을 급등시킬 수 있다.

〈도표 11-8〉에서 양도소득세의 부과는 부동산보유에 따른 기대수익률을 낮추어 수요곡선을 D_0에서 D_1으로 좌측 이동시켜 부동산가격을 P_0에서 P_1으로 하락시키고 균형거래량도 Q_0에서 Q_1으로 감소시킨다. 그러나 이러한 양도소득세가 과도하게 부과되면 부동산보유자들이 보유 부동산의 처분을 기피하는 공급감소가 나타나게 되어 공급곡선을 S_0에서 S_1으로 좌측 이동시켜 부동산가격을 종전에 비해 더 상승한 P_2수준이 되게 할 수도 있다. 실제로 과거에 다주택소유자에 대한 양도소득세 중과가 기존 주택 소유자들의 보유 부동산 처분 기피현상을 야기시켜 부동산가격을 폭등시키는 상황을 초래한 바 있다.

도표 11-8 양도소득세 부과의 효과

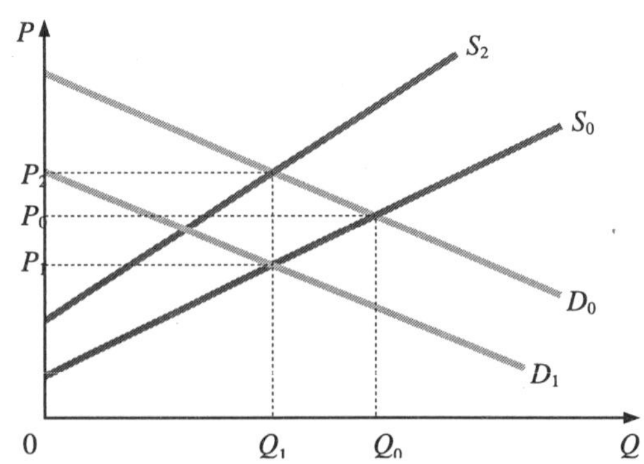

우리나라는 부동산조세를 재정수입의 확보보다는 부동산투기를 억제하는 수단으로 간주하는 경향이 많아, 부동산가격의 변동에 따라 조세의 종류와 그 세율을 빈번하게 변동시켜 왔다. 그런데 이러한 빈번한 정책변경은 당초의 정책목표를 달성하기보다는 오히려 부동산시장의 왜곡을 더욱 심화시켰다. 따라서 부동산도 일반적인 재화나 용역과 본질적으로 동일한 것이라고 보는 시각에서 조세정책이 일관되게 시행되어야 한다.

부동산투자자들은 부동산조세의 종류와 적용세율의 변화를 잘 관찰하여야 한다. 왜냐하면 조세 관련 정부정책은 부동산투자수익률에 직접적인 영향을 주기 때문이다. 그리고 조세 관련 사항이 변경될 때마다 부동산투자수익률에 미치는 영향을 심도 있게 분석하여야만 투자수익률을 높일 수 있을 것이다.

8 감세효과

근래 국제금융시장에서는 한국 정부가 침체된 경기를 부양하기 위해선 '한국판 뉴딜정책'을 추진하기보다는 오히려 '한국판 레이거노믹스'가 필요한 것이 아니냐는 지적이 나오고 있다.

뉴딜정책이란 1930년대에 혹독한 경기침체 국면을 극복하기 위해 당시 미국 대통령이었던 프랭클린 루스벨트가 추진한 일련의 정책을 말한다.

30년대 미국 경기는 유효수요가 절대적으로 부족함에 따라 물가와 성장률이 동시에 급락하는 디스플레이션과 대규모 실업사태로 대변되는 대공황 국면을 겪었다.

뉴딜정책의 이론적 토대를 제공한 것은 존 메이너드 케인스(J. M. Keynes)였다. 케인스 이론의 특징은 상품시장에서 금리에 대한 소비와 투자의 비탄력성 화폐시장에서 투기적 수요와 유동성 함정 노동시장에서 근로자의 화폐현상과 임금의 하방경직성이 존재한다는 점을 들 수 있다.

한 나라의 경기가 이런 상황에 놓여 있을 때에는 정부가 직접 나서서 통화정책보다는 재정지출을 통해 부족한 유효수요를 보전해 줘야 경기가 회복될 수 있다고 본 것이 케인스의 구상이었고, 이를 구체적으로 실천한 첫 작품이 뉴딜정책이었다. 최소한 70년대까지 케인스의 이론에 의한 정책처방은 경기 부양책으로 매우 적절했던 것으로 평가된다.

그러나 70년대에 들어서면서 미국 경제는 경기가 침체되고 물가가 상승하는 스태그플레이션이라는 새로운 양상을 띠었다. 이런 상황에 직면해 케인스 이론이 한계를 보이자 새로 등장한 것이 레이거노믹스였다.

레이거노믹스는 경기를 부양하기 위해서는 수요보다는 공급측면이 강조돼야 하며, 이를 위해 조세체계를 개편하고 정부 개입은 최소화해야 한다는 내용이 골자다.

레이거노믹스의 이론적 토대를 제공한 사람은 아서 레퍼(A. Laffer)였다. 래퍼는 한 나라의 세율이 적정수준을 넘어 지나치게 높을 때에는 오히려 세율을 낮춰주는 것이 경제주체들의 창의력을 높여 경기와 세수가 동시에 회복될 수 있다는 이른 바 '레퍼효과(Laffer effect)'를 강조했다. 이를 일명 레퍼곡선(〈도표 11-9〉)이라 한다.

도표 11-9 레퍼곡선

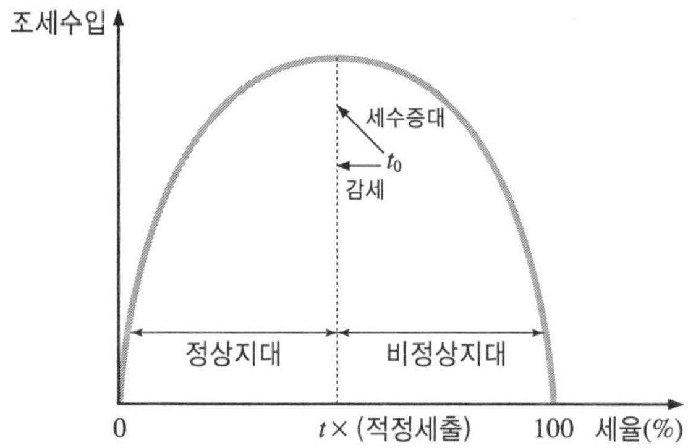

〈도표 11-10〉에서 보는 바와 같이 레이거노믹스의 본질은 정부가 미리 짜여진 수요에 맞춰 경기를 부양하는 뉴딜정책과 달리 경제추체들에게 불확실한 미래에 대해 확신을 갖게 하고, 잃어버린 활력을 어떻게 높이느냐에 달려 있다고 보았다. 이를 위해 단기적인 경기부양책에 의존하기보다는 감세와 규제완화, 기업중시 정책 등을 추진할 것을 권고했다.

도표 11-10 뉴딜정책과 레이거노믹스

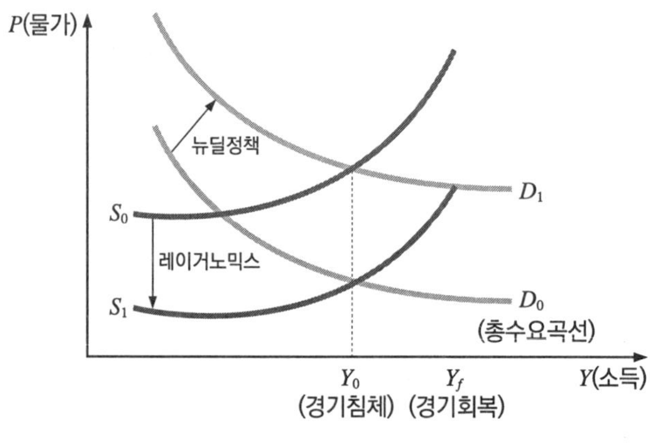

종합해 보면 한 나라의 경기가 유효수요가 부족해 침체되면 정부가 재정지출을 통해 보전해 줘야 한다는 것이 뉴딜정책의 골격이다. 반면, 한 나라의 경기가 높은 조세 부담 등과 같은 공급측 요인으로 침체되면 감세를 통해 경제 주체들의 의욕을 높여줘야 경기회복이 가능하다는 것이 레이거노믹스의 정책 처방이다.

현재 한국의 경기 침체는 1930년대처럼 단순히 유효수요가 부족하기 때문만은 아니다. 경기상황도 디플레이션보다는 스태그플레이션이 더 우려되고 있고, 실업문제도 '고용 없는 경제 성장'이 보편화됐다. 특히 정부의 정책이 자주 바뀌고 경제 주체들이 미래에 대해 확신을 가질 수 없게 된 것이 경기침체의 주요인이다.

때에 따라서는 뉴딜정책과 레이거노믹스의 복합처방이 필요한 때와 시기도 있다. 특히 부동산경기를 부양하기 위해서는 양도세율과 거래세율을 더 낮추고 부동산거래를 활성화시키는 방법이 더 현실적이고 효과적일 수 있다.

Story Tip

美 80년대 초 '레이거노믹스'가 대표적 감세 정책

단기적 경기부양 효과는 미미…… "90년대 호황 밑거름" 評

외국의 대표적인 감세정책으로는 '레이거노믹스'로 불리는 1980년대 초 미국 레이건(임기 1981~1989) 정부의 감세정책이 꼽힌다.

레이건 정부는 감세가 근로의욕과 소비를 고취시켜 경제성장을 이끌고 이것이 다시 세수증가로 이어질 것으로 예상하고, 개인소득세 최고세율을 70%에서 28%로, 법인세율도 47%에서 34%로 대폭 낮췄다.

미국에서 20세기 초 소득세 제도가 도입된 이후 소득세율을 한 번도 내린 적이 없었기 때문에 당시 감세정책은 조세정책의 근본 흐름을 바꿔 놓는 새로운 실험으로 받아들여졌다.

레이건 정부의 감세정책은 단기적인 경기부양이나 세수증대효과는 크지 않았다. 감세로 인해 소비가 늘긴 했지만 기대했던 만큼 경기부양이나 세수증가가 나타나지 않았다. 미국 전체 국내총생산(GDP)에서 세수가 차지하는 비중은 1981년 20.8%에서 1984년 18.7%까지 떨어졌다.

레이건 대통령 임기 말인 1988년에는 19.5%로 소폭 늘긴 했지만 감세정책 추진 이전보다는 낮은 수준이었다. 세수가 줄어드는 상황에서 국방비가 폭발적으로 증가하면서 재정적자와 정부부채는 증가했다.

하지만 레이건 행정부 감세정책은 클린턴 정부에 들어 빛을 발하기 시작했다. 장기적으로 1990년대 미국 경제 호황의 밑거름이 됐다는 게 학계의

도표 11-11 외국의 주요 감세정책 사례

국가	내용
미국	-1980년대 레이건 행정부 소득세(최고세율 *70%*→ 28%), 법인세(*48%*→34%) 인하 -2000년대 부시 행정부 소득세(최고세율 *39.6%*→35%), 법인세(*35%*→32%) 인하, 상속세 단계적 폐지
일본	1999년 소득세 최고세율 인하, 법인세율 국제수준으로 인하
독일	1997년 법인세(*47%*→35%), 소득세율(최고세율 *53%*→39%) 인하
아일랜드	법인세(*47%*→12.5%) 인하

평가다.

레이건 행정부의 감세정책 효과는 당시 규제개혁 정책과 함께 미국 경제체질을 바꿔 놓았고 이는 결국 1990년대 고도성장의 바탕이 됐다고 평가받고 있다.

미국은 부시 행정부에서도 감세정책을 추진해왔다. 9·11테러 이후 경기부양을 위해 소득세·법인세를 인하하고 상속세도 단계적으로 축소해나가고 있다.

일본은 1994년에 이어 1998년과 1999년 잇따라 감세정책을 폈다. 하지만 경기불황으로 실업 증가, 자산 가격 하락, 높은 저축률 등으로 감세에 따른 소득증대 효과는 소비보다는 저축으로 연결되는 결과를 가져왔고, 세수감소로 국가부채는 더욱 악화됐다.

아일랜드는 외국기업 투자유치를 위해 47%에 달하던 법인세를 12.5%로 낮춰 지난 10년 동안 유럽연합(EU) 평균의 3배에 이르는 경제성장을 일궈내 감세정책의 성공사례로 평가받고 있다.

주관식 단답형 문제 제 3편

01 부동산개발의 사업타당성 분석의 유형 중 투자 대상 부동산이 위치하고 있는 지역의 인구, 고용 등 부동산투자의 수익률에 영향을 미치는 요인을 분석하고 확인하는 작업을 무엇이라하는가?

02 부동산개발의 사업타당성 분석의 유형 중 일정 지역시장 단위에서 특정 부동산에 대한 수요와 공급을 분석하여 전반적인 부동산의 가격수준과 부동산투자의 수익률에 영향을 미치는 요인을 분석하고 확인하는 작업을 무엇이라 하는가?

03 부동산개발의 사업타당성 분석의 유형 중 토지를 매입한 후, 어떤 용도로 개발하는 것 이 가장 부동산투자의 수익률을 극대화시키는 방안인가에 대한 연구 작업을 무엇이라 하는가?

04 부동산투자의 거시적 환경 중에서 국제경제 환경의 변화, 경제성장률이나 물가의 변화 등이 부동산투자에 영향을 미치는 요인을 무엇이라 하는가?

05 부동산투자의 거시적 환경 중에서 인구구조의 변화나 인식구조의 변화 등의 부동산투자에 영향을 미치는 요인을 무엇이라 하는가?

답

01지역경제분석, **02**시장분석, **03**시장성분석, **04**경제적 요인, **05**사회문화적 요인

06 부동산투자의 거시적 환경 중에서 토지제도, 토지이용에 관한 계획과 규제상태 등이 부동산투자에 영향을 미치는 요인을 무엇이라 하는가?

07 부동산투자의 미시적 환경 중에서 투자대상 부동산이 위치하고 있는 지역 내 상태가 부동산투자에 영향을 미치는 요인을 무엇이라 하는가?

08 부동산투자의 미시적 환경 중에서 투자대상 부동산의 개별적 특성이 부동산투자에 영향을 미치는 요인을 무엇이라 하는가?

09 주택의 담보가치에서 대출금액이나 선순위 채권 등이 차지하는 비율을 무엇이라 하는가?

10 주택을 구입하려는 투자자가 주택담보대출을 받을 때 미래에 얼마나 원리금을 잘 갚을 수 있는지를 소득으로 따져 대출한도를 정하는 것을 무엇이라 하는가?

11 정부의 시장에 대한 개입이 과도하여 시장경제의 효율성을 저하시키는 것을 무엇이라 하는가?

12 부동산정책의 과정 중 첫 단계는 무엇인가?

13 부동산정책의 과정 중 마지막 단계는 무엇인가?

답

06정치 · 법률적 요인, **07**지역적 요인, **08**개별적 요인, **09**담보인정비율, LTV, **10**총부채상환비율, DTI, **11**정부의 실패, **12**문제의 인지, **13**정책평가

14 토지공개념 도입, 주택 200만 호 건설 등의 부동산정책을 집행한 정부는 어디인가?

15 부동산실명제, 준농림지역 제도 등의 부동산정책을 집행한 정부는 어디인가?

16 아파트 분양가격의 전면 자유화, 분양권 전매제한 제도의 폐지 등 부동산경기의 부양책을 집행한 정부는 어디인가?

17 종합부동산세를 도입하고 양로소득세를 실거래가격으로 과세하도록 한 정부는 어디인가?

18 부동산정책의 과정에서 특정 부동산문제를 해결하기 위해 여러 가지 방안을 강구하는 단계를 무엇이라 하는가?

답

14노태우 정부, **15**김영삼 정부, **16**김대중 정부, **17**노무현 정부, **18** 대안작성

주관식 **서술형 문제** 제 3편

01 부동산투자의 거시적 환경 중 사회문화적 요인에 대해 설명하시오.

02 부동산경기변동과 부동산투자와의 관계를 설명하시오.

03 부동산정책의 과정에 대해 설명하시오.

04 탄력도의 개념을 설명하고, 조세부과 시 탄력도와 조세부담의 귀착과의 관계에 대해 서술하시오.

05 부동산시장의 특성에 대해 설명하시오.

06 부동산투자의 투자타당성 분석의 유형에 대해 설명하시오.

07 부동산조세의 개념 및 기능에 대해 설명하시오.

08 부동산정책의 개념 및 분류에 대해 설명하시오.

제 4 편

부문별 및 해외 부동산투자이론

제12장 부동산개발 및 토지투자이론

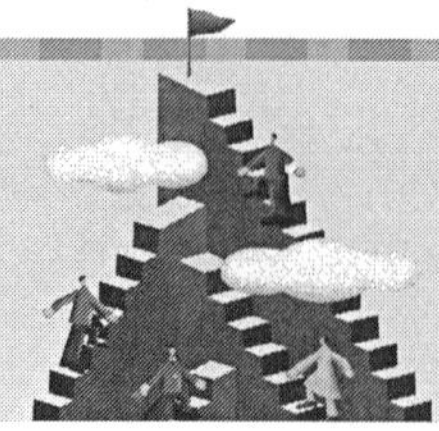

부동산은 우리 민법 제99조 제1항에서 규정하고 있는 "토지와 그 장착물"로 정의되며, 정착물 중에서 가장 대표적인 것이 건물이다. 따라서 부동산에 투자한다는 것은 나대지로서 토지를 매입하는 것과 건물이 이미 토지 위에 존재하여 토지와 건물 등이 결합된 상태인 복합부동산을 매수하는 것으로 구분 할 수 있다. 복합부동산을 매수하는 것으로 구분할 수 있다. 본 서에서는 부동산투자의 적용대상을 토지와 복합부동산으로 나누어 부문별로 투자이론을 살펴보고자 한다. 제12장에서는 토지를 중심으로, 제13장에서는 복합부동산을 주요 대상으로 투자이론 및 적용방법을 설명하였다. 나대지로서 토지를 매수 하는 형태로 부동산투자를 하고자 하는 사람들은 향후 나대지에 부동산개발이 이루어져 지가상승을 통한 자본이득을 원하는 경우가 대부분일 것이다. 따라서 토지의 투자이론은 그 성격상 부동산개발과 밀접하다고 판단되어 제12장은 부동산개발 및 토지 투자이론으로 하였다.

제1절 부동산개발의 개념과 관련 법률

1 부동산개발의 개념

부동산개발의 개념은 일반적으로 지상·지표·지하에서의 건축공사나 토목공사 그리고 기타 작업의 수행 등 유형적 행위만을 의미하는 협의의 개념이 있다. 광의의 개념은 협의의 개념에다가 본질적인 용도의 변경을 포함한다.[1)]

1) 권호근 외, 「부동산개발론」, 도서출판 상학당,2014, p.32.

부동산 개발은 개발자의 창조적인 생각에서 출발하여 시간의 흐름에 따라 유무형의 서비스의 가치가 실현될 수 있는 공간을 탄생시키면서 완료된다. 부동산 개발의 과정은 일반적으로 개발기획, 부지매입, 설계, 시공, 운영의 단계를 거치게 된다. 각 단계별로 다양한 분야의 전문가가 필요하며 개발 계획이나 조직계획이 상세하게 이루어져야 한다.

2 부동산개발의 유형

부동산개발의 유형은 개발내용, 개발외관, 개발주체, 개발유형, 토지의 취득방식에 따라 구분된다. 본서에서는 이중 향후 논의 전개과정에 필요한 개발내용과 개발 유형에 의한 분류를 중심으로 살펴보고자 한다.

개발내용에 의한 분류는 토지 관련 개발과 건축 관련 개발로 나눌 수 있다. 토지 관련 개발은 토지의 매립이나 용도 변경, 용도지역이나 용도지구의 지정 등 토지의 이용 목적을 변경하는 것을 말하며, 건축 관련 개발은 토지 관련 개발 사업에 의해 조성된 용도범위에서 건물을 신축하거나 기존 건물 등을 재건축 하는 행위를 의미한다.

개발유형에 의한 분류는 신개발과 재개발이 있다. 신개발은 전·답·임야 등과 같이 건축이 허용되지 않는 토지를 건축이 가능한 토지로 전환하는 것을 목적으로 하며, 재개발은 이미 개발되어 있는 지역을 정비, 개량, 조성하는 사업을 말한다.

개발내용과 개발유형을 결합하여 토지 관련 신개발 사업, 토지 관련 재개발 사업, 건축 관련 신개발 사업, 건축 관련 재개발사업으로 부동산 개발을 구분할 수 있다. 토지 관련 신개발사업에는 도시개발사업, 택지개발사업, 형질변경사업 등이 있고 토지 관련 재개발사업에는 도시정비사업을 주로 지칭하며 여기에는 주택재개발사업, 주택재건축사업, 주거환경개선사업, 도시환경정비사업 등이 있다. 건축 관련 신개발사업은 건물의 종류별로 주거용 건물의 신축, 상업용 건물의 신축, 업무용 건물의 신축 등이 있으며, 건축 관련 재개발사업은 아파트나 단독주택의 재건축, 리모델링 사업 등이 있다.

3 부동산개발 관련 법률

부동산개발과 관련된 법률은 국토공간의 개발 및 국토이용에 관한 법률을 기본으로 하고, 이외에 토지의 개발과 관련된 법률, 토지의 보전과 관리에 관한 법률, 개발 이익 환수 및 부동산 금융과 관련된 법률로 구분된다.

첫째, 국토공간의 개발 및 국토이용에 관한 법률에는 "국토기본법"을 바탕으로 전 국토에 적용되는 "국토의 계획 및 이용에 관한 법률"과 "개발 제한구역의 지정 및 관리에 관한 특별조치법" 등이 있다. 그리고 지역단위에 적용되는 법으로 "수도권 정비계획법", "접경지역지원법" 등이 있다.

둘째, 토지의 개발과 관련된 법률에는 "도시개발법", "도시 및 주거환경법", "택지개발촉진법" 등 이 있다.

셋째, 토지의 보전과 관리에 관련된 법률에는 "농지법", "산림기본법", "부동산등기법" 등이 있다.

마지막으로 개발이익 환수 및 부동산금융과 관련된 법률에는 "개발이익 환수에 관한 법률", "부동산투자회사법" 등이 있다.

4 국토의 계획 및 이용에 관한 법률

1) 개요

"국토의 계획 및 이용에 관한 법률"은 종전에 도시지역에 적용되던 "도시계획법"과 비도시지역에 적용되던 "국토이용관리법"을 통합하여 각 시·군을 하나의 계획체계로 관리하기 위하여 제정된 법률로써, 토지의 이용에 관한 기본법적인 성격을 지니고 있다.

2) 국토이용계획의 체계

국토이용계획의 체계상 최상위에는 국토종합계획이 있다. 국토종합계획은 국토개발과 보전에 관하여 종합적이고 장기적인 정책방향을 설정하는 국토계획이다. 1963년에 제정된 "국토건설종합계획법"에 따라 1972년부터 3차에 걸쳐 국토개발을 진행하여 왔다. 제3차까지는 "국토종합개발계획"이었고, 제4차부터 "국토종합계획"으로 명칭이 변경되었으나 이는 개발만을 강조하기보다 개발과 환경의 조화 및 관리에 중점을 두고자 했기 때문이다. 제4차 계획은 2003년에 확정되어 2000년부터 2020년까지를 대상으로 한다. 2006년 국내외 여건이 변화되어 내용을 수정하였다.

국토종합계획을 바탕으로 "국토의 계획 및 이용에 관한 법률"에는 광역도시계획, 도시기본계획, 도시 관리 계획, 지구 단위 계획 등에 대한 규정을 정하고 있다. 우리나라의 국토이용계획 체계를 그림으로 나타내면 다음과 같다.

도표 12-1 국토이용계획 체계

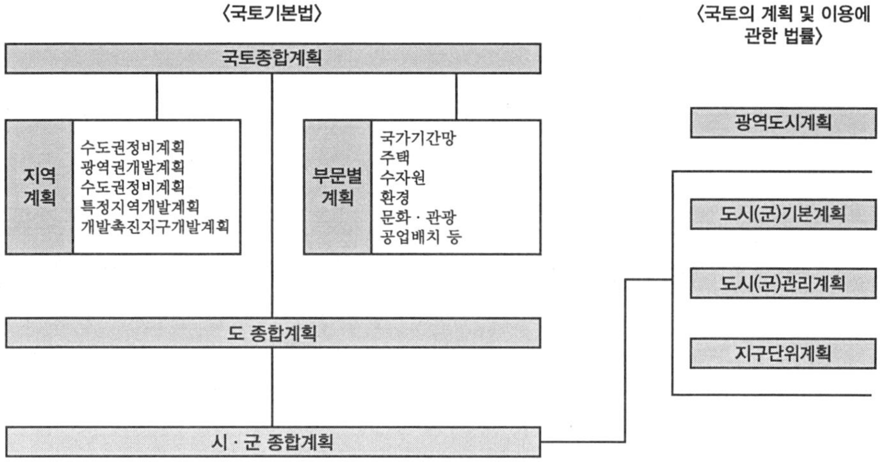

자료 : 서순탁, "국토계획과정 교육교재토" 국토교통부 인재개발원, 2008. p.39. 재구성.

광역도시계획은 광역계획권의 장기발전방향을 제시하는 계획으로 2개 이상의 도시의 공간구조 및 기능을 상호 연계시켜 환경을 보전하며 광역시설을 체계적으로 정비하기 위하여 작성하는 계획이다. 도시기본계획은 특별시, 광역시, 시 또는 군의 관할구역에 대하여 기본적인 공간구조와 장기발전방향을 제시하는 종합계획으로서 도시관리계획 수립의 지침이 되는 계획이다. 특별시장, 광역시장, 시장 또는 군수가 관할구역에 대하여 다룰 법률에 의한 환경·교통·수도·하수도·주택 등에 관한 부문별 계획을 수립하는 때에는 도시기본계획의 내용과 부합되게 하여야 한다. 도시관리계획은 행정기관은 물론 일반 국민에 대하여도 직접 구속력을 가지는 행정계획이다. 특별시, 광역시, 시 또는 군의 개발·정비 및 보전을 위하여 수립하는 토지이용·교통·환경·안전·산업·보건·안보·문화 등에 관한 계획이다. 도시관리계획에는 용도지역·용도지구·용도구역의 지정 또는 변경에 관한 계획, 기반시설의 설치·정비 또는 개량에 관한 계획, 도시개발사업 또는 정비사업에 관한 계획, 지구단위계획 등이 포함된다.

지구단위계획은 도시계획수립 대상지역 안의 일부에 대하여 토지이동을 합리화하고 그 기능을 증진시키며 미관을 개선하고 양호한 환경을 확보하며 당해 지역을 체계적이고 계획적으로 관리하기 위하여 수립하는 계획이다. 여기에는 제1종과 제2종 지구단위계획이 있다. 제1종 지구단위계획은 용도지구, 택지개발 예정지구·정비구역 등 주로 도시지역의 입체적 개발을 위하여 지정하는 도시 관리 계획이다. 제2종 지구단위계획은 계획관리지역, 개발진흥지구 등 주로 비도시 지역의 체계적 개발을 위하여 지정하는 도시 관리 계획을 말한다.

3) 용도지역

(1) 용도지역의 개념과 분류

용도지역은 토지의 이용 및 건축물의 용도, 건폐율, 용적률, 높이 등을 제한함으로써 토지를 경제적·효율적으로 이용하고 공공복리의 증진을 도모하기 위하여 도시관리계획으로 결정하는 지역을 말한다. 용도지역은 전국의 모든 토지에 대하여 대분류 4개, 중분류 9개, 소분류 21개로 구분되어 지정되며, 그 내용은 다음의 도표와 같다.

도표 12-2 용도지역의 지정 및 세분

대분류 (4개)	중분류 (9개)	소분류 (21개)
도시지역	주거지역	제1·2종전용, 제1·2·3종 일반, 준주거
	상업지역	중심, 일반, 근린, 유통
	공업지역	전용, 일반, 준
	녹지지역	보전, 생산, 자연
관리지역	보전관리지역	보전관리
	생산관리지역	생산관리
	계획관리지역	계획관리
농업지역	농림지역	농림
자연환경보전지역	자연환경보전지역	자연환경보전

자료 : 박만수, "국토행정종합과정 교육교재" 국토교통부 인재개발원, 2008. p.6.

도시지역은 인구와 산업이 밀집되어 있거나 밀집이 예상되어 당해 지역에 대하여 체계적인 개발이나 보전 등이 필요한 지역이며, 관리지역은 도시지역의 인구와 산업을 수용하기 위하여 도시지역에 준하여 체계적으로 관리하거나 농림업의 진흥, 자연환경 또는 산림의 보전을 위하여 관리가 필요한 지역을 말한다.

농림지역은 도시지역에 속하지 아니하는 농지법에 의한 농업 진흥 지역 또는 산지관리법에 의한 보전산지 등으로서 농립업의 진흥과 산림의 보전을 위하여 필요한 지역이며, 자연환경보전지역은 자연환경·수자원·해안·생태계·상수원 및 문화재의 보전과 수산자원의 보호와 육성 등을 위하여 필요한 지역을 말한다.

(2) 용도지역 안에서의 건폐율과 용적률의 제한

건폐율이란 한 필지의 토지 위에 건축할 수 있는 건축물의 바닥면적을 말하며, 용적률이란 한 필지의 토지 위에 건축할 수 있는 건축물의 연면적을 말한다. 쾌적한 생활환경의 조성과 적정한 건축물의 밀도관리를 위하여 용도지역별로 건폐율과 용적률을 제한하고 있으며, 그 내용은 다음 도표와 같다.

도표 12-3 용도지역별 건폐율과 용적률

용도지역	세분	건폐율(%)	용적률(%)	용도지역	건폐율(%)	용적률(%)	세분
주거지역	제1종 전용	50	100	공업지역	전용공업	70	300
	제1종 전용	50	150		일반공업	70	350
	제1종 일반	50	200		준공업	70	400
	제1종 일반	60	250	녹지지역	보전녹지	20	80
	제1종 일반	60	300		생산녹지	20	100
	준주거	70	500		자연녹지	20	100
상업지역	중심상업	90	1,500	관리지역	계획관리	40	100
	일반상업	80	1,300		생산관리	20	80
					보전관리	20	80
	근린상업	70	900	농림지역		20	80
	유통상업	80	1,100	자연환경보전지역		20	80

자료 : 국토의 계획 및 이용에 관한 법률, 제77조·78조, 시행령 제84조 제2항.

4) 용도지구

용도지구는 토지의 이용 및 건축물의 용도·건폐율·용적률·높이 등에 대한 용도지역의 제한을 강화 또는 완화하여 적용함으로서 용도지역의 기능을 증진시키고 미관, 경관, 안전 등을 도모하기 위하여 도시관리계획으로 결정하는 지역을 말한다.

용도지구에는 경관을 보호하거나 형성하기 위하여 필요한 경관지구, 미관을 유지하기 위하여 필요한 미관지구, 건축물 높이의 최저한도 또는 최고한도를 규제하는 고도지구, 화재의 위험을 예방하기 위하여 필요한 방화지구가 있다. 이외에도 방재지구, 보존지구, 시설보호지구, 취락지구, 개발진흥지구, 특정용도제한지구 등이 있다.

5) 용도구역

용도구역에는 개발제한구역, 도시자연공원구역, 시가화조정구역, 수산자원보호구역 등이 있다. 개발제한구역은 도시의 무질서한 확산을 방지하고 도시 주변의 자연환경을 보전하고 도시민의 건전한 생활환경을 확보하고 국방부 장관의 요청이 있어 보안상 도시의 개발을 제한할 필요가 있는 지역에 국토교통부 장관이 지정한다. 도시자연공원구역은 도시의 자연환경 및 경관을 보호하고 도시민에게 건전한 여가와 휴식공간을 제공하기 위해 도시지역 안의 식생이 양호하여 개발을 제한할 필요가 있는 지역에 시·도지사 또는 대도시 시장이 지정한다.

시가화조정구역은 도시지역의 무질서한 시가화를 방지하고 계획적이고 단계적인 개발을 도모하기 위하여 시가화를 유보할 필요가 있는 지역에 국토교통부 장관이 지정한다. 수산자원보호구역은 수산자원의 보호나 육성을 위하여 필요한 공유수면이나 그에 인접한 토지에 해양수산부 장관이 지정한다.

제2절 토지 관련 신개발 사업

1 도시개발사업

도시개발사업은 「국토의 계획 및 이용에 관한 법률」 제2조에서 도시계획시설사업, 재개발사업과 함께 도시계획사업의 하나라고 정의하고 있으며, 「도시개발법」 제2조에서는 도시개발구역 안에서 주거·상업·산업·유통·정보통신·생태·문화·보건 및 복지 등의 기능을 가지는 단지 또는 시가지를 조성하기 위하여 시행하는 사업으로 규정하고 있다. 그 동안의 도시개발은 주택단지개발이나 산업단지개발 등 단일 목적의 개발방식으로 추진되어 도시를 종합적이고 체계적으로 개발하는 데에는 한계가 있었다. 이런 점을 보완하여 「도시계획법」의 도시계획 사업에 관한 부분과 「토지구획정리사업법」을 통합하여 도시개발에 관한 기본법으로서 「도시개발법」을 제정하였다.

1) 도시개발구역의 지정과 시행자

도시개발사업을 시행하기 위하여 도시개발구역의 지정절차와 요건 등에 의하여 지정·고시된 구역을 도시개발구역 이라한다. 도시개발구역은 원칙적으로 시·도지사가 직권으로 지정하거나 시장·군수·구청장의 요청을 받아 지정하나, 국가가 도시개발사업을 시행하는 경우에는 국토교통부장관이 도시개발구역을 지정하도록 규정하고 있다.

도시개발사업을 시행할 수 있는 주체는 국가 또는 지방자치단체, 정부투자기관 등 공공기관들이며, 이외에도 도시개발사업을 시행할 능력이 있는 민간법인들도 지정권자의 지정에 의해 수행이 가능하다. 다만, 도시개발구역의 전부를 환지방식으로 시행하는 경우에는 토지의 소유자 또는 조합을 시행자로 지정한다.

2) 도시개발구역의 사업대상지와 규모

도시개발구역의 지정대상은 도시지역 안과 도시지역 외 지역으로 구분된다. 도시계획구역 안에서는 주거 및 상업 지역 10,000m^{2}이상, 공업지역은 30,000m^2 이상이며, 도시계획 구역 외에서는 330,000m^{2}이상으로 하고 있다. 자연녹지지역 및 도시지역 외의 지역에 도시개발구역을 지정하는 경우에는 광역도시계획 또는 도시기본계획에 의하여 개발이 가능한 용도로 지정된 지역에 한하며, 광역도시계획 또는 도시기본계획이 수립되지 아니한 지역의 경우에는 자연녹지지역 및 계획관리지역에 한하여 도시개발구역을 지정할 수 있다.

3) 개발이익의 환수

도시개발구역의 지정시점을 토지수용법상의 사업인정시점으로 보아 도시개발사업의 시행자가 개발구역의 지정으로 인한 기대이익이 반영하기 전의 가격으로 토지를 매수할 수 있도록 하고 있다. 민간 부분에 토지의 수용권을 제한적으로 부여함으로써 도시개발구역의 지점으로 발생하는 개발이익의 사유화를 최소화하고, 도시개발사업에 민간부분의 참여활성화를 유도하고 있다.

4) 기반시설의 설치비용과 개발재원

도시개발구역 내의 도로 및 상하수도 등의 기반시설의 설치에 필요한 비용은 사업시행자가 부담하되, 도시개발구역 외의 주요 기반 시설의 설치가 요구되는 경우에는 지정권자와 협의하여 기반시설의 설치 및 분담 주체를 정하고 이를 개발계획에 포함시키도록 하고 있다.

지방자치단체에 도시개발특별회계를 설치하여 도시개발사업을 지원할 수 있도록 하고 있다. 도시개발특별회계는 도시개발채권의 발행과 개발 부담금 등을 재원으로 한다. 그리고 도시개발사업의 시행자는 지방자치단체가 발행하는 도시개발채권을 의무적으로 매입하도록 하고 있다.

5) 도시개발사업의 시행방식

도시개발사업의 시행방식에는 수용방식, 환지방식 그리고 혼용방식이 있다.

첫째, 수용방식은 계획적이고 체계적인 도시개발 등 집단적인 토지의 조성과 공급이 필요한 경우, 대상 토지의 전면 매수를 원칙으로 시행되는 방식을 말한다. 개발대상 토지를 사업시행자가 전면 매수하므로 토지 소유자의 소유권은 완전히 소멸하며, 사업시행자는 토지 소유자들로부터 토지를 매수하기 위한 수용절차가 필요하다.

둘째, 환지방식은 토지 소유자들로부터 무상으로 토지를 양도 받아 택지를 개발한 후, 개발된 토지를 토지 소유자들에게 재분배하는 방식을 말한다. 토지를 재분배하는 것을 환지라고 하며, 환지를 할 때는 개발되기 전 토지의 위치나 지목 등을 고려하여 감보율을 적용한다.

원래 토지를 100평 보유하고 있던 토지 소유자가 택지개발사업 후 60평의 토지를 재분배 받았다면 감보율은 40%가 된다. 감보율을 적용하는 이유는 개발비용과 택지개발 후 토지의 가격 상승을 고려하기 때문이다.

환지방식을 선택하는 경우는 도시개발사업을 시행하는 지역의 토지가격이 인근의 다른 지역에 비하여 현저히 높아 수용방식으로 사업을 시행하는 것이 어렵거나, 도시개발사업의 효용증진과 공공시설의 정비를 위하여 개발대상 토지의 지목이나 형질변경 그리고 공공시설의 설치나 변경이 필요할 때이다.

셋째, 혼용방식은 수용방식과 환지방식을 혼용하는 것을 말한다. 이는 도시개발구역으로 지정하고자 하는 지역이 부분적으로 수용 또는 환지방식에 해당하는 경우에 적용된다.

2 택지개발사업

택지개발사업은 도시지역의 시급한 택지난을 해소하기 위하여 주택건설에 필요한 택지의 취득이나 개발 등에 관한 특례를 규정함으로써 국민 주거생활의 안정과 복지향상에 기여함을 목적으로 시행하는 사업이다.[2] 택지개발사업의 대표적 사례는 노태우 정부 시절에 추진한 5개 신도시 건설이 있으며 관련 법률은 "택지개발촉진법"이다. 택지개발은 이외에도 "도시개발법" 이나 "도시 및 주거환경 정비법"에 의해서도 이루어진다.

1) 택지개발예정지구의 지정과 시행자

도시지역의 주택난을 해소하기 위해서 지정권자에게 지구지정을 제안하거나 지정권자가 직접 지구를 지정할 수 있다. 택지개발사업의 시행자는 국가, 지방자치단체, 한국토지주택공사, 지방공사 등과 "주택법"상의 등록업자가 공동으로 출자한 법인이어야 한다. 지정권자는 국토교통부장관이며 예외적으로 200,000m^2 미만의 경우에는 시·도지사이다.

2) 기타

택지개발사업은 사업 주체가 사업지구의 토지를 모두 매수하는 전면 매수 방식으로 대부분 이루어진다. 추진절차는 지구지정단계→계획단계→시행단계 순으로 진행된다.

3 형질변경사업

형질변경사업은 토지 또는 산림의 원형이나 지표 또는 지질 등을 변경하는 일체의 행위를 말하며, 근거법으로 토지의 경우에는 "국토의 개발 및 이용에 관한 법률"이, 산림의 경우에는 "산지법"이 있다.[3]

우리나라는 토지를 사용 목적에 따라 28개의 지목으로 구분하고 있다, 지목 중에서 대(垈) 이외의 지목을 대(垈)로 변경하는 행위를 대지조성사업이라고 하는데, 이는 형질변경사업의 한 종류라고 할 수 있다. 대지조성사업은 임야

2) 이창석 외.「부동산 시장분석론」, 형설출판사, 2011. p.244.
3) 이종규,「부동산 투자 및 금융론」, 부연사, 2013. p.296.

나 논, 밭 등을 매입하여 대지로 조성하기 때문에 도시계획지역 외에서 시행되는 경우가 많고 토지매입비가 저렴하여 상당한 개발이익을 실현할 수 있다. 대지조성사업의 대표적 사례로는 전원주택사업이 있다.[4)]

제3절 토지 관련 재개발사업(도시정비사업)

1 법적 규정

1970년대 이후 대량 공급된 주택의 노후화에 따라 이들 주택을 재정비하여야 할 필요성이 본격적으로 표면화되었다. 하지만 각종 정비·개발사업이 여러 법에 산재되어 있어 통합적으로 관리되지 못했던 까닭에 난개발의 우려도 높아졌다. 뿐만 아니라 관리 미흡으로 주택재정비사업과 관련하여 각종 비리 및 주민 간 분쟁 등 고질적인 문제가 계속 발생하였다. 이에 따라 통합법률의 제정과 이를 통한 체계적 관리 요구가 제기되었고, 기존에 도시재개발법·주거환경개선법·주택건설촉진법으로 분화되어 있던 재건축과 재개발사업 시행 등에 관한 규정들이 모두 "도시 및 주거환경정비법"으로 통합되어 2003년부터 시행되었다.

"도시 및 주거환경정비법"의 제정배경은 위와 같은 문제점을 시정하면서 동시에 정비사업을 활성화하고자 하는 데에 있었다. 제정의 기본방향은 주택재개발·재건축·주거환경개선사업을 통합하고, 주민의 권익을 보호하는 동시에 분쟁·비리 방지 대책을 마련하며, 주택시장의 여건 변화에 부응한 사업 활성화에 초점이 맞추어졌다.

"도시 및 주거환경정비법"의 주요 내용은 다음과 같다.

첫째, 특별시·광역시·시장은 기본계획을 수립하고 시장·군수는 기본계획에 따라 기본 10년 단위의 정비계획 수립을 의무화하였다. 정비계획의 내용은 도시계획시설·공동이용시설 설치계획, 건축물의 용적률·건폐율·연면적에 관한 계획, 도시환경·재난방지계획, 사업시행 예정시기 등이며, 이로 인하여 난개발과 개발지역의 기반시설부족 등의 현상을 방지할 수 있게 되었고 사업추진시기 등을 미리 알림으로써 사업준비기간을 단축할 수 있게 되었다.

둘째, 기존에는 재개발·재건축·주거환경개선사업이 동일한 목적의 사업임에

4) 이종규, 상게서. p.300.

도 불구하고 각각 다른 절차를 거치도록 되어 있어 제도 운영상의 혼란이 있었으나, 위의 모든 사업이 '정비기본계획 - 구역지정 - 추진위원회 - 조합설립인가 - 사업시행인가 - 시공사선정 - 관리처분 - 준공 - 청산'의 절차를 거치도록 추진절차를 일원화하였다.

셋째, 추진위원회의 법적 근거를 마련하고 그 구성·기능·조직·운영 등의 사항을 규정함과 아울러 위법행위 시 벌칙 규정을 둠으로써 도덕성과 정당성을 제고하고, 추진위원회 설립 시 토지 등 소유자의 2분의 1 이상의 동의를 받고 시장·군수의 승인을 얻도록 하여 추진위원회의 난립을 방지하였다.

넷째, 과거 공동시행자의 지위에서 단순 수급인의 지위로 시공사의 역할을 대폭 축소하고 주택정비사업의 시공사는 시공보증을 받도록 의무화함으로써, 시공사의 비리나 부도 시 조합원의 피해를 방지할 수 있도록 하였다. 또한 시공사 선정 역시 사업시행인가 이후에 경쟁입찰의 방법으로 총회에서 선정토록 함으로써 시공사 선정과 관련된 비리를 근절하고자 하였다.

다섯째, 정비사업조합의 전문성 부족으로 인하여 기존에는 사업계획 작성, 사업비 조달 등의 시행 과정 전반을 시공사에 의존하거나 다른 법률에 의한 용역업체의 컨설팅에 의하여 진행하였으나, 정비사업 전문관리업자 제도를 도입하고 그 자격 요건 및 처벌 규정에 대하여 규율함으로써 전문성의 문제를 해결함과 동시에 기존에 문제되던 비리·폭력 등의 불법행위를 차단하고자 하였다.

그밖에 주거환경정비제도의 활성화를 위하여 국·공유지의 지원을 확대하고 주민의 매수 부담을 경감시켰으며, 임대주택건설을 위한 국·공유지의 장기임대제도를 마련하고, 재건축에 대한 규제를 완화하였다.

재건축을 추진하기 위해서는 1차적으로 안전진단을 받아야 한다. 법에 의하여 '안전진단'을 받아야 할 주택은 아파트와 연립주택이다. 안전진단을 받을 대상은 아파트와 연립주택이지만(원칙적으로는 연립주택과 아파트가 재건축 대상 물건이다), 안전진단을 받은 아파트와 연립주택 옆에 단독주택, 빌라, 다가구 등의 주택(건축물)이 있을 경우 이의 주택(건축물)을 포함하여 재건축을 추진할 수 있다. 연립주택은 200평(660m^2) 초과의 1개동 연면적에 20세대 이상 건축한 공동주택을 말한다. 그러나 1980년대에 건축한 연립주택은 200평(660m^2) 이내의 대지에 건축한 주택도 연립주택으로 준공되어 건축물관리대장과 등기부등본에 연립주택으로 기재되어 있다.

재건축 사업을 추진하기 위해서는 추진위원회를 구성하여 재건축 사업 대상 주택(아파트와 연립주택)에 대하여 안전진단을 받아야 한다. 안전진단은

2차례에 걸쳐 이루어지며 1차는 행정관청에서 전문가들로 구성된 위원들이 나와 육안으로 점검을 실시하며, 추가로 안전진단이 필요하다고 판정이 나올 경우, 2차로 정밀안전진단을 실시한다. 정밀안전진단은 행정관청의 입찰에 의하여 낙찰된 전문기관이 각종 기계, 측정기 등으로 안전진단을 실시하며, 통과가 되어야 재건축사업을 추진할 수 있다. 그리고 정밀안전진단을 수행하는 전문기관은 국토교통부에 등록된 업자로서 정밀진단 수수료를 받고 실시하며, 수수료는 재건축 추진위원회에서 부담한다.

2 정비구역 및 정비사업의 정의와 유형

정비구역이란 정비사업을 계획적으로 시행하기 위하여 법률 규정에 의하여 지정되고 고시된 지역을 말한다. 정비사업이란 법률에서 정한 절차에 따라 도시기능을 회복하기 위하여 정비구역 안에서 정비기반 시설을 정비하고 주택 등 건축물을 개량하거나 건설하는 사업을 말한다.

도시정비사업에 대한 사항을 규정하는 법률들에는 “도시 및 주거환경정비법”, “빈집 및 소규모주택 정비에 관한 특례법” 그리고 “전통시장 및 상점가 육성을 위한 특별법” 등이 있다. 이들 법률 중에서 “도시 및 주거환경정비법”과 “빈집 및 소규모주택 정비에 관한 특례법”을 중심으로 도시정비사업의 유형들을 살펴보면 다음과 같다.

2002년에 제정되어 2003년부터 시행된 “도시 및 주거환경정비법”은 도시정비사업과 관련된 여러 법률들을 통합한 법률이다. 이 법률은 2017년 전면개정되고 2018년부터 시행되었는데, 개정하기 이전에 정비사업에 포함되어 있던 가로주택정비사업과 정비구역이 아닌 지역에서 시행하는 주택재건축사업을 “빈집 및 소규모 주택 정비에 관한 특례법”에 이관하였다. 그리고 종전의 주거환경개선사업과 주거환경관리사업이 통합되어 주거환경개선사업이 되고, 종전의 도시환경정비사업과 주택재개발사업이 통합되어 재개발사업이 되었다. 그 결과 “도시 및 주거환경정비법”은 사업면적이 대규모인 정비사업을, “빈집 및 소규모 주택정비에 관한 특례법”은 사업면적이 소규모인 정비사업을 규율하게 되었다. 이와 같은 내용들을 “표”로 정리하면 다음과 같다.

도표 12-4 정비사업의 유형

<table>
<tr><th colspan="2">종전</th><th colspan="2">변경</th></tr>
<tr><th>법률명</th><th>정비사업 명칭</th><th>법률명</th><th>정비사업 명칭</th></tr>
<tr><td rowspan="7">도시 및 주거환경 정비법</td><td>주거환경개선사업</td><td rowspan="3">도시 및 주거환경 정비법</td><td>주거환경개선사업</td></tr>
<tr><td>주거환경관리사업</td><td>재개발사업</td></tr>
<tr><td>도시환경정비사업</td><td>재건축사업</td></tr>
<tr><td>주택재개발사업</td><td rowspan="4">빈집 및 소규모 주택 정비에 관한 특례법</td><td>소규모재건축사업</td></tr>
<tr><td>주택재건축사업</td><td>가로주택정비사업</td></tr>
<tr><td>가로주택정비사업</td><td>자율주택정비사업</td></tr>
<tr><td></td><td>빈집정비사업</td></tr>
</table>

3 정비사업의 내용

"도시 및 주거환경정비법"에서 규율하고 있는 정비사업들의 내용을 살펴보면 첫째, 주거환경개선사업은 도시의 저소득 주민이 집단 거주하는 지역으로써 정비기반시설이 극히 열악하고 노후되거나 불량한 건축물들이 과도하게 밀집한 지역의 주거환경을 개선하거나 단독주택 및 다세대주택이 밀집한 지역에서 정비기반시설과 공동이용시설 확충을 통하여 주거환경을 보전·정비·개량하기 위한 사업이다. 그리고 재개발사업과 재건축 사업은 다음 항목에서 설명하기로 한다.

"빈집 및 소규모 주택 정비에 관한 특례법"에서 규율하고 있는 사업들에는 4가지 유형이 있다. 소규모 재건축사업은 정비기반시설이 양호한 지역에서 소규모로 공동주택을 재건축하는 사업을 말하며, 가로주택정비사업은 가로구역에서 종전의 가로를 유지하면서 소규모로 주거환경을 개선하기 위한 사업이다. 이외에 자율주택정비사업과 빈집정비사업이 있다.

4 재개발 대상 부동산 투자지침 및 주의할 점

1) 재개발 대상 부동산에 대한 투자지침

재개발사업은 정비기반시설이 열악한 지역에서 노후되거나 불량한 주택들을 "도시 및 주거환경정비법"에서 정한 절차에 따라 철거하고 그 철거한 대지 위에 새로운 주택을 건설하는 사업이다. 대개 새로운 주택은 단독주택이나 연립주택이 아니라 아파트를 의미한다. 그러므로 재개발 대상 부동산에 대한 투자란 향후 투자자에게 부여되는 재개발 아파트 분양권을 획득하는 것으로 다음과 같은 장점들이 있다.

첫째, 주택청약 저축이나 예금 등의 가입기간이나 청약점수 등에 상관없이 도심에 있는 아파트를 마련할 수 있다. 둘째, 비교적 소액으로 투자가 가능하며, 마지막으로는 재개발조합원의 경우 일반분양신청자에 비해 아파트의 동호수 배정이 유리하다는 것이다.

재개발사업은 상기와 같은 유리한 점이 있는 반면에, 투자자들이 투자를 하기 전 아래와 같은 사항을 숙지할 필요가 있다. 첫째, 투자를 하려고 하는 대상지역이 어느 정도 사업이 진행되었는지 확인할 필요가 있다. 일반적으로 재개발과 재건축 사업의 시행절차는 관련 법률에 의하면 여러 단계가 있으나 거의 비슷하게 진행된다. 가장 큰 차이점은 정비구역 지정과 관련된 충족요건에 있다. 재개발은 대상지역에 존재하는 주택들의 노후도를 충족해야하고, 재건축은 안전진단을 통과해야 한다는 점이다. 일반적으로 사업시행절차는 비슷하나 재개발이 재건축에 비해 사업기간이 장기간 소요된다고 알려져 있다. 그 이유는 재개발사업의 경우 다수의 토지와 주택소유자, 임차인 등 다양한 형태의 조합원들로 구성되어 이해관계가 대립하는 경우가 많으나, 재건축사업은 기존 아파트 소유자들이 조합원들이므로 이해관계 대립이 많지 않기 때문이다. 보통 재개발 사업의 사업기간은 짧게는 5~10년, 길게는 20년 이상이 소요되므로 장기적이고 안정적인 투자계획을 수립해야 한다.

둘째, 재개발주택의 소유자는 재개발조합의 조합원이 되어 아파트를 분양받을 수 있다. 재개발주택에 투자하려는 투자자는 가능한 넓은 평형의 아파트를 배정받을수록 투자이익이 커진다. 그런데 재개발조합원에 대한 아파트의 평형 배정은 조합원이 종전부터 보유한 토지와 주택의 면적이 아니라 토지와 주택에 대한 감정평가액이 기준이 된다는 것이다. 재개발지역의 경우 토지와 주택에 대한 감정평가액은 재개발지역 지정 당시의 시가로 결정되므로 투자자들은 재개발지역 지정 당시 개별공시지가가 높은 주택이나 토지를 선택하는 것이 바람직하다. 그리고 재개발사업 초기에 투자할 경우, 투자자들은 동일한 개별공시지가라도 도로에 접한 토지가 도로에 접하지 않은 토지보다, 급경사지보다는 완경사지에 속한 토지가 더 높은 가격으로 평가된다는 점을 숙지해야 한다. 재개발지역에서 아파트의 분양평수가 확정된 단계라면 아파트를 분양받을 수 있는 재개발 지역 주택들은 면적이나 위치가 달라도 유사한 가격이 책정된다는 점도 투자자들은 염두에 두어야 한다.

셋째, 재개발지역의 투자가치를 평가 시 투자자들은 다음과 같은 사항을 고려해야 한다. 총 건립호수 중 일반분양의 비율이 높을수록 투자가치가 높으며, 시공사나 이주비 지급액수에 따라 해당 구역의 완공 후 주택의 가격이 높게 형성되어 투자수익이 커진다. 일반적으로 시공사의 명성이 높을수록 주택가격이 높게 형성되며, 건설될 단지의 토지 면적이 넓을수록 투자수익이 커진다. 그 이유는 시공사의 명성이 높으면 해당 시공사가 건설하는 아파트에 대한 일반인들의 신뢰도가 높고, 건설된 단지의 면적이 10,000평이 넘고 전체 가구 수가 1,000세대를 상회하면, 해당 아파트단지에 편의시설이나 부대시설이 충분하게 설치되는 장점이 있기 때문이다.

넷째, 투자자는 투자할 목적을 명확히 할 필요가 있다. 단순한 시세차익을 노리는 투자목적이라면 사업초기에 투자를 하고, 입주목적이라면 재개발주택의 가치가 확정된 시점에서 구입하는 것이 유리하다. 재개발주택의 가치는 종전 토지 등에 대한 평가액에 "비례율"을 곱하여 계산한다. "비례율"이란 재개발 이전 조합원의 재산가치와 무상으로 분양받는 아파트의 분양가격 비율을 말하며 다음과 같이 계산된다.

$$\text{비례율} = \frac{\text{무상으로 분양받는 아파트의 분양가격}}{\text{재개발 전 부동산의 가치}}$$

2) 재개발 대상 부동산에 대한 투자 시 주의할 점

재개발 대상 부동산에 대해 투자하려는 투자자들은 다음과 같은 사항들에 대해 주의를 기울일 필요가 있다.

첫째, 재개발은 재건축사업에 비해 사업기간이 예상보다 길어질 수가 있으므로 투자자들은 사업의 진행과정을 확인해야한다. 정비구역이 지정되기 전인 사업의 초기 단계에는 주민의 동의 상황을 추진위원회나 구청에 확인을 할 필요가 있다. 관리처분계획 이전에 투자할 경우, 조합원들이 부담해야 할 추가 부담금은 관리처분계획이 고시되어야 확정되므로 추가부담금이 변동될 가능성이 있다는 점을 투자자들은 감안해야 한다.

둘째, 재개발지역에 산재한 무허가건물들은 등기부가 없으므로 소유권자가 누구인지 또는 아파트가 분양되는 건물인지를 조합사무실을 통해 확인할 필요가 있다.

셋째, 아파트 건설과정에서 발생한 손실액은 사업완료 후에 각 조합원이 부담해야하므로 건축비 및 분양가의 적정성과 변동요인을 확인해야 한다.

넷째, 내분이 많고 비리가 많은 재개발조합은 사업진행기간 중 문제가 발생할 소지가 있고, 그 피해는 조합원이 부담하므로 조합운영 주체들의 도덕성을 파악하고 또한 조합운영이 투명하고 합리적으로 이루어지는지 여부를 조사할 필요가 있다.

다섯째, 투자 후 조합원의 명의를 변경할 때, 종권 소유자가 받은 이주비가 승계되는가의 여부를 사전에 파악하여 불필요한 투자금액의 증가를 막을 필요가 있다.

마지막으로 해당 재개발지역이 층수 제한을 받는 지역인지의 여부와 진입로 개설 등 사업추진 상의 문제점이 있는지도 파악할 필요가 있다.

5 재건축 대상 부동산 투자지침 및 주의할 점

1) 재건축 대상 부동산에 대한 투자지침

어떤 물건(주택)이 재건축사업 대상이 되는가를 판단하기 위해서는 안전진단을 받을 대상 아파트와 연립주택이 연속적으로 있는가, 그 주변에 빌라, 다가구, 다세대 또한 상가 건축물 등이 얼마나 있으며 아파트 및 연립주택이 안전진단을 받을 대상이 되는가를 살펴보고, 건축한 지 20년 이상인가를 확인하여야 하며, 주변 주택 등의 상태도 파악하여야 한다.

안전진단이 통과가 되기 위해서는 옥상, 지하, 외벽과 내벽의 상태, 내부의 베란다, 화장실 등 천장의 철근 등이 보이고 녹이 슬어 있다든가 지하에 물이 들어 온 적이 있고 옥상 등 주택 전체가 노후화가 진행되었어야 안전진단 1차 점검에 통과할 수가 있다.

투자대상 물건을 찾기 위하여 이러한 내부 상태 등을 볼 수는 없으므로 건축한 지 20년이 되어 가는가, 20년이 넘었는가를 알아야 할 것이며 외부로 볼 때 노후주택으로 볼 수가 있는가를 판단하여야 한다.

20년이 넘었으면 재건축을 추진하지 않고 있어도 약간의 가격상승도 있을 것이다. 투자의 회수기간은 길어도 투자비용을 절감하기 위해서는 20년 미만인 연립주택을 투자대상으로 하는 것도 무방하다.

아파트의 경우 재건축 대상으로 20년 이상이 된 아파트는 안전진단 대상이라고 볼 수 있으나 항상 그런 것은 아니다. 또한 중층(13층~15층)의 아파트는 토지지분이 적기 때문에 수익성이 적어서 재건축 대상으로 큰 매력은 없다.

2) 재건축 투자에 따른 확인사항 및 분석요령

재건축은 토지의 면적에 따라 주택의 값이 정해지므로 토지의 지분을 확인하여야 한다. 그리고 재건축 사업 대상 물건에 투자하기 위해서는 투자시점이

타당한가를 분석하여야 한다.

첫째, 재건축 사업이 어느 정도 진행되고 있는가를 확인한다. 재건축 추진 진도에 따라 단계적으로 가격 인상이 되는데 추진 진도에 비해 가격이 많이 인상되었는지 확인이 필요하다.

둘째, 투자대상 물건이 재건축을 추진함으로써 어느 정도 가격 인상이 되었는가를 확인한다. 그럼으로써 향후의 가격 상승 정도를 파악할 수 있다.

셋째, 조합원 토지 지분인정을 어떤 기준에 의하여 결정하는가를 살펴본다. 예를 들어, 토지지분이 15평이고 토지면적의 최하 130%까지 아파트 평수를 무료로 공급하며 나머지 평수는 추가부담금으로 한다고 하자. 토지지분이 15평이라면 19.5평까지 무료로 공급받을 수 있다. 만일, 25평을 신청했다면 5.5평에 대한 건축비를 추가적으로 납부해야 한다.

넷째, 조합원에게 공급하고 일반분양할 수 있는 세대수가 얼마나 되는가를 확인하여야 한다. 조합원 공급가액과 일반분양가액이 차이가 있으므로 일반분양이 많아야 조합원에게 이익이 많기 때문이다.

다섯째, 일반분양가는 얼마이며 조합원 공급가는 얼마로 하는지 문의해보고 주변의 아파트 시세와 아파트 분양가를 확인해 보아야 한다.

여섯째, 현 시점에서 아파트 분양권의 거래액을 확인해본다. 아파트 분양권의 경우 투기 과열지구에서는 그 거래가 법으로 제한되어 있으나 시세는 알 수 있을 것이다.

일곱째, 재건축 아파트 공사를 어느 건설회사에서 하게 되어 있는가를 확인하여야 한다.

3) 재건축 아파트 투자 시 주의할 점

재건축 아파트 투자 시는 어떤 점들을 주의해야 하는지 살펴보자.

어떤 재건축 아파트단지는 어렵게 안전진단 통과 후 가격하락이 두드러지게 나타나는 경우가 있다. 이는 안전진단 통과를 하자 재건축을 하기 위한 다른 문제점들이 나타나기 시작한 것이다. 상가의 재산권, 공유지분 문제 등이 표면화되고 가구 수가 많은 관계로 재건축 시 현재 평형보다 작은 평형의 아파트를 배정받는 주민들이 많아지는 등의 악재가 부각되었기 때문이다. 게다가 시세가 오를 만큼 올라 수익성을 기대하기 어렵고 본격적으로 재건축까지 많은 시간이 남아 기회비용까지 계산하면 실익이 없을 수도 있다.

재건축 투자 시 투자분석은 의외로 간단하다. 예들 들어 노후화된 재건축 아파트 17평형을 2억 5,000만 원에 구입하고 전세를 5,000만 원에 놓으면 2억 원이 순투자분이다. 여기에 취등록세 비용 500만 원 정도가 추가된다. 재건축 후 33평을 배정받으며, 이중 22평은 무상이고 11평은 유상, 즉 추가분담금을 납부한다고 가정하자. 조합원 분양가 900만 원, 일반 분양가는 1,100만 원이라고 가정하면 추가부담금은 9,900만 원이 되어 총 투자비는 3억 400만 원이 된다. 여기서 일반 분양가가 1,100만 원이므로 33평 아파트를 매각할 경우 매각금액은 3억 6,300만 원이 된다. 매각금액에서 총 투자비를 차감하면 약 6,000만 원의 차이가 나타나 20%의 수익이 발생한다.

문제는 이 계산은 현재시점인 것이다. 통상 재건축은 안전진단 통과 후 입주 시까지 빨라야 5~6년 걸린다. 통상은 7년 정도 소요되므로 이 기간에 대한 금융비용을 계산하여야 한다. 2억 원을 연 5% 복리로 계산 시, 7년 뒤에는 2억 8,000만 원이 되어 기회비용을 감안하면 손실이 발생할 수도 있다.

결론적으로 너무 비싸게 재건축 아파트를 매입하여 큰 수익을 바라던 시대는 이제 지났다고 보아야 한다. 서울이나 수도권에서 일반분양이 실패하고 조합원들이 일반 분양가보다 저렴하게 집을 내놓는 현상들에 대해서도 주의를 기울일 필요가 있다. 재건축 대상 아파트들은 지역별·입지별로 수익성에 큰 편차를 나타내므로 투자수익성을 정확히 계산하거나 전문가의 컨설팅을 받아 투자하여야 하고 섣부른 투자는 자제하는 것이 좋다.

내 집을 마련하는 방법에는 재건축 대상이 되는 주택이나 재개발 지분을 사는 방법, 미분양 주택매입이나 경매로 사는 방법, 지역신규 분양주택에 청약하는 방법, 분양권을 사는 방법, 그리고 임대아파트에 입주 후 분양전환 받는 방법 등이 있다. 각각의 방법마다 장단점이 있다.

재건축 아파트 투자는 인구의 이동을 잘 분석하고 인구의 집중이 이루어질 지역, 즉 이동과 집중 현상이 예측되는 곳, 희소성이 있는 곳이 유망하다. 항상 과욕은 금물이며 정확한 정보가 아니면 적정한 수익분석 후에 투자를 하여야 할 것이다.

제4절 용도별 토지에 따른 투자이론

토지를 용도별로 도시지역, 관리지역, 농림지역, 자연환경보전지역으로 대분류하며, 이를 다시 9개의 중분류, 21개의 소분류로 구분한다.

1 주거지역

주거지역의 토지는 제1종 전용주거지역, 제2종 전용주거지역, 제1종 일반주거지역, 제2종 일반주거지역, 제3종 일반주거지역, 준주거지역으로 구분이 된다. 용도지역별로 건폐율과 용적률 그리고 건축 가능한 건축물 종류가 다르기 때문에 투자에 수반되는 투자수익률이 차이가 크다. 예를 들면 제2종 일반주거지역은 아파트를 건축할 수 있으나 용적률이 150%~250%이며 제3종 일반주거지역은 용적률이 200%~300%이므로 고층 아파트를 건축할 수 있다.

토지에 투자할 때는 용도지역을 확인하여야 한다. 만일 투자자가 단독주택을 건축하려고 하면 전용주거지역의 토지를 투자대상으로 하여야 할 것이다. 그러나 후일에 상가 건축물을 건축하여 임대료 수입을 획득할 계획이라면 상업지역 토지, 또는 준주거지역의 토지에 투자를 하여야 할 것이다. 특히, 〈도표 12-5〉에서 보는 바와 같이 건폐율·용적률 관계는 잘 따져보고 투자하는 것이 바람직하다.

1) 주거지역의 구분

(1) 전용주거지역

전용주거지역은 제1종과 제2종으로 나누어진다. 제1종 전용주거지역은 단독주택 중심의 양호한 주거환경을 보호하기 위하여 필요한 지역이며, 제2종 전용주거지역은 공동주택 중심의 양호한 주거환경을 보호하기 위하여 필요한 지역을 말한다.

(2) 일반주거지역

일반주거지역은 제1종, 제2종, 제3종으로 나누어진다. 제1종 일반주거지역은 저층 주택을 중심으로 편리한 주거환경을 조성하기 위하여 필요한 지역이며, 제2종 일반주거지역은 중층 주택을 중심으로 편리한 주거환경을 조성하기 위하여 필요한 지역이다. 그리고 제3종 일반주거지역은 중, 고층 주택을 중심으로 편리한 주거환경을 조성하기 위하여 필요한 지역을 말한다.

(3) 준주거지역

준주거지역은 주거기능을 위주로 이를 지원하는 일부 상업기능 및 업무기능을 보전하기 위하여 필요한 지역을 말한다.

도표 12-5 주거지역별 건폐율과 용적률

대분류	중분류	건폐율	용적률
전용주거지역	제1종 전용주거지역	50% 이하	50~100% 이하
	제2종 전용주거지역	60% 이하	100~150% 이하
일반주거지역	제1종 일반주거지역	60% 이하	100~200% 이하
	제2종 일반주거지역	60% 이하	150~250% 이하
	제3종 일반주거지역	60% 이하	200~300% 이하
준주거지역	준주거지역	70% 이하	200~700% 이하

2) 투자에 대한 참고사항

위와 같이 주거지역의 토지 중 용적률이 차이가 있으며 건축할 수 있는 범위도 다르다. 투자대상을 선택할 경우 단독주택을 건축하여 거주하기 위함인지 아니면 거주보다는 자본이득을 획득하는 것이 목적인가의 목표를 두고 투자대상을 찾아야 할 것이다. 일반적으로 제3종 일반주거지역이 고층 아파트를 건축할 수 있으므로 투자대상으로써 효과가 크다고 보아야 할 것이다.

투자대상으로 좋은 위치에 준주거지역의 토지에 투자하였다면 상가 건물도 건축이 가능하고 주택 겸 상가 건물도 가능하다. 투자자가 투자수익률을 높이기 위해서는 그 토지 이용을 어떻게 할 수 있는가를 정확히 파악하는 것이 급선무가 된다. 또한 그 주변이 어떻게 변화하겠는가를 파악하는 것도 중요하다.

2 상업지역

1) 개요

상업지역은 일반상업지역, 중심상업지역, 근린상업지역, 유통상업지역으로 구분되며, 지역별로 건축할 수 있는 범위와 용도가 다르며 또한 건폐율과 용적률도 차이가 난다. 이를 요약하면 〈도표 12-6〉와 같다.

단, 지방자치단체 조례로 지역 여건에 따라 이의 범위 내에서 조정할 수 있다. 그러므로 지역에 따라 다소의 차이는 있을 수 있다.

도표 12-6 상업지역별 건폐율과 용적률

구분	건폐율	용적률
중심상업지역	90% 이하	400% 이상~500% 이하
일반상업지역	80% 이하	300% 이상~1,300% 이하
근린상업지역	70% 이하	200% 이상~900% 이하
유통상업지역	80% 이하	200% 이상~1,100% 이하

2) 투자에 대한 참고사항

상권 형성이 아주 잘 되어 있는 위치에 오래된 건물을 선택하여 가격이 다소 고가이더라도 매수 후 신축하여 분양하거나 임대한다면 투자 가치는 충분할 것이다. 그러나 상권 형성은 잘 되어 있으나 토지가격이 너무 고가이거나, 토지가격이 저렴하더라도 상권 형성이 좋지 않으면 그 토지를 매수하여 신축상가 건축물을 건축할 경우 분양 또는 임대에 어려움을 갖게 되므로 주의하여야 한다. 또한 단일 점포를 매수하는 투자에서도 어떤 용도로 점포를 이용하면 투자의 가치가 있겠는가를 주변 여건 등을 고려하여 투자하여야 한다. 그리고 상업지역별로 건폐율과 용적률이 각각 다르고 용도지역에 따라 건축할 수 있는 건축물들이 다소 다르므로 어떤 상가 건축물을 할 것인가는 주변 여건 등을 고려하고 용도지역을 확인하여야 한다.

3 공업지역

1) 개요

공업지역의 토지는 전용공업지역, 일반공업지역, 준공업지역으로 구분되며, 지역에 따라 건폐율과 용적률이 다르며 이용할 수 있는 용도가 각각 다르다. 이를 요약하면 〈도표 12-7〉과 같다.

이의 용적률 범위에서 지방자치단체 조례로 지역 여건에 맞게 용적률을 조정할 수 있으므로 지방에 따라 약간의 차이는 있다.

도표 12-7 공업지역별 건폐율과 용적률

구분	건폐율	용적률
전용공업지역	70% 이하	150~300% 이하
일반공업지역	70% 이하	200~350% 이하
준공업지역	70% 이하	200~400% 이하

2) 투자에 대한 참고사항

위와 같이 용도지역에 따라 건축할 수 있는 내용이 다소 다르기 때문에 어떤 용도로 투자를 할 것인지 판단하여 투자대상의 토지를 선택하여야 할 것이다. 그 지역의 여건상 투자자가 계획하였던 시설을 할 수 있고, 또한 그 시설이 투자가치가 있는가를 분석, 판단하여 공업용지 토지에 투자하여야 실패가 없게 된다. 또한, 주변여건을 보아 어떤 용도의 건물이 투자가치가 있겠는가를 정확하게 판단하여야 할 것이다.

4 녹지지역

1) 개요

녹지지역은 자연환경 및 산림의 보호, 보건위생, 도시의 무질서한 확산을 방지하기 위하여 녹지의 보전이 필요한 지역으로 보전녹지지역, 생산녹지지역, 자연녹지지역으로 세분되어 이의 지역에서 건축할 수 있는 건폐율과 용적률은 〈도표 12-8〉와 같이 각각 다르며 건축할 수 있는 내용도 각각 다르다.

녹지지역은 농지와 임야 그리고 그린벨트 지역이 대부분이기 때문에 지방자치단체에서 건축 제한을 하고 있어 일반적인 건축물은 건축할 수 없다고 보아야 하나 허가를 받아 건축할 수 있는 건축물들이 있다. 그러므로 지방자치단체에서 투자자가 계획한 시설물을 설치할 수 있는가를 반드시 확인하고 투자를 하여야 한다.

단, 투자자가 어떤 건축물을 건축할 계획이 아니고 땅값 인상을 기대하는 투자의 경우는 지역여건을 보고 투자한다면 좋은 투자대상이 될 것이다.

도표 12-8 녹지지역의 건폐율과 용적률

구분	건폐율	용적률
보전녹지지역	20% 이하	150~300% 이하
생산녹지지역	20% 이하	200~350% 이하
자연녹지지역	20% 이하	200~400% 이하

2) 투자에 대한 참고사항

녹지지역 토지는 대부분이 농지이며, 도시와 인접해 있는 녹지지역은 대부분 개발제한구역, 즉 그린벨트 구역이다. 그러므로 지방자치단체에서 토지거래허가구역으로 지정되어 있기 때문에 투자를 하기 위해서는 시·군에 따라 그 지역에서 6개월 이상 거주하여야 토지를 매수할 수가 있다는 규정을 하고 있으므로 토지거래 허가를 받아야 취득할 수 있다. 개발제한구역이므로 법에서 건축할 수 있는 범위를 규정하고 있으나 시·군에 따라 건축할 수 있는 범위도 차이가 있다.

녹지지역에 대한 투자는 단기적 보다는 장기적인 안목을 보고 해야 한다. 그리고 투자지역과 위치를 잘 선택하여야 하고 주변지역 여건을 보는 안목이 필요하다.

5 농지와 임야

1) 농지

(1) 투자 대상으로서의 농지

농지란 전·답 또는 과수원 기타 그 법적 지목 여하에 불구하고 실제의 토지현장이 농작물의 경작 또는 다년성 식물재배지로 이용되는 토지를 의미한다.

농지는 본인이 농업경영에 이용하거나 이용할 자가 아니면 이를 소유하지 못하는 것으로, 원칙적으로 농업인이 아니면 농지를 소유할 수 없으며, 농지를 소유한 자도 해당 농지를 농업경영에 이용하지 않을 경우에는 그 사유가 발생한 날부터 1년 이내에 당해 농지를 처분하여야 한다. 또한 농지는 농업진흥지역에 속할 경우 타 용도 전환이 엄격하게 제한되며, 동 지역 외의 농지의 경우에도 일정한 용도로의 전환은 제한되고, 농지의 전용을 위해서는 농지조성비를 납부해야 하는 등 활용에도 상당한 제한이 있다.

농촌에 거주하지 않는 도시민 입장에서 투자 대상으로 유망한 농가는 지역특구 지정 예정지, 그린벨트 해제지역농지, 특수한 조건이 수반된 농업진흥지역 내 농지 그리고 한계농지 등이 있다. 여기에 대해 서술하면 다음과 같다.

① 지역특구 지정 예정지

지역특구로 지정된 곳에선 농지의 소유와 이용이 전면 자유화되므로 지역특구 지정 예정지의 발표가 있게 되면 가격이 급등할 것이다.다만, 예정지 발표 후 단기간 내에 급격한 가격상승을 보일 것으로 예상되므로 그 이전에 투자하는 것이 높은 수익을 올릴 수 있다.

② 그린벨트 해제지역 농지

대도시 주변 취락마을 내 농지 중 지구단위 계획 수립중인 농지가 투자가치와 환금성이 뛰어나다. 다만, 그린벨트 지역은 토지거래허가 구역이기 때문에 투자자는 20km 이내에 살고 있어야 소유권 이전이 가능하며, 투자금액이 크고 임대아파트 용지로 수용될 수 있으므로 신중한 판단이 요구된다.

③ 농업진흥지역 내 농지

농업진흥지역 내 농지는 농사 목적 이외에는 사용이 거의 불가능하나, 장기적으로 개발지역 인근 농지는 규제가 해제될 가능성이 크다. 그리고 신도시와 구도시 사이의 경지정리가 되지 않은 농업진흥지역 농지는 가격 면에서 저평가 되었기 때문에 장기적으로 볼 경우 투자가 유망하다.

④ 한계농지

한계농지란 농업진흥지역 외에 위치한 집단화 정도가 2ha 미만이거나 경사도가 15% 이상이어서 생산성이 떨어지는 농지를 말한다. 한계농지 개발은 민간에 완전 개방되어 누구나 개발 사업을 할 수 있으며, 개발 사업의 종류도 관광숙박시설, 관광휴양시설, 체육시설, 의료시설 등으로 다양화하여 민간부문에서 활발한 투자가 가능하도록 하였다.

(2) 농지사용에 대한 제한

농지는 크게 농업진흥지역과 기타 지역으로 구분된다. 농업진흥지역은 시·도지사가 농지를 효율적으로 이용·보전하기 위하여 지정하는 지역으로, 다시 농업진흥구역과 농업보호구역으로 구분된다.

농업진흥구역은 농업의 진흥을 도모하여야 하는 지역으로서 농지가 집단화하여 농업목적으로 이용하는 것이 필요한 지역이며, 농업보호구역은 농업진흥구역의 용수원 확보, 수질보전 등 농업환경을 보호하기 위하여 필요한 지역을 의미한다.

농업진흥지역 여부는 시·군·구청에서 발급 받는 토지이용계획확인서를 통해 확인 할 수 있다. 농업진흥지역은 대부분 국토이용관리법상 농림지역으로 지정되며, 그 용도가 크게 제한되므로 투자목적으로 농지를 구입할 경우라면 특별한 사정이 없는 한 농업진흥지역에 포함된 토지는 구입하지 않는 것이 바람직하다.

(3) 농지의 취득 방법

도시민이 농지를 취득할 수 있는 방법은 영농목적의 취득과 농지전용을 전제로 한 취득이 가능하다.

영농목적의 취득을 위해서는 농업인의 자격을 갖추어야 하며, 농지취득자격증명을 발급 받아 등기신청서에 첨부해야 소유권 이전등기가 가능하다.

농업인은 1,000m^2 이상의 농지에서 농작물 또는 다년생 식물을 경작 또는 재배하거나 1년 중 90일 이상 농업에 종사하는 자를 의미하는 것으로, 농업경영을 하지 아니하는 자가 농업인으로 농지를 취득하는 경우에는 당해 농지의 취득 후 농업경영에 이용하고자 하는 농지의 총면적이 1,000m^2를 초과하여야 한다.

농지취득자격증명은 농지의 소재지를 관할하는 시장·읍장 또는 면장이 발급한다. 자격증명을 발급 받으려면 농지취득자격증명신청서를 작성한 후 농업경영계획서, 농지전용허가 등의 서류를 첨부하여 당해 농지의 소재지를 관할하는 농지관리위원회의 위원 2인의 확인을 받아 농지의 소재지를 관할하는 시·구·읍·면장에게 제출하여야 한다.

(4) 농지투자 시 유의사항

농지는 그 이용이나 취득에 상당한 제약이 수반되므로 상식적인 관점이나 다른 사람의 조언만 믿고 투자를 할 경우에는 상당한 손실이 발생되거나 농지를 취득하지 못하는 문제점이 발생할 가능성이 높다. 반면에 농지는 그 이용이나 취득에 제약이 많은 만큼 가격이 저렴하여 취득에 소요되는 경비가 적고 해당 농지의 개발이 예정될 경우 높은 투자수익이 발생될 수 있는 장점이 있다.

농지의 투자에서 가장 중요한 부분은 농지의 취득이 가능한 것인지의 여부와 구입한 농지를 자신의 투자 목적대로 활용할 수 있는지 여부를 확인하는 것이다. 이를 위해서는 가장 먼저 자신이 투자목적(농지의 활용 방법)을 확정하고, 구입하려는 농지가 이런 목적에 합당한 여부를 확인해야 하며, 농지법령에 관한 지식이 없는 투자자라면 농지에 대한 토지이용계획확인서를 사전에 발급 받아 해당 지역 시·군·구청이나 해당 지역 내에서 업무경험이 많은 부동산전문가(토지측량사무소 혹은 중개사무소)들의 조언을 듣는 것이 필요하다.

2) 임야

(1) 투자 대상으로서의 임야

우리가 통상적으로 부르는 임야란 산림(山林) 및 원야(原野)를 이루고 있는 수림지·죽림지·암석지·자갈땅·모래땅·습지·황무지 등의 토지를 의미하는 것으로, 토지대장이나 임야대장에서 지목이 임야로 표기되어 있다.

임야는 보전임지에 속할 경우 타 용도 전환이 엄격하게 제한되며, 동 지역외의 임야의 경우에도 일정한 용도로의 전환은 제한되고, 산림의 전용을 위해서는 형질변경을 하고자 하는 산림의 조성에 소요되는 대체조림비를 납부해야 하는 등 활용에도 상당한 제한이 있다.

임야 투자 시 주의해야할 토지는 보전목적이 강한 보전임지, 진입도로가 없어서 건축허가가 어려운 맹지, 보전가치가 있는 나무 등이 있는 임야, 암반 등이 많고 공사 시 재해발생이 우려되는 임야, 개발허가가 어려운 급경사인 임야, 분묘기지권이 인정되는 묘지가 있는 임야 등이 있다.

(2) 임야 투자 시 유의사항

임야 투자의 경우 가장 중요해야 할 사항은 첫째, 해당 임야의 소유권자를 확인하는 것이다. 이는 임야의 경우 개인 명의로 등기가 되어 있다고 하더라도 사실상 종중의 소유로 되어 있는 사례들이 많으며, 종중 소유 임야를 종중총회의 동의 없이 등기명의자로부터 매수할 경우 소유권 이전등기를 하더라도 그 등기가 무효로 인정되는 사례가 많기 때문이다. 따라서 임야를 구입할 때는 해당 임야에 인접한 마을을 방문하여 임야의 실질적인 소유자가 종중이 아닌지 여부를 반드시 확인해야 하며, 만약 실질적 소유자가 종중이라면 해당 종중총회에서 정한 규약이 있으면 그 규약에 의해서, 규약이 없으면 종중총회(종중원이 모두 모인 회의)에서 임야 매각에 대한 결의를 받아야 한다.

둘째, 임야의 경우 묘지가 있는지 여부를 반드시 확인해야 하며, 묘지가 있는 경우 반드시 묘지를 이장하는 조건으로 거래계약을 체결해야 한다. 왜냐하면 해당 묘지가 20년 이상 평온 공연하게 설치되어 있거나 묘지 설치 당시 묘지 설치 동의를 받아 설치한 것은 분묘기지권이 인정되기 때문이다.

셋째, 임야의 경우 다른 토지와는 달리 경계의 판정이 어렵다. 통상 임야의 경계는 능선이나 계곡을 따라 설정되는 것으로 임야도와 현장의 산봉우리와 능선, 계곡을 대조해 보아야 한다.

넷째, 상당수 임야의 경우 진입도로가 없는 맹지가 많아, 해당 임야를 개발할 경우 다른 토지를 높은 가격으로 매수해야 하는 사례들도 발생한다. 만약 도로에 접하지 않은 맹지인 임야를 개발목적으로 구입할 경우에는 진입도로를 건설할 수 있는 방법을 사전에 판단해 보아야 한다.

다섯째, 나무가 울창하거나 과수 등이 식재된 임야의 경우에는 해당 수목의 소유자가 누구인지, 거래대상물에 해당 수목이 포함되는지 여부를 반드시 확인해야 한다. 왜냐하면 임야에 있는 수목들이 입목에 관한 법률에 의해 별도로 입목등기가 되어 있을 경우나, 수목의 집단에 대해 명인방법에 의한 소유권자가 명시되어 있는 경우에는 임야를 구입한다고 해도 해당 토지에 있는 수목은 입목등기부나 명인방법에 의한 소유자의 명의로 존속할 가능성이 많기 때문이다.

여섯째, 도시민 소유나 부동산매매 업자로부터 임야를 구입할 때는 매도자나 중개업자의 말만 믿지 말고 임야 인근 지역의 중개사무소 등을 통하여 정확한 시세를 판단해보는 것이 바람직하다.

일곱째, 임야는 경사의 방향이나 경사도가 그 활용 가능성을 좌우하는 경우가 많다. 과다하게 급한 경사도나 북향의 경사를 가진 임야의 경우에는 그 활용 용도가 매우 낮은 편이며, 경사도가 높은 임야는 집중호우로 인한 산사태의 위험도 배제할 수 없다.

6 보전관리지역

1) 개요

정부는 녹지공간의 확보 및 생태계 보전 등을 위하여 보전이 필요하나, 주변 용도지역과의 관계 등을 고려할 때 자연환경 보전지역으로 지정하여 관리하기가 곤란한 지역을 보전관리지역으로 지정하였다.

관리지역은 보전관리지역, 생산관리지역, 계획관리지역으로 구분되어 있는데, 관리지역 중 가장 개발이 어려운 것이 보전관리지역이다.

2) 투자에 대한 참고사항

보전관리지역 대상 토지에 투자하기 위해서는 개발 가능한 내용들이 어떠한 것들인가를 지방자치단체에 가서 확인하여야 한다. 그리고 실제 토지가 위치하고 있는 지역에 가서 주변지역의 이용 상태가 어떠한지에 대하여 분석하여야 할 것이다. 보전관리지역의 지정은 주변(인접) 용도지역의 토지가 어느 정도 개발이 진행되었기 때문에 지역 여건상 자연환경 보전지역으로 지정하지 못하고 보전관리지역으로 지정한 것이다. 따라서 토지이용 상황이 활발한 바로 옆의 보전관리지역의 토지는 앞으로 주변 토지와 같이 개발될 수 있는 여건들이 있을 수가 있다.

7 생산관리지역

1) 개요

생산관리지역의 토지 이용 방향은 농업·임업·어업생산 등을 위하여 관리가 필요하나 주변의 용도지역의 관계 등을 고려할 때 농림지역으로 지정하여 관리하기가 곤란한 지역이다.

생산관리지역은 순수한 농지로의 이용뿐 아니라 앞으로 다른 용도로 이용될 수 있는지의 여부가 중요하다. 다른 용도로 이용이 불가능해 보이더라도, 주변지역 개발이 활발히 진행되는 요인들이 있을 경우 장기적 안목으로 투자대상으로 결정할 수도 있을 것이다.

2) 투자에 대한 참고사항

투자자는 시설들을 설치하여 이용할 수 있는 위치인가, 아니면 이용할 수 있는 위치가 된다고 하여도 시설을 설치할 수 있는지 시·군에 문의하여 투자대상으로 결정하여야 한다.

관리지역이 보전관리지역, 생산관리지역, 계획관리지역으로 구분되어 있는데 앞으로 다른 용도로 이용할 수 있는 가능성이 있는가, 바로 옆의 토지는 어떤 용도로 이용하고 있는가 하는 점도 참고하여 투자의 결정 여부를 결정하여야 하며, 실제 주변의 이용 상태와 도로와의 인접여부 등을 살펴보아야 할 것이다.

8 계획관리지역

1) 개요

계획관리지역은 농지와 임야 중 준농림지역에 해당하는 토지라 할 수 있다. 2003년 1월 1일부터 '국토의 계획 및 이용에 관한 법'이 제정되어 시행되면 서 준농림지역과 준도시지역이 없어지고 도시지역, 관리지역, 농림지역, 자연환경보전지역으로 되었다. 법 시행에 따라 관리지역이 생산관리지역, 보전관리지역, 계획관리지역으로 세분화되었는데 준농림지역에 해당하는 지역이 계획관리지역이 된다. 또한 준도시지역의 일부도 계획관리지역으로 되었다고 보아야 할 것이다. 준농림지역은 도로변의 농지와 도로변에 있는 야산 일부가 준농림지역이다. 그러므로 계획관리지역의 토지는 도로변의 농지와 도로변의 일부 임야가 되는 것이다. 즉, 계획을 세워 어느 시점에서 개발이 가능하다고 보는 토지라고 볼 수 있다. 개발이 가능한 토지이므로 투자대상이 된다고 보아야 할 것이고, 이는 토지의 투자대상 중 가장 투자의 효과를 얻을 수 있는 대상물건이라 할 수 있다. 계획관리지역 토지라고 하여 전체가 개발이 되지는 않을 것이며 어느 지역에서 어떤 위치의 토지에 투자하느냐가 성공 여부를 결정할 것이다. 투자하려는 계획관리지역의 토지가 직접 개발이 안 되어도 주변지역이 개발이 되면 투자수익률을 높일 수 있다.

이 지역의 개발가능성을 판단하기 위해서는 그 지역에 어떤 도시개발계획이 있는가를 알아보고 주변지역 상황과 도로사정은 어떠한지 등 여러 가지 요인들을 검토하여야 할 것이다.

2) 투자에 대한 참고사항

계획관리지역 토지 중에서 투자를 어느 지역으로 할 것이냐, 그 지역에서 어떤 위치로 할 것이냐는 것은 투자자의 선택에 달려 있다.

수도권이나 경기도는 어느 지역이나 개발이 조금씩 될 것이므로 투자대상은 된다고 보아야 할 것이다. 준농림지역 토지는 선택만 잘 한다면 어느 정도의 투자수익률 획득은 가능하다.

투자대상 지역도 중요하지만 그 지역에서도 어떤 위치의 토지를 매수하느냐에 따라 투자수익률의 차이가 있을 것이다.

9 자연환경보전지역

1) 개요

자연환경보전지역은 자연환경, 수자원, 해안 생태계, 상수원 및 문화재의 보전과 수산자원의 보호 육성 등의 필요에 의해서 정부가 지정한 지역이다.

부동산투자를 할 경우 자연환경보전지역 토지만을 투자대상으로 하는 투자자는 별로 없을 것이다. 그러나 자연환경보전지역에서도 건축할 수 있는 건축물이 있으므로 이의 내용을 확인하고 이의 규정에 의하여 건축할 수 있는가를 시·군에 직접 문의하여 볼 필요성은 있다.

2) 투자에 대한 참고사항

자연환경보전지역은 경관이 뛰어나며 주거하기에 아주 쾌적한 자연환경을 지닌 위치라고 볼 수 있다. 투자자는 투자하고자 하는 자연환경보전지역의 위치를 확인하여 시·군에 농가 주택 등을 법의 규정에 의하여 실제 건축할 수 있는가를 문의하여 보고 건축할 수 있다면 투자의 대상이 될 수 있다.

10 자연취락지구

1) 개요

자연취락지구는 녹지지역, 관리지역, 농림지역 또는 자연환경보전지역 내에 취락을 위한 필요성에서 지정된 지구이다. 그리고 집단취락지구는 개발제한구역 내의 취락을 정비하기 위하여 지정된 지구이다.

자연취락지구의 토지를 투자대상으로 할 때는 먼저 파악하여야 할 사항이 있다. 대상 토지 위에서 어떤 시설을 건축할 수 있는지에 대한 규정과 규정에 의하여 실제 건축할 수 있는지에 대하여 시·군에 문의를 하여 확인하여야 할 것이다.

투자자가 대상 토지를 매수하여 어떤 건축물을 설치하여 실제 거주할 것인지, 아니면 임대를 할 것인지에 대한 수익성 분석이 필요하다. 그리고 토지를 매수하여 이용하지 않고 개발 또는 토지가격의 상승만을 기다리는 경우에는 향후 지가상승 요인에 대한 면밀한 분석이 필요하다. 이 경우도 투자대상 토지가 미래에 어떤 용도로 건축할 수 있겠는가를 전망해 볼 필요가 있다.

자연취락지구에 건축물(주택 등)이 있을 경우 현재 건축물이 어떤 용도로 이용되고 건축물을 임대할 경우 임대료가 어느 정도인지를 파악해보고 투자대상으로 하여야 할 것이다.

2) 투자에 대한 참고사항

자연취락지구의 토지와 건축물이 있는 부동산을 투자대상으로 할 경우, 매수가격을 인근지역의 토지가격 등과 비교, 분석을 해보아야 한다.

개발이 곤란하여 다른 지역의 토지가격보다 낮은 경우는 향후 지가상승이 기대되지만 개발이 될 것을 감안하여 미리 지가상승이 급등한 지역이라면 투자수익률을 얻기 위해서 상당한 기간이 필요할 것이다. 그러나 투자자가 매수 후, 토지 위에 건축물을 건축하여 분양 또는 임대 그리고 투자자가 직접 거주할 계획이라면 지가가 많이 상승했다고 하더라도 건축을 하면 투자대상 토지가 건축물과 함께 가치가 상승할 수 있다.

투자자가 건축물을 건축하여 분양을 목적으로 하는 경우, 분양하였을 때 분양이 잘 되겠는가, 분양가는 얼마로 하면 되겠는가를 분석하고 임대를 목적으로 할 시에는 임대를 했을 때 임대료는 주변 상황으로 보아 얼마나 받을 수 있고 임대는 잘 되겠는가 등을 비교하여 분석할 필요는 있다.

11 수산자원보호구역

수산자원보호구역 안에서도 가능한 개발행위와 건축할 수 있는 건축물들이 있다. 투자자는 어느 위치 토지에 어떤 시설을 설치하려고 하는데 이런 행위가 가능한지에 대하여 지방자치단체에 문의하여야 한다.

부동산투자의 경우 투자대상 부동산의 가격을 인근지역에서 비슷한 용도의 토지가격과 비교하여 분석하는 것은 반드시 필요하지만 수산자원보호구역에서도 일반지역의 토지가격과 인접지역의 토지가격을 비교·분석하여야 한다. 현재의 지가도 비교하지만 투자자 자신이 주택을 건축하여 생활(거주)할 경우에도 투자비용 대비 투자수익분석이 필요하다.

Story Tip

'만능 통장'줄게 새 아파트 다오

다음 달 6일 주택청약종합저축 통장이 출시된다. 공공주택은 물론 민영주택 등 모든 주택에 청약할 수 있는 이른바 '만능 통장'이다.

공공·민영주택 청약 모두 OK

주택청약종합저축은 우리, 농협, 기업, 신한, 하나 등 5개 주택기금수탁은행에서 출시되며 파격적인 금리와 소득공제 해택도 주어진다. 국토해양부 관계자는 "무주택자는 물론 유주택자, 미성

※ 주택청약종합저축 특징

구분		청약종합저축	청약저축	청약예금	청약부
통장가입방법	대상지역	전국		시·지역(103개)	
	가입대상	연령, 자격제한 없음	무주택세대주	20세 이상 개인(유주택자도 가능)	
	저축방식	매월 일정액 적립식 및 예치식 병행	매월 일정액 불입	일시불 예치	매월 일정액 불입
	저축금액	월 2만~50만 원 원칙	월 2만~10만 원	200~1500만 원 (규모·지역별 차등)	월 5만~50만 원
	이율적용	기간별 금리적용 -1개월 미만 : 무이자 -1년 미만 : 연 2.5% -1년 이상~2년 미만 : 연 3.5% -2년 이상 : 연 4.5%		가입당시 약정이율	
	취급기간	국민주택기금 수탁은행 (우리, 농협, 기업, 신한, 하나)		전국 16개 은행	
청약방법	대상주택	모든 주택	전용면적 85m² 이하 공공기관건설주택 등	모든 민영주택(85m² 초과 공공주택도 가능)	전용 85m² 이하 민영주택
			민간건설중형국민주택(60~85m²) 포함		
	1순위	가입 후 2년 경과(매월 약정일에 24회 이상 납입) ~민영주택 청약을 위해서는 지역별 예치금 예치	가입 후 2년 경과, 24회 이상 납입	가입후 2년 경과(지역별 예치금 예치)	가입 후 2년 경과(매월 약정일 납입해 지역별 예치금액 도달)
	주택규모선택	최초 청약시점에 결정	통장 가입 시 결정		

〈자료 : 국토해양부〉

년자 등 1인 1통장 가입이 가능하고 매월 2만~50만 원 사이에서 5,000원 단위로 자유롭게 납입할 수 있다"고 설명했다. 하지만 기존 청약통장 가입자는 전환이 허용되지 않아 해지 후 신규 가입 시 신중한 선택이 필요하다.

우리 등 5개 은행서만 판매

◆ 주택청약종합저축 특징=기존 청약저축 기능에 청약예금 및 부금 기능을 합쳤다. 공공주택이나 민영주택 어디나 청약이 가능하고 민영주택에 청약할 때는 최초 청약 시 희망주택 규모를 선택할 수도 있다. 기존 청약예·부금이 가입 당시에 주택 규모를 골라야 하는 것과 다른 점이다. 최대 한도인 1,500만 원을 예치한 사람의 경우 처음 청약에서 가장 큰 전용면적 135m^2 초과(서울의 경우)를 신청할 수 있다는 얘기다.

또 주택 규모 선택 후에는 기존 청약예·부금처럼 2년이 지나면 규모를 바꿀 수 있다. 다만 면적을 늘리기 위해 변경할 경우 변경일로부터 1년 이내에는 같은 규모 주택에 청약할 수 없다.

국토부는 또 적용 금리를 기존 청약저축과 동일하게 가입일로부터 1년 미만은 2.5%, 1년~2년 미만은 3.5%, 2년 이상은 4.5%로 정했다. 아울러 기획재정부와 협의해 근로소득자 중 무주택 세대주를 대상으로 소득공제 해택을 부여하는 방안도 검토키로 했다. 국토부 관계자는 "현재 장기주택마련저축의 경우 대부분 5년 이상 경과 후 4.0% 이하를 적용하는 것을 볼 때 파격적 금리라고 할 수 있다"고 말했다. 적립식과 예치식을 병행하는 것도 특징이다. 납입횟수 산정 시엔 청약저축과 마찬가지로 선납도 인정된다.

2만 원씩 2년 넣어도 1순위

◆ 갈아탈 때는 주의 필요=하지만 국토부는 기존 청약통장을 유치하고 있던 은행들의 유동성 악화 등을 막기 위해 통장 전환을 허용치 않기로 했다. 따라서 기존 청약저축이나 청약예·부금 가입자가 주택청약종합저축 가입을 원할 경우 기존 통장을 해지하고 신규 가입해야 한다. 특히 이때는 기존 통장 가입기간이나 금액이 인정되지 않고 새로 시작해야 한다. 가입 후 상당 기간이 지난 기존 통장을 해지하면 그만큼 손해본다는 얘기다. 게다가 현행 민영주택 청약가점제의 통장 가입기간은 최고 17점에 달해 장기 가입자들로서는 포기도 쉽지 않다. 공공주택 역시 순차제가 적용돼 가입 기간이 길수록 유리한 상황이다.

기존 통장 해지할 땐 신중히

나○○ 부동산써브 연구원은 "올 2월 말 현재 전국 청약예금 가입자(241만 4,899명) 중 71.58%, 청약부금 가입자(114만 8,144명) 중 47.24%가 가입 후 5년 이상 된 것으로 조사됐다"며 '다양한 기능이 있는 주택청약종합저축이지만 기존 장기 가입자들은 불만일 것'이라고 말했다.

또 1인 1통장 원칙인 주택청약종합저축은 20세 미만 미성년자도 누구나 가입할 수 있지만 실제 청약은 만 20세가 넘어야 가능하다는 점도 알아둬야 한다. 아울러 현행 청약저축과 달리 가입자가 사망하면 상속인 명의로만 변경이 허용된다.

최정욱 기자
jwchoi@kmib.co.kr
자료 : 국민일보 2009. 4. 27.

제 13장 건축물 투자이론

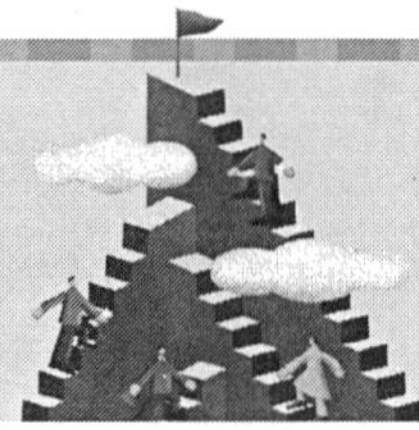

제1절 건축물의 분류

주택을 비롯한 건축물은 일반적으로 용도에 의한 분류, 법과 제도상의 분류, 유형에 의한 분류로 그 종류가 나누어진다. 용도에 의한 분류에서는 건축물을 주거용 건물, 상업용 건물, 공업용 건물, 업무용 건물 등으로 나눈다. 법과 제도상의 분류에서는 건축법상의 분류와 국유재산법상의 분류 등으로 건축물을 구분하며 유형에 의한 분류에서는 건축물을 건축양식, 건축구조의 재료, 건축구조의 방식 등으로 세분한다.

건축양식 측면에서는 건축물을 한식 건물, 양식 건물, 절충식 건물 등으로 건축구조의 재료 측면에서는 건축물을 벽돌조, 블록조, 석조, 철근 콘크리트조 등으로, 건축구조의 방식 측면에서는 건축물을 가구식 구조, 곡면식 구조, 일체식 구조, 조립식 구조 등으로 구분한다. 본서에서는 건축물 투자이론과 관련이 있는 용도에 의한 분류를 중심으로 건축물의 종류를 설명하고자 한다.

1 주거용 건물

주거용 건물은 보통 주택을 말하며, 주택은 단독주택과 공동주택으로 구분된다.

1) 단독주택

단독주택은 단독주택, 다중주택, 다가구주택, 공관 등으로 나누어지며 가정보육시설과 공동생활 가정 및 재가(在家) 노인 복지시설을 포함한다.

단독주택은 일반적인 단독주택을 의미한다. 다중주택은 학생 또는 직장인 등 여러 사람이 장기간 거주하는 구조로 되어있으나 독립된 주거의 형태가 아닌 주택을 말한다. 다가구주택은 지하층을 제외하고 주택으로 사용되는 층수가 3개 층 이하이며, 19세대 이하가 거주하는 주택을 의미한다.

2) 공동주택

공동주택은 아파트, 연립주택, 다세대주택, 기숙사 등으로 구분되며, 단독주택과 마찬가지로 가정보육시설과 공동생활가정 및 재가(在家) 노인 복지시설을 포함한다.

아파트는 주택으로 사용되는 층수가 5개층 이상인 주택을 말한다. 연립주택과 다세대 주택은 주택으로 사용되는 층수가 4개층 이하인 주택을 말하며, 주택으로 사용되는 1개 동의 바닥 면적이 660m^{2}를 초과하면 연립주택이고, 그 면적이 660m^{2}이하이면 다세대 주택이라 한다.

기숙사는 학교 또는 공장 등의 학생이나 종업원 등을 위하여 사용되는 건물로서 공동취사 등을 할 수 있는 구조로 되어있으나 독립된 주거의 형태를 갖추지 아니해야 한다.

2 상업용과 업무용 건물

1) 상업용 건물

상업용과 업무용 건물은 주거용 이외 목적으로 사용되는 대부분의 건축물을 지칭하는 것으로 그 종류가 다양하다. 상업용 건물은 근린생활시설과 판매시설 등을 말하는 것으로, 근린생활시설은 "건축법"에 의하면 제1종 근린생활시설과 제2종 근린생활시설로 세분된다. 근린생활시설은 인간이 주거생활을 하는데 있어 필요한 생활의 편익시설을 제공하는 공간을 말한다. 제1종 근린생활시설에는 수퍼마켓, 휴게음식점, 이용원과 미용원, 의원과 치과의원, 탁구장 등이 있으며, 제 2종 근린생활시설에는 일반음식점, 골프연습장, 종교집회장, 부동산중개업소 등이 있다.

판매시설은 "건축법"에 의하면 도매시장, 소매시장, 상점 등을 말한다. 도매시장은 상설시장으로서 최종소비자 이외의 사람에게 물품의 매매, 교환, 기타 용역을 제공하는 시장이다. "시장법"에 의하면 도매시장의 규모를 건물면적 5,000m^{2}이상이고, 매장면적은 건물 면적의 60%이상으로 규정하고 있다. 대표적인 것으로 서울의 "가락동 농수산물 종합 도매시장"을 들 수 있다. 소매시장은 "유통산업발전법"에 의한 시장, 대형점, 백화점, 쇼핑센터 등을 말한다. 상점은 근린생활시설에 해당하는 용도로 사용되는 건축물로 제1종 근린생활시설이나 제2종 근린생활시설에 비해 큰 규모로 사용되는 것을 말한다.

2) 업무용 건물

업무용 건물은 주로 사무실 용도로 사용되는 건축물을 말하며, "건축법"에서는 공공업무시설과 일반업무시설로 구분된다. 공공업무시설은 국가 또는 지방자치단체의 청사와 외국공간의 건축물로서 제1종 근린생활시설에 해당하지 아니한 것을 말하며, 일반업무시설은 금융업소, 사무소, 신문사. 오피스텔, 기타 이와 유사한 것으로서 제2종 근린생활시설에 해당하지 아니한 건물을 의미한다. 그런데 오피스텔은 성격상 일반업무시설과 주거개념이 혼재된 건축물로서, 업무를 위주로 하나 분양 또는 임대하는 구획에서 일부 숙식이 허용되는 건물을 말한다.

3 공업용 건물

"건축법"에 의하면 공장과 창고시설 등이 공업용 건물에 해당한다고 볼 수 있다. 공장이란 물품의 제조와 가공 또는 수리에 계속적으로 이용되는 건축물로서 제1종 근린생활시설, 제2종 근린생활시설, 위험물 저장 및 처리시설, 자동차 관련 시설, 분뇨 및 쓰레기 처리시설 등으로 따로 분류되지 아니한 것을 말한다.

창고시설은 위험물 저장 및 처리시설 또는 그 부속용도에 해당하지 아니한 시설로서 창고와 하역장을 의미한다. 창고는 물품 저장을 하는 시설로 냉장이나 냉동창고를 포함한다.

4 기타 건물

주거용, 상업용과 업무용, 공업용 건물 이외에 기타 건물로 휴양용 건물이나 농업용 건물, 어업용 건물 등이 있다.

휴양이란 노동 등을 중지하고 피로 등 신체의 소모 상태로부터 회복하여 체력을 복원하는 것으로, 휴양용 건물은 이런 용도로 사용되는 건축물을 말한다. 휴양은 대개 관광을 포함하는 것으로 휴양용 건물은 관광휴양용 건물로 그 의미를 확대 해석할 수 있다.

이런 의미로 휴양용 건물에는 호텔, 펜션, 콘도미니엄, 산장 등이 있다. 농업용 건물은 농업활동에 이용되는 건물을, 어업용 건물은 어업활동에 사용되는 건물을 말한다.

제2절 건축물 종류에 따른 투자이론

부동산을 건축물 종류에 따라 분류하면 단독주택, 연립주택, 다가구주택, 아파트, 상업용 건물, 공장 등으로 세분할 수 있다. 토지는 용도별로 분류하면 주거지역, 상업지역, 공업지역, 녹지지역으로 분류할 수 있으며 도시계획상 용도지역으로는 도시지역, 관리지역, 농림지역, 자연환경보전지역으로 구분된다. 그리고 용도지역을 토대로 하여 지역과 지구 그리고 구역을 세분하여 이용할 수 있는 범위를 규정하고 있는데 투자자는 부동산에 투자하기 전에 투자대상의 토지가 어느 용도지역, 지구, 구역에 해당되는가를 파악하고 지역, 지구, 구역에서 어떠한 건축물을 건축할 수 있는가를 알아야 할 것이다.

1 단독주택

1) 개요

단독주택은 생활의 불편 등으로 아파트 등 다른 공동주택에 비해 투자의 유인이 작다. 그리고 대지면적이 넓어 거래가액이 고가일 경우가 많다. 단독주택의 경우 거주하기 위하여 매수하는 사람은 별로 없다고 볼 수 있다. 그 위치에 다른 건물을 건축했을 경우의 투자가치와 재건축, 재개발의 대상일 경우 개발이득을 기대하여 거래된다고 보아야 할 것이다. 그러므로 일반적인 위치에 있는 단독주택은 거래가 잘 안되고 거래가 된다고 하여도 시가보다 낮은 가격에 거래가 될 것이다. 단독주택은 대지면적이 넓기 때문에 재개발로 인한 투자가치는 굉장히 크다고 보아야 할 것이다.[1]

2) 투자에 따른 참고사항

단독주택이 위치하고 있는 주변상황 등을 검토하여 차후에 개발 가능성을

1) 이창석, 「부동산학개론」, 형설출판사, 2010, p. 114.

우선 분석한다. 그리고 주택을 철거하고 다른 건물을 건축하였을 때 건축한 건축물의 가치를 분석해서 투자대상을 선택한다. 한편 단독주택 전체를 임대 하였을 경우 임대료 수입이 얼마나 되는가, 철거하고 다른 건축물을 건축하였을 경우 임대료 수입 그리고 분양했을 경우 분양 수입을 비교·분석하여 투자대상을 물색한다.

Story Tip

집 안 가득 채운 자연채광 '굿~'

■ 친환경설계

대림산업의 'e-편한세상'은 명실상부한 웰빙아파트의 선두주자이다.

오늘의 자리에 서기까지 대림산업은 친환경 분야의 연구 및 기술개발에 각고의 노력을 기울여 왔다. 이미 오래 전부터 '건강아파트 만들기'란 장기 비전에 따라 태스크포스팀을 구성, '에코프로젝트'를 추진해 오고 있다. '에코(Eco)'란 자연생태학, 자연환경, 환경보전 등을 뜻하는 영단어 'Ecology'의 줄임말이다. '아파트=생태계'라는 발상에서 비롯된 에코프로젝트는 입주민이 건강하고 쾌적한 상태로 생활할 수 있는 아파트를 짓겠다는 것이다. 즉, 친환경 자재 개발 및 자연과 조화를 이룬 설계 등을 통해 인간과 자연이 공존하는 세상을 만들자는 것이 e-편한세상의 지향점이다.

이에 따라 에코프로젝트팀은 공기, 빛(채광, 조명), 소리(소음), 열(에너지, 온도제어), 물, 기타 분야 등 6개 아이템별로 아파트 환경 개선을 위한 연구에 힘써왔다. 그리고 연구성과를 아파트 건설에 실제 적용, 상당한 호응을 얻고 있다. 맑은 실내공기를 위해 유해물질 방출이 적은 친환경 자재와 3베이 이상의 평면설계, 2.4m 이상의 천정고도 등을 적용한다.

또 대형창을 통해 자연채광을 극대화하고 저소음형 렌지후드와 양변기 층간 차음재 등을 설치, 아늑한 실내공간을 조성한다. 아울러 중앙정수시스템과 부스터 펌프시스템으로 맑고 깨끗한 물을 공급하고 있다.

외부공간 구성도 각별히 신경쓰는 부분이다. 국내 최초로 친환경 건축물 최우수 예비인증을 획득하고 서울시 조경대상을 수상하는 등 친환경 조경에 앞장서고 있다. 대림산업은 앞으로 생태연못 등의 자연친화적 공간 조성을 통해 외부조경을 차별화해나갈 계획이다.

자료 : 헤럴드경제, 2005. 5. 31.

2 연립주택

1) 개요

최근 건축법에서는 연립주택을 건축할 때 반지하는 건축 허가를 제한하고 있다. 연립주택은 아파트와 달리 세월이 가면 갈수록 가격이 하락하는 경향이 있다. 연립주택은 건축한 지 오래된 건물일수록 저층으로 건축하여 토지지분이 더 많으나 최근 건축한 연립주택은 4층까지 있으므로 토지지분이 아주 적다. 따라서 이런 지역에서는 재건축 또는 재개발이 힘들다고 보아야 할 것이며 개발이 된다고 하여도 토지 지분이 적기 때문에 조합원 지분 인정금액이 적다. 지분 인정금액이 적으므로 재건축 등 추진이 곤란하다고 판단된다.[2)]

2) 투자에 따른 참고사항

연립주택은 재개발 가능성 여부가 투자에 따른 핵심 고려사항이다. 주변에 연립주택이나 20년 이상 또는 20년이 거의 다 되어가는 저층아파트가 있을 경우에 토지지분을 검토하여 매수하여도 될 것이다. 재개발될 것이 분명하다면 지하를 매수하는 것이 가장 많은 이익을 낼 수 있다. 왜냐하면 지하의 경우 거래가액은 1층이나 2층의 가액보다 저렴하나 토지의 지분은 다른 층의 면적과 동일하기 때문에 재건축 등으로 개발될 경우 지분 인정 금액은 거의 같으며 조합원으로서 권리도 동일하므로 투자수익률이 높은 투자대상이기도 하다. 단, 지역여건 등을 파악해 재개발이 될 수 있다는 확신이 생길 경우 투자해야 할 것이다.

3 다가구주택

1) 개요

다가구주택은 한때 인기 있는 투자대상이기도 하였으나 'IMF 사태'이후 부동산 가격이 하락하면서 다가구주택 전체 임대 보증금이 그 주택의 매매 시가보다 많은 경우가 발생하여 투자의 매력을 상실하였다. 그러나 2001년, 2002년도에 부동산가격 상승과 임대보증금 인상으로 IMF 사태가 발생한 시기에 저렴한 가격으로 매수한 투자자는 이후 투자수익률이 높았다.[3)]

---

2) 이창석, 「부동산학개론」, 형설출판사, 2010, p. 114.
3) 이창석, 상계서, p. 114.

2) 투자에 따른 참고사항

다가구주택이라 할지라도 재건축 대상이라면 투자대상으로서 매력이 있다. 그러나 일반적인 다가구주택의 경우 보증금, 월세, 금리, 투자금액 등을 비교·검토하여 투자대상 부동산을 물색해야 한다.

4 아파트

1) 개요

아파트의 가격은 지역에 따라 위치에 따라 가격 차이가 가장 많이 나는 물건이다. 일반적으로 재건축 대상이 되는 아파트는 투자수익이 높다고 알려져 있으나 2003. 7. 1부터 시행되는 '도시 및 주거환경 정비법'에서 재건축 사업추진이 어렵게 되었고, 2003. 1. 1부터 '국토의 계획 및 이용에 관한 법'에서 '리모델링 지구'가 추가됨으로써 5층 이하 저층 아파트는 노후화로 인한 재건축이 가능하나 7층 이상 15층의 중층 아파트는 리모델링 지구로 지정될 확률이 많아져 재건축 사업 대상이 되기는 상당히 어려워졌다고 볼 수 있다. 또한 재건축이 된다고 하여도 예전에 비해 분담금이 많아지게 되어 투자수익률이 감소하고 있다.

재건축 가능성을 목표로 중층 이상 아파트를 구입하면 목표했던 이익을 실현하기가 곤란하다. 아파트의 분양가는 당분간 계속적으로 조금씩 인상되면서 아파트의 내부시설 등의 수준을 높일 것이다.[4]

2) 투자에 따른 참고사항

(1) 아파트단지 선택의 기준

아파트를 구입할 때 가장 먼저 고려해야 할 것은 아파트 단지의 전체 세대수를 살펴보아야 하며, 세대수가 적은 단지의 경우 일반적으로 관리비가 비교적 많이 부과되고 주변의 생활편의 시설도 미비한 경우가 많다. 따라서 아파트 단지의 세대수는 500세대 내지 700세대 이상의 대단지인 것이 좋다.

아파트 단지는 도로나 지하철 등 교통시설에서 접근이 편리해야 한다. 특히, 서울이나 수도권 지역의 경우에는 지하철이 생활화 되어있어, 지하철역으로부터의 거리에 따라 아파트 가격이 차이가 나므로 아파트부터 지하철역까지 실제 도보 시간이 20분 이내인 것이 좋다.

4) 이창석, 전게서, p. 114.

최근에는 쾌적한 주거환경이 아파트 선택의 가장 커다란 요인으로 인식되고 있으며, 좋은 환경을 지닌 가까운 곳에 녹지나 공원이 많을수록 주거환경이 좋은 것이 일반적이다.

아파트 단지는 단지 내 부대 복리시설(운동시설, 문화시설, 놀이터 등)의 규모와 종류가 충분하고, 해당 지역이 주거지역으로서의 발전 가능성을 가진 것이 좋다. 기타 학교나 동사무소, 우체국, 은행 등 공공시설이 도보 통행이 가능한 반경 700m 이내에 위치한 단지가 좋다. 반면에 공해 공장이나 쓰레기처리장, 열병합발전소와 같은 혐오시설이 가까이 있거나 자동차전용도로나 철도가 인접해 소음이 많이 있는 경우, 홍수나 산사태 등 자연재해의 우려가 있는 지역에 위치한 아파트단지는 가격이 낮을 뿐만 아니라 잘 팔리지도 않는다.

(2) 아파트 거래 시점

우리나라의 경우 봄과 가을에는 이사 수요가 몰리면서 아파트 거래가 이 시기를 따라 활성화되고 있다. 따라서 봄과 가을 이사철에는 가격이 상승할 뿐만 아니라 투자가 유망한 아파트를 선택하기도 어렵다.

아파트 투자자가 유망한 아파트를 보다 저렴한 가격에 구입하기 위해서는 이사철을 피하는 것이 바람직하며, 구입한 아파트를 매각하기 위해서는 이사철이 끝나기 직전의 시점을 선택하는 것이 좋다.

통상적으로 강남이나 송파, 강동, 목동, 노원 등 대단지 지역에서 아파트 거래는 이사철이 시작되기 전 2개월 이전 시점부터 1개월 이전 시점까지 형성되며, 설날과 추석이 지나면 물량이 늘어나고 가격이 하락하기 시작한다. 이와 같은 거래 시기를 감안할 경우 이들 지역에서 아파트를 구입하기 위해서는 늦어도 11월 말부터 조사를 시작하여 12월 초순 이내에 계약하는 것이, 가을에는 늦어도 8월 초순부터 조사를 시작하여 8월 중순경에 계약하는 것이 바람직하다. 물론 이와 같은 시점 선택은 평상적인 부동산경기가 지속되는 경우에 해당되는 것이며, IMF와 같은 경제대란으로 인해 부동산경기가 극도로 하강하여 급매물이 지속적으로 시장에 나올 경우에는 봄철 이사철 이전에 구입하는 것이 바람직한 반면에, 부동산가격이 급격하게 상승할 경우에는 가격상승이 언론을 통해 알려지기 이전에 구입해야 한다. 왜냐하면 일단 언론을 통해 아파트가격 상승 문제가 여론화 될 경우 가격의 하락이나 장기간의 침체가 뒤따를 수 있기 때문이다.

5 상업용 건물

1)지역 분석

각종 판매시설을 가진 상업용 건물은 현재 상권이 형성되어 있거나 가까운 장래에 상권이 형성될 수 있는 지역에 위치하고 있어야 한다. 상권을 분석하기 위해서는 다음과 같은 사항들을 점검해야 한다.

첫째, 배후지 고객의 질과 양을 검토해야 한다. 배후지란 판매시설을 이용할 잠재고객이 존재하는 지역으로 상권 또는 시장지역이라고 하며, 상업활동은 고객을 상대로 이루어지는 것이므로 배후지에 거주하는 고객의 질과 양은 해당 상업지의 유용성을 좌우하게된다. 상업지의 배후지는 인구밀도가 높고 지역면적이 큰 곳, 고객의 생활수준이 높은 곳이 좋다.

둘째, 고객의 교통수단과 접근성을 살펴보아야 한다.

셋째, 해당지역 상업의 번영 정도를 점검해야 한다. 해당 지역에 위치한 상점들이 현재 얼마나 많은 수익을 올리고 있으며, 장차 어떤 상태로 변화할 것인가를 조사해야한다.

마지막으로, 대체상권의 번영도와 흡인력을 점검해야 한다. 아무리 큰 배후지와 질 높은 고객을 가진 지역이라도, 배후지에 거주하는 고객들이 이용할 수 있는 대체상권이 발달되어 대부분의 고객들을 흡수하고 있는 경우 한두 사람의 상업용 건물 소유자의 힘으로는 대체상권에 대항할 수 없으며, 이 지역의 상권은 계속 침체될 수밖에 없다. 따라서 상업용 건물을 구입하려면 대체상권에 대해서도 면밀한 분석이 필요하며, 만약 대체상권이 계속 발달하고 투자대상지역에서 이에 대항할 만한 지역발전 전망이 없으면 다른 지역에서 투자대상을 찾는 것이 바람직하다.

2) 개별분석

상업용지는 상품을 전시하여 광고 효과를 극대화 할 수 있어야 하므로 가급적 도로와 접한 면의 길이가 넓은 것이 좋다.

상업용 건물을 구입할 경우에는 등기부등본과 건축물관리대장 등 기본적인 서류 이외에 다음과 같은 사항들을 점검해야 한다.

첫째, 우선 실제 이용 용도를 조사하고 이를 기초로 현재의 용도가 적정한지 여부와, 가장 적합한 용도로 사용이 가능한지 판단해야 하며, 구입하려는 건물에 상점이 많을 경우에 석양의 직사광선에 노출되는 건물은 피하는 것이 좋다.

둘째, 임대료와 관리비를 조사해야 한다. 보통 임대전용 빌딩은 임대료와 관리비를 별도로 징수하지만, 때에 따라서는 임대료에 관리비까지 포함되는 경우도 있어, 실질적인 임대소득과 임대료 합계액이 크게 다른 경우가 있다.

셋째, 건물의 보존상태와 각종 설비의 상태를 점검해야 한다. 건물설비는 승강기나 공기조화, 난방, 급탕설비 등 중요한 부분부터 그 종류와 상태를 점검하는 것이 좋으며, 앞으로 몇 년이나 더 사용할 수 있으며 설비의 보수나 교체를 위해 특별한 조치를 해야 하는지를 점검해야 한다. 특히 오래된 건물의 경우에는 설비의 상태에 따라 관리비용 총액이 결정되므로 주의해야 한다.

넷째, 전용주차장의 수용능력을 점검해야 하며, 건축물관리대장상의 주차장이 제대로 사용되고 있는지 조사해야 한다. 자동차는 경제생활이 필수적인 도구이므로, 전용주차장의 수용능력은 건물의 수익성에 크게 영향을 준다.

상업용 건물의 현상답사 시에는 인근지역이 건물이용현황이나 건물의 상태 등을 점검해야 하며, 해당 건물의 용도가 주변지역 환경과 조화를 이루고 있는지를 판단해야 한다. 아무리 좋은 용도로 사용되고 임대수입이 높더라도, 인근지역의 환경이 나쁘면 얼마 안가서 수익성이 크게 떨어진다. 그리고 인근지역의 지역발전 전망도 함께 점검하는 것이 좋다.

3) 상업용 건물 종류별 점검사항

(1) 아파트단지 상가

아파트단지 상가의 경우 아파트 거주 세대수가 영업을 좌우하는 것으로 최소 600세대 이상이 되어야 한다. 동일한 세대수라도 대형 평형 거주자의 경우 아파트단지 외부의 백화점이나 쇼핑센터 이용이 많아 불리하며, 중형 평형 이하 분포가 많은 경우 단지 내 구매가 많아 유리하다.

아파트단지 상가는 아파트단지 입주 초기에는 높은 임대료를 받을 수 있으나 2년 정도가 지난 이후부터 점차 임대료가 낮아지는 경우가 대부분이므로 최초로 분양을 받을 경우 유의해야 한다.

아파트단지 상가는 대부분 생활밀착형으로 기본적으로 배후 가구 수에 맞는 업종이어야 하며, 동일 상가에 업종이 중복되지 않아야 한다.

보통 아파트단지 상가는 1층을 기준으로 볼 때, 지하층과 2층은 1층의 절반정도의 시세가 형성되며, 3층의 경우에는 2층 가격의 80% 정도, 4층의 경우에는 2층 가격의 60% 정도로 시세가 형성되며, 기타 5층 이상인 경우에는 대부분 엘리베이터가 설치되므로 4층 시세와 동일하게 형성되고 있다.

(2) 주주형 상가(지분제 상가)

주주형 상가 혹은 지분제 상가란 대형 쇼핑센터 등 상가를 건축하는 비용을 조달하기 위하여 주식 형태의 분양권(지분)을 발행하여 소액투자자를 모집하고, 완공 후 전문 경영인이 상가를 운영하여 발생한 영업이익을 투자자들에게 배당하는 형태의 상가투자 방식을 의미한다. 지분제 상가는 전체 상가를 투자단위로 하거나 한 개 층 전체를 투자단위로 하는 방법 또는 200~300평을 투자단위를 하는 방법 등 다양한 형태로 분양한다.

주주형 상가는 소액으로도 투자할 수 있고, 장사에 경험이 없어도 되며, 자신이 직접 장사를 하지 않고도, 대형 상가가 가진 규모의 이익으로 인해 소형 상가에 분산 투자하는 것보다 높은 영업이익이 발생할 가능성이 높은 장점이 있다. 반면에, 상가 경영이 부실해진 경우 책임을 물을 소재가 불분명하며, 투자지분 매각이 어렵고, 공유지분권자들이 많을 경우 경영이 불안정해질 가능성이 높은 단점이 있으며, 대형 상가로 인한 규모의 이익이 반드시 보장되는 것은 아니다.

투자할만한 주주형 상가는 상권의 전망이 좋은 지역에 위치하고 있으며, 건축주나 시행자도 상당한 지분을 보유하고 직접 운영에 참여하며, 상가의 경영자는 대형 상가 경영에 많은 경험이 있는 상가를 말한다.

(3) 전문 상가

전문 상가란 한 채의 대형건물에 유사한 품목의 상점이 밀집된 형태의 상가를 의미하는 것으로, 대형상권에 입지하여 한 가지 상품이나 브랜드를 집중 육성하므로 고객응집력이 강하고 판매경쟁력을 확보할 수 있는 장점이 있다.

대부분 전문 상가는 투자금액이 커 위험부담이 따르는 문제가 있으며, 분양주체의 사업 추진능력과 향후 영업계획에 현실성이 없을 경우 큰 문제가 발생할 가능성이 높다.

(4) 근린 상가

근린 상가는 학원·병원·약국 등 실생활과 관계있는 업종이 들어선 건물을 말하며, 대부분 4~5층 규모이다. 근린 상가는 갈수록 대형화·전문화하는 추세이며, 도심에서는 역세권이나 사무실 지역, 대학가, 아파트단지가 밀집된 지역에 근린 상가가 많다.

근린 상가는 배후 인구와 입지 여건에 따라 매출액 정도가 다르며, 개발계획의 유무에 따라 성장 가능성이 큰 지역의 근린상가일수록 투자성이 좋으며, 초기 수익률은 아파트 단지 내 수익률보다 떨어지지만 장기로 갈수록 상권이 안정되고 수익률 또한 상승함이 일반적이다.

최근 택지개발이 활성화 되면서 수천 가구의 주민을 고정고객으로 가질 수 있는 이 지역 내의 근린 상가가 주목받고 있다. 다만 상업용지 비율이든지, 대중교통의 정도, 아파트의 주 통행로 등을 유의해야 할 것이다.

6 공장

공업지역은 전용공업지역, 일반공업지역, 준공업지역으로 구분되며 각 지역에 따라 시설의 용도가 다소 다르다.

공장 건축물을 투자대상으로 할 경우 그 공장이 현재 어떤 물건을 생산하는 공장인가, 용도지역은 전용공업지역인가, 일반공업지역인가, 준공업지역인가를 확인하고 현재 공장을 임차인이 운영하고 소유자가 매도하는지, 소유자가 직접 운영하면서 매도하려고 하는지에 대하여 파악을 하여야 한다. 그리고 대지면적, 건축면적, 건축년도 등을 파악하여 매수 후 임차하였을 때 임대가 잘 될 것인지 또한 어느 정도의 보증금에 월세를 받을 수 있는지에 대하여 분석해 보아야 할 것이다. 한편 현재의 공장 건축물을 철거를 하고 새로운 건축물을 건축한다면 어느 정도의 보증금과 월세 수입을 얻을 것인지에 대하여 분석을 해보고 투자하여야 될 것이다.

제 14장 부동산경매와 공매 투자이론

제1절 부동산경매와 공매의 개념

1 부동산경매

일반적으로 경매란 매도인이 다수의 신청인에게 구술로 매수신청을 시키고, 최고가격을 제시한 신청인에게 매도하는 호가방식의 매매방법을 의미한다. 입찰이란 동일한 계약에 대하여 다수인으로 하여금 서로 경쟁하게 하여 그 가운데에서 가장 유리한 내용으로 신청한 자와 계약을 체결하는 방법으로 각 경쟁자는 다른 경쟁자의 신청 내용을 알 수 없다. 미술품이나 골동품 같은 물품의 거래에서 흔히 시행되고 있다.

부동산경매란 채권자가 채권을 회수하기 위하여 법원에 경매신청을 함으로써 공적기관인 법원이 채무자의 부동산을 강제적으로 환가하고, 그 매각대금으로 채권을 충당하는 절차를 말하며, 민사집행법과 민사집행규칙 등에 의해 규율되고 있다. 현재 법원경매에서는 상기에서 언급된 입찰방식을 원칙으로 그 절차가 행하여지고 있으며, 강제경매와 임의경매로 구분된다.

1) 부동산경매의 종류와 개념

(1) 강제경매

채무자 소유의 부동산을 압류·환가하여 그 매각대금을 가지고 채권자의 금전채권 만족을 얻기 위한 목적으로 이루어지는 강제집행 절차를 말한다. 강제경매를 신청하려면 채무명의를 필요로 한다. 채무명의란 집행력 있는 판결정본, 확정된 지급명령, 민사조정조서, 약속어음, 공정증서 등 채권자의 채무자에 대한 채권의 존재와 범위를 증명할 수 있는 증서를 말한다.

예를 들어 주택의 임대차 계약기간이 만료되었으나 임대인이 보증금을 반환하지 않으면 임차인은 임대인을 상대로 '보증금 반환 청구소송'을 제기할 수 있다. 이 소송에서 승소한 임차인은 판결정본을 근거로 임대인 명의의 주택에 대해 강제경매를 신청할 수 있다.

(2) 임의경매

채무명의를 필요로 하는 강제경매와 달리 채무명의를 요구하지 않는 경매를 말하며, 일반적으로 '담보권 실행을 위한 경매'라고 한다. 등기부등본상의 저당권이나 전세권 등 담보권의 실행으로 행하여지는 강제집행 절차로, 채권자의 채권변제를 위하여 국가가 채무자 또는 담보제공자의 부동산을 강제적으로 경매하는 것을 말한다.

예를 들어 홍길동이 은행 등 금융기관으로부터 대출을 받으면 은행은 홍길동의 부동산이나 홍길동의 보증인 부동산에 근저당권을 설정한다. 그런데 채무자 홍길동이 약정한 기일 내에 채무를 변제하지 못하면 채권자인 은행은 근저당권을 설정한 부동산에 대해 경매를 신청하여 자기 채권을 회수하는 절차를 밟는데, 이를 임의경매라 한다.

2) 강제경매와 임의경매의 공통점과 차이점

(1) 공통점

강제경매와 임의경매는 다음과 같은 점에서 동일한 특성을 지닌다.

첫째, 채무자가 약정한 기일 내에 채무를 변제하지 못할 경우 채무자의 의사와 관계없이 채무자 명의의 재산을 강제로 경매 신청할 수 있다.

둘째, 경매 대상 부동산의 경우 경매가 진행되어 낙찰자가 매각대금을 완납하면 해당 부동산의 소유권이 낙찰자에게로 이전된다. 즉, 낙찰자가 자기 명의로 등기하지 않더라도 매각대금을 완납하면 낙찰자는 해당 부동산의 소유권을 취득하게 된다.

셋째, 경매 대상 부동산에 대한 압류의 효력은 채권자가 경매를 신청한 사실이 부동산 등기부등본에 경매기입등기가 된 이후부터 발생한다.

넷째, 경매는 채권자는 채무자에 대하여 법원에 자기 채권을 회수해 달라고 신청하는 것이므로, 법원은 채권자로부터 경매진행에 필요한 수수료를 받고 채권자의 채권을 대신하여 회수해 준다.

(2) 차이점

강제경매와 임의경매는 다음과 같은 점에서 차이점이 나타난다.

첫째, 경매가 진행된 후 이루어지는 배당의 경우 임의경매는 근저당권 등이 설정된 순서에 의해 순위가 확정된다. 반면 강제경매는 채권자 평등주의에 의해 채권액에 따라 안분배당이 된다.

둘째, 임의경매는 근저당권이나 전세권 등이 설정된 부동산만이 경매대상물이 되나, 강제경매는 채무자 명의의 부동산을 포함한 모든 재산이 경매대상물이 된다.

셋째, 임의경매는 앞에서 이야기한 채권자의 채무자에 대한 채권의 존재와 범위를 증명하는 증서인 채무명의가 없이 경매를 신청할 수 있으나, 강제경매는 채무명의가 존재해야 경매를 신청할 수 있다.

2 공매

1) 개념

한국자산관리공사(KAMCO)가 일반인에게 공개입찰방식으로 부동산이나 기타 자산 등을 매각하는 것을 말하며, 일반적으로 공공기관이 "국세징수법"에 의하여 압류한 동산, 유가증권, 무체재산권 등을 한국자산관리공사에 매각의뢰를 하여 체납금을 회수하는 것을 공매라 한다.

공매는 다수의 물건을 동시에 공개 매각하므로 대중성, 공정성, 신뢰성을 바탕으로 하며, 전자입찰로 대상 물건들을 매각하므로 공매에 참여하고자 하는 개인이나 법인들은 온비드(www.onbid.co.kr)의 회원가입 코너를 통해 회원으로 가입해야 한다.

2) 공매재산의 분류와 내용

공매대상이 되는 자산들에는 국세압류재산, 국유재산, 수탁재산, 유입자산 등이 있으며 자산종류별로 공매방법에 차이가 있으므로 유의해야 한다.

첫째, 국세압류재산이란 국가기관이 국세를 체납한 체납자의 재산을 압류한 후, 한국자산관리공사에 매각의뢰를 한 부동산, 동산, 유가증권, 무체재산권을 말한다.

둘째, 국유재산이란 한국자산관리공사가 국가소유 잡종재산의 관리와 처분을 위임받아 입찰의 방법으로 일반인에게 임대 또는 매각하는 부동산 등을 말한다. 여기에는 주로 국세 물납[1]으로 인해 취득한 재산 중 정부가 지정하는 부동산과 유가증권 등이 있다.

셋째, 수탁재산이란 금융기관이나 기업체가 자신들이 소유하는 비업무용 부동산을 한국자산관리공사에 매각을 의뢰한 재산을 말한다. 한국자산관리공사는 수탁재산을 처분 시 대리인의 자격으로 업무를 취급한다.

넷째, 유입자산이란 한국자산관리공사가 금융기관의 구조개선을 위해 법원경매를 통해 취득한 자산들이나 부실징후 기업체를 지원하기 위해 이들 기업들로부터 취득한 자산들을 말한다. 한국자산관리공사는 이들 자산들을 일반인에게 다시 매각하는데, 이럴 경우 이들 자산들을 유입자산으로 분류한다.

3) 국세압류재산의 공매절차

국세압류재산은 "국세징수법"에서 정한 절차에 의해 공매가 시행되어야 한다. 국세압류재산의 공매절차는 법원의 경매와 매우 유사하나 유입자산이나 수탁재산, 국유재산의 공매와는 많은 차이가 있다. 국세압류재산과 법원경매의 차이점은 다음과 같다.

첫째, 1회 유찰이 되면 법원경매의 경우 최저입찰가가 20% 하락하지만 국세압류재산은 10%만 하락한다.

둘째, 대금의 납부기간은 법원경매의 경우 1개월 이내이지만 국세압류재산은 1천만 원 미만은 7일 이내, 1천만 원 이상은 30일 이내이다.

상기 2가지 점을 제외하고는 국세압류재산의 공매절차는 법원경매와 큰 차이점이 없이 진행된다고 보면 된다.

4) 유입자산과 수탁재산의 공매절차

유입자산의 소유자는 한국자산관리공사이며, 수탁재산의 소유자는 공매를 의뢰한 금융기관이나 기업체이다. 이들 재산들의 공매절차는 일반적인 부동산거래와 유사하게 진행된다.

---

1) '국세는 원칙적으로 현금으로 납부하는 것을 원칙으로 하나, 납세자의 사정들을 고려하여 현금 대신 부동산이나 유가증권 등으로 납세자가 국세를 납부하는 것을 말한다.

이들 자산과 재산들의 성격과 차이점을 "표"로 제시하면 다음과 같다.

도표 14-1 유입자산과 수탁재산의 성격과 차이점

구분	유입자산	수탁재산
소유자	한국자산관리공사	금융기관
매각금액기준	유입가격	감정가격
명도책임	한국자산관리공사	금융기관
유찰계약	다음 공매공고 전일까지 가능	좌동
계약체결	낙찰 후 5일 이내	좌동
매수자 명의 변경	가능	위임기관 승인 후 가능
권리분석	불필요	좌동
계약조건변경	구입자가 원할 경우 최장 5년까지 연장 가능	위임기관 협의에 따라 가능

제2절 부동산경매의 투자이론

1 성격

경매부동산에 투자한다는 것은 법원에서 경매되는 부동산을 매수한다는 것을 의미한다. 부동산경매에 참여하는 투자자는 우선 매각기일에 입찰을 신청하여 "최고가 매수 신고인"으로 선정되어야 한다. 이후 매각허가와 대금을 납부하고 해당 부동산의 소유권을 넘겨받으면 관련 절차가 완료된다. '경매를 통하여 부동산을 매수하는 투자방식'(이하에서는 '경매투자'라 한다.)과 부동산시장을 통하여 부동산을 매수하는 투자방식(이하에서는 '일반투자'라 한다.)을 비교하여 설명하면 다음과 같다.

첫째, 경매투자는 다양한 부동산거래가 가능하나 일반투자에 나와있는 부동산매물의 숫자나 종류보다 반드시 많은 것은 아니다.

둘째, 경매투자는 법원에서 강제로 매각하는 것이기 때문에 일반투자와 달리 계약 후 번복될 우려가 없는 장점이 있다. 그러나 경매투자라 할지라도 매수인이 잔금을 법원에 지급하기 이전까지는 경매가 취소될 가능성이 전혀 없는 것은 아니다. 경매투자의 경우 '최고가 매수인'이 결정되었을 경우 경매를 취소시키기 위해서는 '최고가 매수인', 즉 낙찰자의 동의를 받아야하나 경매절차 진행 중에 절차상의 하자로 인해 경매자체가 무효가 될 수 있다.

셋째, 경매투자는 법원에서 시행되므로 일반투자에서 발생하는 부동산사기나 거래사고가 발생할 가능성은 거의 없다. 다만 경매를 거치더라도 말소되지 않는 권리는 경매부동산 매수자가 인수받아야한다. 따라서 경매부동산을 매수하는 투자자는 해당 부동산에 대한 철저한 권리분석을 통해 인수받아야 하는 권리로 인해 발생할 수 있는 경제적 손실을 피해야 한다.

넷째, 경매투자는 법원의 인도명령제도[2]등 투자자 보호 장치가 있고, 인수잔금만 납부하면 즉시 소유권을 취득할 수 있는 장점이 있다. 그러나 매수대금 지급 후 6개월이 경과하면 별도의 명도소송 절차를 거쳐야하며, 그 과정에서 퇴거 예정자에게 이사비 등을 별도로 지급해야 하는 문제가 발생할 수 있다.

다섯째, 경매투자는 한번 유찰될 때마다 가격이 20% 이상씩 하락하므로 일반투자에 비해 낮은 가격으로 부동산을 구입할 수 있는 장점이 있다. 그러나

2) 경매되는 부동산에 거주하고 있거나 장사를 하는 상인 중 경매로 인해 보증금을 돌려받지 못하는 사람들이 손쉽게 퇴거하지 않아 부동산 인수가 어려운 문제점을 보완하기 위한 제도

부동산시장의 침체로 경매 부동산의 실제 시세가 경매에서의 최저매각 가격보다 낮은 경우도 있을 수 있고, 입찰경쟁이 치열하여 낙찰가격이 예상과 달리 높게 형성될 수도 있다는 점을 유의할 필요가 있다.

여섯째, 일반적으로 경제가 불황일수록 경매투자에서 양호한 대상물을 찾을 수가 있으나, 상대적으로 이 시기에는 경매로 매수한 부동산을 처분하기가 그만큼 어렵다는 점도 감안할 필요가 있다.

일곱째, 경매투자의 경우 1개월 이내에 잔금을 지급해야 하는 부담이 발생한다. 그리고 경매투자는 일반투자와 달리 법원이 강제적으로 매각하는 것이므로 대상부동산 소유자의 적극적인 협조를 기대하기 어렵다는 문제점도 있다.

2 투자에 따른 참고사항

경매투자는 다양한 위험이 내재되어있으나, 상대적으로 일반투자에 비해 높은 수익률이 보장된다. 경매투자에 수반되는 위험들과 투자에 따른 참고사항을 서술하면 다음과 같다.

첫째, 매각의 불허가나 매각 취소 등의 위험성에 대비해야 한다. 임의경매에서 낙찰자가 잔금납부를 하기 이전에 해당 부동산의 소유자가 채무를 변제하면 경매신청이 취하될 수 있다. 그리고 최고가 매수인으로 선정된 이후에도 경매집행 절차상의 이유로 법원이 매각을 허가하지 않아 해당 부동산을 매수하지 못할 수 있다.

둘째, 경매의 과열로 시세보다 높은 가격으로 낙찰이 될 수 있는 문제점이 있다. 법원경매에서 경매입찰자들의 상호간 경쟁이 치열하여 시세보다 높은 가격으로 낙찰되거나, 유찰된 경우라도 이전 유찰가격보다 높은 가격으로 낙찰되는 사례가 발생하는 경우가 많다.

셋째, 부동산에 대한 강제경매의 실행으로 매수인이 매각대금을 납부하면 경매신청등기나 저당권 등기 등은 당연히 소멸된다. 그리고 이들 당연소멸권리보다 후순위인 권리들도 경매로 인해 소멸된다. 그러나 유치권과 당연소멸권리보다 선순위의 등기나 권리는 소멸되지 않고 매수인이 인수하게 된다. 경매투자로 인해 소멸되지 않는 권리들을 인수한 매수인은 이로 인해 해당 부동산을 이용하지 못하거나 상당한 경제적인 손실을 부담해야 하는 위험이 있다. 예를 들면 건물이나 묘지가 있는 토지의 경매에 참여하여 토지만 구입하는 경우 법정지상권이나 분묘기지권이 인정되어 해당 토지를 이용하지 못하는 경우이다.

넷째, 경매투자는 법원의 인도명령제도 등 투자자 보호 장치가 있어 일반투자에 비해 투자에 수반되는 위험이 경감된다. 그러나 해당 부동산에 거주하고 있거나 장사를 하는 상인 중 경매로 인해 보증금을 돌려받지 못하는 사람들이 부동산의 인도를 거부하거나 사실상 인도를 불가능하게 만드는 사례들이 있어 유의할 필요가 있다.

다섯째, 경매투자의 경우 경매현장의 분위기에 편승하여 적정가격 이상으로 응찰하지 않도록 투자자들은 유의해야 한다. 그리고 농지경매는 '농지취득자격증명'이 없으면 매수허가가 되지 않으므로 사전에 투자자들은 이를 발급받아야 한다는 점도 유의할 필요가 있다.

제3절 공매의 투자이론

1 성격

공매란 광의의 개념으로는 법률상 규정에 의해 공적기관에 의하여 공개적으로 행하여지는 매매를 말하는 것으로, 앞에서 언급한 법원경매도 이에 포함된다. 그러나 여기에서 논의되는 공매는 협의의 개념으로 "국세징수법"이나 "지방세법"에 의해 세금을 체납한 사람들의 부동산을 압류한 국세압류재산이나 국유재산 그리고 기타 사유로 공매를 실시하는 유입자산과 수탁재산을 매각하는 것을 말한다.

결론적으로 부동산시장에서 공매라고 하면 한국자산관리공사에서 시행하는 국세압류재산, 국유재산, 유입자산, 수탁재산 등으로 구분하여 실시하고 있는 협의의 개념에 기초하고 있다.

한국자산관리공사에서 주관하는 공매는 부동산의 종류별로 공매방법에 다소 차이가 있다는 점을 앞에서 언급하였다. 그러므로 공매에 참여하는 투자자들은 국세압류재산, 국유재산, 유입자산, 수탁재산별 공매방법의 차이점을 사전에 숙지할 필요가 있다.

2 투자에 따른 참고사항

공매는 법률의 규정에 의해 공적기관에 의하여 공개적으로 거래가 이루어지므로 일반투자에 비해 부동산거래사고나 사기가 발생할 가능성이 거의 없다. 공매를 통한 부동산 투자에 따른 참고사항을 서술하면 다음과 같다.

첫째, 공매는 정부의 출자기관인 한국자산관리공사의 주관 하에 부동산거래가 이루어지므로 공신력이 일반투자에 비해 높은 장점이 있다. 한국자산관리공사는 지난 40여 년간 정부정책을 수행하면서 각종 부동산을 처분한 능력과 경험이 있으며, 공매되는 부동산에 대하여는 소유권 이전 등에 대한 책임을 지고 있다. 그러나 이와 같은 공신력에도 불구하고 투자자들은 공매를 통해 매수하는 부동산에 존재하고 있는 하자, 예를 들면 예상보다 입지가 좋지 않아 매각이 곤란하다든가 매수가격에 비해 시세가 낮게 형성되어 투자손실을 입는 등의 위험들은 본인이 감수해야 한다.

둘째, 공매를 통해 부동산을 매수할 경우 투자자들은 보증금 및 참가수수료를 제외한 나머지 매수대금을 한국자산관리공사나 한국자산관리공사가 지정한 부동산매도자에게 정해진 기일 내에 납부해야 한다. 그런데 나머지 매수대금을 정해진 기일 내에 완납하기가 곤란한 투자자들은 매입잔대금 납부용으로 금융기관으로부터 대출상품을 이용하는 것이 용이한 장점이 있다. 한국자산관리공사는 부동산 매입잔대금 대출과 관련하여 금융기관들과 업무제휴 약정을 체결하고 있다. 따라서 투자자들은 해당 금융기간들과 거래실적이 없어도 한국자산관리공사 낙찰 공매물건에 대하여 대출을 받을 수 있다. 투자자가 매입잔대금 납부용도로 금융기관으로부터 차입한 대출금은 한국자산관리공사 명의의 은행계좌 또는 한국자산관리공사가 지정한 부동산매도자 명의의 은행계좌로 직접 입금 처리된다.

셋째, 유입자산이나 수탁재산은 유찰된 부동산에 대해 다음 공매 공고전일까지 유찰계약이 가능하다. 유찰계약은 수의계약으로 진행되나 공매에서 공고한 조건으로 처분하는 것이지, 조건에 비해 낮은 가격으로 처분하는 등의 가격협상은 인정되지 않는다. 그 이유로 유입자산은 한국자산관리공사가 자신의 명의로 취득한 재산이므로 취득가격보다 현저히 낮은 가격으로 매각하면 한국자산관리공사가 손실을 입는 문제점이 발생하고, 수탁재산은 금융기관이나 기업 등이 비업무용부동산을 한국자산관리공사에 처분을 의뢰하였으므로 한국자산관리공사가 이들 기관들과 협의 없이 임의로 매각가격을 협상하기는 곤란하기 때문이다.

넷째, 공매는 법원경매와 달리 현장에 나가지 않고도 입찰할 수 있는 장점이 있다. 공매는 한국자산관리공사가 개발한 '전자재산처분시스템'인 온비드 사이트(www.onbid.co.kr)를 통하여 진행되므로 온라인(on-line)으로 투자자들은 입찰신청을 할 수 있으며, 온비드 사이트를 통해 다양한 정보를 취득할 수 있다.

다섯째, 공매를 통해 취득한 부동산의 명도책임은 다음과 같다. 국세압류재산은 투자자들에게 있으나 유입자산은 한국자산관리공사. 수탁재산은 해당 금융기관이 부담한다. 그러나 이는 원칙상 그런 것이지 반드시 그런 것은 아니다. 사안에 따라 유입자산이나 수탁재산의 경우에도 명도책임이 부동산 투자자, 즉 매수자에게 있는 사례도 있다. 그리고 토지만 매수한 투자자들은 법원경매와 동일하게 법정지상권이나 분묘기지권 등의 소멸되지 않는 권리가 있으면 매수한 토지를 이용하지 못할 수 있음에 유의해야 한다.

제15장 해외 부동산투자이론

제1절 해외 부동산시장

1 외국과의 부동산문화 비교

우리나라의 부동산시장과 관행에 대한 외국인들의 관심과 태도를 살펴보면 여러 가지 차이점을 보이고 있고, 이를 통해 몇 가지 시사점을 발견할 수 있다.

다음은 외국과 우리나라의 부동산문화에 대한 비교이다. 〈도표 15 - 1〉에서 보는 바와 같이 부동산을 통해 수익을 얻는 방법에서 차이가 난다. 외국은 부동산시장이 주거용과 수익성 부동산시장으로 명확히 구분되어 있으며, 부동산의 수익성을 중시하여 부동산을 하나의 금융상품으로 취급한다.[1] 따라서 부동산에 대한 투자는 단기 현금수지와 처분 시의 예상수익을 계산하여 이루어진다. 이에 반해 우리나라는 이용보다 소유의식이 강하여 수익성보다 자산보전 차원에서 부동산투자가 이루어지며, 단기적 수익보다는 장기보유에 따른 시세상승을 노리고 있다.

외국인들이 관심을 갖는 부동산은 서울소재 상업용 빌딩, 수도권지역 상업용·주거용 부동산, 한국자산관리공사의 부실채권, 영종도 투자유치지역 내 카지노 사업 등에 대한 직접투자, 서울, 분당, 일산지역의 아파트 매입 및 임대 등으로 재산가치로서의 부동산보다는 수익성에 초점을 두고 있다. 그 이유는 부동산에 대한 소유와 이용의 시각차라고 볼 수 있을 것이다. 우리나라는 부

1) 이창석, 「부동산컨설팅 : 이론과 실제」, 형설출판사, 2009, p. 570.

도표 15-1 외국과 우리나라의 부동산문화 비교

구분	외국	한국	비교
부동산에 대한 인식	•부동산시장이 주거용과 수익부동산시장으로 구분 •부동산의 수익성 중시하며 부동산을 금융상품으로 취급 •단기수익이 현금흐름과 처분 시 예상이익을 계산하여 투자	•자산운용보다 자산보전차원에서 부동산에 투자 •소유의식이 강함 •단기수익보다 장기보유에 따른 시세차익을 기대	•수익성 상업용 부동산이 금융투자상품이 될 수 있도록 하는 제도적 뒷받침
임대차 계약기간	5년 이상으로 안정적 투자가 가능	2년으로 안정적 투자가 곤란	임대기간의 장기화를 추진
투자지표	지역별, 상품종류별 수익률 지수를 권위 있는 기관에서 발표해 투자판단에 기여	부동산투자지표는 전무	신뢰할 수 있는 기관의 투자지표개발 보급이 시급
임대 (전세)제도	월임대료 - 투자수익률 분석이 간단	전세제도로 인하여 투자분석이 어려움	•전세제도의 홍보 •투자상품(오피스 빌딩, 상가)의 월세제도전환
부동산의 개념	토지와 건물이 일체가 된 하나의 부동산	토지와 건물이 별개로 취급	제도적 차이점의 설득

자료 : 이창석, 「부동산컨설팅 : 이론과 실제」, 형설출판사, 2009, p. 571.

동산을 재고(stock)의 개념으로 보고 있는 반면에 외국인들은 부동산을 흐름(flow)의 개념으로 파악한다. 따라서 외국인들은 부동산을 재산이 아니라 하나의 금융상품으로 보고 철저한 현금수지분석을 하고나서 실제 투자를 한다.

다음으로는 임대차 계약기간에서 차이가 난다. 임대차 계약기간은 부동산에 투자안정성과 직접적으로 관련된다. 우리나라는 부동산을 임대하는 등 운영을 통해 수익을 얻기보다는 보존을 통한 재산가치의 증식에 더 중점을 두고 있기 때문에 외국에 비해 임대기간이 짧다. 우리나라의 임대기간은 2년으로 단기이다. 외국은 5년 이상 25년에 걸치고 있다. 외국의 경우는 단지 임대료 갱신만 3년 혹은 5년 단위로 이루어진다. 이러한 우리나라의 단기 계약기간은 부동산투자자에 대한 투자의 안정성을 위축시키는 요인이 될 것이다.

또한 임대제도에서도 차이를 보이고 있다. 우리나라는 외국에 없는 전세제도가 있어 이 역시 외국인들이 투자를 고려할 때 투자의 수익성을 계산하기 어렵게 만들 것으로 보인다. 즉, 우리나라는 전세제도를 채택하고 있으나 외국은 보증금 없는 월임대료 제도를 시행하고 있어서 투자수익률 분석이 간단하다. 이는 부동산을 이용의 측면에서 보고 임대료를 부동산으로부터 얻은 부동산서비스에 대한 수수료를 지불하는 것으로 보는 '흐름'식 사고방식이 당연한 귀결이라 볼 수 있을 것이다.

마지막으로 우리나라에는 부동산투자지표의 개발이 미약하다. 미국과 일본 그리고 영국에는 투자가에게 투자판단기준을 제공하고 부동산시장에 대한 정보를 공개하여 부동산시장의 투자를 활성화하고자 각각 부동산지수를 개발하여 발표하고 있다(〈도표 15 - 2〉 참조). 부동산지수의 조사 주체는 민간이며, 부동산가치평가는 감정평가와 공시지가를 이용하고 있으며, 지수개발의 수익원은 회비 혹은 기존업무로 나타나고 있다.[2]

도표 15-2 주요 국가의 부동산정보구축현황(부동산투자지수)

구분	미국	영국	일본			
지수이름	NCREIF INDEX	IPD INDEX	CRES INDEX MODEL	STIX	佳友生命總合硏究所	재단법인(일본부동산연구소)
지수생산 조직형태	협회(미국부동산투자수탁자협회)	주식회사 (Investment Property Databank)	협의회(부동산신디케이션협의회)	佳友信託銀行과 佳信基礎究所공동(은행계열조사회사)	佳友生命總合硏究所(생명보험계열조사회사)	재단법인(일본부동산연구소)
조직운영	회원회비	월례 및 연차보고서 등 자료집의 구독료, 펀드 분석보고서 수수료	회원사의 회비	조사수탁수수료	조사수탁수수료	감정평가수수료 및 기타조사 수탁수수료
작성목적	투자가의 투자의사 결정지원	투자가의 투자의사 결정지원 및 부동산투자유도	투자가의 투자의사 결정지원	투자가의 투자의사 결정지원	투자가의 투자의사 결정지원	기존에 발행하고 있는 지가지수의 임대료 버전으로서 작성
자료출처 - 토지와 건물	시가평가	시가평가	회원사의 시가평가	토지는 공시지가의 지구별 평균, 건물은 건축착공통계를 기초로 산출	토지는 공시지가와 노선가로 산출하고, 건물은 건축착공통계를 기초로 산출	감정평가
자료출처 - 임대료	회원사인 연금기금의 실적자료	기관투자가의 실적자료 시가평가, 내부의	회원사의 실적자료에 근거한 시산결과	주우생명종합연구소에서 각종 임대료 자료로 산출	빌딩협회임대료 자료	협력회사(25개사 800사례)의 자료로 산출

2) 이창석, 전게서, p. 572.

부동산 가치산정 방법	시가평가	감정평가에 근거한 각 연도평가와 외부의 감정평가사가 하는 4년마다의 평가. 지수목적으로 특별히 평가하는 것은 아님	시가평가	지구별로 빌딩을 상정하여 상기의 자료로 비준함	상기자료의 평균치를 기초로 area별로 산정	지구별로 빌딩을 상정하여 상기의 자료로 비준함
생산자료 종류	income 수익률, capital 수익률, 종합수익률, 77년을 100으로 한 지수	income 수익률, capital 수익률, 종합수익률, 80년을 100으로 한 지수	income 수익률, capital 수익률, 종합수익률	income 수익률, capital 수익률, 종합수익률, 85년을 100으로 한 지수	income 수익률, capital 수익률, 종합수익률, 10년간 보유수익률, 기타 금융상품과 비교됨	조이율(연간실질임대료/자산가치)
조사지역	미국 전역과 각 주를 대상으로 동부, 중서부, 남부, 서부의 4개 권역으로 구분. 각 권역을 2개로 구분한 지역	영국 전역, 스코틀랜드, 북아일랜드를 포함한 country와 런던의 4개 지구	동경도심 5개구	수도권, 나고야권, 관서권, 지방 주요 20개 도시의 46개 지구	5개구의 8개 지구	전국 61개 도시의 오피스빌딩과 전국 88개 도시 공동주택
대상 부동산의 분류	용도는 오피스빌딩, 집합주택, 상법시설, 연구개발시설, 창고, 삼림, 농지, 공표하는 자료는 규모별로 분류하지 않음	용도는 오피스텔, 상업시설, 공업시설, 공표하는 자료는 규모별로 분류하지 않음	용도는 오피스빌딩, 규모는 연면적 3,000평 이상과 1,000평 이상 및 3,000평 미만 등 2계급으로 구분	용도는 오피스빌딩, 규모는 분류하지 않음	용도는 오피스빌딩, 연면적 만평 이상만을 대상으로 함	용도는 오피스빌딩과 공동주택. 규모별 분류는 하지 않음
실적자료의 범위	약 2,500건. 총자산액 540억 달러(1996년). 상위 천개 연금기금의 부동산 투자액은 약 750달러	12,838건. 총 자산액 527파운드(1997년). 영국 기관투자가 보유 부동산 중 약 80%의 자료를 파악	작성 중	실적자료를 수집하고 이것을 집계하는 자수가 없기 때문에 자료의 범위를 파악할 수 없음		

자료 : 不動産の證券化等の活用による都市開發事業推進案員會(1998); 김용창, "부동산서비스 및 중개제도의 문제점과 정책방향", 「국토」(서울 : 국토연구원, 1999. 4), p. 13; 건설교통부, 「2005년 임대사례조사 업무요령」, 2005.

우리나라에 부동산지수가 개발되지 못한 것은 과거 우리나라의 부동산시장이 공급자 위주의 시장이어서 부동산수요에 대한 배려가 필요하지 않았기 때문으로 보인다. 수요가 대기하고 있는 공급자 위주의 시장에서는 공급만 고려하면 되었으므로 굳이 수요분석을 할 필요가 없기도 하였을 뿐만 아니라 부동산을 투자의 대상보다는 자산운용의 일환으로 보는 시각으로 인하여 대부분의 부동산이 임대용으로 개발되기보다는 자산으로 개발되어 왔기 때문이다. 이는 우리나라에서 수익성을 목적으로 하는 부동산임대시장이 활성화되지 못하게 한 요인으로도 보인다.[3)]

이러한 부동산문화의 차이는 세계 주요 도시들의 임대차 관행을 요약하고

도표 15-3 세계 주요 도시의 오피스빌딩 임대차 계약관행

구분	서울	동경	런던	파리	프랑크 프루트	브뤼셀	뉴욕	시카고	LA
계약기간(년)	2	2	25	9	5 or 10	9	10	10	10
임대료	○	○	○	○	○	○	○	○	○
관리비	○	○	○	○	○	○	×	×	×
부동산세	×	×	○	○	○	○	×	×	×
임대료 개정	계약 갱신 시	계약 갱신 시	매 5년	매 3년 (물가)	5년째 (물가)	매 3년 (물가)	5년째	5년째	5년째
계약면적	각층 공용면적 포함	사무소 면적	각층 공용면적 포함	각층 공용면적 포함	각층 공용면적 포함	각층 공용면적 포함	각층 공용면적 포함	각층 공용면적 포함	각층 공용면적 포함
내장공사비 부담[1)]	주인	주인	임차자	임차자	임차자	임차자	(임차자)	(임차자)	(임차자)
free rent[2)]	×	×	△	×	△	×	○	○	○
일시금	○	○	×	×	×	×	×	×	×
전대 가부	×	×	○	△	△	-	○	○	○

주 : 1) T. I. Allowance(Tenant Improvement Allowance; 임차자 개량비용 부담)를 나타내는데, 미국은 통상 내장은 하지 않고 빌려주지만 임대조건으로 임차자에게 유리하도록 내장비용을 주인이 부담한다.
2) 입주계약 시에 일정기간 임대료 징수를 유예하는 것을 의미한다.
자료 : 佳信基礎究所(編), 「オフイス自書」, 1994, p. 64.

있는 〈도표 14-3〉이 잘 보여 주고 있다. 가장 큰 특징은 우리나라와 일본이 포함되는 동양과 나머지 서양 간의 차이로 압축할 수 있을 것이다.

그리고 중요한 사항은 부동산 서비스의 종합화이다. 부동산의 유동화는 부

3) 이창석, 전게서, p. 55.

동산 관련 서비스의 종합화도 요구하고 있다. 정보화 등과도 연계되어 부동산 관련 업무 영역의 구분이 약해지고 있으며 특정 분야에서 전문화된 기업 혹은 전문가가 다른 분야의 전문가를 고용하거나 합작하여 토털 서비스를 제공할 수 있는 종합 서비스 회사들이 나타나고 있다. 이는 수요자들이 일괄 서비스를 선호하기 때문이기도 하지만 서비스업에 종사하는 사람들이 늘어남에 따라 차별화된 서비스를 제공하기 위한 자구노력의 일환이기도 하다. 이러한 일괄 서비스의 제공은 비용절감을 가져다주고 서비스의 품질을 향상시켜 주는 역할도 한다.[4)]

Story Tip

사전계획수립의 필요성

세계시장을 대상으로 하는 국제 마케터가 일반적으로 저지르기 쉬운 실수 중의 하나는 사전에 주도면밀한 계획수립(planning) 없이 시장조사에 착수하는 것이다.

한 오스트리아의 배관비품 제조업체의 예를 들기로 한다. 이 제조업체는 미국잡지를 읽고 난 후 미국이 제품판매에 유망한 거대시장이 될 것이라는 결론을 내리고 그 시장에서 어떻게 판매해야 하는가를 파악하기 위해 미국 현지에 직접 가서 조사하기로 결정을 내렸다. 그 제조업자(manufacturer)는 미국 대륙을 수 주간 여행하며 전반적인 상황을 파악하려고 노력하였지만 별 성과 없이 2년여 동안 마케팅 조사 예산의 전부를 다 사용하였다. 그는 미국 현지에 머물면서 미국이 높은 잠재력을 가진 시장임을 확인했을 뿐, 잠재고객이나 유통경로 및 가격결정 등에 관한 정보획득은 매우 어려웠다.

그러나 그 후 현지 사업조직의 동료로부터 미국의 4개 도시에 오스트리아 무역사절단(Austrian Trade Delegations)이 상주한다는 것을 알게 되었다. 오스트리아 무역사절단에서 제공한 정보만으로도 마케터 자신이 현지에서 수집할 수 있었던 것보다 더 나은 정보를 무료로 제공받을 수 있었다. 즉, 그는 시장조사를 위한 사전계획수립의 부족으로 인해 상당한 비용만이 소요되었고, 아무런 소득이 없었다.

자료 : Dahringer & Muhlbacher; 김중배·김숙응, 「글로벌시대의 국재마케팅」, (서울 : 형설출판사, 1999), p. 312.

4) 미국 CB Richard Ellis(이하 CBRE)의 세계화와 종합화 전략을 보면 이를 알 수 있다. CBRE는 1998년 5월에 미국의 CB Commercial이 영국 Richard Ellis의 지주회사인 REJ를 합병하여 만든 회사이다. CBRE는 현재 미국 LA에 본부를 두고 있는데 현재 전 세계 30개국에 230개의 사무소를 두고 약 1만여 명을 고용하고 있다. 아시아에는 중국 5개, 일본 22개, 인도 3개, 인도네시아, 대만, 태국에 각각 1개소의 지점을 두고 있다. 이 회사가 제공하고 있는 서비스는 상업용 부동산판매, 임대, 부동산관리, 기업 부동산컨설팅, 시설관리, 모기지 대부 알선(mortgage banking), 투자관리, 감정평가, 금융 서비스, 시장 및 인력 조사 등 부동산과 관련한 전 분야를 포괄한다. 지점들이 전 세계 주요 도시에 분포하고 있기 때문에 CBRE는 고객들에게 지구적 차원의 부동산 정보와 서비스를 제공하고 있다.

2 해외 부동산시장의 개요

각 국가별 부동산 시장은 사회적·문화적 다양성으로 인해 여러 형태의 제도나 관행을 가지고 있다. 상각자산인 건물과 토지의 소유권에 관한 법제나 거래제도에 대한 국가별 차이를 중심으로 해외 부동산 시장을 살펴보기로 하자,

영국과 미국 등에서는 토지의 소유권이 소유보다는 이용 상황을 기준으로 제도가 형성되어 왔다. 이들 국가는 토지의 소유권을 freehold(완전보유권)와 non-freehold(임차권)으로 나눈다. 그리고 전자는 상속이 가능한 경우와 그렇지 않은 경우로 구분하고, 후자는 기한부 임차와 무기한부 임차로 나눈다.[5) 중국은 사회주의 체제를 기본적으로 하는 관계로 원칙적으로 토지의 사유는 인정되지 않고 임차권의 형태를 띤다. 일본은 우리나라와 비슷하게 개인의 부동산 소유를 근간으로 한다. 건물의 경우에는 모든 나라가 원칙적으로 개인의 소유를 인정하고 있다.[6) 다음은 각 국별 부동산제도에 대해 살펴보기로 하자.

1) 미국

토지의 소유권제도는 소유권과 임차권으로 나누고, 전자는 상속이 가능한 경우와 불가능한 경우로 구분된다. 임차권은 99년 동안 사용할 수 있는 장기임차권, 미리 약정한 기간 동안 사용할 수 있는 기간임차권, 임대기간이 만료된 후 임대기간을 약정하지 않고 사용하는 임차권 등으로 나눈다.

등기제도는 대상 토지의 최초 거래부터 최근의 거래에 대한 모든 권원증서(날인증서)를 묶는 물적 recording system(날인증서제도)를 채택하고 있다. 이 제도는 현재 소유자가 누군지 판단이 어려워 거래사고가 발생할 가능성이 높아 이를 방지하기 위하여 권리분석사 등 전문가의 도움이 필요하다.[7)]

부동산의 중개는 거주용, 공업용, 상업용 부동산 별로 나누어 중개 서비스를 하고 있으며, 부동산의 감정평가제도는 자격요건을 3가지로 구분하여, 각 단계별로 감정할 수 있는 자격이 상이하다. 가장 하위단계는 100만 달러 이하의 주거용 부동산만, 중간단계는 주거용 부동산만, 상위단계는 모든 부동산을 감정평가할 수 있다.[8)]

5) 신종웅, 「해외부동산 투자론」, 세창출판사, 2014, p.37.
6) 신종웅, 상게서, p.36.
7) 신종웅, 상게서, pp.52~53.
8) 신종웅, 상게서, pp.56~57.

2) 영국

토지의 소유권은 원칙적으로 영국의 국왕 소유이나 부동산 거래에서는 2가지 유형, freehold와 long leasehold로 나눈다. freehold는 영구히 부동산을 소유할 수 있는 권리이다. long leasehold는 100년 이상의 장기로 임대를 하는 준소유권 형태를 말한다. freehold와의 차이점은 long leasehold가 실제 임차인으로부터 받는 임대료의 5~15%를 freehold에게 지불하는 것이다.[9]

모든 부동산거래는 land registry(토지등기소)에 등기하도록 강제하며, 등기부는 우리나라와 비슷하게 표제부, 소유권부 및 제한물권부로 나누어 기재되어 있다. 부동산거래는 계약 당사자 측 중개사가 거래를 중개하며, 거래 당사자들을 이들에게 일정액의 중개수수료를 지불한다. 부동산의 감정평가는 영국의 왕립측량사협회(RICS:Royal Institute Chartered Surveyors) 소속의 평가사가 평가업무를 수행한다.[10]

3) 일본

일본은 메이지 유신 이후 부동산 제도는 영국이 아닌 프랑스 헌법을 기준으로 한 대륙법 체계를 채택하며, 토지의 소유권을 천황이 아닌 개인의 소유를 인정하였다. 그리고 서민들의 주거안정을 위해 토지의 임차권인 차지(借地)권과 건물의 임차권인 차가(借家)권을 별도로 규정하고 있다. 차지권이 설정되어 있는 토지를 저지(底地), 차지권의 제한이 없는 토지를 갱지(更地)라 부르고 이러한 권리의 설정여하에 따라 가격의 차이가 나타난다.[11]

부동산 등기제도는 우리나라와 유사하게 토지와 건물로 나누어 등기하며 기타 표시방법도 동일하다. 부동산의 중개는 "택지건물거래업법"에 의해 "택지건물거래업자"에 의해 이루어진다. 부동산의 감정평가는 국토건설성이 시행하는 자격시험에 합격한 "부동산평가사"가 업무를 수행한다. 부동산의 보상업무는 "부동산 컨설턴트"가 담당하며, 평가 가격은 평가 대상 부동산의 시장성 정도에 따라 정상가격, 한정가격, 특정가격 그리고 문화재 등 거의 거래가 되지 않는 물건에 대한 감정가격인 특수가격으로 구분된다.[12]

9) 신종웅, 전게서, p.65.
10) 신종웅, 전게서, pp.66~68.
11) 신종웅, 전게서, pp.73~74.
12) 신종웅, 전게서, p.75.

4) 중국

토지의 소유권은 "토지관리법"에 의거하여 소유권과 사용권을 분리한다. 도시토지는 모두 국가소유이며, 농촌토지는 국가소유와 집체소유로 나눈다. 토지의 사용권은 사유 및 양도가 가능하고, 건물의 사용권도 사유와 양도가 가능하다. 집체소유란 촌집체 경제조직이나 촌민위원회가 토지를 소유하는 것을 말한다. 토지의 사용권은 유상사용권, 무상사용권, 도급경영권으로 나눈다. 유상사용권은 유상으로 토지를 사용하는 권리를 취득하는 것을 말하며 도시의 아파트는 최장 70년, 공장용지는 최장 50년까지 허용되며 사용권 외에 처분권까지 인정된다. 무상사용권은 처분권이 인정되지 않는다. 도급 경영권은 주로 농업, 임업, 목축업, 어업 등에 사용되는 토지로 통상 30년의 기간으로 사용할 수 있고 타인에게 매도할 수 있는 처분권이 인정된다.[13] 부동산의 등기는 건물에는 "소유권등기권리증", 토지는 "사용권등기권리증"의 등기부를 토지는 토지국에서, 건물은 방산국에서 관리한다. 부동산의 중개제도는 2002년에 "부동산중개인제도"를 도입하여 실시하고 있다.[14] 감정평가제도는 3가지 유형으로 나뉘어진다. 건설부 산하의 "부동산평가사"는 담보평가, 수용평가 등 일반적인 평가업무를 수행한다. 국토자원부 산하의 "토지평가사"는 토지의 정상가격을 구하고 기준지가고시 등의 토지와 관련된 국가 업무를 담당한다. 재경부 산하의 "자산평가사"는 기업가치 등 앞에서 언급한 이외의 자산평가를 수행한다.[15]

13) 신종웅, 전게서, pp.83~84.
14) 신종웅, 전게서, p.91.
15) 신종웅, 전게서, p.91.

제2절 해외 부동산투자

1 해외 부동산투자의 개념과 종류

1) 해외 부동산투자의 개념

해외투자란 국제 간 장기자본이동의 한 형태로서 장래의 수익을 목적으로 외국에 자본을 투자하는 행위를 말한다. 해외투자는 크게 해외직접투자와 해외간접투자로 구분할 수 있다. 해외직접투자란 투자자의 경영참가 여부에 따라 자본이동과 함께 생산·경영기술의 이전 또는 인력 진출 등이 수반되는 해외직접투자(Foreign Direct Investment)[16]와 경영참가 없이 단순히 이자, 배당 또는 시세차익 등 투자 과실의 획득만을 목적으로 하는 해외간접투자(Foreign Indirect Investment: International portfolio Investment)[17]로 구분할 수 있다.

해외 부동산투자도 해외 부동산직접투자와 해외 부동산간접투자로 구분할 수 있다. 해외 부동산직접투자란 일반적으로 정의하면 일국의 투자자가 해외에서 부동산을 직접 취득하거나, 해외의 부동산업 경영에 직접 참여하여 이윤을 획득하기 위해 생산요소를 해외로 이전하는 행위를 의미한다. 해외에서 부동산업의 경영참가 없이 단순히 이자, 배당 또는 시세차익 등 투자과실의 획득만을 목적으로 하는 행위는 해외 부동산간접투자로 구분할 수 있다. 한국에서는 외국환거래법에서 이를 규정하고 있으며, 외국환거래규정에 '거주자의 외국 부동산취득'과 '해외직접투자 내의 부동산업'[18]으로 분리하여 규정하고 있는데, 외국환거래규정에 '거주자의 외국 부동산취득'에는[19] 거주자가 외국에 있는 부동산 또는 이에 관한 물권, 임차권, 기타 이와 유사한 권리를 취득하는 것을 말한다. 거주자가 해외투자 형태로 관리되는 '부동산업' 투자란 부동산의 임대, 구매, 판매, 및 분양공급, 골프장 운영업에 관련된 산업 활동으로서, 이

16) 해외직접투자란 자본, 기술, 경영을 '묶음'으로 하여 '한 국가'에서 '다른 국가'로 이동하는 기업 활동, 투자기업은 현지의 실물자산을 상당한 정도로 소유, 경영, 통제할 수 있게 된다. 경영 참가라는 측면에서 국가 간의 이자율 차이에 의한 단순한 자본이동과 구별되며 자본, 기술, 경영의 복합 이전이라는 측면에서 수출이나 라이선싱(Licensing)의 개념과 구별된다.

17) 해외간접투자(Foreign Indirect Investment: International portfolio Investment)란 상대기업을 통제할 의도 없이 재정적 수익을 목적으로 한 기업이 다른 기업의 주식을 매입하는 것을 의미한다.

18) 외국환거래규정 제1장 제1-2조 10에 있으나 한국표준산업분류로 한다.

19) 외국환관리규정 제9-38조(신고수리 요건의 심사) 1항

에는 직접 건설한 주거용 및 비주거용 건물의 임대활동과 토지 및 기타 부동산의 개발, 분양, 임대활동이 포함된다.

또한 동법에서는 해외 부동산취득의 주체인 거주자[20]에 대하여 규정하고 있다. 해외 부동산직접투자란 국경을 넘어 부동산을 소유하고 부동산의 운영활동을 일컫는 말이라 할 수 있다. 그리고 해외투자의 대상이 되는 부동산 및 부동산에 관한 권리는 원칙적으로 실정법상 외국환[21]거래가 성립되어 해외투자가 이루어진 것으로, 용익물권이나 채권보전 목적의 담보물권, 실질적 권리인 본권의 유무를 떠나 사실상 물권을 지배하는 상태인 점유권 등은 제외되는 것으로 풀이하여야 할 것이다.

2) 해외 부동산투자의 종류

해외투자용 직접 부동산의 종류와 형태를 살펴보면 〈도표 15 - 4〉와 같이 여러 가지가 있다. 즉, 주거용과 비주거용으로 구분할 수 있다.

주거용 부동산에는 단일가구(Detached House) 및 다가구(Cluster Home), 콘도미니엄과 조합주택이 있다. 비주거용 부동산은 통상 상업용, 산업용, 호텔/모텔, 오락, 기관의 다섯 가지로 대분류된다. 상업용에는 오피스빌딩과 상가 두 가지가 있는데 어떤 빌딩에도 두 가지 용도로 사용될 수 있다. 산업용 부동산은 중공업, 경공업, 그리고 사무실과 창고용 등으로 나뉜다. 일반적으로 직접투자용 부동산을 유형화하면, 임대주거용 부동산, 매장용 부동산, 오피스빌딩, 저장용 부동산 및 산업용 부동산, 그리고 숙박용 부동산으로 나눌 수 있다. 그리고 이들 부동산 내에서 다시 규모, 연수, 부동산의 상태에 따라 하위시장으로 나눌 수도 있다.

20) 부동산 임대업, 부동산 분양 공급업, 골프장 운영업을 의미하는데 이는 외국환거래규정 제1-2조 10호와 한국표준산업분류에 명시된 내용이다.

21) 외국환이란 대외지급수단, 외화증권, 외화파생상품 및 외화채권을 말한다(외국환거래법 제3조 1항 13호).

도표 15-4 해외 부동산의 용도별 분류

1.	주거용 •단일가구 : Detached, Cluster, Zero lot line 개발 •다가구 : 고층(통상 도심지), 저층, Garden Apartments(통상 교외)
2.	비주거용 •상업용 : 오피스 빌딩 - Major multitenant(도심지), 단일 또는 다수 임차인(교외), 단일 임차인(build to suit), Combnation office/showroom •소매유통 : 지역상가, 근린시설, 노선상가(Strip centers), 특수용품상가(Specialty centers), 할인점 •산업용 : 중공업, 경공업, 사무실(공장), 공장 •숙박 : Business/회의(Convention), 여행(Tourist)/레저(Resort) •여가용 : 컨트리클럽, Marina/Resort, 스포츠 센터 •기관(special purpose) : 병원/요양소, 대학, 정부, 기타
3.	혼합용도 개발 : 위 용도를 복합적으로 사용

자료 : 신창득 외, 「부동산금융과 투자」, 부연사, 2006, pp. 346-347에서 발췌 정리.

2 해외 부동산투자 허가제도의 연혁 및 검토사항

1) 해외 부동산투자 허가제도의 연혁

해외 부동산투자는 외국환 관리 및 해외 직접투자제도와 연관되어 있다. 1990년대 이후 해외 부동산투자 허가제도의 연혁은 다음과 같다.

1995년 10월 10일 정부부처 통폐합으로 해외투자심의위원회 조직 및 운영 방법을 변경하였다. 상임위원에 재정경제부 대외경제국장, 통상산업부 통상무역 제2심의관, 한국은행 외환담당이사를 두고 관계부처 15명으로 비상임위원을 구성하여 합동 대면 심사 제도를 도입하였다.

1996년 6월 1일 국가신용도 A등급인 국가 등에 대한 해외직접투자 허가 신청 시 별도 조치 없이 자동 허가된 것으로 간주 처리하였다.

1997년 8월 1일에는 해외 부동산업 관련 사업 진출 시 신고수리기관을 외국환은행으로 일원화하고 사후관리업무를 한국은행에서 전국은행연합회로 이관하였다.

1999년 4월 1일, 해외투자 심의위원회 사전심의제를 폐지하고 신고수리기관을 일원화하였다. ① 주 채무계열 소속기업인 경우는 주 채권은행, ② 주 채무계열 소속 기업이 아닌 경우에는 여신 최대 은행, ③ ①, ② 외에는 거주자가 지정하는 은행으로 변경하였다.[22]

22) 정태식, 「해외 부동산투자론」, 형설출판사, 2009, p. 62.

부실기업의 해외투자(부동산업 포함) 및 부실현지법인에 대한 증액투자는 재경부장관에 신고수리로 대체하였다.

해외직접투자 통계관리 및 분석 기관으로 전국은행연합회에서 한국수출입은행으로 변경하였다.

2001년 1월 1일부터는 해외에서 병원, 학교 및 종교기관 설립을 위해 필요 부동산취득을 허용하였다.

2003년 7월 1일에는 개인의 호텔업 및 부동산업 등 해외직접투자 한도를 100만 달러에서 300만 달러로 상향조정하였다. 그리고 자산운용사 및 리츠(REITs)를 통한 간접적 해외 부동산취득과 기금사의 투자한도를 미화 5천만 달러 이하 사업에 대하여 신고수리제를 폐지하고 개인 및 법인의 부동산이용권 취득 시 한국은행에 신고토록 하던 것을 외국환은행에 신고하도록 하였다.

2006년 1월 9일에는 개인주거용 부동산취득 시 한은신고제를 외국환은행 신고로 하고 취득 한도를 50만 달러에서 100만 달러로 변경하였다.

2006년 3월 2일에는 실수요 목적의 주거용 해외 부동산취득 시 100만 달러 한도를 폐지하고 개인 및 개인사업자에 대하여 1천만 달러 투자한도를 폐지하였다.

2007년 1월 16일에는 개인 및 일반법인의 100만 달러 이하의 투자목적 해외 부동산취득을 허용하였다. 〈도표 15-5〉과 같이 2008년 3월 1일부터 정부조직 개편으로 인하여 재정경제부를 기획재정부로 변경하였다

2008년 6월 2일에는 개인이 투자목적 해외 부동산취득 시 투자한도제를 폐지하였다.

2009년 2월 4일에는 '자본시장과 금융투자업에 관한 법률'에 의한 금융투자

도표 15-5 해외 부동산투자 신고수리 및 허가기관

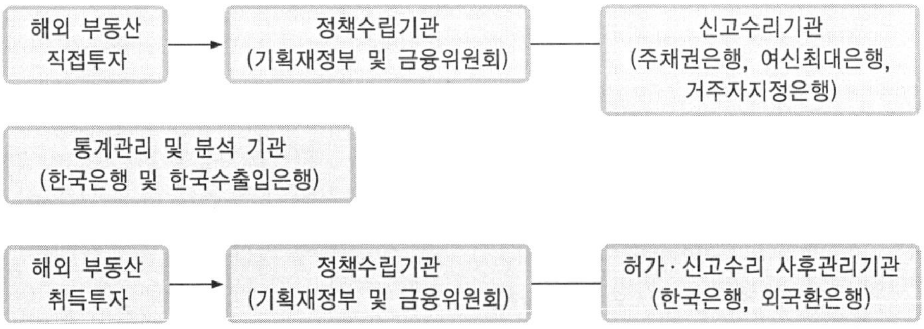

자료 : 기획재정부

업자의 부동산 권리취득 부문 및 외환 파생상품 투자제도를 신설하였다.[23)]

2) 해외 부동산투자 시 검토사항

해외 부동산직접투자 시에는 몇 가지 검토할 사항이 있다. 이를 살펴보면 투자절차별 사전검토사항, 데이터별 예시,[24)] 부동산, 동향, 문화적 현안, 사업수행 시 비즈니스 요령 등이다.

(1) 투자절차별 사전검토사항

해외 부동산투자를 할 경우 사전에 검토할 사항은 다음과 같다. 사업구상 및 관련 정보, 사업계획서 및 관련 계획서의 입안, 관련 기관과의 사전협의, 투자의향서 합의와 관련 기관에 지원요청, 본 계약 체결과 각종 인허가취득, 현지법인설립과 사업개시, 사업운영과 투자과실 회수, 현지법인의 청산 등이다.

(2) 데이터별 예시

해외경제투자정보(OEIS: Overseas Economic Information System)이다. 여기서 국가개황과 국가평가 모델로 나누어 볼 수 있다.

국가개황에는 국토 위치, 면적, 기후, 인구, 수도, 민족, 언어, 종교, 정부형태, 국가원수의 철학, 1인당 GDP, 화폐단위, 주요수출품, 주요수입품, 주요부존자원, 지역무역협정 체결현황, 주요역사와 풍습, 한국과의 외교관계 수립, 조세협약, 투자보장협정, 무역협정, FTA 협정 등이다. 주요국 및 지역 간 협정체결과 교역동향(수출입동향), 무역관련 주요제도 및 절차, 수입규제제도, 주요인증제도, 지적재산권제도, 양국 간의 투자실적 등이 있다.

국가평가 모델에서는 어떤 한나라에 관하여 모든 것을 안다는 것은 불가능하다. 그러나 부동산시장에 적격 투자를 하려면 거시적 측면에서 정통한 지식이 필요하다.[25)]

(3) 부동산 관련사항

토지사용 규정, 부동산사업의 숙련도, 정부시스템에 의한 지원현황으로 재정, 재산관리, 부동산개발, 보험, 엔지니어링, 건축, 감정평가, 중개업, 기타 전문조직, 소유권법, 소유자, 세입자 관계 및 임대차 관행, 저당 자금조달 이용 가능성, 부동산개발 이후 개시요건 등이다.

23) 정태식, 전게서, p. 63.
24) 정태식, 전게서, pp. 532~540.
25) 정태식, 전게서, p. 534.

(4) 사업수행 시 비즈니스 요령 등

해외 부동산투자 시 동향, 문화적 현안 등도 중요하다. 이외 검토할 사항으로 사업수행 시 비즈니스 요령이다.[26)]

여기에는 국가적 특정 문화 및 비즈니스 정보를 식별, 친분을 가지려고 하고 있는 관계형성, 거래 시 핵심요소 인식, 본인이 사업 추진 시 문제, 계약 시기·이유, 기대치, 재원, 결정권한 검토, 부동산을 찾고 내놓는 동안 임차인과 매수인 등을 찾는 동안 긴밀한 인맥 형성 방법, 국내거래와 해외거래 사이의 절차상의 차이점, 언어와 문화적 장애를 극복하는 법, 조세 관련한 변수, 부동산을 평가할 수 있는 국가, 지방, 주, 군 지역시장 정보, 매도인과 관련하여 거래에 있어 필요한 특별한 기술과 요건, 현지 시장 내 부동산을 평가할 수 있도록 도움받을 자와 종교와 지역 및 현지 시장정보, 거래 시기에 영향을 끼치는 현지국의 상대적 가치, 매도인과 어떤 종류의 합의를 해둬야 하는가?, 현지국 부동산거래방법, 현지국에서 부동산소개소 및 매수인 찾는 방법, 중개인을 찾고 평가하는 법, 대금 지불 방법, 필요자금 융자 마련 방법 등이 있다.

Story Tip

억만장자들의 국제사업

국제화는 세계에서 가장 부유한 개인들과 가족들의 사업과 투자에도 영향을 미치고 있다. 전 세계의 억만장자 192명 중 대부분이 그들 나라에서 재산을 축적했다. 그러나 대부분이 재산증가를 위해서 자기 나라가 아닌 다른 나라에 투자를 하고 있다. 예를 들면, David Sals는 영국의 슈퍼마켓 체인점을 통해 재산을 축적했다. 그러나 최근에 그는 회사의 확장을 위해 미국의 슈퍼 체인을 사들이기 시작했다. 또 다른 유럽의 억만장자들은 주로 국제사업을 통해 재산을 모았다. 예를 들면, 베네통 가는 25년간에 걸쳐 10억 불 상당의 판매조직을 형성했다. 그들 가족의 재산만도 현재 13억 불에 이른다. 그러나 그들 상품이 모든 국제시장에서 포화상태에 이르자 그들은 다른 산업분야의 새로운 상품개발에 눈을 돌렸다.

여러 나라의 억만장자들은 오늘날 유통, 성장 패턴 또한 국제무역 부문에 특별한 관심을 보이고 있다. 다른 나라에 비해 미국에는 더 많은 억만장자들이 있다. 2위인 일본은 32명의 억만장자와 그 가족, 3위인 독일은 16명인 것에 비해 미국은 적어도 47명의 억만장자와 20명의 가족 억만장자들이 있다. 과거에 주로 산업분야에서 얻어진 미국의 부는 지금은 미디어, 정보, 오락 분야 등에서 얻어지고 있다.

자료 : Dahringer & Muhlbacher; 김중배·김숙응, 「글로벌시대의 국재마케팅」, (서울 : 형설출판사, 1999), p. 398.

26) 정태식, 전게서, pp.538~540.

3 해외 부동산투자의 동기와 상품

1) 동기

해외 부동산투자의 동기는 다양하다고 할 수 있다. 현재 일반인들은 개인적으로 해외 부동산을 구입하여 자본이득을 획득하기는 여러 가지 이유로 어렵기 때문에 대기업이나 전문적인 투자회사에 의해 해외부동산 투자가 대부분 이루어진다고 할 수 있다. 대기업들이 해외 부동산 투자의 동기는 기업의 목적 달성을 위해 부수적으로 행하여지며, 전문적인 투자회사들은 수익의 극대화 차원에서 행해진다고 할 수 있다.

일반 기업들의 해외 부동산 투자의 동기는 전략적 동기와 재무적 동기로 크게 나누어 볼 수 있다.[27] 전략적 동기는 기업의 고유목적을 달성하기 위해 해외 부동산을 취득하는 것으로 단순한 자본이득의 획득보다는 기업의 사세확장, 해외 생산공장이나 물류기지를 확보하는데 중립을 둔다고 볼 수 있다. 재무적 동기는 전략적 동기와 달리 해외 부동산투자를 통한 자본이득의 획득, 임대료 수입의 확보 그리고 조세절감 등의 목적이 위주가 될 것이다. 이는 전문적인 투자회사들의 동기와 비슷할 것이다.

(1) 전략적 동기

다국적기업들은 국내생산이나 판매에 머무르지 않고 세계 여러 나라에 생산공장이나 판매 기지들을 보유하고 있다. 다국적기업들은 물류비용이나 관세 등을 절감할 목적으로 거대 소비시장이 있는 국가에 현지 공장들을 설립한다. 예를 들면 삼성전자나 현대자동차가 미국이나 유럽 등 선진국에 현지공장들을 설립하기 위해 부지확보 목적으로 현지 부동산을 매입한다. 그리고 미국의 경우 NAFTA(북미 자유 무역지역)회원국에는 원칙적으로 관세를 부과하지 않는 관계로 관세절감을 위해 삼성전자나 현대자동차는 멕시코에 현지공장을 설립하여 운영 중이다. 또한 이들 다국적 기업들은 국내의 인건비가 너무 높아 인건비가 저렴한 동남아 국가들로 생산 기지를 이전하기 위해 현지 부동산을 매입하기도 한다. 이는 거대 다국적 기업 이외에 노동집약상품을 주로 생산하는 중소기업들도 이러한 동기로 동남아 국가들에 다수 현지공장을 설립하여 운영한다. 일반기업들은 생산 공장의 확보 이외에 생산한 제품들을 판매하기 위한 물류 시설의 확보나 기타 기업들의 경영 목표 달성을 위해 해외 부

27) 신종웅, 「해외부동산투자론」, 세창출판사, 2014.p.169.

동산들을 매입하기도 한다.

(2) 재무적 동기

재무적 동기는 일반기업이나 전문 투자회사들이 해외 부동산투자를 통한 자본 이득의 획득, 임대료 수입의 확보 그리고 조세절감 등의 목적으로 해외 부동산투자를 하는 것이다. 해외 부동산투자의 재무적 동기를 서술하면 다음과 같다.[28)]

첫째, 일반기업들이나 전문 투자회사들은 투자위험을 분산시키기 위해 해외 여러 지역의 부동산들에 투자한다.

둘째, 이들은 해외 부동산시장별로 이자율, 대출비용 등 금융환경이 상이하므로 투자자금이나 운영자금의 효율적인 조달을 목적으로 해외 부동산 여러 곳에 투자한다.

셋째, 이들은 부동산투자에 수반되는 자본이득이나 임대료 수입 등을 확보하기 위해 부동산의 가격상승이나 임대조건이 양호한 지역에 투자한다.

넷째, 지역별로 부동산투자에 수반되는 조세율이 상이하다. 이들은 부동산투자에 수반되는 조세율이 낮거나 한국과 조세협약을 체결하여 조세를 절감할 수 있는 지역에 조세절감의 목적으로 투자한다.

2) 상품

해외 부동산투자는 진술한 바와 같이 직접투자와 간접투자로 나누어진다. 이러한 투자 유형별로 해외 부동산투자 상품을 구분하면 직접투자 상품과 간접투자 상품으로 구분할 수 있다.

직접투자는 투자자가 본인의 책임으로 해외의 부동산들을 직접 구입하거나 신규개발 및 운영하는 것을 말한다. 여기에는 국내 부동산투자와 마찬가지로 크게 토지와 건물로 구분한 부동산 상품들이 있다. 부동산 용도별로 주택과 같은 주거용, 상가나 호텔 같은 상업용, 공장과 같은 공업용 등으로 분류할 수 있다.

부동산투자를 통해 확보하는 권리의 형태는 부동산의 소유권을 취득하는 경우와 장기 임차계약을 통해 토지의 임차권을 확보하는 방안이 있다.

부동산개발은 나지에 개발을 하는 경우, 기존 건물을 철거한 후 재개발 하는 경우, 기존 건물을 매입한 후 수선과 용도변경 등을 거쳐 재매각 하는 경우로

28) 신종웅, 전게서.p.169.

부동산 상품들을 구분할 수 있다.

해외 부동산투자는 투자에 수반되는 위험이 국내 부동산투자에 비해 국가위험이나 환율 위험 등이 추가되어 상당히 크다. 따라서 개인 투자자들은 이러한 위험들을 본인이 전부 감당하는 직접투자 보다는 간접투자가 더 유리할 것이다. 부동산 간접투자 상품으로는 부동산펀드가 대표적이다. 일반 개인 투자자들은 해외 부동산투자를 목적으로 하는 부동산펀드에 가입함으로써 해외 부동산투자를 할 수 있다. 이들 펀드들은 전문지식을 보유한 전문가들에 의해 운영되므로 투자에 수반되는 위험을 낮출 수 있다. 이외에도 리츠(REITS)나 부동산지수 파생상품 등이 해외 부동산 간접투자 상품들이다.

제3절 해외 부동산투자의 위험과 전략

1 해외 부동산투자의 위험과 관리방안

일반적인 부동산투자는 부동산투자로부터 미래에 얼마나 수익을 창출할 수 있는지를 추정하게 되고, 수익과 투입비용을 비교하여 투자결정을 하게 된다. 부동산 투자로부터 얻게 되는 미래의 수익을 누리는 기대소득 또는 예상소득이라 한다. 그런데 기대소득은 미래의 투자 환경이 급변할 경우 투자자의 예상과는 차이가 많이 발생할 수 있다. 따라서 기대 소득과 투자자가 실제 획득하는 소득과는 차이가 발생하며, 이러한 기대 소득과 실제 소득의 차이를 위험이라며, 기대 소득과 실제 소득의 차이가 크면 클수록 투자에 수반되는 위험성이 크다고 할 수 있다.

국내 부동산투자로부터 발생하는 위험의 유형에는 사업상의 위험, 금융적 위험, 법적 위험, 인플레이션 위험 등이 있다. 여기에 대해서는 제8장에서 언급하였으므로 중복되는 내용을 배제하고 각 위험별로 해외 부동산투자에 수반되는 고유한 위험의 내용을 추가하기로 한다. 해외 부동산투자는 국내 부동산투자에 비해 훨씬 더 위험성이 크다고 할 수 있다. 법적 위험만 하더라도 국내 부동산투자는 국내의 관련 법만 숙지하면 되나 해외 부동산투자는 국가별로 관련 법규가 상이하므로 현지의 법과 관습에 따른 내용을 투자자는 파악하고 있어야 한다. 그리고 해외 부동산투자는 국내 부동산투자로부터 발생하는 위험 이외에 국가위험과 외환위험이 새롭게 추가된다.

1) 사업상의 위험과 관리방안

사업상의 위험이란 투자된 부동산의 산업 자체로부터 발생되는 위험을 말한다. 이는 수익성에 관한 위험으로서 시장위험과 운영위험 등이 있다. 해외 부동산투자에 수반되는 사업상의 위험은 토지의 취득 관련 단계부터 건축물의 인허가 및 준공 그리고 분양 실적이 예상과 다를 경우 발생한다. 그리고 현지에서 투자자가 직접 해당 부동산을 임대하여 임대사업을 한다면 사업운영에 수반되는 위험도 나타난다.

해외 부동산투자로부터 발생하는 사업상의 위험을 관리하기 위해서는 면밀한 시장조사가 선행되어야 한다. 국내 부동산투자도 사전에 면밀한 시장조사가 필요하나 해외 부동산투자는 그 강도가 더 클 것이다. 그리고 시장조사에 수반되는 비용도 국내에 비해 더 큰 금액이 지출된다. 한편 투자자가 해외에서 건축물을 완공 후 현지에서 분양하지 않고 직접 임대사업을 하는 것은 현지 사정이나 관련 법규를 잘 알지 못할 경우에는 가급적 회피해야 할 것이다.

2) 금융적 위험과 관리방안

금융적 위험이란 부동산투자 시 투자재원의 일부로 부채를 사용했을 경우 원금과 이자를 약정기한 내에 지불하지 못할 경우 발생하는 위험을 말한다. 변동금리로 대출을 할 경우 예상보다 대출 이자율이 상승하면 변제할 이자금액이 커져 금융적 위험이 나타난다. 그리고 해외 부동산투자는 환율의 변동으로도 금융적 위험이 나타나는데 이는 환율위험이라 하며 별도로 살펴보기로 한다.

해외 부동산투자에 수반되는 금융적 위험을 관리하기 위해서는 현지 금융을 이용하는 것이 바람직 할 수 있다. 그리고 변동금리로 사업자금을 조달하였을 경우 이를 고정금리로 변경시키는 금리의 스왑거래(swap transaction)를 이용할 수 있다.

3) 법적 위험과 관리방안

부동산을 둘러싸고 있는 법적 환경이 변하여 부동산투자에 따르는 수익률이 변동하는 것을 '법적 위험'이라 한다. 법적 위험은 해외 부동산투자를 할 경우 국내 부동산투자보다 크게 나타난다. 우리나라의 경우 부동산거래, 부동산조세, 부동산취득, 부동산개발 등 관련 법규가 상당히 많고 법률 변경도 수시로 일어나기 때문에 법적 위험이 상당히 크다. 부동산 투자자는 한국의 법률 내용도 잘 파악하지 못하는 경우가 많은데 해외의 관련 법규를 제대로 이해한다는 것은 거의 불가능하다고 판단된다. 그리고 법률뿐만 아니라 부동산거래나 부동산개발 등에 있어 현지의 관습이나 관행이 더 큰 영향을 줄 수 있다. 예를 들어 법률이 허용한다고 하더라도 외국인에 대한 배타의식이 강한 국가는 부동산취득이나 부동산개발 등에 있어 현지인에 비해 외국인은 부당한 대우를 받을 수 있는 위험성이 존재한다고 할 수 있다.

법적 위험을 관리하기 위해서는 현지인의 도움이 필수적이라고 할 수 있다. 현지의 변호사나 관련 전문가의 조력을 받는 것이 우선적으로 필요하나 투자자 본인도 현지의 관련 법규나 관습을 이해하려는 노력이 요구된다.

4) 국가위험과 관리방안

국가위험(country risk)은 국내 부동산투자나 거래에서는 발생하지 않고 국가 간 부동산투자나 거래에서 나타나는 추가적인 위험을 말한다. 이는 국가별로 정치나 경제 그리고 사회문화적인 환경이 상이하고 시간이 흐름에 따라 이들 상황들이 변하기 때문이다.

부동산투자와 관련된 국가위험의 요인에는 정권교체로 인한 정책변경이나 내란으로 인한 투자환경의 변화와 같은 정치적 위험(political risk)과 투자대상국의 경제 여건 변화로 인한 경제적 위험(economic risk) 등이 있다. 미국이나 유럽과 같은 선진국은 국가위험도가 상당히 낮으나 개발도상국이나 후진국의 경우에는 국가위험도가 높으므로 주위를 요한다.

부동산의 경우 부동산시장의 투명도 등을 나타내는 지수는 Jones Lang Lasalle의 Real Estate Transparency Index가 있고, 기타 국가별 부패지수 등을 참고할 수 있다.[29)] 그리고 국가별 신용평가를 하는 세계적인 신용평가 회사인 Standard & Poor's Rating Group, Moody's Investor Service, Fitch IBCA의 자료를 보고 투자의 여부를 결정할 수 있다.

5) 외환위험과 관리방안

국가별로 사용하는 화폐 단위가 상이하고 현재 국제금융 체제는 변동환율제도를 근간으로 하고 있어 국가 간 화폐의 교환비율인 환율이 외환시장의 수

29) 신종웅,「해외부동산투자론」,세창출판사,2014, p.130

요와 공급에 의해 수시로 변한다. 이러한 환율의 변동으로 부동산의 투자수익률에 영향을 주는 것을 외환위험 또는 환율위험이라 한다. 외환위험의 관리방안은 대내적인 방안과 대외적인 방안으로 구분할 수 있다.[30)]

(1) 대내적 관리방안

외환위험의 대내적 관리방안에는 네팅(netting)과 매칭(matching) 그리고 리딩(leading)과 래깅(lagging) 등이 있다. 네팅은 현지의 관리회사와 투자자 간에 순수익을 건별로 하지 않고 일정기간 경과 후 정기적으로 결제하는 제도를 말하며, 매칭은 자금흐름을 통화별 또는 시기별로 일치시켜 현금흐름의 외환위험을 서로 상쇄시키도록 하는 방법이다.

리딩과 래깅은 국제거래를 행하는 당사자 간에 지급시기를 조절하여 외환위험을 관리하는 방안이다. 리딩은 지급시기를 앞당기는 것을, 래깅은 지급시기를 늦추는 것을 말한다. 그리고 향후의 외환위험에 대비하여 준비금을 적립하여 활용하는 방법도 있다.

(2) 대외적 관리방안

외환위험의 대외적 관리방안은 외환위험으로부터 발생될지도 모를 손실의 가능성을 배제하기 위하여 외부기관들과 계약을 체결하는 조치들을 말한다. 여기에는 선물환 계약이나 옵션(option) 계약을 통해 환율 위험을 회피하는 방법 등이 있다.

선물환 거래는 외환거래에서 거래 당사자들이 미래에 거래할 특정 외화의 가격을 현재시점에서 미리 계약하고, 이 계약을 미래의 특정시점인 계약일에 이행하는 금융거래를 말한다.

옵션거래는 일정기간 내에 일정량의 통화를 일정가격으로 사거나 팔 수 있는 계약상의 권리를 의미한다. 콜 옵션(call option)이란 일정기간 내에 일정가격으로 특정 통화를 살 수 있는 권리를 말하고, 풋 옵션(put option)이란 팔 수 있는 권리를 말한다.

30) 신종웅, 상게서. p.132.

2 해외 부동산투자 전략

해외 부동산투자는 국내 부동산투자에 비해 국가위험이나 외환 위험 등이 추가되며, 기타 위험들도 더 크다. 해외 부동산투자는 그 특성상 투자 기간이 장기인 관계로 사업상 위험에 오래 노출되기 때문에 투자 전략이 필연적으로 강구될 필요가 있다.

1) 투자대상의 확정

해외 부동산투자를 할 경우 투자대상을 확정하는 것이 우선 필요하다. 그리고 투자대상에 대한 방향이 정해진 경우라도 투자대상의 권리에 대한 정확한 이해가 선행되어야 하고, 부동산개발 사업을 진행하는 경우에는 사업방식의 확정 등이 수반되어야 한다. 또한 투자대상을 확정할 경우 이와 관련된 위험을 줄이기 위해 투자대상을 다양화 하는 포트폴리오(portfolio)를 구성하는 방안도 강구되어야 한다.

2) 투자형태의 수립

해외 부동산투자의 형태는 투자의 목적이나 금액 또는 방법 등에 따라 다양한 모습을 보일 수 있다. 먼저 직접투자의 형태로 할 것인지 아니면 간접투자의 형태로 할 것인지를 결정해야 한다. 직접투자의 형태에는 단독투자나 합작투자의 방식이 있다. 단독투자란 개인 투자자나 개인기업이 본인의 책임 하에 투자를 결정하는 방식이다. 합작투자는 현지법인과 공동으로 투자하거나 국내 투자자들 간에 신디케이트(syndication)를 결성하여 투자하는 방식 등이 있다.

합작투자 방식을 하는 이유는 첫째, 현지 정부의 제한으로 단독투자를 할 수 없는 경우, 둘째, 필요로 하는 원료 및 자원을 현지 회사나 법인이 생산하는 경우, 셋째, 다국적 기업이 판매망을 확보하기 위해 현지 유통망을 활용하고자 하는 경우, 마지막으로 해외 부동산투자에 필요한 자본과 경영능력이 필요하거나 투자자가 해외 부동산투자의 경험이 부족한 경우이다.[31]

간접투자의 형태는 해외 부동산투자를 전문으로 하는 부동산펀드에 가입하거나 해외 부동산투자회사(REITs)의 주식을 취득하는 방법 등이 있다.

31) 신종웅,「해외부동산투자론」,세창출판사,2014, p.176.

3) 자금조달전략

해외 부동산투자를 하기 위해서는 막대한 자금이 소요되어 자기자본만으로 자금을 조달하기가 곤란하다. 따라서 외부에서 사업에 소요되는 자금을 저리로 충분하게 확보하는 방안을 강구할 필요가 있다.

기업의 경우 증자를 통하여 이자지급의 부담 없이 자기자본을 조달할 수 있으며, 차입을 할 경우 자금의 상환기간에 따라 단기와 장기 자금조달을 투자대상이나 투자형태에 준하여 결정할 필요가 있고 이자지급도 고정금리나 변동금리 중 유리한 경우를 택하여 결정해야 한다. 부동산개발의 경우에는 현지금융이나 프로젝트 파이낸싱(project financing) 등을 통하여 자금을 조달할 수 있다.

4) 조세전략

해외 부동산투자를 할 경우 투자자는 현지의 조세제도를 참고하여 투자자가 부담하는 조세를 최소화 하는 방법을 찾아야 한다. 그러나 국가마다 조세제도나 세율이 상이하기 때문에 이를 활용하여 절세방안을 강구할 필요가 있다.

절세효과를 달성하기 위해서는 취득세와 등록세의 부담 여부, 법인세 및 소득세의 이중과세 여부, 부동산 임대사업을 운영하거나 아니면 부동산을 매각할 경우 발생하는 세금의 내용 등을 잘 파악해야 한다. 나아가서 국가별로 해외 투자자본에 대한 지원책이나 조세감면 등도 면밀히 조사할 필요가 있다.

국제거래에 따른 조세조약의 적용대상이 되는가를 판단하기 위해 "이중과세 방지와 탈세방지를 위한 조세협정"을 참고할 필요가 있다. 이 협정은 OECD 모델과 UN 모델 2가지를 제시하고 있다.[32]

OECD 모델은 유럽 국가들이 주로 채택하는 것으로 투자자의 소득에 대해 투자회사의 거주지 국가에서 과세하도록 하고 있어 해외투자가 많은 선진국에 유리하다.[33]

UN 모델은 주로 개발도상국이 채택하는 것으로 실제 영업활동이나 기업 매각이 이루어진 국가에서 과세하도록 규정하고 있다.[34]

---

32) 신종웅, 「해외부동산투자론」, 세창출판사, 2014, p.187.
33) 신종웅, 상게서, p.187.
34) 신종웅, 상게서, p.188.

주관식 단답형 문제 제 4편

01 정비기반시설이 열악하고 노후되거나 불량한 건축물이 과도하게 밀집한 지역에서 주거환경을 개선하기 위하여 실시하는 사업을 무엇이라 하는가?

02 정비기반시설이 양호하나 노후되거나 불량한 건축물이 밀집한 지역에서 주거환경을 개선하기 위하여 실시하는 사업을 무엇이라 하는가?

03 주거지역 중 주거기능을 위주로 이를 지원하는 일부 상업기능 및 업무기능을 보전하기 위하여 필요한 지역을 무엇이라 하는가?

04 중심상업지역의 건폐율은 얼마인가?

05 해외 부동산투자에서 나타나는 추가적 위험으로 국가별로 상이한 정치나 경제환경 등 으로 발생하는 위험을 무엇이라 하는가?

06 해외 부동산투자에서 나타나는 위험으로 환율의 변동으로 부동산투자 수익률이 변동하는 위험을 무엇이라 하는가?

07 기업들이 고유한 목적을 달성하기 위해 해외 부동산에 투자하는 동기를 무엇이라 하는가?

답

01주택재개발사업, **02**주택개건축사업, **03**준주거지역, **04**90% 이하, **05**국가위험, **06**외환위험, **07**전략적 동기

08 자본이득의 획득이나 임대료 수입을 확보를 위해 해외 부동산에 투자하는 동기를 무엇이라 하는가?

09 거주용, 상업용, 공업용 부동산별로 나누어 중개서비스를 하고 있으며, 부동산 감정평가사의 자격요건을 3단계로 구분하여 각 단계별 자격요건이 상이한 국가는 어디인가?

10 부동산거래의 유형이 freehold와 long leasehold로 나누는 국가는 어디인가?

11 토지의 임차권인 차지권과 건물의 임차권인 차가권을 별도로 규정하는 국가는 어디인가?

답

08재무적 동기, **09**미국, **10**영국, **11**일본

주관식 **서술형 문제** 제 4편

01 광역도시계획과 지구단위계획에 대해 설명하시오.

02 용도지구와 용도구역에 대해 설명하시오.

03 재건축 투자에 따른 확인사항 및 분석요령에 대해 설명하시오.

04 주거지역의 구분과 주거지역 토지 투자에 수반되는 참고사항을 설명하시오.

05 해외 부동산투자의 동기에 대해 설명하시오.

06 해외 부동산투자의 위험과 관리방안에 대해 설명하시오.

07 해외 부동산투자전략에 대해 설명하시오.

-MEMO-

제 5편

부록

I 도량형 환산표

1 길이

단위	센티미터	미터	인치	피트	야드	마일	자	간	정	리
1cm	1	0.01	0.3937	0.0328	0.0109	......	0.033	0.0055	0.00009	......
1m	100	1	39.37	3.2808	1.0936	0.0006	3.3	0.55	0.00917	0.00025
1인치	2.54	0.0254	1	0.0833	0.0278	......	0.0838	0.0140	0.0002	......
1피트	30.48	0.3048	12	1	0.3333	0.00019	1.0058	0.1676	0.0028	......
1야드	91.438	0.9144	36	3	1	0.0006	3.0175	0.5029	0.0083	0.0002
1마일	160930	1609.3	63360	5280	1760	1	5310.8	885.12	14.752	0.4098
1자	30.303	0.303	11.93	0.9942	0.3314	0.0002	1	0.1667	0.0028	0.00008
1간	181,818	1.818	71.582	5.965	1.9884	0.0011	6	1	0.0167	0.0005
1정	10909	109.091	4294.9	357.91	119.304	0.0678	360	60	1	0.0278
1리	392727	3927.27	154619	12885	4295	2.4403	12960	2160	36	1

2 넓이

단위	평방자	평	단보	정보	평방미터	아르	평방피트	평방야드	에이크
1평방자	1	0.02778	0.00009	0.000009	0.09182	0.00091	0.98841	0.10982	....
1평	36	1	0.00033	0.00033	3.3058	0.03305	35.583	3.9537	0.00081
1단보	10800	300	1	0.1	991.74	9.9174	10674.9	1186.1	0.24506
1정보	108000	3000	10	1	9917.4	99.174	106794	11861	2.4506
1m^2	10.89	0.3025	0.001008	0.0001		0.01	10.764	1.1958	0.00024
1a	1089	30.25	0.10083	0.01008	100	1	1076.4	119.58	0.02471
1ft^2	1.0117	0.0281	0.00009	0.000009	0.092903	0.000929	1	0.1111	0.000022
1yd^2	9.1055	0.25293	0.00084	0.00008	0.83613	0.00836	9	1	0.000207
1acre	44071.2	1224.2	4.0806	0.40806	4046.8	40.468	43560	4840	1

※ 정(3,000) 단(300) 무(30) 보(평, 1)

3 부피

단위	홉	되	말	cm³	m³	l	in³	ft³	yd³	gal
1홉	1	0.1	0.01	180.39	0.00018	0.18039	11.0041	0.00637	0.00023	0.04765
1되	10	1	0.1	1803.9	0.0018	1.8039	110.041	0.0637	0.00234	0.47656
1말	100	10	1	18039	0.01803	18.039	1100.41	0.63707	0.2359	4.76567
1cm³	0.00544	0.00055	0.00005	1	0.00001	0.001	0.06102	0.00003	0.00001	0.00026
1m³	5543.52	554.325	55.4352	1000000	1	1000	61027	35.3147	1.30820	264.186
1l	5.54352	0.55435	0.05543	1000	0.001	1	61.027	0.03531	0.00130	0.26418
1in³	0.09083	0.00908	0.0091	16,386	0.00001	0.01638	1	0.00057	0.00002	0.00432
1ft³	156.966	15.6666	1.56966	28316.8	0.02931	28.3169	1728	1	0.03703	7.48051
1yd³	4238.09	423.809	42.3809	764511	0.76451	764.511	46656	27	1	201.974
1al	20.9833	2.0983	0.20983	3785.43	0.00378	3.78533	231	0.16368	0.00495	1

4 무게

단위	그램	킬로그램	톤	그레인	온스	파운드	돈	근	관
1g	1	0.001	0.000001	15.432	0.03527	0.0022	0.26666	0.00166	0.000266
1kg	1000	1	0.001	15432	35.273	2.20459	266.666	1.6666	0.26666
1t	1000000	1000	1	....	35273	2204.59	266666	1666.6	266.666
1그레인	0.06479	0.00006	....	1	0.00228	0.00014	0.01728	0.00108	0.000017
1 온스	28.3495	0.02835	0.000028	437.4	1	0.0625	7.56	0.0473	0.00756
1파운드	453.592	0.45359	0.00045	7000	16	1	120.96	0.756	0.12096
1돈	3.75	0.00375	0.000004	57,872	0.1223	0.00827	1	0.00625	0.001
1근	600	0.6	0.0006	9259.556	21.1647	1.32279	160	1	0.16
1관	3750	3.75	0.00375	57872	132.28	8.2672	1000	6.25	1

Ⅱ 부동산감정평가 수학

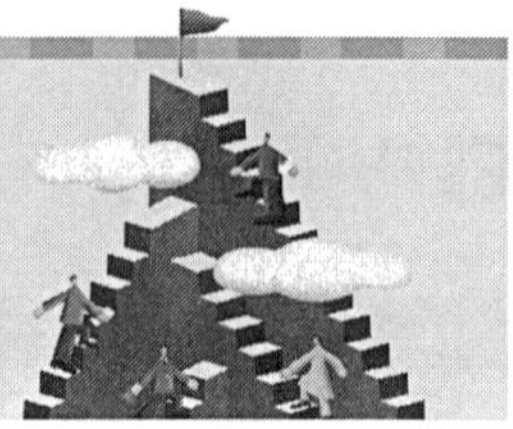

1 삼각함수

1) 삼각비

$\sin\theta=\frac{a}{c}$ $\cos\theta=\frac{b}{c}$ $\tan\theta=\frac{a}{b}$

구분	30°	45°	60°
sin	$\frac{1}{2}$	$\frac{1}{\sqrt{2}}$	$\frac{\sqrt{3}}{2}$
cos	$\frac{3}{\sqrt{2}}$	$\frac{1}{\sqrt{2}}$	$\frac{1}{2}$
tan	$\frac{1}{\sqrt{3}}$	1	$\sqrt{3}$

2) 삼각함수의 기본공식

(1) 역수관계

$\csc\theta=\frac{1}{\sin\theta},\quad \sec\theta=\frac{1}{\cos\theta},\quad \cot=\frac{1}{\tan\theta}$

(2) 상제관계

$\tan\theta=\frac{\sin\theta}{\cos\theta},\quad \cot=\frac{\cos\theta}{\sin\theta}$

(3) 제곱관계

$\sin^2\theta+\cos^2\theta=1,\quad \tan^2\theta+1=\sec^2\theta,\quad 1+\cot^2\theta=\csc^2\theta$

2 지수

1) 거듭제곱근의 성질

① $\sqrt[n]{a}\sqrt[n]{b}=\sqrt[n]{ab}$

② $\frac{\sqrt[n]{a}}{\sqrt[n]{b}}=\sqrt[n]{\frac{a}{b}}$

③ $(\sqrt[n]{a})^{m}=(\sqrt[n]{a^{m}})$

④ $\sqrt[np]{a^{mp}}=\sqrt[n]{a^{m}}$

2) 지수의 확장

(1) 지수법칙

① $a^0=1$(단, $a\neq0$)

② $a^{-n}=\frac{1}{a^n}$(단, $a\neq0$)

③ $a^{\frac{m}{n}}=\sqrt[n]{a^m}$(단, n이 짝수일 때는 $a>0$)

(2) 확장된 지수법칙

① $a^m\times a^n=a^{m+n}$

② $a^m\div a^n=a^{m-n}$

③ $(a^m)^n=a^{mn}$

④ $(ab)^n=a^nb^n$

3 로그

1) 로그의 정의

$$a^m=N\Leftrightarrow m=\log_a N$$

2) 로그의 기본성질

① $\log_a a=1,\ \log_a 1=0$

② $\log_a MN=\log_a M+\log_a N$

③ $\log_a\frac{M}{N}=\log_a M-\log_a N$

④ $\log_a M^n=n\log_a M$(n은 실수)

3) 밑의 변환공식

① $\log_a b=\frac{\log_c b}{\log_c a}(c>0,\ c\neq1)$

② $\log_a b=\frac{1}{\log_b a}(b\neq1)$

Ⅲ 복리이자율표

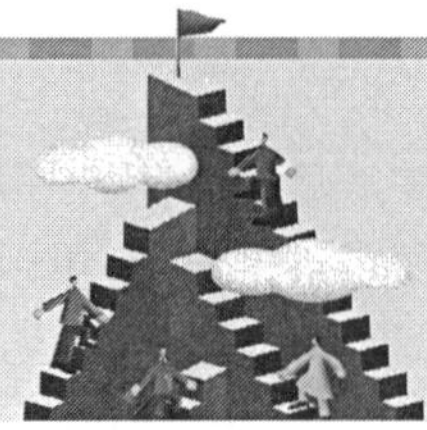

1. 복리종가율(FUTURE WORTH OF $1)
2. 연금종가율(FUTURE WORTH OF $1 PER PERIOD)
3. 상환기금율(SINKING FUND FACTOR)
4. 복리현가율(PRESENT WORTH OF $1)
5. 연금현가율(PRESENT WORTH OF $1 PER PERIOD)
6. 원리균등상활율(연)[INSTALLMENT TO AMORTIZE $1 (ANNUAL)]
7. 원리균등상활율(월)[INSTALLMENT TO AMORTIZE $1 (MONTHLY)]

ANNUAL PAYMENTS
INTEREST RATE = 5.00%

YEAR	1	2	3	4	5	6	7
1	1.050000	1.000000	1.000000	0.952381	0.952381	1.050000	0.085607
2	1.102500	2.050000	0.487805	0.907029	1.859410	0.537805	0.043871
3	1.157625	3.152500	0.317209	0.863838	2.723248	0.367209	0.023971
4	1.215506	4.310125	0.232012	0.822702	3.545951	0.282012	0.023029
5	1.276282	5.525631	0.180975	0.783526	4.329477	0.230975	0.018871
6	1.340096	6.801913	0.147017	0.746215	5.075692	0.197017	0.016105
7	1.407100	8.142008	0.122820	0.710681	5.786373	0.172820	0.014134
8	1.477455	9.549109	0.104722	0.676839	6.463213	0.154722	0.012660
9	1.551328	11.026564	0.090690	0.644609	7.107822	0.140690	0.011517
10	1.628895	12.577893	0.079505	0.613913	7.721735	0.129505	0.010607
11	1.710339	14.206787	0.070389	0.584679	8.306414	0.120389	0.009864
12	1.795856	15.917127	0.062825	0.556837	8.863252	0.112825	0.009249
13	1.885649	17.712983	0.056456	0.530321	9.393573	0.106456	0.008731
14	1.979932	19.598632	0.051024	0.505068	9.898641	0.101024	0.008289
15	2.078928	21.578564	0.046342	0.481017	10.379658	0.096342	0.007908
16	2.182875	23.657492	0.042270	00458112	10.837770	0.092270	0.007577
17	2.292018	25.840366	0.038699	0.436297	11.274066	0.088699	0.007287
18	2.406619	28.132385	0.035546	0.415521	11.689587	0.085546	0.007030
19	2.526950	30.539004	0.032745	0.395734	12.085321	0.082745	0.006803
20	2.653298	33.065954	0.030243	0.376889	12.466210	0.080243	0.006600

21	2.785963	35.719252	0.027996	0.358942	12.821153	0.077996	0.006417
22	2.925261	38.505214	0.025971	0.341850	13.163003	0.075971	0.006253
23	3.071524	41.430475	0.024137	0.325571	13.488574	0.074137	0.006104
24	3.225100	44.501999	0.022471	0.310068	13.798642	0.072471	0.005969
25	3.386355	47.727099	0.020952	0.295303	14.093945	0.070952	0.005846
26	3.555673	51.113454	0.019564	0.281241	14.375185	0.069564	0.005733
27	3.733456	54.669126	0.018292	0.267848	14.643034	0.068292	0.005630
28	3.920129	58.402583	0.017123	0.255094	14.898127	0.067123	0.005536
29	4.116136	62.322712	0.016046	0.242946	15.141074	0.066046	0.005449
30	4.321942	66.438848	0.015051	0.231377	15.372451	0.065051	0.005368
31	4.538039	70.760790	0.014132	0.220359	15.592811	0.064132	0.005294
32	4.764941	75.298829	0.013280	0.209866	15.802677	0.063280	0.005225
33	5.003189	80.063771	0.012490	0.199873	16.002549	0.062490	0.005161
34	5.253348	85.066959	0.011755	0.190355	16.192904	0.061755	0.005102
35	5.516015	90.320307	0.011072	0.181290	16.374194	0.061072	0.005047
36	5.791816	95.836323	0.010434	0.172657	16.546852	0.060434	0.004996
37	6.081407	101.628139	0.009840	0.164436	16.711287	0.059840	0.004948
38	6.385477	107.709546	0.009284	0.156605	16.867893	0.059284	0.004903
39	6.704751	114.095023	0.008765	0.149148	17.017041	0.058765	0.004861
40	7.039980	120.799774	0.008278	0.142046	17.159086	0.058278	0.004822
45	8.985008	159.700156	0.006262	0.111297	17.774070	0.056262	0.004660
50	11.467400	209.347996	0.004777	0.087204	18.255925	0.054777	0.004541
60	18.679186	353.583718	0.002828	0.053536	18.929290	0.052828	0.004386
99	125.239293	2.484.785864	0.000402	0.007985	19.840306	0.050402	0.004197

1. FUTURE WORTH OF $1
2. FUTURE WORTH OF $1 PER PERIOD
3. SINKING FUND FACTOR
4. PRESENT WORTH OF $1
5. PRESENT WORTH OF $1 PER PERIOD
6. INSTALLMENT TO AMORTIZE $1 (ANNUAL)
7. INSTALLMENT TO AMORTIZE $1 (MONTHLY)

ANNUAL PAYMENTS
INTEREST RATE = 5.50%

YEAR	1	2	3	4	5	6	7
1	1.055000	1.000000	1.000000	0.947867	0.947867	1.055000	0.085837
2	1.113025	2.055000	0.486618	0.898452	1.846320	0.541618	0.044096
3	1.174241	3.168025	0.315654	0.851614	2.697933	0.370654	0.030196
4	1.238825	4.342266	0.230294	0.807217	3.505150	0.285294	0.023256
5	1.306960	5.581091	0.179176	0.765134	4.270284	0.234176	0.019101
6	1.378843	6.888051	0.145179	0.725246	4.995530	0.200179	0.016338
7	1.454679	8.266894	0.120964	0.687437	5.682967	0.175964	0.014370
8	1.534687	9.721573	0.102864	0.651599	6.334566	0.157864	0.012899
9	1.619094	11.256260	0.088839	0.617629	6.952195	0.143839	0.011760
10	1.708144	12.875354	0.077668	0.585431	7.537626	0.132668	0.010853
11	1.802092	14.583498	0.068571	0.554911	8.092536	0.123571	0.010114
12	1.901207	16.385591	0.061029	0.525982	8.618518	0.116029	0.009502
13	2.005774	18.286798	0.054684	0.498561	9.117079	0.109684	0.008987
14	2.116091	20.292572	0.049279	0.472569	9.589648	0.104279	0.008548
15	2.232476	22.408663	0.044626	0.447933	10.037581	0.099626	0.008171
16	2.355263	24.641140	0.040583	0.424581	10.462162	0.095583	0.007843
17	2.484802	26.996403	0.037042	0.402447	10.864609	0.092042	0.007556
18	2.621466	29.481205	0.033920	0.381466	11.246074	0.088920	0.007303
19	2.765647	32.102671	0.031150	0.361579	11.607654	0.086150	0.007079
20	2.917757	34.868318	0.028679	0.342729	11.950382	0.083679	0.006879
21	3.078234	37.785076	0.026465	0.324862	12.275244	0.081465	0.006700
22	3.247537	40.864310	0.024471	0.307926	12.583170	0.079471	0.006538
23	3.426152	44.111847	0.022670	0.291873	12.875042	0.077670	0.006393
24	3.614590	47.537998	0.021036	0.276657	13.151699	0.076036	0.006261
25	3.813392	51.152588	0.019549	0.262234	13.413933	0.074549	0.006141
26	4.023129	54.965981	0.018193	0.248563	13.662495	0.073193	0.006031
27	4.244401	58.989109	0.016952	0.235605	13.898100	0.071952	0.005931
28	4.477843	63.233510	0.015814	0.223322	14.121422	0.070814	0.005840
29	4.724124	67.711354	0.014769	0.211679	14.333101	0.069769	0.005755
30	4.983951	72.435478	0.013805	0.200644	14.533745	0.068805	0.005678

31	5.258069	77.419429	0.012917	0.190184	14.723929	0.067917	0.005606
32	5.547262	82.677498	0.012095	0.180269	14.904198	0.067095	0.005540
33	5.852362	88.224760	0.011335	0.170871	15.075069	0.066335	0.005479
34	6.174242	94.077122	0.010630	0.161963	15.237033	0.065630	0.005423
35	6.513825	100.251364	0.009975	0.153520	15.390552	0.064975	0.005370
36	6.872085	106.765189	0.009366	0.145516	15.536068	0.064366	0.005321
37	7.250050	113.637274	0.008800	0.137930	15.673999	0.063800	0.005276
38	7.648803	120.887324	0.008272	0.130739	15.804738	0.063272	0.005234
39	8.069487	128.536127	0.007780	0.123924	15.928622	0.062780	0.005194
40	8.513309	136.605614	0.007320	0.117463	16.046125	0.062320	0.005158
45	11.126554	184.119165	0.005431	0.089875	16.547726	0.060431	0.005007
50	14.541961	246.217476	0.004061	0.068767	16.931518	0.059061	0.004898
60	24.839770	433.450372	0.002307	0.040258	17.449854	0.057307	0.004760
99	200.444204	3.626.258262	0.000276	0.004989	18.091111	0.055276	0.004603

1. FUTURE WORTH OF $1
2. FUTURE WORTH OF $1 PER PERIOD
3. SINKING FUND FACTOR
4. PRESENT WORTH OF $1
5. PRESENT WORTH OF $1 PER PERIOD
6. INSTALLMENT TO AMORTIZE $1 (ANNUAL)
7. INSTALLMENT TO AMORTIZE $1 (MONTHLY)

ANNUAL PAYMENTS
INTEREST RATE = 6.00%

YEAR	1	2	3	4	5	6	7
1	1.060000	1.000000	1.000000	0.943396	0.943396	1.060000	0.086066
2	1.123600	2.060000	0.485437	0.889996	1.833393	0.545437	0.044321
3	1.191016	3.183600	0.314110	0.839619	2.673012	0.374110	0.030422
4	1.262477	4.374616	0.228591	0.792094	3.465106	0.288591	0.023485
5	1.338226	5.637093	0.177396	0.747258	4.212364	0.237396	0.019333
6	1.418519	6.975319	0.143363	0.704961	4.917324	0.203363	0.016573
7	1.503630	8.393838	0.119135	0.665057	5.582381	0.179135	0.014609
8	1.593848	9.897468	0.101036	0.627412	6.209794	0.161036	0.013141
9	1.689479	11.491316	0.087022	0.591898	6.801692	0.147022	0.012006
10	1.790848	13.180795	0.075868	0.558395	7.360087	0.135868	0.011102
11	1.898299	14.971643	0.066793	0.526788	7.886875	0.126793	0.010367
12	2.012196	16.869941	0.059277	0.496969	8.383844	0.119277	0.009759
13	2.132928	18.882138	0.052960	0.468839	8.852683	0.112960	0.009247
14	2.260904	21.015066	0.047585	0.442301	9.294984	0.107585	0.008812
15	0.396558	23.275970	0.042963	0.417265	9.712249	0.102963	0.008439
16	2.540352	25.672528	0.038952	0.393646	10.105895	0.098952	0.008114
17	2.692773	28.212880	0.035445	0.371364	10.477260	0.095445	0.007831
18	2.854339	30.905653	0.032357	0.350344	10.827603	0.092357	0.007582
19	3.025600	33.759992	0.029621	0.330513	11.158116	0.089621	0.007361
20	3.207135	36.785591	0.027185	0.311805	11.469921	0.087185	0.007164
21	3.399564	39.992727	0.025005	0.294155	11.764077	0.085005	0.006989
22	3.603537	43.392290	0.023046	0.277505	12.041582	0.083046	0.006831
23	3.819750	46.995828	0.021278	0.261797	12.303379	0.081278	0.006688
24	4.048935	50.815577	0.019679	0.246979	12.550358	0.079679	0.006560
25	4.291871	54.864512	0.018227	0.232999	12.783356	0.078227	0.006443
26	4.549383	59.156383	0.016904	0.219810	13.003166	0.076904	0.006337
27	4.822346	63.705766	0.015697	0.207368	13.210534	0.075697	0.006240
28	5.111687	67.528112	0.014593	0.195630	13.406164	0.074593	0.006151
29	5.418388	73.639798	0.013580	0.184557	13.590721	0.073580	0.006070
30	5.743491	79.058186	0.012649	0.174110	13.764831	0.072649	0.005996

31	6.088101	84.801677	0.011792	0.164255	13.929086	0.071792	0.005927
32	6.453387	90.889778	0.01002	0.154957	14.084043	0.071002	0.005864
33	6.840590	97.343165	0.010273	0.146186	14.230230	0.070273	0.005806
34	7.251025	104.183755	0.009598	0.137912	14.368141	0.069598	0.005752
35	7.686087	111.434780	0.008974	0.130105	14.498246	0.068974	0.005702
36	8.147252	119.120867	0.008395	0.122741	14.620987	0.068395	0.005656
37	8.636087	127.268119	0.007857	0.115793	14.736780	0.067857	0.005613
38	9.154252	135.904206	0.007358	0.109239	14.846019	0.067358	0.005573
39	9.703507	145.058458	0.006894	0.103056	14.949075	0.066894	0.005536
40	10.285718	154.761966	0.006462	0.097222	15.046297	0.066462	0.005502
45	13.764611	212.743514	0.004700	0.072650	15.455832	0.064700	0.005363
50	18.420154	290.335905	0.003444	0.054288	15.761861	0.063444	0.005264
60	32.987691	533.128181	0.001876	0.030314	16.161428	0.061876	0.005142
99	320.096305	5.318.271753	0.000188	0.003124	16.614599	0.060188	0.005013

1. FUTURE WORTH OF $1
2. FUTURE WORTH OF $1 PER PERIOD
3. SINKING FUND FACTOR
4. PRESENT WORTH OF $1
5. PRESENT WORTH OF $1 PER PERIOD
6. INSTALLMENT TO AMORTIZE $1 (ANNUAL)
7. INSTALLMENT TO AMORTIZE $1 (MONTHLY)

ANNUAL PAYMENTS
INTEREST RATE = 6.50%

YEAR	1	2	3	4	5	6	7
1	1.065000	1.000000	1.000000	0.938967	0.938967	1.065000	0.086296
2	1.134222	2.065000	0.484262	0.881659	1.820626	0.549262	0.044546
3	1.207950	3.199225	0.312576	0.827849	2.648476	0.377576	0.030649
4	1.286466	4.407175	0.226903	0.777323	3.425799	0.291903	0.023715
5	1.370087	5.693641	0.175635	0.729881	4.155679	0.204635	0.019566
6	1.459142	7.063728	0.141568	0.685334	4.841014	0.206568	0.016810
7	1.553987	8.522870	0.117331	0.643506	5.484520	0.182331	0.014849
8	1.654996	10.076856	0.099237	0.604231	6.088751	0.164237	0.013386
9	1.762570	11.731852	0.085238	0.567353	6.656104	0.150238	0.012255
10	1.877137	13.494423	0.074105	0.532726	7.188830	0.139105	0.011355
11	1.999151	15.371560	0.065055	0.500212	7.689042	0.130055	0.010624
12	2.129096	17.370711	0.057568	0.469683	8.158725	0.122568	0.010019
13	2.267487	19.499808	0.051283	0.441017	8.599742	0.116283	0.009512
14	2.414874	21.767295	0.045940	0.414100	9.013842	0.110940	0.009081
15	2.571841	24.182169	0.041353	0.388827	9.402669	0.106353	0.008711
16	2.739011	26.754010	0.037378	0.365095	8.767764	0.102378	0.008391
17	2.917046	29.493021	0.033906	0.342813	10.110577	0.098906	0.008111
18	3.106654	32.410067	0.030855	0.321890	10.432466	0.095855	0.007866
19	3.308587	35.516722	0.028156	0.302244	10.734710	0.093156	0.007649
20	3.523645	38.825309	0.025756	0.283797	11.018507	0.090756	0.007456
21	3.752682	42.348954	0.023613	0.266476	11.284983	0.088613	0.007284
22	3.996606	46.101636	0.021691	0.250212	11.535196	0.086691	0.007129
23	4.256386	50.098242	0.019961	0.234941	11.770137	0.084961	0.006991
24	4.533051	54.354628	0.018398	0.220602	11.990739	0.083398	0.006865
25	4.827699	58.887679	0.016981	0.207138	12.197877	0.081981	0.006752
26	5.141500	63.715378	0.015695	0.194496	12.392373	0.080695	0.006649
27	5.485697	68.856877	0.014523	0.182625	12.574998	0.079523	0.006556
28	5.831617	74.332574	0.013453	0.171479	12.746477	0.078453	0.006470
29	6.210672	80.164192	0.012474	0.161013	12.907490	0.077474	0.006392
30	6.614366	86.374864	0.011577	0.151186	13.058676	0.076577	0.006321

31	7.044300	92.989230	0.010754	0.141959	13.200636	0.075754	0.006255
32	7.502179	100.033530	0.009997	0.133295	13.333929	0.074997	0.006195
33	7.989821	107.535710	0.009299	0.125159	13.459088	0.074299	0.006140
34	8.509159	115.525531	0.008656	0.117520	13.576609	0.073656	0.006089
35	9.062255	124.034690	0.008062	0.110348	13.686957	0.073052	0.006042
36	9.651301	133.096945	0.007513	0.103613	13.790570	0.072153	0.005998
37	10.278636	142.748247	0.007005	0.097289	13.887859	0.072005	0.005958
38	10.946747	153.026883	0.006535	0.091351	13.979210	0.071535	0.005921
39	11.658286	163.973630	0.006099	0.085776	14.064986	0.071099	0.005886
40	12.416075	175.631916	0.005694	0.080541	14.145527	0.070694	0.005855
45	17.011098	246.324587	0.004060	0.058785	14.480228	0.069060	0.005726
50	23.306679	343.179672	0.002914	0.042906	14.724521	0.067914	0.005637
60	43.749840	657.689842	0.001520	0.022857	15.032966	0.066520	0.005530
99	510.048142	7.831.509874	0.000128	0.001961	15.354452	0.065128	0.005426

1. FUTURE WORTH OF $1
2. FUTURE WORTH OF $1 PER PERIOD
3. SINKING FUND FACTOR
4. PRESENT WORTH OF $1
5. PRESENT WORTH OF $1 PER PERIOD
6. INSTALLMENT TO AMORTIZE $1 (ANNUAL)
7. INSTALLMENT TO AMORTIZE $1 (MONTHLY)

ANNUAL PAYMENTS
INTEREST RATE = 7.00%

YEAR	1	2	3	4	5	6	7
1	1.070000	1.000000	1.000000	0.934579	0.934579	1.07000	0.086527
2	1.144900	2.070000	0.493092	0.873439	1.808018	0.553092	0.044773
3	1.225043	3.214900	0.311052	0.816298	2.624316	0.381052	0.030877
4	1.310796	4.439943	0.225228	0.762895	3.387211	0.295228	0.023946
5	1.402552	5.750739	0.173891	0.712986	4.100197	0.243891	0.019801
6	1.500730	7.153291	0.139796	0.666342	4.766540	0.209796	0.017049
7	1.605781	8.654021	0.115553	0.622750	5.389289	0.185553	0.015093
8	1.718186	10.259803	0.097468	0.582009	5.971299	0.167468	0.013634
9	1.838459	11.977989	0.083486	0.543934	6.515232	0.153486	0.012506
10	1.967151	13.816448	0.072378	0.508349	7.023582	0.142378	0.011611
11	2.140852	15.783599	0.063357	0.475093	7.498674	0.133357	0.010884
12	2.252192	17.888451	0.055902	0.444012	7.942686	0.128902	0.010284
13	2.409845	20.140643	0.049651	0.414964	8.357651	0.119651	0.009781
14	2.578534	22.550488	0.044345	0.387817	8.745468	0.114345	0.009354
15	2.759032	25.129022	0.039795	0.362446	9.107914	0.109795	0.008988
16	2.952164	27.888054	0.035858	0.338735	9.446649	0.105858	0.008672
17	3.158815	30.840217	0.032425	0.316574	9.763223	0.102425	0.008397
18	3.379932	33.999033	0.029413	0.295864	10.059087	0.099413	0.008155
19	3.616528	37.378965	0.026753	0.276508	10.335595	0.096753	0.007942
20	3.869684	40.995492	0.024393	0.258419	10.594014	0.094393	0.007753
21	4.140562	44.865177	0.022289	0.241513	10.835527	0.092289	0.007585
22	4.430402	49.005739	0.020406	0.225713	11.061240	0.090406	0.007434
23	4.740530	53.436141	0.018714	0.210947	11.272187	0.088714	0.007299
24	5.072367	58.176671	0.017189	0.197147	11.469334	0.087189	0.007178
25	5.427433	63.249038	0.015811	0.184249	11.653583	0.085811	0.007068
26	5.807353	68.676470	0.014561	0.172195	11.825779	0.084561	0.006968
27	6.213868	74.483823	0.013426	0.160930	11.986709	0.083426	0.006878
28	6.648838	80.697691	0.012392	0.150402	12.137111	0.082392	0.006796
29	7.114257	87.346529	0.011449	0.140563	12.277674	0.081449	0.006721
30	7.612255	94.460786	0.010586	0.131367	12.409041	0.080586	0.006653

31	8.145113	102.073041	0.009797	0.122773	12.531814	0.079797	0.006591
32	8.715271	110.218154	0.009073	0.114741	12.646555	0.079073	0.006533
33	9.325340	118.933425	0.008408	0.107235	12.753790	0.078408	0.006481
34	9.978114	128.258765	0.007797	0.100219	12.854009	0.077797	0.006433
35	10.676581	138.236878	0.007234	0.093663	12.947672	0.077234	0.006389
36	11.423942	148.913460	0.006715	0.087535	13.035208	0.076715	0.006348
37	12.223618	160.337402	0.006237	0.081809	13.117017	0.076237	0.006310
38	13.079271	172.561020	0.005795	0.076457	13.193473	0.075795	0.006276
39	13.994820	185.640292	0.005387	0.071455	13.264928	0.075387	0.006244
40	14.974458	199.635112	0.005009	0.066780	13.331709	0.075009	0.006214
45	21.002452	285.749311	0.003500	0.047613	13.605522	0.073500	0.006097
50	29.457025	406.528929	0.002460	0.033948	13.800746	0.072460	0.006017
60	57.946427	813.520383	0.001229	0.017257	14.039181	0.071229	0.005923
99	810.949837	11.570.711957	0.00086	0.001233	14.268098	0.070086	0.005839

1. FUTURE WORTH OF $1
2. FUTURE WORTH OF $1 PER PERIOD
3. SINKING FUND FACTOR
4. PRESENT WORTH OF $1
5. PRESENT WORTH OF $1 PER PERIOD
6. INSTALLMENT TO AMORTIZE $1 (ANNUAL)
7. INSTALLMENT TO AMORTIZE $1 (MONTHLY)

ANNUAL PAYMENTS

INTEREST RATE = 7.50%

YEAR	1	2	3	4	5	6	7
1	1.075000	1.000000	1.000000	0.930233	0.930233	1.075000	0.086757
2	1.155625	2.075000	0.481928	0.865333	1.795565	0.556928	0.045000
3	1.242297	3.230625	0.309538	0.804961	2.600526	0.384538	0.031106
4	1.335469	4.472922	0.223568	0.748801	2.349326	0.298568	0.024179
5	1.435629	5.808391	0.172165	0.696559	4.045885	0.247165	0.020038
6	1.543302	7.244020	0.138045	0.647962	4.693846	0.213045	0.017290
7	1.659049	8.787322	0.113800	0.602755	5.296601	0.188800	0.015338
8	1.783478	10.446371	0.095727	0.560702	5.857304	0.170727	0.013884
9	1.917239	12.229849	0.081767	0.521583	6.378887	0.156767	0.012761
10	2.061032	14.147087	0.070686	0.485194	6.864081	0.145686	0.011870
11	2.215609	16.208119	0.061697	0.451343	7.315424	0.136697	0.011148
12	2.381780	18.423728	0.054278	0.419854	7.735278	0.129278	0.010552
13	2.560413	20.805508	0.048064	0.390562	8.125840	0.123064	0.010054
14	2.752444	23.365921	0.042797	0.363313	8.489154	0.117797	0.009631
15	2.958877	26.118365	0.038287	0.337966	8.827120	0.113287	0.009270
16	3.180793	29.077242	0.034391	0.314387	9.141507	0.109391	0.008958
17	3.419353	32.258035	0.031000	0.292453	9.433960	0.106000	0.008687
18	3.675804	35.677388	0.028029	0.272049	9.706009	0.103029	0.008450
19	3.951489	39.353192	0.025411	0.253069	9.959078	0.100411	0.008241
20	4.247851	43.304681	0.023092	0.235413	10.194491	0.098092	0.008056
21	4.566440	47.552532	0.021029	0.218989	10.413480	0.096029	0.007892
22	4.908923	52.118972	0.019187	0.203711	10.617191	0.094187	0.007745
23	5.277092	57.027895	0.017535	0.189498	10.806689	0.092535	0.007614
24	5.672874	62.304987	0.016050	0.176277	10.982967	0.091050	0.007496
25	6.098340	67.977862	0.014711	0.163979	11.146946	0.089711	0.007390
26	6.555715	74.076201	0.013500	0.152539	11.299485	0.088500	0.007294
27	7.047394	80.631916	0.012402	0.141896	11.441381	0.087402	0.007207
28	7.575948	87.679310	0.011405	0.131997	11.573378	0.086405	0.007129
29	8.144144	95.255258	0.010498	0.122788	11.696165	0.085498	0.007057
30	8.754955	103.399403	0.009671	0.114221	11.810386	0.084671	0.006992

31	9.411577	112.154358	0.008916	0.106252	11.916638	0.083916	0.006933
32	10.117445	121.565935	0.008226	0.098839	12.015478	0.083226	0.006879
33	10.876253	131.683380	0.007594	0.091943	12.107421	0.082594	0.006829
34	11.691972	142.559633	0.007015	0.085529	12.192950	0.085015	0.006784
35	12.568870	154.251606	0.006483	0.079562	12.272511	0.081483	0.006742
36	13.511536	166.820476	0.005994	0.074011	12.346522	0.080994	0.006704
37	14.524901	180.332012	0.005545	0.068847	12.415370	0.080545	0.006669
38	15.614268	194.856913	0.005132	0.064044	12.479414	0.080132	0.006637
39	16.785339	210.471181	0.004751	0.059576	12.538989	0.079751	0.006608
40	18.044239	227.256520	0.004400	0.055419	12.594409	0.079400	0.006581
45	25.904839	332.064515	0.003011	0.038603	12.818629	0.078011	0.006474
50	37.189746	482.529947	0.002072	0.026889	12.974812	0.077072	0.006402
60	76.649240	1008.656538	0.000991	0.013046	13.159381	0.075991	0.006321
99	1,286.583451	17,141.112681	0.000058	0.000777	13.322970	0.075058	0.006254

1. FUTURE WORTH OF $1
2. FUTURE WORTH OF $1 PER PERIOD
3. SINKING FUND FACTOR
4. PRESENT WORTH OF $1
5. PRESENT WORTH OF $1 PER PERIOD
6. INSTALLMENT TO AMORTIZE $1 (ANNUAL)
7. INSTALLMENT TO AMORTIZE $1 (MONTHLY)

ANNUAL PAYMENTS
INTEREST RATE = 8.00%

YEAR	1	2	3	4	5	6	7
1	1.080000	1.000000	1.000000	0.925926	0.925926	1.080000	0.086988
2	1.166400	2.080000	0.480769	0.857339	1.782265	0.560769	0.045227
3	1.259712	3.246400	0.308034	0.793832	2.577097	0.388034	0.031336
4	1.360489	4.506112	0.221921	0.735030	3.312127	0.301921	0.024413
5	1.469328	5.866601	0.170456	0.680583	3.992710	0.250456	0.020276
6	1.586874	7.335929	0.136315	0.630170	4.622880	0.216315	0.017533
7	1.713824	8.922803	0.112072	0.583490	5.206370	0.192072	0.015586
8	1.850930	10.636628	0.094015	0.540269	5.746639	0.174015	0.014137
9	1.999005	12.487558	0.080080	0.500249	6.246888	0.160080	0.013019
10	2.158925	14.486562	0.069029	0.463193	6.710081	0.149029	0.012133
11	2.331639	16.645487	0.060076	0.428883	7.138964	0.140076	0.011415
12	2.518170	18.977126	0.052695	0.397114	7.536078	0.132695	0.010825
13	2.719624	21.495297	0.046522	0.367698	7.903776	0.126522	0.010331
14	2.937194	24.214920	0.041297	0.340461	8.244237	0.121297	0.009913
15	2.937169	27.152114	0.036830	0.315242	8.559479	0.116830	0.009557
16	3.425943	30.324283	0.032977	0.291890	8.851369	0.112977	0.009249
17	3.700018	33.750226	0.029629	0.270269	9.121638	0.109629	0.008983
18	3.996019	37.450244	0.026702	0.250249	9.371887	0.106702	0.008750
19	4.315701	41.446263	0.024128	0.231712	9.603599	0.104128	0.008545
20	4.660957	45.761964	0.021852	0.214548	9.818147	0.101852	0.008364
21	5.033834	50.422921	0.019832	0.198656	10.016803	0.099832	0.008204
22	5.436540	55.456755	0.018032	0.183941	10.200744	0.098032	0.008062
23	5.871464	60.893296	0.016422	0.170315	10.371059	0.096422	0.007935
24	6.341181	66.764759	0.014978	0.157699	10.528758	0.094978	0.007821
25	6.848475	73.105940	0.013679	0.146018	10.674776	0.093679	0.007718
26	7.396353	79.954415	0.012507	0.135202	10.809978	0.092507	0.007626
27	7.988061	87.350768	0.011448	0.125187	10.935165	0.091448	0.007543
28	8.627106	95.338830	0.010489	0.115914	11.051078	0.090489	0.007468
29	9.317275	103.965936	0.009619	0.107328	11.158406	0.089619	0.007399
30	10.062657	113.283211	0.008827	0.099377	11.257783	0.088827	0.007338

31	10.867669	123.345868	0.008107	0.092016	11.349799	0.088107	0.007281
32	11.737083	134.213537	0.007451	0.085200	11.434999	0.087451	0.007230
33	12.676050	145.950620	0.006852	0.078889	11.513888	0.086852	0.007184
34	13.690134	158.626670	0.006304	0.073045	11.586934	0.086304	0.007141
35	14.785344	172.316804	0.005803	0.067635	11.654568	0.085803	0.007103
36	15.968172	187.102148	0.005345	0.062625	11.717193	0.085345	0.007067
37	17.245656	203.070320	0.004924	0.057986	11.775179	0.084924	0.007035
38	18.625276	220.315945	0.004539	0.053690	11.808869	0.084539	0.007005
39	20.115298	238.941221	0.004185	0.049713	11.878582	0.084185	0.006978
40	21.724521	259.056519	0.003860	0.046031	11.924613	0.083860	0.006953
45	31.920449	386.505617	0.002587	0.031328	12.108402	0.082587	0.006856
50	46.901613	573.770156	0.001743	0.021321	12.233485	0.081743	0.006793
60	101.257064	1,253.213296	0.000798	0.009876	12.376522	0.080798	0.006723
99	2,036.815978	25,447.699726	0.000039	0.000491	12.493863	0.080039	0.006669

1. FUTURE WORTH OF $1
2. FUTURE WORTH OF $1 PER PERIOD
3. SINKING FUND FACTOR
4. PRESENT WORTH OF $1
5. PRESENT WORTH OF $1 PER PERIOD
6. INSTALLMENT TO AMORTIZE $1 (ANNUAL)
7. INSTALLMENT TO AMORTIZE $1 (MONTHLY)

ANNUAL PAYMENTS
INTEREST RATE = 8.50%

YEAR	1	2	3	4	5	6	7
1	1.085000	1.000000	1.000000	0.921659	0.921659	1.085000	0.087220
2	1.177225	2.085000	0.479616	0.849455	1.771114	0.564616	0.045456
3	1.277289	3.262225	0.306539	0.782908	2.554022	0.391539	0.031568
4	1.385859	4.539514	0.220288	0.721574	3.275597	0.305288	0.024648
5	1.503657	5.925373	0.168766	0.664045	3.940642	0.253766	0.020517
6	1.631468	7.429030	0.134607	0.612945	4.553587	0.219607	0.017778
7	1.770142	9.060497	0.110369	0.564926	5.118514	0.195369	0.015836
8	1.920604	10.830639	0.092331	0.520669	5.639183	0.177331	0.014392
9	2.083856	12.751244	0.078424	0.479880	6.119063	0.163424	0.013279
10	2.260983	14.835099	0.067408	0.442285	6.561348	0.152408	0.012399
11	2.453167	17.096083	0.058493	0.407636	6.968984	0.143493	0.011686
12	2.661686	19.549250	0.051153	0.375702	7.344686	0.136153	0.011101
13	2.887930	22.210936	0.045023	0.346269	7.690955	0.130023	0.010612
14	3.133404	25.098866	0.039842	0.319142	8.010097	0.124842	0.010199
15	3.399743	28.232269	0.035420	0.294140	8.304237	0.120420	0.009847
16	3.688721	31.632012	0.031614	0.271097	8.575333	0.116614	0.009545
17	4.002262	35.320733	0.028312	0.249859	8.825192	0.113312	0.009283
18	4.342455	39.322995	0.025430	0.230285	9.055476	0.110430	0.009055
19	4.711563	43.665450	0.022901	0.212244	9.267720	0.107901	0.008854
20	5.112046	48.377013	0.020671	0.195616	9.463337	0.105671	0.008678
21	5.546570	53.489059	0.018695	0.180292	9.643628	0.103695	0.008522
22	6.018028	59.035029	0.016939	0.166167	9.809796	0.101939	0.008384
23	6.529561	65.053658	0.015372	0.153150	9.962945	0.100372	0.008261
24	7.084574	71.583219	0.013970	0.141152	10.104097	0.098970	0.008151
25	7.686762	78.667792	0.012712	0.130094	10.234191	0.097712	0.008052
26	8.340137	86.354555	0.011580	0.119902	10.354093	0.096580	0.007964
27	9.049049	94.694692	0.010560	0.110509	10.464602	0.095560	0.007884
28	9.818218	103.743741	0.009639	0.101851	10.566453	0.094639	0.007812
29	10.652766	113.561959	0.008806	0.093872	10.660326	0.093806	0.007748
30	11.558252	124.214725	0.008051	0.086518	10.746844	0.093051	0.007689

31	12.540703	135.772977	0.007365	0.079740	10.826584	0.092365	0.007636
32	13.606663	148.313680	0.006742	0.073493	10.900078	0.091742	0.007588
33	14.763229	161.920343	0.006176	0.067736	10.967813	0.091176	0.007544
34	16.018104	176.683572	0.005660	0.062429	11.030243	0.090660	0.007505
35	17.379642	192.701675	0.005189	0.057539	11.087781	0.090189	0.007469
36	18.856912	210.081318	0.004760	0.053031	11.140812	0.089760	0.007436
37	20.459750	228.938230	0.004368	0.048876	11.189689	0.089368	0.007406
38	22.198828	249.397979	0.004010	0.045047	11.234736	0.089010	0.007379
39	24.085729	271.596808	0.003682	0.041518	11.276255	0.088682	0.007354
40	26.133016	295.682536	0.003382	0.038266	11.314520	0.088382	0.007331
45	29.295084	450.530397	0.002220	0.025448	11.465312	0.087220	0.007244
50	59.086316	683.368418	0.001463	0.016924	11.565595	0.086463	0.007187
60	133.593181	1,559.919777	0.000641	0.007485	11.676642	0.085641	0.007128
99	3,217.689107	37,84.3.401259	0.000026	0.000311	11.761050	0.085026	0.007085

1. FUTURE WORTH OF $1
2. FUTURE WORTH OF $1 PER PERIOD
3. SINKING FUND FACTOR
4. PRESENT WORTH OF $1
5. PRESENT WORTH OF $1 PER PERIOD
6. INSTALLMENT TO AMORTIZE $1 (ANNUAL)
7. INSTALLMENT TO AMORTIZE $1 (MONTHLY)

ANNUAL PAYMENTS
INTEREST RATE = 9.00%

YEAR	1	2	3	4	5	6	7
1	1.090000	1.000000	1.000000	0.917431	0.917431	1.090000	0.087451
2	1.188100	2.080000	0.478469	0.841680	1.759111	0.568469	0.045685
3	1.295029	3.279100	0.305055	0.772183	2.531295	0.395055	0.031800
4	1.411582	4.573129	0.218669	0.708425	3.239720	0.308669	0.024885
5	1.538624	5.984711	0.167092	0.649931	3.889651	0.257092	0.020758
6	1.677100	7.523335	0.132920	0.596267	4.485919	0.222920	0.018026
7	1.828039	9.200435	0.108691	0.547034	5.032953	0.198691	0.016089
8	1.992563	11.028474	0.090674	0.501866	5.534819	0.180674	0.014650
9	2.171893	13.021036	0.076799	0.460428	5.995247	0.166799	0.013543
10	2.367364	15.192930	0.065820	0.422411	6.417658	0.155820	0.012668
11	2.580426	17.560293	0.056947	0.387533	6.805191	0.146947	0.011961
12	2.812665	20.140720	0.049651	0.355535	7.160725	0.139651	0.011380
13	3.065805	22.953385	0.043567	0.326179	7.486904	0.133567	0.010897
14	3.341727	26.019189	0.038433	0.299246	7.786150	0.128433	0.010489
15	3.645482	29.360916	0.034059	0.274538	8.060688	0.124059	0.010143
16	3.970306	33.003399	0.030300	0.251870	8.312558	0.120300	0.009845
17	4.327633	36.973705	0.027046	0.231073	8.543631	0.117046	0.009588
18	4.717120	41.301338	0.024212	0.211994	8.755625	0.114212	0.009364
19	5.141661	46.018458	0.021730	0.194490	8.950115	0.111730	0.009169
20	5.604411	51.160120	0.019546	0.178431	9.128546	0.109546	0.008997
21	6.108808	56.764530	0.017617	0.163698	9.292244	0.107617	0.008846
22	6.658600	62.873338	0.015905	0.150182	9.442425	0.105905	0.008712
23	7.257874	69.531939	0.014382	0.137781	9.580207	0.104382	0.008593
24	7.911083	76.789813	0.013023	0.126405	9.706612	0.103023	0.008487
25	8.623081	84.700896	0.011806	0.115968	9.822580	0.101806	0.008392
26	9.399158	93.323977	0.010715	0.106393	9.928972	0.100715	0.008307
27	10.245082	102.723135	0.009735	0.097608	10.026580	0.099735	0.008231
28	11.167140	112.968217	0.008852	0.089548	10.116128	0.098852	0.008163
29	12.172182	124.135356	0.008056	0.082155	10.198283	0.098056	0.008102
30	13.267678	136.307539	0.007336	0.075371	10.273654	0.097336	0.008046

31	14.461770	149.575217	0.006686	0.069148	1.0342802	0.096686	0.007996
32	15.763329	164.036987	0.006096	0.063438	1.0406240	0.096096	0.007951
33	17.182028	179.800315	0.005562	0.058200	1.0464441	0.095562	0.007910
34	18.728411	196.982344	0.005077	0.053395	1.0517835	0.095077	0.007873
35	20.143968	215.710755	0.004636	0.048986	1.0566821	0.094636	0.007840
36	22.251225	236.124723	0.004235	0.044941	1.0617763	0.094235	0.007810
37	24.253835	258.375948	0.003870	0.141231	1.0652993	0.093870	0.007782
38	26.436680	282.629783	0.003538	0.037826	1.0690820	0.093538	0.007757
39	28.815982	309.066464	0.003236	0.034703	1.0725523	0.093236	0.007734
40	31.409420	337.882445	0.002960	0.031838	1.0757360	0.092960	0.007714
45	48.327286	525.858734	0.001902	0.020692	1.0881197	0.091902	0.007635
50	74.357520	815.083556	0.001227	0.013449	1.0961683	0.091227	0.007586
60	176.031292	1,944.792133	0.000514	0.005681	1.1047991	0.090514	0.007535
99	5,072.514488	56,350.160977	0.000018	0.000197	1.1108921	0.090018	0.007501

1. FUTURE WORTH OF $1
2. FUTURE WORTH OF $1 PER PERIOD
3. SINKING FUND FACTOR
4. PRESENT WORTH OF $1
5. PRESENT WORTH OF $1 PER PERIOD
6. INSTALLMENT TO AMORTIZE $1 (ANNUAL)
7. INSTALLMENT TO AMORTIZE $1 (MONTHLY)

ANNUAL PAYMENTS
INTEREST RATE = 9.50%

YEAR	1	2	3	4	5	6	7
1	1.095000	1.000000	1.000000	0.913242	0.913242	1.095000	0.087684
2	1.199025	2.095000	0.477327	0.834011	1.747253	0.572327	0.045914
3	1.312932	3.294025	0.303580	0.761654	2.508907	0.398580	0.032033
4	1.437661	4.606957	0.217063	0.695574	3.204481	0.312063	0.025123
5	1.574231	6.044618	0.165436	0.635228	3.839709	0.260436	0.021002
6	1.723791	7.618857	0.131253	0.580117	4.419825	0.226253	0.018275
7	1.887552	9.342648	0.107036	0.529787	4.949612	0.202036	0.016344
8	2.066869	11.230200	0.089046	0.483824	5.433436	0.184046	0.014911
9	2.263222	13.297069	0.075205	0.441848	5.875284	0.170205	0.013809
10	2.478228	15.560291	0.064266	0.403514	6.278798	0.159266	0.012940
11	2.713659	18.038518	0.055437	0.368506	6.647304	0.150437	0.012239
12	2.971457	20.752178	0.048188	0.336535	6.983839	0.143188	0.011664
13	3.253745	23.723634	0.042152	0.307338	7.291178	0.137152	0.011186
14	3.562851	26.977380	0.037068	0.280674	7.571852	0.132068	0.010784
15	3.901322	30.540231	0.032744	0.256323	7.828175	0.127744	0.010442
16	4.271948	34.441553	0.029035	0.234085	8.062260	0.124035	0.010150
17	4.677783	38.713500	0.025831	0.213777	8.276037	0.120831	0.009898
18	5.122172	43.391283	0.023046	0.195230	8.471266	0.118046	0.009679
19	5.608778	48.513454	0.020613	0.178292	8.469558	0.115613	0.009488
20	6.141612	54.122233	0.018477	0.162824	8.812382	0.113477	0.009321
21	6.725065	60.263845	0.016594	0.148697	8.961080	0.111594	0.009174
22	7.363946	66.988910	0.014928	0.135797	9.096876	0.109928	0.009045
23	8.063521	74.352856	0.013449	0.124015	9.220892	0.108449	0.008930
24	8.829556	82.416378	0.012134	0.113256	9.334148	0.107134	0.008828
25	9.668364	91.245934	0.010959	0.103430	9.437578	0.105959	0.008737
26	10.586858	100.914297	0.009909	0.094457	9.532034	0.104909	0.008656
27	11.592610	111.501156	0.008969	0.086262	9.618296	0.103969	0.008584
28	12.693908	122.093766	0.008124	0.078778	9.697074	0.103124	0.008519
29	13.899829	135.787673	0.007364	0.071943	9.769018	0.102364	0.008461
30	15.220313	149.687502	0.006681	0.065702	9.834719	0.101681	0.008409

31	16.666242	164.907815	0.006064	0.060002	9.894721	0.101064	0.008362
32	18.249535	181.574057	0.005507	0.054796	9.949517	0.100507	0.008319
33	19.983241	199.823593	0.005004	0.050042	9.999559	0.100004	0.008281
34	21.881649	219.806834	0.004549	0.045700	10.045259	0.099549	0.008247
35	23.960406	241.688483	0.004138	0.041736	10.086995	0.099138	0.008216
36	26.236644	265.648889	0.003764	0.038115	10.125109	0.098764	0.008188
37	28.729126	291.885534	0.003426	0.034808	10.159917	0.098426	0.008163
38	31.458393	320.614659	0.003119	0.031788	10.191705	0.098119	0.008140
39	34.446940	352.073052	0.002840	0.029030	10.220735	0.097840	0.008119
40	37.719399	386.519992	0.002587	0.026512	10.247247	0.097587	0.008101
45	59.379340	614.519364	0.001627	0.016841	10.349043	0.096627	0.008030
50	93.477257	973.444808	0.001027	0.010698	10.413707	0.096027	0.007987
60	231.657919	2,427.978094	0.000412	0.004317	10.480877	0.095412	0.007944
99	7,979.906420	83,988.488633	0.000012	0.000125	10.524997	0.095012	0.007917

1. FUTURE WORTH OF $1
2. FUTURE WORTH OF $1 PER PERIOD
3. SINKING FUND FACTOR
4. PRESENT WORTH OF $1
5. PRESENT WORTH OF $1 PER PERIOD
6. INSTALLMENT TO AMORTIZE $1 (ANNUAL)
7. INSTALLMENT TO AMORTIZE $1 (MONTHLY)

ANNUAL PAYMENTS
INTEREST RATE = 10.00%

YEAR	1	2	3	4	5	6	7
1	1.100000	1.000000	1.000000	0.909091	0.909091	1.100000	0.087916
2	1.210000	2.100000	0.476190	0.826446	1.735537	0.576190	0.046145
3	1.331000	3.310000	0.302115	0.751315	2.486852	0.402115	0.032267
4	1.464100	4.641000	0.215471	0.683013	3.169865	0.315471	0.025363
5	1.610510	6.105100	0.163797	0.620921	3.790787	0.263797	0.021247
6	1.771561	7.715610	0.129607	0.564474	4.355261	0.229607	0.018526
7	1.948717	9.487171	0.105405	0.513158	4.868419	0.205405	0.016601
8	2.143589	11.435888	0.087444	0.466507	5.334926	0.187444	0.015174
9	2.357948	13.579477	0.073641	0.424098	5.759024	0.173641	0.014079
10	2.593742	15.937425	0.062745	0.385543	6.144567	0.162745	0.013215
11	2.853117	18.531167	0.053963	0.350494	6.495061	0.153963	0.012520
12	3.138428	21.384284	0.046763	0.318631	6.813692	0.146763	0.011951
13	3.452271	24.522712	0.040779	0.289664	7.103356	0.140779	0.011478
14	3.797498	27.974983	0.035746	0.263331	7.366687	0.135746	0.011082
15	4.177248	31.772482	0.031474	0.239392	7.606080	0.131474	0.010746
16	4.594973	35.949730	0.027817	0.217629	7.823709	0.127817	0.010459
17	5.054470	40.544703	0.024664	0.197845	8.021553	0.124664	0.010212
18	5.559917	45.599173	0.021930	0.179859	8.201412	0.121930	0.009998
19	6.115909	51.159090	0.019547	0.163508	8.364920	0.119547	0.009813
20	6.727500	57.274999	0.017460	0.148644	8.513564	0.117460	0.009650
21	7.400250	64.002499	0.015624	0.135131	8.648694	0.115624	0.009508
22	8.140275	71.402749	0.014005	0.122846	8.771540	0.114005	0.009382
23	8.954302	79.543024	0.012572	0.111678	8.883218	0.112572	0.009272
24	9.849733	88.497327	0.011300	0.101526	8.984744	0.111300	0.009174
25	10.834706	98.347059	0.010168	0.092296	9.077040	0.110168	0.009087
26	11.918117	109.181765	0.009159	0.083905	9.160945	0.109158	0.009010
27	13.109994	121.099942	0.008258	0.076278	9.237223	0.108258	0.008941
28	14.420994	134.209936	0.007451	0.069343	9.306567	0.107451	0.008880
29	15.863093	148.630930	0.006728	0.063039	9.369606	0.106728	0.008825
30	17.449402	164.494023	0.006079	0.057309	9.426914	0.106079	0.008776

31	19.194342	181.943425	0.005496	0.052099	9.479013	0.105496	0.008732
32	21.113777	201.137767	0.004972	0.047362	9.526376	0.104972	0.008692
33	23.225154	222.251544	0.004499	0.043057	9.569432	0.104499	0.008657
34	25.547670	245.476699	0.004074	0.039143	9.608575	0.104074	0.008625
35	28.102437	271.024368	0.003690	0.035584	9.644159	0.103690	0.008597
36	30.912681	299.126805	0.003343	0.032349	9.676508	0.103343	0.008571
37	34.003949	330.039486	0.003030	0.029408	9.705917	0.103030	0.008548
38	37.404343	364.043434	0.002747	0.026735	9.732651	0.102747	0.008527
39	41.144778	401.447778	0.002491	0.024304	9.756956	0.102491	0.008508
40	45.259256	442.592556	0.002259	0.022095	9.779051	0.102259	0.008491
45	72.890484	718.904837	0.001391	0.013719	9.862808	0.101391	0.008429
50	117.390853	1,163.908529	0.000859	0.008519	9.914814	0.100859	0.008391
60	304.481640	3,034.816395	0.000330	0.003284	9.967157	0.100330	0.008355
99	12,527.829400	125,268.293998	0.000008	0.000080	9.999202	0.100008	0.008334

1. FUTURE WORTH OF $1
2. FUTURE WORTH OF $1 PER PERIOD
3. SINKING FUND FACTOR
4. PRESENT WORTH OF $1
5. PRESENT WORTH OF $1 PER PERIOD
6. INSTALLMENT TO AMORTIZE $1 (ANNUAL)
7. INSTALLMENT TO AMORTIZE $1 (MONTHLY)

ANNUAL PAYMENTS
INTEREST RATE = 10.50%

YEAR	1	2	3	4	5	6	7
1	1.105000	1.000000	1.000000	0.904977	0.904977	1.105000	0.088149
2	1.221025	2.105000	0.475059	0.818984	1.723961	0.580059	0.046376
3	1.349233	3.326025	0.300659	0.741162	2.465123	0.405659	0.032502
4	1.490902	4.675258	0.213892	0.670735	3.135858	0.318892	0.025603
5	1.647447	6.166160	0.162175	0.607000	3.742858	0.267175	0.021494
6	1.820429	7.813606	0.127982	0.549321	4.292179	0.232982	0.018779
7	2.011574	9.634035	0.103799	0.497123	4.789303	0.208799	0.016861
8	2.222789	11.645609	0.085869	0.449885	5.239188	0.190869	0.015440
9	2.456182	13.868398	0.072106	0.407136	5.646324	0.177106	0.014351
10	2.714081	16.324579	0.061257	0.368449	6.014773	0.166257	0.013493
11	2.999059	19.038660	0.052525	0.333438	6.348211	0.157525	0.012804
12	3.313961	22.037720	0.045377	0.301754	6.649964	0.150377	0.012241
13	3.661926	25.351680	0.039445	0.273080	6.923045	0.144445	0.011775
14	4.046429	29.013607	0.034467	0.247132	7.170176	0.139467	0.011384
15	4.471304	33.060035	0.030248	0.223648	7.393825	0.135248	0.011054
16	4.940791	37.531339	0.026644	0.202397	7.596221	0.131644	0.010772
17	5.459574	42.472130	0.023545	0.183164	7.779386	0.128545	0.010531
18	6.032829	47.931703	0.020863	0.165760	7.945146	0.125863	0.010322
19	6.666276	53.964532	0.018531	0.150009	8.095154	0.123531	0.010141
20	7.366235	60.630808	0.016493	0.135755	8.230909	0.121493	0.009984
21	8.139690	67.997043	0.014707	0.122855	8.353764	0.119707	0.009846
22	8.994357	76.136732	0.013134	0.111081	8.464945	0.118134	0.009725
23	9.938764	85.131089	0.011747	0.100616	8.565561	0.116747	0.009619
24	10.982335	95.069854	0.010519	0.091055	8.656616	0.115519	0.009525
25	12.135480	106.052188	0.009429	0.082403	8.739019	0.114429	0.009442
26	13.409705	118.187668	0.008461	0.074573	8.813592	0.113461	0.009368
27	14.817724	131.597373	0.007599	0.067487	8.881079	0.112599	0.009303
28	16.373585	146.415097	0.006830	0.061074	8.942153	0.111830	0.009245
29	18.092812	162.788683	0.006143	0.055271	8.997423	0.111143	0.009193
30	19.992557	180.881494	0.005528	0.050019	9.047442	0.110528	0.009147

31	22.091775	200.874051	0.004978	0.045266	9.092707	0.109978	0.009106
32	24.411412	222.965827	0.004485	0.040964	9.133672	0.109485	0.009070
33	26.974610	247.377238	0.004042	0.037072	9.170744	0.109042	0.009037
34	29.806944	274.351848	0.003645	0.033549	9.204293	0.108645	0.009008
35	32.936673	304.158792	0.003288	0.030361	9.234654	0.108288	0.008981
36	36.395024	337.095466	0.002967	0.027476	9.262131	0.107967	0.008958
37	40.216501	373.490489	0.002677	0.024865	9.286996	0.107677	0.008937
38	44.439234	413.706991	0.002417	0.022503	9.309499	0.107417	0.008918
39	49.105354	458.146225	0.002183	0.020364	9.329863	0.107183	0.008901
40	54.261416	507.251579	0.001971	0.018429	9.348292	0.106971	0.008886
45	89.392794	841.836132	0.001188	0.011187	9.417271	0.106188	0.008830
50	147.269869	1,393.046373	0.000718	0.006790	9.459140	0.105718	0.008797
60	399.702331	3,797.165059	0.000263	0.002502	9.499982	0.105263	0.008767
99	19,627.524317	186,919.279210	0.000005	0.000051	9.523324	0.105005	0.008750

1. FUTURE WORTH OF $1
2. FUTURE WORTH OF $1 PER PERIOD
3. SINKING FUND FACTOR
4. PRESENT WORTH OF $1
5. PRESENT WORTH OF $1 PER PERIOD
6. INSTALLMENT TO AMORTIZE $1 (ANNUAL)
7. INSTALLMENT TO AMORTIZE $1 (MONTHLY)

ANNUAL PAYMENTS
INTEREST RATE = 11.00%

YEAR	1	2	3	4	5	6	7
1	1.110000	1.000000	1.000000	0.900901	0.900901	1.110000	0.088382
2	1.232100	2.110000	0.473934	0.811622	1.712523	0.583934	0.046608
3	1.367631	3.342100	0.299213	0.731191	2.443715	0.409213	0.032739
4	1.518070	4.709731	0.212326	0.658731	3.102446	0.322326	0.025846
5	1.685058	6.227801	0.160570	0.593451	3.695897	0.270570	0.021742
6	1.870415	7.912860	0.126377	0.534641	4.230538	0.236377	0.019034
7	2.076160	9.783274	0.102215	0.481658	4.712196	0.212215	0.017122
8	2.304538	11.859434	0.084321	0.433926	5.146123	0.194321	0.015708
9	2.558037	14.163972	0.070602	0.390925	5.537048	0.180602	0.014626
10	2.839421	16.722009	0.059801	0.352184	5.889232	0.169801	0.013775
11	3.151757	19.561430	0.051121	0.317283	6.206515	0.161121	0.013092
12	3.498451	22.713187	0.044027	0.285841	6.492356	0.154027	0.012536
13	3.883280	26.211638	0.038151	0.257514	6.749870	0.148151	0.012075
14	4.310441	30.094918	0.033228	0.231995	6.981865	0.143228	0.011691
15	4.784589	34.405359	0.029065	0.209004	7.190870	0.139065	0.011366
16	5.310894	39.189948	0.025517	0.188292	7.379162	0.135517	0.011090
17	5.895093	44.500843	0.022471	0.169633	7.548794	0.132471	0.010854
18	6.543553	50.395936	0.019843	0.152822	7.701617	0.129843	0.010650
19	7.263344	56.939488	0.017563	0.137678	7.839294	0.127563	0.010475
20	8.062312	64.202832	0.015576	0.124034	7.963328	0.125576	0.010322
21	8.949166	72.265144	0.013838	0.111742	8.075070	0.123838	0.010189
22	9.933574	81.214309	0.012313	0.100669	8.175739	0.122313	0.010072
23	11.026267	91.147884	0.010971	0.090693	8.266432	0.120971	0.009970
24	12.239157	102.174151	0.009787	0.081705	8.348137	0.119787	0.009880
25	13.585464	114.413307	0.008740	0.073608	8.421745	0.118740	0.009801
26	15.079865	127.998771	0.007813	0.066314	8.488058	0.117813	0.009731
27	16.738650	143.078636	0.006989	0.059742	8.547800	0.116989	0.009670
28	18.579901	159.817286	0.006257	0.053822	8.601622	0.116257	0.009615
29	20.623691	178.397187	0.005605	0.048488	8.650110	0.115605	0.009566
30	22.892297	199.020878	0.005025	0.043683	8.693793	0.115025	0.009523

31	25.410449	221.913174	0.004506	0.039354	8.733146	0.114506	0.009485
32	28.205599	247.323624	0.004043	0.035454	8.768600	0.114043	0.009451
33	31.308214	275.529222	0.003629	0.031940	8.800541	0.113629	0.009421
34	34.752118	306.837437	0.003259	0.028775	8.829316	0.113259	0.009394
35	38.574851	341.589555	0.002927	0.025924	8.855240	0.112927	0.009370
36	42.818085	380.164406	0.002630	0.023355	8.878594	0.112630	0.009348
37	47.528074	422.982490	0.002364	0.021040	8.899635	0.112364	0.009329
38	52.756162	470.510564	0.002125	0.018955	8.918590	0.112125	0.009312
39	58.559340	523.266726	0.001911	0.017077	8.935666	0.111911	0.009297
40	65.000867	581.826066	0.001719	0.015384	8.951051	0.111719	0.009283
45	109.530242	986.638559	0.001014	0.009130	9.007910	0.111014	0.009234
50	184.564827	1,668.771152	0.000599	0.005418	9.041653	0.110599	0.009205
60	524.057242	4,755.065839	0.000210	0.001908	9.073562	0.110210	0.009180
99	30,688.446189	278,976.783535	0.000004	0.000033	9,0906313	0.110004	0.009167

1. FUTURE WORTH OF $1
2. FUTURE WORTH OF $1 PER PERIOD
3. SINKING FUND FACTOR
4. PRESENT WORTH OF $1
5. PRESENT WORTH OF $1 PER PERIOD
6. INSTALLMENT TO AMORTIZE $1 (ANNUAL)
7. INSTALLMENT TO AMORTIZE $1 (MONTHLY)

ANNUAL PAYMENTS
INTEREST RATE = 11.50%

YEAR	1	2	3	4	5	6	7
1	1.115000	1.000000	1.000000	0.896861	0.896861	1.115000	0.088615
2	0.243225	2.115000	0.472813	0.804360	1.701221	0.587813	0.046840
3	1.386196	3.358225	0.297776	0.721399	2.422619	0.412776	0.032976
4	1.545608	4.744421	0.210774	0.646994	3.069614	0.325774	0.026089
5	1.723353	6.290029	0.158982	0.580264	3.649878	0.273982	0.021993
6	1.921539	8.013383	0.124791	0.520416	4.170294	0.239791	0.019291
7	2.142516	9.934922	0.100655	0.466741	4.637035	0.215655	0.017386
8	2.388905	12.077438	0.082799	0.418602	5.044637	0.197799	0.015979
9	2.663629	14.466342	0.069126	0.375428	5.431064	0.184126	0.014904
10	2.969947	17.129972	0.058377	0.336706	5.767771	0.173377	0.014060
11	3.311491	20.099919	0.049751	0.301979	6.069750	0.164751	0.013384
12	3.692313	23.411410	0.042714	0.270833	6.340583	0.157714	0.012833
13	4.116928	27.103722	0.036895	0.242900	6.583482	0.151895	0.012379
14	4.590375	31.220650	0.032030	0.217847	6.801329	0.147030	0.012001
15	5.118268	35.811025	0.027924	0.195379	6.996708	0.142924	0.011682
16	5.706869	40.929293	0.024432	0.175227	7.171935	0.139432	0.011412
17	6.363159	46.636161	0.021443	0.157155	7.329090	0.136443	0.011181
18	7.094922	52.999320	0.018868	0.140946	7.470036	0.133868	0.010983
19	7.910838	60.094242	0.016641	0.126409	7.596445	0.131641	0.010812
20	8.820584	68.005080	0.017405	0.113371	7.709816	0.129705	0.010664
21	9.834951	76.825664	0.013016	0.101678	7.811494	0.128016	0.010536
22	10.965971	86.660615	0.011539	0.091191	7.902685	0.126539	0.010424
23	12.227057	97.626586	0.010243	0.081786	7.984471	0.125243	0.010326
24	13.633169	109.853643	0.009103	0.073351	8.057822	0.124103	0.010240
25	15.200983	123.486812	0.008098	0.065785	8.123607	0.123098	0.010165
26	16.949096	138.687796	0.007210	0.059000	8.182607	0.122210	0.010098
27	18.898243	155.636892	0.006425	0.052915	8.235522	0.121425	0.010040
28	21.071540	174.535135	0.005730	0.047457	8.282979	0.120730	0.009989
29	23.494768	195.606675	0.005112	0.042563	8.325542	0.120112	0.0099443
30	26.196666	219.101443	0.004564	0.038173	8.363715	0.119564	0.009903

31	29.209282	245.298109	0.004077	0.034236	8.397951	0.119077	0.009867
32	32.568350	274.507391	0.003643	0.030705	8.428655	0.118643	0.009836
33	36.313710	307.075741	0.003257	0.027538	8.456193	0.118257	0.009808
34	40.489787	343.389451	0.002912	0.024698	8.480891	0.117912	0.009783
35	45.146112	383.879238	0.002605	0.022150	8.503041	0.117605	0.009761
36	50.337915	429.025351	0.002331	0.019866	8.522907	0.117331	0.009742
37	56.126776	479.363266	0.002086	0.017817	8.540723	0.117086	0.009724
38	62.581355	535.490042	0.001867	0.015979	8.556703	0.116867	0.009709
39	69.778211	598.071396	0.001672	0.014331	8.571034	0.116672	0.009695
40	77.802705	667.849607	0.001497	0.021853	8.583887	0.116497	0.009683
45	134.081553	1,157.230898	0.000864	0.007458	8.630799	0.115864	0.009636
50	231.069896	2,000.607793	0.000500	0.004328	8.658020	0.115500	0.009615
60	686.265305	5,958.828738	0.000168	0.001457	8.682981	0.115168	0.009593
99	47,886.364950	416,394.477824	0.000002	0.000021	8.695471	0.115002	0.009583

1. FUTURE WORTH OF $1
2. FUTURE WORTH OF $1 PER PERIOD
3. SINKING FUND FACTOR
4. PRESENT WORTH OF $1
5. PRESENT WORTH OF $1 PER PERIOD
6. INSTALLMENT TO AMORTIZE $1 (ANNUAL)
7. INSTALLMENT TO AMORTIZE $1 (MONTHLY)

ANNUAL PAYMENTS
INTEREST RATE = 12.00%

YEAR	1	2	3	4	5	6	7
1	1.120000	1.000000	1.000000	0.892857	0.892857	1.120000	0.088849
2	1.254400	2.120000	0.471698	0.797194	1.690051	0.591698	0.047073
3	1.404928	3.374400	0.296349	0.711780	2.401831	0.416349	0.033214
4	1.573519	4.779328	0.209234	0.635518	3.037349	0.329234	0.026334
5	1.762342	6.352847	0.157410	0.567427	3.604776	0.277410	0.022244
6	1.973823	8.115189	0.123226	0.506631	4.111407	0.243226	0.019550
7	2.210681	10.089012	0.099118	0.452349	4.563757	0.219118	0.017653
8	2.475963	12.299693	0.081303	0.403883	4.967640	0.201303	0.016253
9	2.773079	14.775656	0.067679	0.360610	5.328250	0.187679	0.015184
10	3.105848	17.548735	0.056984	0.321973	5.650223	0.176984	0.014347
11	3.478550	20.654583	0.048415	0.287476	5.937699	0.168415	0.013678
12	3.895976	24.133133	0.041437	0.256675	6.194374	0.161437	0.013134
13	4.363493	28.029109	0.035677	0.229174	6.423548	0.155677	0.012687
14	4.887112	32.392602	0.030871	0.204620	6.628168	0.150871	0.012314
15	5.473566	37.279715	0.026824	0.182696	6.810864	0.146824	0.012002
16	6.130394	42.753280	0.023390	0.163122	6.973986	0.143390	0.011737
17	6.866041	48.883674	0.020457	0.145644	7.119630	0.140457	0.011512
18	7.689966	55.749715	0.017937	0.130040	7.249670	0.137937	0.011320
19	8.612762	63.439681	0.015763	0.116107	7.365777	0.135763	0.011154
20	9.646293	72.052442	0.013879	0.103667	7.469444	0.133879	0.011011
21	10.803848	81.698736	0.012240	0.092560	7.562003	0.132240	0.010887
22	12.100310	92.502584	0.010811	0.082643	7.644646	0.130811	0.010779
23	13.552347	104.602894	0.009560	0.073788	7.718434	0.129560	0.010686
24	15.178629	118.155241	0.008463	0.065882	7.784316	0.128463	0.010604
25	17.000064	133.333870	0.007500	0.058823	7.843139	0.127500	0.010532
26	19.040072	150.333934	0.006652	0.052521	7.895660	0.126652	0.010470
27	21.324881	169.374007	0.005904	0.046894	7.942554	0.125904	0.010414
28	23.883866	190.698887	0.005244	0.041869	7.984423	0.125244	0.010366
29	26.749930	214.582754	0.004660	0.037383	8.021806	0.124660	0.010324
30	29.959922	241.332684	0.004144	0.033378	8.055184	0.124144	0.010286

31	33.555113	271.292606	0.003686	0.029802	8.084986	0.123686	0.010253
32	37.581726	304.847719	0.003280	0.026609	8.111594	0.123280	0.010224
33	42.091533	342.429446	0.002920	0.023758	8.135352	0.122920	0.010198
34	47.142517	384.520979	0.002601	0.021212	8.156564	0.122601	0.010176
35	52.799620	431.663496	0.002317	0.018940	8.175504	0.122317	0.010155
36	59.135574	484.463116	0.002064	0.016910	8.192414	0.122064	0.010138
37	66.121843	543.598690	0.001840	0.015098	8.207513	0.121840	0.010122
38	74.179664	609.830533	0.001640	0.013481	8.220993	0.121640	0.010108
39	83.081224	684.010197	0.001462	0.012036	8.233030	0.121462	0.010096
40	93.050970	767.091420	0.001304	0.010747	8.243777	0.121304	0.010085
45	163.987604	1.358.230032	0.000736	0.006098	8.282516	0.120736	0.010047
50	289.002190	2.400.018249	0.000417	0.003460	8.304498	0.120417	0.010026
60	897.596933	7.471.641112	0.000134	0.001114	8.324049	0.120134	0.010008
99	74.573.451542	621.437.096180	0.000002	0.000013	8.333222	0.120002	0.010000

1. FUTURE WORTH OF $1
2. FUTURE WORTH OF $1 PER PERIOD
3. SINKING FUND FACTOR
4. PRESENT WORTH OF $1
5. PRESENT WORTH OF $1 PER PERIOD
6. INSTALLMENT TO AMORTIZE $1 (ANNUAL)
7. INSTALLMENT TO AMORTIZE $1 (MONTHLY)

ANNUAL PAYMENTS
INTEREST RATE = 12.50%

YEAR	1	2	3	4	5	6	7
1	1.125000	1.000000	1.000000	0.888889	0.888889	1.125000	0.089083
2	1.265625	2.125000	0.470588	0.790123	1.679012	0.595588	0.047307
3	1.423828	3.390625	0.294931	0.702332	2.381344	0.419931	0.033454
4	1.601807	4.814453	0.207708	0.624295	3.005639	0.332708	0.026580
5	1.802032	6.416260	0.155854	0.554929	3.560568	0.280854	0.022498
6	2.027287	8.218292	0.121680	0.493270	4.053839	0.246680	0.019811
7	2.280697	10.245579	0.097603	0.438462	4.492301	0.222603	0.017921
8	2.565785	12.526276	0.079832	0.389744	4.882045	0.204832	0.016529
9	2.886508	15.092061	0.066260	0.346439	5.228485	0.191260	0.015468
10	3.247321	17.978568	0.055622	0.307946	5.536431	0.180622	0.014638
11	3.653236	21.225889	0.047112	0.273730	5.810161	0.172112	0.013975
12	4.109891	24.879125	0.040194	0.243315	6.053476	0.165194	0.013439
13	4.623627	28.989016	0.034496	0.216280	6.269757	0.159496	0.012998
14	5.201580	33.612643	0.029751	0.192249	6.462006	0.154751	0.012632
15	5.851778	38.814223	0.025764	0.170888	6.632894	0.150764	0.012325
16	6.583250	44.666001	0.022388	0.151901	6.784795	0.147388	0.012067
17	7.406156	51.249252	0.019512	0.135023	6.919818	0.144512	0.011847
18	8.331926	58.655408	0.017049	0.120020	7.039838	0.142049	0.011660
19	9.373417	66.987334	0.014928	0.106685	7.146523	0.139928	0.011500
20	10.545094	76.360751	0.013096	0.094831	7.241353	0.138096	0.011361
21	11.863231	86.905845	0.011507	0.084294	7.325647	0.136507	0.011242
22	13.346134	98.769075	0.010125	0.084928	7.400575	0.135125	0.011139
23	15.014401	112.115210	0.008919	0.066603	7.467178	0.133919	0.011049
24	16.891201	127.129611	0.007866	0.059202	7.526381	0.132866	0.010971
25	19.002602	144.020812	0.006943	0.052624	7.579005	0.131943	0.010904
26	21.377927	163.023414	0.006134	0.046777	7.625782	0.131134	0.010844
27	24.050168	184.401340	0.005423	0.041580	7.667362	0.130423	0.010792
28	27.056438	208.451508	0.004797	0.036960	7.704322	0.129797	0.010747
29	30.438493	235.507946	0.004246	0.032853	7.737175	0.129246	0.010707
30	34.243305	265.946440	0.003760	0.029203	7.766378	0.128760	0.010693

31	38.523718	300.189745	0.003331	0.025958	7.792336	0.128331	0.010642
32	43.339183	338.713463	0.002952	0.023074	7.815410	0.127952	0.010615
33	48.756581	382.052645	0.002617	0.020510	7.835920	0.127617	0.010592
34	54.851153	430.809226	0.002321	0.018231	7.854151	0.127321	0.010571
35	61.707547	485.660379	0.002059	0.016205	7.870356	0.127059	0.010553
36	69.420991	547.367927	0.001827	0.014405	7.884761	0.126827	0.010536
37	78.098615	616.788918	0.001621	0.012804	7.897565	0.126621	0.010522
38	87.860942	694.887532	0.001439	0.011382	7.908947	0.126439	0.010510
39	98.843559	782.748474	0.001278	0.010117	7.919064	0.126278	0.010499
40	111.199004	881.592033	0.001134	0.008993	7.928057	0.126134	0.010489
45	200.384216	1,595.073729	0.000627	0.004990	7.960077	0.125627	0.010455
50	361.098864	2,880.790913	0.000347	0.002769	7.977845	0.125347	0.010437
60	1,172.603934	9,372.831471	0.000107	0.000853	7.993178	0.125107	0.010423
99	115,904.346407	927,226.771258	0.000001	0.000009	7.999931	0.125001	0.010417

참고문헌

<국내문헌>

강해규 외, 「부동산감정평가론」, 형설출판사, 1997.

강병기 외, 「부동산중개론」, 형설출판사, 2000.

강정규 외, 「부동산컨설팅사례분석」, 형설출판사, 2001.

구동회, 「부동산과 세금」, 한국세정신문사, 1999.

권호근, 「부동산경제학」, 형설출판사, 2009.

권호근 외, 「부동산개발론」, 도서출판 삼학당, 2014.

김경환 외, 「도시경제론」, 홍문사, 1996.

김기홍 외, 「도시 및 지역 경제학」, 진영사, 1996.

김삼식 외, 「감정평가이론」, 한국고시회, 1999.

김영곤 외, 「부동산금융론」, 형설출판사, 2002.

강해규 외, 「부동산분석」, 형설출판사, 2002.

김영진, 「부동산학총론」, 경영문화원, 1980.

김영혜 외, 「부동산정보의 이론과 실무」, 형설출판사, 2000.

김용민 외, 「감정평가 및 보상법론」, 형설출판사, 1997.

강해규 외, 「부동산계약의 이론과 실무」, 형설출판사, 2002.

김용희 외, 「부동산상담과 투자」, 신광문화사, 2002.

김태훈 외, 「부동산학개론」, 부연사, 2000.

김학환, 「부동산중개실무」, 법률시대, 2001.

김한수, 「부동산학개론」, 일신각, 2000.

노태욱 역, 「부동산경제학」, 기공사, 1995.

대한주택공사, 「주택핸드북」, 대한주택공사, 1995.

도시정책과학연구회 역, 「도시경제학」, 대명출판사, 1991.

류병찬 외, 「부동산공시제도의 이해」, 형설출판사, 2002.

류석, 「부동산조세론」, 연문사, 2002.

방경식 외, 「부동산학개론」, 부연사, 2002.

변중석, 「국제회계안 신용평가」, 조세통람사, 1998.

서진형, 「부동산경영실무」, 부연사, 2001.

신종웅, 「해외부동산투자론」, 세창출판사, 2014.

안정근, 「현대부동산학」, 법문사, 1993.

오준석 외, 「부동산업경영론」, 형설출판사, 2001.

오준석 외, 「부동산금융과 투자」, 신광문화사, 2001.
이내영, 「현대부동산투자론」, 율계,1996.
이성근, 「부동산금융론」, 주택문화사, 2000.
이연원 외, 「부동산감정평가실무」, 형설출판사, 2002.
이원준 외, 「부동산투자분석」, 도서출판 경록, 2002.
이정전, 「토지경제론」, 박영사, 1998.
이중희, 「주택경제론」, 박영사, 1997.
이종규, 「부동산투자 및 금융론」, 부연사, 2013.
이창석, 「부동산학개론」, 형설출판사, 1997.
이창석, 「부동산학원론」, 형설출판사, 2001.
이창석, 「부동산컨설팅」, 형설출판사, 2001.
이창석, 「부동산철학」, 형설출판사, 2010.
이창석, 「부동산윤리와 철학」, 형설출판사, 2010.
이창석 외, 「부동산윤리」, 형설출판사, 2010.
이태교 외, 「부동산마케팅」, 법문사, 1997.
임이택 외, 「임대·재산관리 세무회계」, 도서출판 경록, 2002.
정기영 외, 「부동산권리분석의 이해」, 형설출판사, 2002.
정상철 외, 「부동산경제론」, 형설출판사, 2002.
정상철 외, 「부동산입지선정·개발업의 창업과 경영실무」, 형설출판사, 2002.
제일감정평가법인 편, 「현대 감정평가이론과 실무」, 부동산연구사, 1997.
주택산업연구원 역, 「주택비즈니스 원론」, 주택산업연구원, 1997.
최재선, 「지역경제론」, 법문사, 1997.
한국부동산컨설팅협회 편, 「부동산컨설팅이론」, 한국감정원, 1998.
한국토지신탁 금융사업팀 편, 「REITs」, 부연사, 2000.
허재완, 「도시경제학」, 법문사, 2000.
홍기용, 「지역경제론」, 박영사, 1997.

<일본문헌>

前川後一, 不動産經營論, 淸文社, 1994.
前川後一, 土地市場論, 淸文社, 1996.
前川後一, 不動産投資分析論, 淸文社, 1999.
金田昌司, 經濟立地と土地利用, 新評論版, 1971.
岩田規久男, 土地と住宅の經資學, 日本經資新聞社, 1977.

岩田規久男 外, 土地設制の理論と實燈, 東洋經資新報社, 1993.
石原俊介·高迅秀興, 不動産學概論,放送大學教育振興會, 1993.
伊豆宏·日本の不動産市場, 東洋經資新報社, 1999.
高迅秀興·前川後一, 不動産學の基礎, 放送大學教育振興會, 1997.
高皇秀夫, 不動産 價値論, 請文社, 1997.
川口有一郎, 不動産投資信託, ダイヤモド社, 2001.
岡內辛策, 不動産證券化と不動産ワマソド, 日本資新聞社, 2001.
川津昌作, 不動産投資ワネーヅメトの戦略, 晃洋書房, 2000.
日本不動産研究會 編, 投資不動産の分新と設價, 東洋經資新報社, 2000.
日債銀總合研究會 編, 日本 の地價と不動産, 東洋經隮新報社, 1997.
東洋經資新報社 編, 變貌する宅市場住宅政策, 1999.
小澤善哉 外, 圖解 不動産の時價減會計と, 東洋經資新報社, 2001.
黑澤奏 外, 不動産取引の評價 · 契約 Q&A, 中央經濟史, 2001.
三井不動産 編, これからの賃貸住宅ビヅネス, ダイナモソド社, 2000.
不動産ヅソヅコメ協議會 編, 2000不動産共同投資ハソドブツク, 2000.
山本淸沼, 不動産がる!-〈不動産投信〉が景氣回後の侍教となる, 主婦生活社, 2001.
小笠景耕司, SPCによる不動産活用-SPC法の解券化の手法 · 實例, 日本法令, 2000.
山田雅俊 外, 不動産投資信託 Q&A, 總合法令出版, 2000.
不動産フてソド研究會 編, 不動産信賣い方入門, 不動産經研究所, 2000.

<미국문헌>

Alonso, W., *Location and Land Use: Toward a General Thory of Land Rent*, Cambridgem Mass:Harvard University, 1968.
Ball, M. *Housing policy and Economic Power*, London:Methuem, 1983.
Balchin, Paul N.&Kiever, Jeffrey., *Urban Land Economics*, The MacMiland Press Ltd., 1982.
Black, j and stafford, D.C, *Housing policy and Finance*, London: Routlege, 1988.
Bruner, Dennis M., *Investing in Real Estate : How to DO it Right*, Lexington Book, 1984.

Chinloy, peter, *Real Estate Investment and Financial strategy*, Boston Kluwer Academic Publishers, 1988.

Downs Jr., james C., *Real Estate Management*, IREM, 1980.

French, W. B., *Law of the Real Estate Business*, Richard D. Irwin Inc., 1988.

Friedman, john, *Life Space & Real Estate Law & Procedures*, The Ronald Press, 1988.

Grange, william, j., manual of real Estate Law & procedures, The Ronald press, 1968.

Grdbier, Leo & Mitelbach, Frank, G., *The Inhlation of house price*, Lexington book, 1979.

Haffe, Austin J. Sirmans, C.F., *Fundmentals of Real Esatate Inverstment*, Englewood, 1986.

Hekmanm, john S.,"Rental Price Adjustment and Investment and in the Office Market," AREUEA Journal, 13-1, 1985.

Hartman, C,W., *Hosing and social Policy*, Englewood Cliffs:Prentice-Hall, 1975.,

Institute of Real Esatate Management, *Managing the Office Building*, Chicago: IREM, 1981.

J.B. Kau and C.F sirmans, *Real Estate*, McGraw-Hill Book Company, 1985.

Lindeman, Broco, *Real Estate Brokerage Management*, Reston Publishing CO., Inc., 1981.

L.E. Wofford and T.M. clauretie, *Real Esatete*, John Wiley & Sons, Inc., 1992.

MacLennan, D., *Housing Economic*, Longman, 1980.

Musgrave, R. A., *The Theory of Public Finance*, A study in public Economy, N.Y.,1958.

Paul Knox John Agenew, *The Geography of the Economy*, Edward Aardold, 1990.

Pozdena, Randall johnston, *The modern Economics Housing*, Grum Book, 1988.

Ricardo, D., *Princeples of political Economy and Taxation*, J.M.

Dent and sons, 1951.

Ring,A.A & Dasso, J., *Real Estate Practies*, Englewood Cliffs, Prentice-Hall, 1977.

Smith, Halbert C., *Real Estate and urban Devslopment*, Richard D. Irwin, Inc., 1981.

Unger, Maurice A., *How to Invest in Real Estate*, McGraw-Hill Book Company, 1984.

Widmer, Jhon p., *Real Estate Inverstment*, Reston Publishing Company, 1989.

Wendt, P.F., And A.R Cerf, *Real Estate Investment Analyis and Taxation*, N.Y.

Wilkinson, John C.M., *Real Estate Tax Shelter Handbook*, Prentice-Hall, Inc., 1981.

William B. Brueggeman, Leo. D. Stone, *Real Estate Finance*, Richard D. Irwin, Inc., 1981.

William M. Shenkel, *Modern Real Estate Appraisal*, McGraw-Hill Book Company, 1978.

찾아보기

A

B

C

D

E

F

G

H

I

L

M

N

O

P

R

-MEMO-

부동산투자론

초　판 1쇄 발행 / 2010년 8월 17일
개 정판 1쇄 발행 / 2017년 11월 20일
개정2판 1쇄 발행 / 2018년 12월 31일
개정3판 1쇄 발행 / 2023년 11월 10일

저자　권호근
발행처　형설출판사
　경기도 파주시 회동길 37-23 · 전화 (031) 955-2361~4 · 팩시밀리 (031) 955-2341
발행인　장진혁
등록　라-제9호 · 1962년 5월 1일
홈페이지　http://www.hyungseul.co.kr
e-mail　hs@hyungseul.co.kr

정가 26,000원

ISBN 978-89-472-8664-0 13320

개정판

Real Estate Finance

부동산 투자론